权威·前沿·原创

皮书系列为
“十二五”“十三五”国家重点图书出版规划项目

福建省旅游产业发展现状研究（2017~2018）

THE STUDY ON THE CURRENT SITUATION OF TOURISM INDUSTRY DEVELOPMENT IN FUJIAN (2017-2018)

主 编／伍世代 陈敏华

图书在版编目（CIP）数据

福建省旅游产业发展现状研究．2017－2018／伍世代，陈敏华主编．－－北京：社会科学文献出版社，2019．4
（福建旅游蓝皮书）
ISBN 978－7－5201－4477－3

Ⅰ．①福…　Ⅱ．①伍…　②陈…　Ⅲ．①地方旅游业－旅游业发展－研究－福建－2017－2018　Ⅳ．①F592．757

中国版本图书馆 CIP 数据核字（2019）第 047396 号

福建旅游蓝皮书
福建省旅游产业发展现状研究（2017~2018）

主　　编／伍世代　陈敏华

出 版 人／谢寿光
责任编辑／刘　荣　单远举
文稿编辑／侯婧怡　朱子晔　高欢欢

出　　版／社会科学文献出版社・联合出版中心（010）59367011
地址：北京市北三环中路甲 29 号院华龙大厦　邮编：100029
网址：www．ssap．com．cn
发　　行／市场营销中心（010）59367081　59367083
印　　装／三河市龙林印务有限公司

规　　格／开 本：787mm × 1092mm　1/16
印 张：29．5　字 数：445 千字
版　　次／2019 年 4 月第 1 版　2019 年 4 月第 1 次印刷
书　　号／ISBN 978－7－5201－4477－3
定　　价／198．00 元

皮书序列号／PSN B－2016－591－1/1

本书如有印装质量问题，请与读者服务中心（010－59367028）联系

福建旅游蓝皮书
编　委　会

福建旅游蓝皮书
编　写　组

主　　编　伍世代　陈敏华

副 主 编　郑维荣　陈维平　袁书琪　洪一树

撰 稿 人　（以文章出现先后为序）

郑向敏　阮文奇　皮常玲　李　翔　林　颖
徐　霖　查瑞波　伍玉婷　甘萌雨　王　敏
周成旺　肖巧萍　陈秋萍　马芳芳　张　慧
张荣藤　殷　杰　储德平　王鹤琴　骆培聪
杨　菲　陈晓锋　童浩南　黄景文　黄远水
陈龙妹　李勇泉　张舒宁　董泽平　宋学通
曾志兰　洪一树　黄福才　魏　敏　叶新才
张　婷　李子蓉　曾月娥　柯营营　林明水
陈贵松　陈曼琳　高　玲　陈　亮　林宝民
伍世代　周春梅　徐　晨　董　青　张明椿
罗发金　池丽平　王小花　陈秋华　林菲菲
唐艺烜　赵雪祥　宋立中　王东林　林心瑶
熊琳英　赵宏伟　吴倩倩　王新建

总 统 稿　陈维平

编辑统筹　储德平　林　屹

主编简介

伍世代　福建师范大学旅游学院院长、教授、博士生导师，福建省重点学科工商管理学科带头人，福建师范大学旅游规划设计中心主任、城乡规划设计研究所所长、地理研究所副所长，中国地理学会旅游地理专业委员会委员、中国地理学会现代农业地理专业委员会委员，福建省生态文明研究会副会长，福建省地理学会副理事长，福建省旅游协会教育培训分会会长，福建省旅游学会副会长，福建省地名研究会副会长，福建省委政策研究室特约研究员，福建省国土资源专业技术带头人。长期从事城市与区域规划、人文地理学、旅游地理、土地利用规划和土地资源管理等领域研究。主持国家自然科学基金和福建省自然科学基金项目多项。在《地理学报》《地理科学》《地理研究》《资源科学》等国家权威期刊上发表学术论文30多篇。曾获福建省第九届社科优秀成果奖一等奖和福建省第十届社科优秀成果奖三等奖等多项奖励，入选福建省特殊支持“双百计划”哲学社会科学领军人才。

陈敏华　博士，厦门大学、福建师范大学、浙江传媒学院兼职教授，福建省旅游学会会长，福建省旅游协会副会长，福建新恒基集团董事长，易达（福建）旅游集团总裁。20世纪90年代至今，专注于旅游文化产业投资、运营与研究，在旅游景区、创意主题酒店、旅游交通、旅游营销以及媒体运营等方面业绩斐然，2016年被国家旅游局授予中国旅游产业杰出贡献奖（飞马奖），被誉为生态旅游、文化旅游“点石成金”高手。曾出版学术专著《旅游与国学通论》，发表数十篇旅游发展进程学术论文。近期关注方向包括旅游文化相融增值、旅游与资本运作、全域旅游、大健康旅游等。

摘　要

《福建省旅游产业发展现状研究（2017～2018）》是关于福建旅游产业发展的第三本蓝皮书。本书由福建省旅游学会和福建师范大学旅游学院组织福建省各高校旅游学者、行业专家编撰。全书从市场、政策、产业、行业、企业发展等层面勾勒了2017～2018年福建省旅游产业发展的全貌，剖析了旅游产业发展中的焦点、热点和重点问题，并提出了对策建议。

本蓝皮书由总报告、市场发展篇、行业发展篇、年度专题篇、重大课题研究篇五个部分构成。

总报告部分由两篇文章组成。第一篇文章从宏观角度分析了2017～2018年福建省旅游业发展的突出特点、主要问题，并提出了对策建议。第二篇文章从微观角度分析了福建省推进全域生态旅游发展的成效、问题，并提出了对策建议。

市场发展篇，深入分析了2017～2018年福建省国内旅游市场的发展现状、客源特征、运行特征、存在问题，并提出了对策建议，梳理了2017～2018年福建省入境旅游市场发展的总体趋势、主要进展、影响因素，并提出了对策建议。

行业发展篇，多层次研究行业发展，不仅分析了旅游景区、住宿业、旅游购物业、会展业的发展，还探讨了研学旅行、观光工厂与工业旅游、文创旅游等新业态发展。

年度专题篇，各位作者对福建省旅游供给侧结构性改革、红色旅游可持续发展、旅游精准扶贫、国家公园建设、乡村旅游发展、旅游特色小镇建设等专题进行了分析研究。

重大课题研究篇，是本年度蓝皮书的最大亮点，通过向福建省设区市旅游发展委员会和旅游协会、旅游院校和科研机构、旅游企业广泛征集选题，并由福建省旅游发展委员会委务会筛选出旅游大数据、旅游投融资、“一带一路”倡议与入境旅游增长、旅游公共服务供给、乡村旅游产业融合发展、旅游与文化产业融合发展、康养旅游消费、旅游综合服务监管机制、平潭国际旅游岛建设这九个重大问题，有针对性地开展深入细致的调查研究，使得研究成果能够落到实处、更接地气。

本书编撰力求贴近福建省旅游产业发展实际，关注福建旅游业发展的时代课题，体现出“改革开放40周年”、文旅融合的时空气息。各项研究脉络较为清晰、调查细致、资料翔实，理论与实践结合紧密。

关键词： 旅游产业　福建省　全域生态旅游

Abstract

The Study on the Current Situation of Tourism Industry Development in Fujian (2017 - 2018) (Blue Book of Fujian Tourism) is the third annual research report on the development of Fujian's tourism sector. The blue book is the collaborative effort of a number of Fujian tourism academics and industry experts recruited by the Fujian Tourism Society and Tourism College of Fujian Normal University. Centered on market, policy, sector, industry, and growth of enterprises, the book presents a complete picture of the development of Fujian's tourism sector, examines the focal points and key issues of development, analyzes the trends of development, and offers recommendations for and solutions to the issues. The blue book consists of five parts, namely, "General Reports", "Analysis of Market Development", "Research on Industry Development", "Key Issues of the Year", and "Study of Major Issues".

The "General Reports" contain two reports. The first report explores, from a macro perspective, the outstanding characteristics, main problems and countermeasures of the overall development of Fujian's tourism sector in 2017 - 2018. The second report analyzes the achievements, problems and suggestions of Fujian Province to promote the development of comprehensive ecotourism from a micro perspective.

The "Analysis of Market Development" part examines the development status, customer characteristics, operational characteristics, existing problems and countermeasures of the domestic tourism market in Fujian Provinceduring 2017 and 2018. In addition, it sorts out the overall trend, major progress, influencing factors, and countermeasures of the development of the inbound tourism market in Fujian Province in 2017 and 2018.

The "Research on Industry Development" part expounds tourism development at various levels. It not only provides a thorough analysis of the development of tourist attraction, accommodation, shopping and MICE industries, but also explores such innovative developments as education tourism, sightseeing factories and industrial tourism, cultural and creative tourism.

The "Key Issues of the Year" part carries out in-depth analysis and research on key issues such as tourism supply-side structural reform, red tourism development, tourism poverty alleviation, national park construction, rural tourism development and tourism characteristic town construction in Fujian Province.

The "Study of Major Issues" part is highlight of this year's Blue Book. Ten major issues are chosen by Fujian Tourism Society Committee from a wide selection of topics collected by the province's regional tourism associations, tourism colleges, scientific research institutions and tourism companies. These nine topics are: tourism big data, tourism investment and financing, Belt and Road Initiative and inbound tourism growth, tourism public service supply, rural tourism industry integration, tourism and cultural industry integration, health tourism consumption, supervision mechanism of tourism service, and the construction of PingTan International Tourism Island. On the basis of in-depth and meticulous investigation and research, the research results can be implemented and put into practice.

Every effort has been made to ensure that this blue book captures the reality of the development of Fujian's tourism sector, sheds light on the key trends and issues, reflects the spirits of "40th anniversary of reform and opening up" and tourism and cultural industry integration. All studies presented in this bluebook are well organized and supported by a substantial body of information and data and place a strong emphasis on the combination of theory and practice.

Keywords: Tourism Industry; Fujian; Comprehensive Ecotourism

序

冬去春来，《福建省旅游产业发展现状研究（2017～2018）》伴随着烂漫春光，与大家见面了。

过去的一年，福建省旅游系统认真贯彻落实党中央和省委、省政府的决策部署，开拓进取，积极作为，“诗和远方”携手并进，“清新福建”成为全国唯一实现“商标全要素组合在45个全类别”注册成功的省级旅游品牌，“清新福建”万亿旅游项目库入库项目超过1000个，全省国家A级旅游景区数量突破300家，旅游公共服务建设加快推进，“放心游福建”旅游服务承诺深入人心，全域生态旅游省建设顺利推进。2018年，全省累计接待国内外游客4.6亿人次，比上年增长20.2%，其中过夜游客占50%，达2.3亿人次，同比增长17.5%；累计实现旅游总收入6634.58亿元，同比增长30.5%；游客人均花费1441元，同比增长8.6%。总体来看，福建省旅游行业实现了游客总量、逗留天数、消费总额“三增加”目标。福建旅游产业发展取得明显成效，得到省委、省政府领导的充分肯定。

《福建省旅游产业发展现状研究（2017～2018）》是第三本福建旅游蓝皮书，在形式和内容上都有新的展现。特别是在年度按类别分析总结的基础上，增加了重大课题研究，通过向行业广泛征集选题，筛选出旅游大数据、旅游投融资、乡村旅游产业融合发展、旅游与文化产业融合发展等重点、热点、难点问题，有针对性地开展深入细致的调查研究，使旅游理论研究落到实处、更接地气。当前，世界形势风云变幻，旅游产业发展的新思路、新业态、新问题层出不穷，对旅游理论研究提出了更高的要求。我们的旅游理论研究，一定要紧跟时代，服务大局，贴近民心，创新思维，言之有物。要突破思维惯性的束缚，一扫浮夸之气和陈腐之气，避免故步自封、人云亦云和天花乱坠、不知所云。旅游理论研究要围绕国家战略，服务社会经济发展，就得抓住热点、难点问题，强化创新意识，通过深入的分析研究，提出切实可行的对策措施。例如在文旅融合过程中，如何理清机构融合、观念融合、机制融合、产品融合、业态融合和市场融合之间的关系，使旅游业的经济产业属性和社会事业属性相得益彰；在乡村振兴战略实施过程中，如何以旅游为载体和抓手，以特色鲜明的乡村旅游产品，优化乡村的整体环境，延续乡村的文化记忆，强化乡民的文化自信，同时又能遵循市场规律，保证乡村旅游的可持续发展；在“一带一路”倡议顺利推进的过程中，如何把握由此带来的国际关系、人际关系的改变，以及这种改变对作为“海上丝绸之路”核心区的福建、对福建的入境旅游市场的影响，提出相应的市场开发策略。总之，旅游理论研究既要立意高远，又要脚踏实地，只有这样才能为旅游实践提供智力支撑。

新的一年，是福建省全面建成小康社会的关键之年，也是福建实现赶超目标的关键之年。全省旅游行业将紧紧围绕学习宣传贯彻习近平新时代中国特色社会主义思想这个首要任务，在福建省委、省政府的领导下，有力有序地推进文化与旅游深度融合，打造更多的旅游精品，为海内外游客提供更加优质的旅游服务，努力实现福建旅游产业的高质量发展，以更加辉煌的成绩迎接中华人民共和国的七十寿辰。希望福建省的旅游理论研究者能够不断提升自身的专业敏感和业务素质，紧跟时代，不忘初心，扩展视野，开拓创新，为福建旅游产业跃上一个新台阶做出应有的贡献。

福建省文化和旅游厅厅长　吴贤德

2019 年 2 月 1 日

前　言

岁月如梭，转眼迎来了编撰福建旅游蓝皮书的第三年。前两部福建旅游蓝皮书的出版，在社会各界引起了热烈反响。已版系列蓝皮书在总结福建旅游现状、发展中遇到的问题及提出对策和建议等方面取得一定研究成果，但与实际指导工作要求尚存在距离。承载着更多的期望和理想，2018 年蓝皮书的编撰工作，在福建省文化和旅游厅的大力指导和支持之下，开始了新的征程。

在撰写总原则“总结客观性，分析针对性，问题趋势性，对策落地性”的纲领指导之下，本年度蓝皮书编撰比以往更强调六个要求。一是报告的实用性。蓝皮书写作要有学术研究的内涵，但更大程度是服务政府和企业，进行以解决实际问题为导向的研究，聚焦于解决现实重要问题，提供解决方案。二是报告的针对性。针对福建省旅游业发展实际，结合或使用福建省旅游发展数据、案例，措施应更有针对性，有福建自己的特色。三是报告的广度与深度。撰写中注重比较研究的应用，在研究福建问题时，在中国旅游业的大局中思考，在进行全国旅游业发展的横向、纵向比较时，审视旅游行业在社会经济发展中的地位。四是报告的科学性。既要体现专业性，又要客观表述，既看到成绩，也看到不足，不回避问题。五是报告的时效性。形势总在变化中，在撰写蓝皮书的过程中注意形势的变化，把握整体的发展趋势，从中发现问题、调整思路。六是报告的创新性。立足实践，尝试理论创新，面对新时代旅游业发展，力求提供更多更新的视角解读。

因此，本年度蓝皮书编撰框架较以往有较大调整，共有五个部分，分别为：总报告，市场发展篇，行业发展篇，年度专题篇，重大课题研究篇。前三个部分是一般产业发展皮书所应有的总报告及市场、行业发展的基本内容，第四部分针对年度焦点和主题栏目进行专题性深入研究，第五部分则是本书的重大创新和亮点，福建省文化和旅游厅领导多次组织多部门参与研究和讨论，择选了九个福建省旅游重大研究课题，组织专家课题组进行攻坚，聚焦新时代旅游发展中面临的新热点、新难点及社会关注点，探讨对策和解决方案。其重大意义在于，蓝皮书不仅全面反映了福建省旅游业发展状况，还实现了实用性、时效性和创新性，能够立足福建省旅游发展实践，贴近行业产业实际，为政府决策、行业发展提供参考依据和解决方案，实现了旅游学会“为福建省的旅游事业发展发挥智囊作用，当好参谋和助手”的宗旨，标志着福建省旅游理论研究跃上新台阶，旅游智库在服务政府、服务企业方面正在发挥更大的作用。

本书的出版得到了福建省文化和旅游厅领导的指导与关心，吴贤德厅长亲自作序，得到了福建省旅游协会、福建师范大学旅游学院等福建省各高校旅游院系和科研管理部门以及易达（福建）旅游集团、福建省华通市场研究公司等单位的大力支持，在此表示诚挚的谢意。本书出版承蒙中国社会科学院社会科学文献出版社谢寿光社长、刘荣编审及单远举编辑的支持，在此也一并表示衷心的感谢！

本书疏漏之处在所难免，敬希大家斧正。衷心希望在来年的福建旅游蓝皮书编撰中继续得到大家的支持和鼓励。

福建省旅游学会会长　陈敏华

2019 年 1 月 23 日

目 录

Ⅰ 总报告

Ⅱ 市场发展篇

Ⅲ 行业发展篇

Ⅳ 年度专题篇

Ⅴ 重大课题研究篇

皮书数据库阅读**使用指南**

CONTENTS

Ⅰ General Reports

Ⅱ Analysis of Market Development

Ⅲ Research on Industry Development

Ⅳ Key Issues of the Year

V Study of Major Issues for the Development

总 报 告

General Reports

B.1
2017~2018年福建省旅游业发展报告

郑向敏　阮文奇　皮常玲*

摘　要： 2017~2018年福建省旅游产业发展迈上了新的台阶，整体实现了旅游经济快速发展，旅游业各项指标稳步推进。在利好因素的影响下，旅游业呈现全域旅游持续推进、文旅融合进程加快、旅游扶贫效果显著、旅游小镇迎来发展契机、旅游供给侧改革深化等特点，但也存在一系列问题。展望2019年，福建省文化与旅游融合将进一步高歌猛进，乡村振兴战略将引爆乡村旅游快速发展，全域旅游加速和推进文化与旅游产业的进一步融合，新的旅游业态将不断涌现，旅游产业转型升级势在必行。为实现福建省旅游经济可持续发展，福

* 郑向敏，博士，华侨大学旅游学院二级教授、博士生导师，研究方向为旅游管理与旅游安全；阮文奇，华侨大学旅游学院博士研究生，研究方向为旅游管理与数据流；皮常玲，华侨大学旅游学院博士研究生，研究方向为旅游管理与民宿业态。

建省应继续深化全域旅游发展，发挥旅游地域优势；完善公共服务体系，提升旅游服务质量；健全旅游监管机制，营造良好市场环境；加快人才队伍建设，构建人才培养体系；优化旅游产业布局，加强区域旅游合作；加快智慧旅游发展，创新旅游营销方式；紧抓时代发展机遇，促进文旅深度融合；培育新兴旅游业态，完善旅游产品体系。

关键词： 福建省　旅游业　全域旅游　供给侧改革　清新福建

一　引言

2017年以来，福建省旅游系统认真贯彻落实省委、省政府和国家旅游局（现文化和旅游部）的一系列决策部署，围绕“旅游业要发展成为福建省新的主导产业”的发展定位，加快全域旅游发展，推进旅游供给侧结构性改革，坚持融合创新、开放合作，大力推进旅游发展全域化、旅游供给品质化、旅游治理规范化、旅游效益最大化，认真践行“放心游福建”旅游服务承诺，统筹推进旅游产业“五大提升工程”。旅游产业发展迈上新的台阶，整体实现了旅游经济稳步提升、“清新福建”品牌形象凸显、全域旅游建设持续推进、“厕所革命”成效明显，并且旅游环境不断改善，持续推进“智慧旅游”建设并加快落实旅游服务承诺，服务品质日渐优化。同时，部署下一阶段发展战略，将围绕“放心游福建”优质旅游年的主题和加快旅游供给侧结构性改革的主线，制定“1115”发展思路（叫响一个品牌、深化一个机制、开展一场革命、推进五大工程），旨在实现福建省旅游业科学发展与良好运行。

二　2017年福建省旅游业发展总体形势与主要进展

（一）总体形势

2017年，福建省旅游业保持高位增长，共接待国内外游客3.83亿人次，同比增长21.4%；全省旅游收入突破5000亿元大关，达5083.10亿元，同比增长29.2%。此外，2017年，全省累计接待过夜游客1.96亿人次，同比增长21.9%，占全省旅游总人数的比重达51.2%，比上年提高0.2个百分点。全省游客人均花费达1327元，同比增长6.4%，继2016年之后第二次进入全国前十位。2017年，福建省各设区市（含平潭综合实验区）加大旅游资源整合力度，强化旅游营销推广，促进旅游市场快速发展，各设区市接待旅游人数均实现20%以上快速增长。福州、厦门、泉州接待游客人数稳居全省前三位，累计占全省接待游客总量的48.2%，三地占比分别为17.6%、16.3%和14.3%。福建省各设区市旅游总收入均实现26%以上快速增长，均高出旅游总人数增速5个百分点以上，旅游市场经济效益凸显。在旅游总收入方面，厦门旅游总收入超过1000亿元，明显高于其他设区市，福州、泉州旅游总收入超过800亿元，三地收入合计占全省比重达58.2%。整体来看，各地旅游产品日渐丰富，旅游服务水平持续提升，综合吸引力不断提高，国内外旅游市场供需两旺，发展结构更加优化。

（二）主要进展

1. 国内[①]旅游经济快速发展

当前福建省国内旅游经济形势良好，各地旅游产品日渐丰富，旅游服务水平持续提升，综合吸引力不断增强，国内旅游市场供需两旺。从旅游人数上看，2017年全省累计接待国内游客37534.06万人次，同比增长21.6%。其中，接待国内一日游游客18628.18万人次，同比增长21.0%，占国内游客的比重为49.6%；接待国内过夜游客18905.89万人次，同比增长22.2%，占比为50.4%。接待国内过夜游客中，住宿设施接待游客15446.41万人次，同比增长19.9%，占比为41.2%。人数规模快速增长，过夜游客占比增多，客源结构持续优化，旅游经济效益明显提升。从旅游收入来看，2017年全省累计实现国内游客旅游收入4570.77亿元，同比增长

① 本书所说“国内”，指中国大陆，不含港澳台客源市场。

30.8%，国内游客人均花费1218元，同比增长7.5%。

具体来看：一是游客花费结构持续优化。2017年，全省接待国内游客住宿费、长途交通费和餐饮费支出占比分别为22.5%、21.7%和17.5%，住宿费占比同比提高1.5个百分点；购物费支出占比达16.0%，连续3年稳步提升，分别比2016年、2015年和2014年提高0.3个、1.1个和2.1个百分点；游览费占比为6.5%，同比略提升0.1个百分点。全省接待国内游客花费仍以住宿费、长途交通费、餐饮费等基本支出为主，但购物费等需求价格弹性大的旅游消费的比重有待提升。二是假日旅游经济效益凸显。节假日及暑期是旅游出行的高峰期，全省各地紧抓机遇，推出各类节庆活动及优惠促销活动，充分带动假日旅游市场。如2017年春节期间，全省累计接待游客1863.72万人次，同比增长20.8%，旅游总收入为129.74亿元，同比增长25.1%。

2. 入境旅游发展趋势良好

2017年，福建省累计接待入境游客775.41万人次，同比增长13.9%，比全国平均增速高13.1个百分点，继续保持全国第五位。其中，接待台湾同胞313.27万人次，同比增长17.2%；接待港澳同胞169.26万人次，同比增长6.1%。在入境旅游者中，接待过夜游客691.74万人次，同比增长13.1%。2017年福建省的国际旅游外汇收入为75.88亿美元，同比增长14.5%，占全国的6.15%。从入境客源市场的结构特征来看，2017年福建省入境旅游市场持续保持稳定态势，其表现为台港澳客源市场主力地位依然稳固，外国客源市场为辅且小幅上升。全省全年接待台港澳入境游客达482.53万人次，同比增长13.1%，占福建省入境旅游总人次的62.2%；接待外国游客292.87万人次，同比增长15.3%，占福建省入境旅游总人次的37.8%。

从各设区市（含平潭综合实验区）入境旅游人数上看，2017年厦门市接待入境游客人数达326.03万人次，占全省入境游客的42.0%；其次是泉州市和福州市，分别接待入境游客145.26万人次和131.48万人次，占比分别是18.7%和17.0%。从增速来看，2017年福建省各设区市（含平潭综合实验区）增速差异较大，其中莆田、平潭综合实验区分别增长44.3%、31.8%，而南平接待的入境游客人数几乎与2016年持平，增速为0.05%，其他各设区市均达到10%以上的增速。

3. 旅游景区数量持续增长，质量不断提高

景区是旅游经济发展的基础和立足点，是福建省旅游业发展的驱动力。从景区数量与类型看，到2018年，福建省拥有世界遗产4处，世界地质公园2处，国家A级旅游景区298家，其中国家5A级旅游景区有9家10处，国家历史文化名城4座，中国优秀旅游城市8座，国家级风景名胜区19个，国家旅游度假区3个，国家地质公园16个，国家级自然保护区17个，国家森林公园32个，国家级水利风景区35处，国家级海洋公园7处，全国休闲农业和乡村旅游示范县（点）29个。旅游景区业态更加多元，生态旅游、乡村旅游、温泉旅游、红色旅游等成为游客消费的新热点。

根据福建省景区评定委员会公布的国家A级旅游景区名单，截至2018年6月30日，福建省国家5A级旅游景区数量占福建省拥有国家A级旅游景区数量的3%，国家4A级旅游景区数量占福建省拥有国家A级旅游景区数量的29.9%，国家3A级旅游景区数量占福建省拥有国家A级旅游景区数量的56%，国家2A级旅游景区数量占福建省拥有国家A级旅游景区数量的11.1%。与2016年相比，2017年国家A级旅游景区共增加80家，其中国家3A级旅游景区增幅最大，增加了76个。国家5A级旅游景区分别为福州三坊七巷、厦门鼓浪屿、南平武夷山、漳州南靖土楼、龙岩永定土楼、三明泰宁风景旅游区、宁德屏南白水洋·鸳鸯溪旅游区、泉州清源山、宁德福鼎太姥山、龙岩古田会议会址，它们相对均匀地分布在8个地市。国家4A级旅游景区、国家3A级旅游景区主要集中在福州、泉州、龙岩以及南平。

4. 住宿业平稳推进

住宿业是旅游业发展的重要支柱，是旅游活动中十分重要的环节。福建省旅游住宿业通过对接消费升级不断创新适应市场，发展多元化、多层次、多服务与高品质相结合的旅游住宿设施，旅游住宿市场被进一步激活，行业发展保持良好态势。2017年，福建省住宿业实现增加值101.82亿元，同比

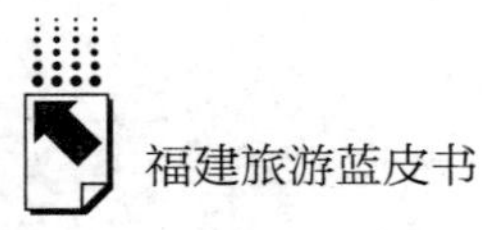

增长 10.7%，占福建省服务业增加值比重为 0.7%。2018 年上半年，全省住宿设施接待国内过夜游客达 7912.45 万人次，同比增长 16.7%。

截至 2017 年底，福建省共有星级饭店 335 家，客房 5.20 万间，床位 8.39 万张。其中，五星级饭店有 50 家，四星级饭店有 141 家，三星级饭店有 129 家，二星级饭店有 14 家，一星级饭店有 1 家。泉州和厦门星级饭店明显多于其他设区市，分别为 80 家和 64 家，尤其是高星级饭店（含五星和四星），均在 40 家以上，占全省高星级饭店比重均在 20% 以上。全省旅游住宿业在规模和档次上保持金字塔形的市场结构，高档饭店（五星、四星）数量较少，服务大众市场的中低档饭店、旅馆占据市场主体。

三　福建省旅游业的发展特点和主要问题

（一）发展特点

1. 全域旅游持续推进

2016 年，福建省依托生态核心优势，提出发展全域生态旅游，并将其写入福建省政府印发的《福建省“十三五”旅游业发展专项规划》和 2017 年、2018 年连续两年的福建省政府工作报告中。在全域生态旅游战略推动下，2017 年福建省旅游经济保持较快增长，接待游客人数达 3.83 亿人次，增速为 21.4%，比全国平均增速高 9 个百分点；旅游总收入突破 5000 亿元大关，增速为 29.2%，比全国平均增速高 14 个百分点；旅游增加值占全省生产总值比重达到 6.7%。福建省旅发委获得 2017 中国全域旅游魅力指数排行榜“最佳全域旅游推进奖”，并先后在澳门举办的内地与港澳全域旅游座谈会和美国举行的中美旅游高层对话上做典型经验介绍。

各地区纷纷如火如荼地展开全域旅游建设。厦门市坚持全域一体化发展理念，以新一轮城市总体规划调整为契机，启动全域旅游专项规划编制工作，科学谋划旅游产业发展与城市总体规划的全面融合。平潭综合实验区编制了《平潭国际旅游岛发展规划（2018—2030）》，较好地体现旅游主体功能区建设要求，并在立项、规划设计和竣工验收等环节，就区内重大建设项目对旅游发展的影响征求旅游部门意见。

2. 文旅融合进程加快

2017年，福建文创旅游业态呈现多元素、多类型、影响力增强的迸发趋势，形式更丰富、文化更浓厚、创意更多元的业态推动了文创旅游产业升级。福建省文创产品显现观光型、演艺型、体验型、商品型等多种类型，并不断涌现优质旅游产品，推动文创旅游的精品化发展。福建依托闽都文化、客家文化、海丝文化等特色文化，在文创节事活动方面具有文化多元、形式多样、种类丰富等特点。2017年福建省举办了“第三届福建文化创意周系列活动”“第十届太姥山文化旅游节”“第六届南安国际凤山文化旅游节”“第二届海丝泉州文化旅游嘉年华”“第二届福州民俗旅游节日”“海峡两岸（漳州）文化创意节”等节庆活动。围绕扩大福建文化影响力和发展文化产业，文创节事活动取得了长足发展，并形成了部分具有一定品牌效应的节事活动。

如2017年福建省通过举办“福建好礼”百佳旅游商品评选活动，评选出105件美食、陶瓷等各具特色的旅游商品；通过省市文创旅游产品评选活动以及民间企业助力，强力推动文创旅游产品的创新与优化，逐渐形成高品质旅游产品创作与生成的创意氛围。2017年福建省共开展闽南曲艺展演32场，吸引观众近7500人次，举办文化节庆类活动39场，旺街类活动57场。从各地区发展来看：三明市投资1.2亿元，启动了1958文化创意园产业项目；厦门市思明区挖掘历史文化等景点46处、老街故事32个、街巷业态7大项目，完成3个文化节点建设。

3. 旅游扶贫效果显著

近年来，福建省在打响“清新福建”品牌的基础上，贯彻落实乡村旅游，致力于旅游扶贫，并达到一定程度的成效。在全省2200个建档立卡贫困村中，具有旅游资源的村达472个，2017年，旅游业带动62个村1226户共计4005人实现脱贫，19个村编制了旅游扶贫规划。148个乡村旅游扶贫重点村，通过旅游脱贫约1700人，旅游从业人员年人均可支配收入约1.05万元；乡村旅游接待人数达1.19亿人次，同比增长24.9%；实现乡村旅游

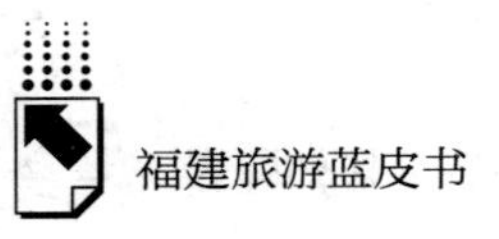

收入 820.90 亿元，同比增长 28.3%。

福建省通过一系列措施加大旅游扶贫力度。第一，福建省政府发动全省重点旅游景区、旅行社、旅游饭店、旅游车船公司、旅游规划设计单位、有实力的观光工厂、乡村旅游经营单位和旅游院校等 300 家旅游企事业单位，直接对接全省 472 个全国旅游扶贫重点村进行帮扶脱贫，采取企业扶贫、产业扶贫、就业扶贫、智力扶贫、采购扶贫等方式，激活贫困地区内生动力。第二，健全旅游精准扶贫机制，加大对全省 472 个建档立卡旅游扶贫试点村的精准扶贫力度，加强对扶贫村的乡村旅游扶贫培训，以景区带村、能人带户、“企业 + 农户”和直接就业、定点采购、培训指导等方式，增强贫困地区居民参与旅游发展的能力，促进贫困地区和贫困人口脱贫致富。

4. 旅游小镇发展趋势良好

旅游小镇作为连接都市和乡村的纽带，促进旅游业发展的重要载体，是旅游城镇化的必然结果，也是高品质旅游区和特色旅游要素集聚地。目前，福建省旅游特色小镇发展趋势良好，不仅数量逐年增多，而且旅游产业特色越来越明显，同时利用旅游产业优势并结合其他产业综合发展，以增强旅游特色小镇的吸引力。福建省力争通过 3 ~5 年的培育创建，建成一批旅游产业特色鲜明、机制灵活、人文气息浓厚、生态环境优美、多种功能融合的旅游特色小镇。为丰富福建省旅游业建设的内涵，突破传统的旅游资源开发理念，拓展福建旅游资源开发形式，促进福建旅游业的转型升级，福建省政府做出加快发展乡村旅游的战略决策，重点建设一批特色旅游小镇。由资源型旅游小镇、旅游服务型旅游小镇和综合型旅游小镇转变为“旅游 +”的产业类型，旅游小镇建设的特点是以“特色”为要点，以泛旅游产业为核心。

5. 旅游供给侧改革持续深化

2017 年以来，福建省加快推进旅游供给侧结构性改革，以“省域即景区、景区即省域”为理念加快全域生态旅游省建设。福建省旅游供给侧结构性改革取得阶段性成果，但是继续深化旅游供给侧结构性改革任重道远。当前，福建省主要从以下方面进行了供给侧改革。一是基于旅游景区的供给侧改革。2017 年 8 月，福建省旅发委印发了《福建省百家重点 A 级旅游景区三年行动提升工程方案（2017—2019 年）》，重点培育并改造提升一批旅游景区，力争用 3 年左右时间全面提升全省 100 家左右国家 4A 级以上旅游景区。重点放在改善景区交通条件、完善景区配套服务设施等方面。二是基于旅游资源的供给侧改革。福建省将华东地区最高森林覆盖率制造出的“清洁空气”作为主打卖点，进一步打造“清新福建”系列产品。三是基于旅游投资的供给侧改革。福建省旅发委联合各组织制定了《福建省级财政旅游专项资金竞争性扶持重大项目管理办法》，促进旅游项目建设，支持培育“清新福建”旅游产品核心竞争力。

（二）主要问题

1. 旅游经济效益有待提升

当前，福建省旅游产业发展得比较成熟，旅游产业结构相对合理，但仍然存在旅游消费不高、综合效益有待提升等问题。从出游时间长短来看，过夜游相对不多，游客在目的地停留时间相对较短，而夜间旅游更倾向休闲化和娱乐化，能够产生更多的消费，旅游带动效应更加明显。目前省内过夜游发展较好的是厦门和南平，形成较为成熟的两日游、三日游旅游圈，而龙岩、三明等地区过夜游市场发展还不成熟，景区、餐饮、娱乐等经营商各自为政，没有形成规模，更缺乏精品夜间旅游项目。从旅游消费支出来看。当前旅游还是以观光游览为主，缺乏有深度的娱乐项目及文化体验活动。如 2017 年福建省乡村游客在旅游支出方面仍然以交通费和餐饮费为主，占比分别为 27.9% 和 24.2%，住宿、游览和娱乐费用仅占 9.4%、8.5% 和 4.9%，游客在交通、餐饮等刚性消费方面的花费较高，而在游览娱乐方面的人均花费水平仍偏低。因此，当前福建省旅游发展亟须提高旅游产品的创意性和特色性，拓展过夜游游客的市场，以提高弹性消费支出，挖掘游客消费潜力，提升旅游经济效益。

2. 旅游产品体系有待完善

当前，福建省旅游产品体系尚不完善、旅游产品同质化严重已经成为制约旅游发展的普遍问题。一方面，旅游商品研发设计的创新意识差，产品缺乏原创性，地域特色不鲜明，存在大量同质化、单一化、庸俗化的旅游商品，游客难以形成购买意愿；另一方面，某一个地方的旅游发展很成功，就会引来各个地区的竞相模仿，生搬硬套一些不适合的项目，忽略本身的自然资源与文化资源。福建省很多地区的文化和自然环境较为相似，这导致旅游产品开发中时常出现同质化现象，对当地民俗文化资源挖掘不到位。长此以往，容易使游客产生视觉疲劳，感到厌烦，无法支撑其长久有效发展，并且缺乏对游客的市场调研与客源细分，产品设计具有较强主观性，无法满足大众需求，难以产生游客喜闻乐见的旅游产品。

3. 旅游公共服务设施与服务质量有待提高

服务质量是旅游产业发展的生命线。当前，福建省旅游咨询、换乘、交通、住宿、餐饮等旅游公共服务设施存在不足，主要表现在内部旅游交通网络不发达，公共交通不健全，到景区景点的交通不够畅通。城镇建设较少兼顾旅游发展需要，城市休闲空间、游憩场所不足。由于没有稳定的旅游市场支持，地方高星级酒店、美食街、购物街、娱乐项目等经营困难，无法形成良性发展的旅游消费链条。并且，当前福建省乡村旅游快速发展，但在发展的过程中也伴随着一系列问题。一方面，大多数乡村所处位置偏僻，仍然存在缺导游、停车难、乡村拥堵、住宿及餐饮配套设施缺乏等问题，交通、食宿、通信、卫生环境等硬件基础设施建设滞后；另一方面，乡村旅游服务水平也存在很大的上升空间，由于乡村旅游的服务人员一般是本地村民，没有受过专业培训，素质较低，服务意识淡薄，服务质量整体不高，容易引发游客不满，降低重游率。

4. 发展速度与发展质量的关系需进一步合理化

福建省旅游经济快速发展的同时，也存在诸多问题。如全域旅游发展理念提出以来，一些旅游机构和专家围绕“全”字提出了各种全面发展理念。全域旅游在地域上遍地开花，产业上对“旅游 + 全产业”的盲目追全，容易失去旅游发展的亮点与特色，旅游目的地缺乏核心产品集聚带动的问题更加突出，旅游市场效应不佳，旅游发展进入高投入低效益的误区。旅游发展是一个循序渐进的过程，发展全域旅游更是需要扎实的产业发展基础。各地发展全域旅游的热情高涨，一些地方产业基础较为薄弱，将发展全域旅游作为区域旅游业发展的方向和目标是可以理解的。但无视全域旅游宏伟目标与地方现实发展基础之间的差距，开展运动式的创建行为是不可取的。有的地方提出发展全域旅游，则是跟风式的一哄而起，对自身的特色、优势、市场等研究分析不足，简单复制照搬其他地方的发展方式和经验，造成产业导向、业态培育、服务配套等方面的同质化发展。

5. 旅游发展的人才支撑明显不足

随着福建省旅游快速发展，旅游人才支撑明显不足。高端旅游经营管理人才、优秀导游队伍偏少，旅游人才的缺乏始终是制约旅游业发展的一大难题。旅游业作为现代服务业的龙头产业，服务人员的科学素养与个人素养都直接影响着人们对其服务的认可。旅游行业的快速发展与高端人才缺乏之间的矛盾可能成为未来很长时间内制约旅游业发展的主要矛盾。从住宿业来看，由于受待遇、政策、环境等因素影响，福建省住宿业高素质人才较为匮乏，且人才流失现象较难改变。而从业人员的素质偏低制约了福建省住宿业的快速发展，影响了企业品牌打造、规模扩张和经营水平的提升，行业竞争力难以显著提高。从文化创意旅游来看，主要依托于对文化的挖掘与创意的运用，而文化创意类人才是企业发展的最大动力，但目前福建省各地区的人才资源并不乐观。除了缺乏文化产业类、管理类、创意类、设计类、运营类人才，计算机类、科技类、高端电子商务类的人才更是匮乏，如何留住高端文创人才是福建省文创旅游产业发展的重要问题，而目前福建省对这类人才的引入、投资与政策供应还未满足人才需求。

四　福建省旅游业发展的原因分析

（一）政府大力支持与旅游政策出台

旅游经济发展离不开政府的推动和政策支持。2017 年 5 月，福建省旅游局正式更名为福建省旅游发展委员会，由省政府直属机构调整为省政府组成部门。为了加快福建省旅游经济发展，省政府先后印发《福建省人民政府关于进一步深化旅游业改革发展的实施意见》《促进旅游投资和消费实施方案》《提升服务质量、加强旅游市场综合监管实施方案》，各地党委、政府竞相出台一系列支持旅游产业发展的政策措施。2018 年 6 月，福建省政府办公厅转发福建省旅发委《关于加快推进全域生态旅游的实施方案》，把旅游业打造成带动各产业创新发展、融合发展的主导产业，推动福建由旅游资源大省向旅游经济强省跨越。同时，《福建省关于加快推进文化和旅游融合发展的实施意见》《关于推进文化和旅游融合发展示范工程的实施方案》《福建省促进闽台文化产业合作发展实施方案》等下发后，各地区也顺应文旅融合趋势，积极出台相关政策，如泉州出台了《推进文化和旅游融合发展示范工程行动计划》，莆田出台了《鼓励扶持文化旅游创意产业发展若干规定》等，促进了文化旅游与文化创意旅游的发展。

（二）智慧旅游与旅游信息化快速发展

当前，福建省加快智慧旅游发展。在武夷山、福州、厦门、龙岩四个中国“智慧旅游试点城市”，其“智慧旅游”查询机、智能导游、二维码地图等应用已成为各大景区的标配，让游客可以实时在手机上查看景区视频，获取所在地及周边数据，并享有优惠促销信息浏览、导游查验、咨询投诉等一系列服务。福建省把智慧旅游作为旅游科学发展的先导性基础工程、旅游惠民项目、促进旅游与其他产业融合的重要技术支撑，并且将其培育成新的独立旅游业态。福建省建立了创新型智能监管平台，通过实施“清新福建”旅游多卡通项目，建设全市统一的景区票务数据及游客分析系统，实时汇聚全市各景区线上、线下的售检票数据，通过互联网和移动客户端为游客提供网上订票、订车、订房、订餐、购物以及旅游咨询投诉、智能导览、电子讲解、应急救援等统一窗口、一站式服务。如今智慧旅游平台不仅应用于城市，还被广泛应用于农村中，智慧旅游与信息化快速发展，必然给旅游经济发展带来极大便利，促进旅游产业结构的转型升级。

（三）新业态为旅游发展注入新活力

旅游产业融合是推进福建省旅游发展的重要手段。“旅游＋农业”“旅游＋文化”“旅游＋体育”“旅游＋美食”等催生农业庄园、森林人家、民宿客栈、美食节、文化艺术节、体育节庆等乡村旅游新形式、新业态。除此之外，文化创意旅游、工业旅游、会展旅游发展迅速，成为福建省旅游发展的重要驱动力。2018 年是福建省响应大部委改革，实现文旅融合与扩大品牌影响力的关键一年，福建省对旅游中的文化挖掘、遗产保护以及创新创业给予了较大的政策支持。福建省积极推进核心区文化建设和自贸区建设，加强文化遗产保护，推动鼓浪屿申遗成功，壮大重点文化创意产业，顺应文化与旅游全面融合的新趋势。2017 年 11 月，福建省评出第三批观光工厂，共有 12 家工业企业获评，2018 年 9 月，福建省经济和信息化委员会与福建省旅游发展委员会积极培育福建省工业旅游示范基地，并于同月开始第四批观光工厂的评定工作，观光工厂得到了较好的发展。

（四）全域旅游实施初见成效

福建省委、省政府将旅游业作为新兴主导产业加以培育，以全域旅游理念推进落实旅游供给侧改革。截至 2017 年，福建省已有 24 个市县开展全域旅游创建试点工作，初步形成全域旅游省、市、县三级联动，梯队推进，点面覆盖的全面发展格局，其示范引领作用初步显现。2017 年，24 个全域旅游创建单位接待游客 1.78 亿人次，同比增长 21.6%，占全省旅游接待总量的 46%；实现旅游收入 2473.25 亿元，同比增长 27.7%，占全省旅游总收入的 48%。一些创建单位成为全省旅游产业发展的“领跑者”，平潭、永泰、东山、建宁等地旅游收入增幅超过 33%，明显高于全省平均水平。厦门当前正在全力推进全域旅游示范区创建，2018 年前 6 个月，厦门岛内鼓浪屿、园林植物园等主要景区的游客接待量平稳增长，岛外景区游客接待量同样增长较快，如集美鳌园接待游客 61.35 万人次，同比增长 132.47%。福建省游客接待量持续攀升，与福建加快推进旅游供给侧结构性改革、着力统筹整合、以“省域即景区、景区即省域”为理念加快建设全域旅游省等举措息息相关。

（五）“一带一路”倡议带来发展机遇

福建省是海上丝绸之路的主要发源地和起始点，“一带一路”倡议为福建省旅游发展带来巨大机遇。福建省围绕“21 世纪海丝旅游先行区”建设，致力于推动“一带一路”旅游交流合作，深化“海丝”沿线跨境旅游互动，加强“海丝”文化旅游品牌推广，不断拓展旅游客源市场，丰富旅游产品供给，促进旅游投资和消费，打响“海丝”文化旅游品牌。如 2017 年 2 月在福州举行闽澳共建“一带一路”高层会晤，双方在贸易投资、旅游合作、人文交流等方面进一步商定合作思路，明确了经贸、旅游、金融、会展、中医药等合作重点领域。闽、澳两地拥有很多相连相同的文化旅游资源，旅游业一直是闽澳双方发力打造合作新亮点的一个重要领域。双方将联手打造“海丝”世界级旅游产品，积极从多渠道开拓闽澳一程多站联游，共同扩大客源市场，充分发挥双方资源互补、民心相通优势，促进客源互动，互为旅游目的地和客源地。为进一步发挥福建海上丝绸之路核心区优势，宣传“清新福建”旅游品牌，2018 年 8 月，福建省旅发委组织省内旅游企业，相继赴马来西亚、菲律宾举办“清新福建 · 海丝核心”旅游推介活动，将福建如同山与海的爱恋、蓝与绿的交响一般的独特美景展示给东南亚民众。

五　2017~2018年福建省旅游业发展态势展望与对策建议

（一）2017 ~ 2018年福建省旅游业发展态势分析

1. 大部委调整，文化与旅游融合将进一步高歌猛进

大部委调整，福建省成立文化和旅游厅，旅游管理模式、发展方向及发展观念会有所改变，在当前时代背景下，文化与旅游之间的联系势必会更加

密切，会加快文化与旅游的融合进程。2017 年，福建省文化创意旅游在政策助推与社会支持下取得快速有效的发展。福建省全力推动文化遗产保护、传承与申遗工作，及时出台政策为实现“文旅融合”保驾护航，推动文创旅游在业态多样化、产品优质化、节事活动品牌化、壮大创客企业等方面取得较大成效。为顺应文旅融合的发展趋势，福建省各地市将文化作为旅游发展的重中之重，着力对固有历史文化做进一步统计与挖掘。《福州市加快全域旅游发展三年行动计划（2018—2020 年）》提出，深度挖掘闽都历史文化底蕴，做强闽都文化旅游，推进坊巷文化、船政文化等产品建设。福建省将打造中国“瓷天下”旅游区，以古陶文化和“海丝”文化为重点，打造福州版“瓷都”。各地区政策与工作表明，文旅融合是各地可持续发展以及产业转型升级的重点，也是避免同质化竞争、发挥本土特色的必要途径。

2. 乡村振兴战略将引爆乡村旅游快速发展

为深入贯彻落实党的十九大和中央农村工作会议精神，按照《中共中央、国务院关于实施乡村振兴战略的意见》，福建省出台了《关于实施乡村振兴战略的实施意见》，明确提出打造乡村生态旅游产业链，实施乡村旅游“百镇千村”提质升级行动，建设“一镇一品、一村一景”工程，发展休闲农业和森林生态旅游，创建一批休闲农业示范基地，推出一批中国美丽乡村，培育一批乡村生态旅游品牌，积极开发观光农业、游憩休闲、健康养生、生态教育等绿色生态产品和服务，打造绿色环保的生态旅游产业链。同时，福建省围绕“乡村旅游、全域旅游、四季旅游、全民旅游”全域发展战略部署，全力推动旅游精准扶贫、乡村振兴。党和国家对三农问题给予极大的重视，不仅在中央一号文件上多次提及，而且 2018 年又推出了《乡村振兴战略规划（2018—2022）》，提出要“发展乡村旅游和特色产业，形成特色资源保护与村庄发展的良性互促机制”。因此，福建省将乡村旅游作为地区经济发展的重要抓手进行推进，进而加快乡村振兴步伐，为乡村旅游发展创造条件。

3. 全域旅游加速和推进文化与旅游产业的进一步融合

福建省委、省政府高度重视全域旅游发展，到 2020 年，全省将创建 15

个国家级全域旅游示范区，建设100个休闲集镇，开发1000个乡村旅游村，形成10000个具有福建特色的观光、休闲、度假、康养、研学等各类旅游产品，全省初步形成省、市、县三级联动，梯队推进，点面覆盖的全域生态旅游发展格局。福建省全域旅游将促进旅游产业融合，“旅游+农业”“旅游+文化”“旅游+体育”“旅游+美食”等催生农业庄园、森林人家、民宿客栈、美食节、文化艺术节、体育节庆等乡村旅游新形式、新业态。福州永泰县以各乡镇田园风光、水域风光为载体，发展家庭农场、农业庄园、森林人家，开发农事体验等产品，实现“旅游+农业”。泉州安溪县推出“高山映像行为艺术”文化演出，包括茶艺表演、采茶女茶园乐、茶文化旗袍走秀，打造“文化+旅游”盛宴。龙岩连城县上演客家美食饕餮盛宴，打造“旅游+美食”亮丽名片，旨在挖掘民间客家美食，弘扬客家美食文化，充分融合美食和旅游。

4. 新业态涌现带来旅游产业发展的百家争鸣

福建省旅游经济蓬勃发展，推动旅游服务向观光、休闲、度假并重转变。2016年以来，福建省旅游业态不断丰富，旅游活动类型众多，VR旅游、康养旅游、游艇旅游、房车旅游、自驾车游、邮轮游艇等新兴旅游业态快速发展，给福建省旅游经济带来蓬勃活力。福建省各地市以生态为基，文化为核，旅游为衣，充分发挥“旅游+”跨界融合作用，积极推进“旅游+农业”“旅游+文化”“旅游+康养”“旅游+体育”的融合发展，取得了良好的效果。其中旅游与文化融合、旅游与工业融合备受关注，福建省旅游发展委员会自2014年便开始谋划突破工业旅游发展瓶颈，加大力度推动工业旅游创新发展，率先推出观光工厂这一工业旅游的创新形式，经过3年的发展，已有71家工业企业获评观光工厂，《福建省“十三五”旅游业发展专项规划》将“推动观光工厂标准化建设，创建全国工业旅游示范城市”作为目标。福建省各地区通过“提升先有业态，培育新型旅游业态”带动经济稳步发展，如平潭的“乡村文创”“文化演艺”，惠安小岞的“美食+文化+旅游”等多元业态，福州永泰庄寨的“研学旅行”古镇生态文化旅游业态等。

5. 旅游产业转型升级将势在必行

福建省高度重视旅游产业发展，将旅游业定位为三大新兴主导产业之一，力争到2020年实现旅游产业增加值占全省地区生产总值比重突破8%，实现旅游产业规模和质量的全面升级，推进福建省旅游业转型升级、提质增效。当前，福建旅游产业正值转型升级期，对休闲度假游、文化体验游、乡村游等的旅游投资快速增长。随着旅游业的发展和旅游需求的升级，除了模仿型、排浪式的大众化旅游消费，个性化、多样化的旅游消费需求也在迅速增加。目前，福建省旅游产品结构不适应旅游市场结构的态势明显，高水平、高质量的休闲度假类产品奇缺，制约了旅游业的转型升级、提质增效。福建省要把升级传统产品和丰富新产品、新业态摆在突出的位置，推动旅游产品结构由以观光为主，向观光、休闲、度假复合发展转变，推动三大市场全面发展。随着旅游业的发展和旅游需求的升级，福建旅游要打造全链条服务，涵盖与政府、企业、市场的对接，要创新旅游产业模式。

（二）推进福建省旅游业发展的建议和对策

1. 深化全域旅游，发挥福建省旅游地域优势

全域旅游更加注重对旅游目的地的统筹布局、产业融合、综合管理、系统营销，促进旅游业发展的现代化、集约化、品质化。全域旅游发展要结合本地资源特点、旅游产业现状、社会发展基础和旅游市场前景等，明确全域旅游示范区创建的阶段性目标，各地要更加注重对旅游目的地亮点的打造，注重与地域特色文化、成熟产业的融合，形成具有地域标志性的特色产品和新业态，探索出适合自身的全域旅游发展路径。福建省加快旅游供给侧结构性改革，打造处处皆景、移步换景、宜居宜游的“清新福建”。依托福建生态环境优势，构建“清新生态”“清新人文”“清新品味”等多元要素组成的品牌体系，打造一批高水平的优质旅游产品，增强旅游发展活力。深化全域旅游发展理念，围绕“城即是景、景也是城，城在景里、景在城中”的全域发展理念，推进商务会展、探亲访友、文化修学等都市休闲旅游业态发展，打造独具城市特色的都市旅游产品。

2. 完善公共服务体系，提升旅游服务质量

旅游服务是旅游业的生命线，对旅游经济发展至关重要，福建省需要不断完善旅游公共服务体系，切实推进旅游服务品质提升。主要从以下方面进行提升。一是要提升公共服务配套能力。通过规划国道、省道、县道等交通网络，提高外部通达性，增强可进入性；还要完善游客服务中心，配备最基本的咨询接待、医疗救助、停车场等基础设施，持续推进“厕所革命”，在景点、游客服务中心以及人流量较多的地方配备数量充足的厕所，重点解决厕所问题，满足旅游业发展需要。二是深化旅游服务承诺。深入落实“放心游福建”旅游服务承诺，创新旅游市场综合监管机制，精准实施专项市场整治行动，强化旅游诚信体系建设，改革旅行社、导游管理体制，促进全省旅游服务质量提升。三是强化旅游市场管理。统筹发展和安全的关系，提升安全管理水平，有效提高防范和抵御旅游安全风险能力，切实构筑旅游安全保障网。

3. 健全旅游监管机制，营造良好市场环境

良好的旅游市场环境是旅游经济健康有序发展的有力保障，需要为优质旅游发展营造良好的法治环境。一是严格执法，加强对涉旅领域的执法检查。加大对“不合理低价游”“强迫购物”“诱导高价消费”“旅游合同违约”等市场顽疾的打击力度，对旅游市场开展随机抽查，在维护旅游市场秩序上持续发力，推动建立现代旅游市场综合监管体系。二是加强市场监管，维护良好的市场秩序，营造安全的购物环境。阻断旅游商品产销的利益链条，减少环节，直接让利给游客，在规范旅游购物价格方面，可对旅游商品的价格进行跟踪监测、适时巡查，采取走访、巡查、提醒、告诫等多种形式，引导经营者加强价格自律，自觉维护好旅游市场价格秩序。三是紧紧围绕依法治旅，引导树立文明旅游新风。高度重视和加强普法宣传教育工作，提高旅游部门依法行政、旅游企业依法经营、旅游者依法维权的意识和水平，优化全域旅游法治环境，形成人人知法、懂法、守法的良好氛围，共创文明、健康、和谐的优质旅游发展环境。

4. 加快人才队伍建设，构建人才培养体系

人才队伍建设是促进旅游发展的关键，要加强旅游从业者队伍的建设，提升从业人员的整体素质，为旅游发展提供充分的人才保障。一是出台吸引旅游高素质人才的政策措施，吸引旅游行业管理人才、旅游企业经营团队、导游服务队伍等旅游职业人才和团队，通过人才引进快速建立地方旅游专业服务队伍。二是持续优化人才、人力政策环境，建立有针对性的人才机制和对接平台，如鼓励和国内外知名职业经理人的不定期合作，建立和高校的常态合作机制，与高校固化定向人才培养等。三是不断完善职业教育和培训体系，提高从业人员素质。一方面，积极引导设计、建筑、文化、艺术等各类专业人才通过技术帮扶、参与开发等形式主动参与旅游发展，完善旅游从业者队伍的专业构成。另一方面，要加强社会旅游服务的相关培训，尤其是针对乡村旅游、民宿等业态从业者队伍开展技术技能培训，提升全社会的旅游服务意识和服务水平。

5. 优化旅游产业布局，加强区域旅游合作

旅游合作对区域旅游经济发展至关重要，区域发展差异可以通过优势地区带动劣势地区来缩小。从区域内部来看，福建省各区域旅游资源及旅游接待能力差异分明，应加强区域联动，实现旅游产业利益共享，做到由点到线至面辐射覆盖的旅游项目合作，打造旅游产业集群。首先，加大福建省内各地市景区互联共通，形成全域旅游发展模式，加强规划引领全域旅游发展，使发展全域旅游成为整合社会资源、资金和力量的重要抓手。其次，注重推进“多规合一”，争取在城镇发展规划中能够预留充裕的旅游发展空间，注重旅游核心吸引物、重要服务节点等系统性、合理性布局，连点成线，以线带面，形成“点”“线”“面”一体的全域旅游空间发展格局。从跨区域视角来看，可以充分利用福建省作为“21 世纪海上丝绸之路”核心区的优势与“一带一路”沿线国家良好的合作基础和广阔的合作空间，通过座谈会、推介会等形式为旅行商搭建交流合作平台，促进福建省旅游发展。

6. 推进智慧旅游发展，创新旅游营销方式

随着信息技术发展，旅游智能化成为全面提升产品建设、行业管理、对

外营销的重要手段。各地应加快推进智慧旅游建设，通过建立完善旅游信息大数据平台、游客信息服务体系、智慧旅游管理体系以及智慧旅游营销体系，推动全域旅游的智能化、现代化、便利化。首先，加强互联网、大数据、人工智能在旅游实体中的应用，通过旅游 App 等移动端服务平台为游客提供更加丰富便捷的、覆盖“吃住行游购娱”各环节的旅游服务。其次，旅游营销是景区在短时间内能够被广泛熟知的重要方式，随着互联网的迅速崛起，短视频、短图文等成为重要的传播方式，景区旅游营销不能仅仅依靠口口相传以及常规的电视广告宣传，还要充分利用新技术、新媒体进行营销推广。建立具有自身特色的目的地旅游品牌，运用科学技术，划分游客，根据游客需求推荐产品，实现精准营销。因此，福建省景区发展要充分利用这些新媒体进行宣传，重点在创造机会与这些现实及潜在的游客进行互动。

7. 紧抓时代发展机遇，促进文旅深度融合

随着大部委调整，旅游与文化融合迎来了新契机。一是创造政策条件与民间活动交流，积极响应“一带一路”倡议，增进与各国优秀旅游文创项目的交流与合作。同时积极创新民俗文化、文创活动与节庆活动的营销手段，提升品牌形象与扩大影响力。二是充分发挥传统文化、文化遗产在推动文旅融合中的奠基作用，深度挖掘海丝文化、闽南文化、朱子文化、客家文化等本土多元文化资源。各地区应着力于本土文化独特性，深入挖掘非遗文化与其他文化内涵；鼓励客家文化、非遗技艺的传承人大胆创新、积极开拓，并给予政策资金鼓励；开发一系列旅游创意产品，开辟文化深度体验路线，提升地区文化与旅游影响力。三是文创旅游要想实现跨越式加速发展，就要紧跟时代潮流，抓住“全域旅游”“创新创业”“互联网＋”等时代发展趋势。运用“文化＋科技”思维，紧跟现代数字技术和移动互联网技术发展趋势，打通上下游环节，开发文化衍生产品，提高旅游产品科技、文化、生态含量。

8. 培育新兴旅游业态，完善旅游产品体系

以旅游主体产业为纽带，加快旅游业与其他产业生产要素优化重组，按照“＋旅游”“旅游＋”的产业融合思路，形成“旅游一业突破，引领多业

融合”的全域旅游发展新模式和新格局，探索、丰富旅游发展新业态。为了顺应现代旅游消费需求多样化、品质化、综合化的趋势，加快旅游产品的转型升级，补齐旅游产品的短板，实现观光旅游和休闲度假旅游并重的发展格局。一是要引导观光向休闲转型。加大力度推动休闲度假、文化体验等旅游产品的开发建设，将休闲产品打造成吸引游客深度体验和消费的核心产品。二是加快文旅融合，不能停留在对文化建筑载体的保护与修缮上，应深入挖掘文化场馆、文化街区、历史文化名村名镇的文化内涵，特别是对历史事件、历史人物、非物质文化遗产等的文化价值提炼，注重地域特色文化的展现与表达。三是丰富乡村旅游展现形式。要升级乡村旅游的发展形式，注重乡村旅游与古村镇保护、新农村建设、现代农业的有机整合，打造小巧精致、特色鲜明、形式多样的乡村旅游产品，发展有历史记忆、地域特色、产业支撑的旅游村镇。

参考文献

[1]《福建开展全省乡村旅游扶贫“春季攻势”行动》，搜狐网，http：//www.sohu.com/a/131049685_114731，2017年3月30日。

[2]《福建旅游的基本情况》，福建省旅游发展委员会政府门户网站，http：//lfw.fujian.gov.cn/lyzx/lygkxydt/lygk/，2018年9月27日。

[3]《福建省2017年度旅游市场检查情况总结》，福建省旅游发展委员会政府门户网站，http：//lfw.fujian.gov.cn/cszc/fjslyzljdgls/zjdt/201801/t20180119_3451406.htm，2018年1月19日。

[4]《福建省人民政府办公厅关于印发福建省“十三五”旅游业发展专项规划的通知》，http：//www.fjic.gov.cn/jjxx/ghxx/201604/t20160406_1157894.htm，2016年4月6日。

[5]《福建省首批智慧旅游产业示范基地出炉》，东南网，http：//fjnews.fjsen.com/2017-09/01/content_20077240.htm，2017年9月1日。

[6]福建省统计局：《福建统计年鉴2018年》，http：//tjj.fujian.gov.cn/tongjinianjian/dz2018/index-cn.htm。

[7]《2017国庆中秋长假旅游趋势报告与人气排行榜》，搜狐网，https：//www.sohu.

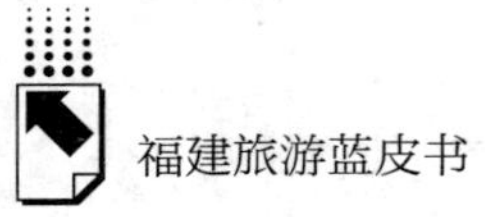

com/a/197022859_ 775938，2017 年 10 月 9 日。

[8]《闽设立全国第三个国家级客家文化生态保护实验区》，台湾网，http：//www. taihainet. com/news/fujian/gcdt/2017 - 02 - 16/1967966. html，2017 年 2 月16 日。

[9]《2017 年福建省国民经济和社会发展统计公报》，福建省人民政府网站，http：//www. fujian. gov. cn/zc/tjxx/tjgb/201802/t20180226_ 1134391. htm，2018 年 2 月26 日。

[10]《“清新福建”的乡村旅游扶贫之路》，光明网，http：//travel. gmw. cn/2018 - 02/18/content_ 27727897. htm，2018 年 2 月 18 日。

[11]《〈全国工业旅游发展纲要〉公开征求意见》，潍坊市政府信息公开专栏，http：//xxgk. weifang. gov. cn/slvyj/201612/t20161201_ 1713048. html，2016 年 12 月 1 日。

[12]《文化部等三部委联合印发〈中国传统工艺振兴计划〉》，中国经济网，http：//www. ce. cn/culture/gd/201703/24/t20170324_ 21381392. shtml，2017 年 3 月 24 日。

[13]《我市推出首个乡村旅游发展三年行动计划》，厦门市人民政府网站，http：//www. xm. gov. cn/zfxxgk/xxgkznml/szhch/zsfzgh/201703/t20170327_ 1598251. htm，2017 年 3 月 27 日。

[14] 吴贤德：《推进福建旅游供给侧结构性改革》，中国经济网，http：//www. ce. cn/culture/gd/201704/24/t20170424_ 22259402. shtml，2017 年 4 月 24 日。

[15]《乡村振兴战略规划（2018—2022 年）》，中华人民共和国中央人民政府网站，http：//www. gov. cn/zhengce/2018 - 09/26/content_ 5325534. htm，2018 年 9 月 26 日。

[16] 肖和勇：《大数据告诉你：“清新福建”游钱都花在哪》，新华网，http：//www. fj. xinhuanet. com/yuanchuang/2018 - 02/27/c_ 1122461923. htm，2018 年 2 月 27 日。

B.2

2017~2018年福建省推进全域生态旅游发展研究

李　翔*

摘　要： 福建省在全域旅游理念指引下，实施旅游发展规划全域覆盖、产业全面融合、要素全域配套、设施全面提升、营销全方位推进、市场联动治理、改革全面创新、资源全面全域保护和成果全民共享等务实举措，加快旅游供给侧结构性改革和创新发展，全面推进以生态为特色的全域旅游发展，积极创建国家全域旅游示范区，实现旅游发展全域化、旅游供给品质化、旅游治理规范化、旅游效益最大化，推动福建由旅游资源大省向旅游经济强省跨越。

关键词： 福建省　全域生态旅游　全域旅游示范区

“十三五”以来，国家旅游局（现为文化和旅游部）大力推动我国旅游从“景点旅游”向“全域旅游”迈进，在全国掀起发展全域旅游的热潮。2018 年 3 月，国务院办公厅下发《关于促进全域旅游发展的指导意见》（国办发〔2018〕15 号），标志着全域旅游战略上升成为国家战略。

全域旅游战略，是大众休闲旅游时代旅游目的地发展战略的一次全新提升。全域旅游更加注重旅游目的地的统筹布局、产业融合、综合管理、系统

* 李翔，工商管理硕士，福建省文化和旅游厅，研究方向为全域旅游、旅游规划。

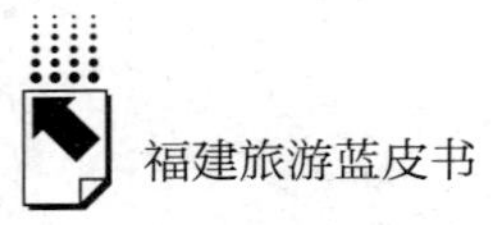

营销和公服共享，促进旅游业发展的现代化、集约化、品质化，旨在更好地满足广大游客的旅游消费需求，使旅游成为国民生活的常态化消费行为。

福建省委、省政府高度重视全域旅游发展。2016 年，福建依托生态核心优势，开创性地提出了发展全域生态旅游，并将其写入省政府印发的《福建省“十三五”旅游业发展专项规划》和 2017 年、2018 年连续两年的省政府工作报告中。随着福建旅游发展环境不断改善，产业进入高速发展期，发展全域生态旅游具备了良好的基础。

一　福建发展全域生态旅游的主要成效

福建是较早提出发展全域旅游的省份，在全域生态旅游理念指引下，颁布《市县旅游全域化评价指南》地方标准，实施旅游规划全域覆盖、旅游产业全面融合、旅游要素全域配套、旅游设施全面提升、旅游营销全方位推进、市场治理全省联动、旅游改革全面创新、生态旅游资源全域保护、旅游成果全民共享九项举措，全面推进以生态为特色的全域旅游发展。全省先后有厦门、武夷山等 15 个市、县被纳入国家全域旅游示范区创建单位，南靖、邵武等 9 个县（市）被列为省级全域生态旅游试点建设单位。开展全域旅游创建试点和示范引领的县（市、区）约占全省的 1/3，初步形成省、市、县三级联动，梯队推进，点面覆盖的全域生态旅游发展格局。在全域生态旅游战略推动下，2017 年福建省旅游经济保持较快增长，接待游客人数达 3.83 亿人次，增速为 21.4%，比全国平均增速高 9 个百分点；旅游总收入突破 5000 亿元大关，增速为 29.2%，比全国平均增速高 14 个百分点；旅游增加值占全省生产总值比重达到 6.7%。福建省旅发委获得 2017 中国全域旅游魅力指数排行榜“最佳全域旅游推进奖”，并先后在澳门举办的内地与港澳全域旅游座谈会和美国举行的中美旅游高层对话上做典型经验介绍。

（一）发展全域生态旅游意识持续增强

2017 年 1 月，福建省旅游产业发展工作联席会议办公室下发《关于推进全域生态旅游省建设的指导意见》。2018 年 6 月，福建省政府办公厅转发福建省旅发委《关于加快推进全域生态旅游的实施方案》，进一步明确推进旅游发展全域化、旅游供给品质化、旅游治理规范化、旅游效益最大化，着力把旅游业打造成为带动各产业创新发展、融合发展的主导产业。

地方党政领导更加重视旅游发展，地方主官亲自部署、推进全域旅游工作成为一种普遍现象。永泰、永春、尤溪、武平等地纷纷成立了县委、县政府主要领导挂帅的全域旅游示范区创建工作领导机构，全面统筹、强力推进全域旅游发展。永春县还成立了全域旅游投资公司，推动全县旅游资源整合、旅游产品开发、智慧平台运营等工作。

全域旅游示范创建单位纷纷把全域生态旅游发展理念融入经济社会发展全局中，促进以全域生态旅游为引领的“多规合一”。厦门市以城市总体规划调整为契机，以全域一体化发展理念促进旅游产业发展与城市总体规划的全面融合。平潭综合实验区编制《平潭国际旅游岛发展规划》，充分体现旅游主体功能区建设要求，并在立项、规划设计和竣工验收等环节，就区内重大建设项目对旅游发展的影响征求旅游部门意见。东山、武夷山、尤溪等地也纷纷编制实施全域旅游发展规划。

（二）“清新福建”旅游产品体系日趋完善

以“旅游+”“+旅游”为重要手段，实施旅游产品开发“个十百千万”计划，打造更加丰富多样的“清新福建”产品体系。全省重点推进 15 个具有较强带动效应的重大旅游项目建设。旅游与相关部门合力推进近百项旅游产业融合项目，建成 12 家省级养生旅游休闲基地、8 家省级体育旅游休闲基地、13 家水乡渔村和一批现代农业庄园、休闲农业示范点、观光工厂、中医药健康旅游示范基地、研学旅游基地等。新推出一批文化旅游演艺精品，大型舞台剧《平潭映象》在全球公演，永定打造原生态客家风情歌舞《土楼神韵》。厦门、平潭、武夷山等地先后出台地方民宿管理办法，大力扶持特色民宿发展。邮轮旅游快速发展，厦门邮轮母港接待国际邮轮数量增速达到 24% 以上，福州获批建设“中国邮轮旅游发展实验区”。实施旅游

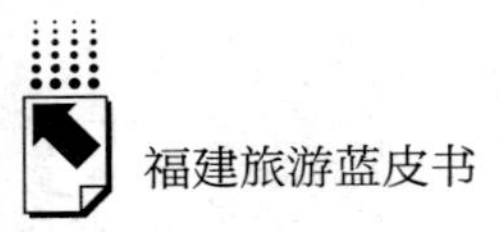

景区提升工程，全省新创建国家 A 级旅游景区 107 家，其中国家 4A 级旅游景区 13 家、国家 3A 级旅游景区 79 家，新增国家级生态旅游示范区 2 家、省级生态旅游示范区 32 家、省级旅游度假区 5 家。

深入实施“百镇千村”建设工程，城市和主要景区周边开发了 39 个休闲集镇、365 个乡村旅游特色村和 13 家乡村旅游创客示范基地。以宁德下党村为示范引领，实施乡村旅游扶贫“百企百村专项行动”。2017 年，全省乡村旅游接待人数达 11954. 74 万人次，同比增长 24. 9%；实现乡村旅游收入 820. 90 亿元，同比增长 28. 3%；乡村旅游经营单位吸纳直接就业人数为 25. 28 万人，同比增长 15. 0%；带动农民增收 108. 24 亿元，同比增长 14. 6%。

（三）便捷旅游公共服务体系全域覆盖

扎实推进“厕所革命”，2015 ~2017 年三年间新改建旅游厕所 1536 座，所有国家 5A 级旅游景区全部配备第三卫生间，旅游卫生环境得到较大提升。旅游集散服务中心建设连续三年被列为省委、省政府为民办实事项目，三年间全省建成 48 处旅游集散服务中心，全省初步形成覆盖景区、设施完善的旅游集散体系。启动福建土楼、碧水丹山、闽都迎宾和最美高铁 4 条风景道试点建设。武夷山、泰宁、永定等地纷纷开通旅游景区直通车。

智慧旅游建设如火如荼，推出“笨游福建”旅游 App，全面铺开“清新福建”智慧旅游多卡通闸机建设，为游客提供更加便捷舒适的自助旅游服务。福州、厦门、龙岩、武夷山等智慧旅游试点城市，已全面实现网络订票、智能导游、二维码地图、景区安防智能监控等信息化应用。

（四）“清新福建”品牌影响力不断扩大

2017 年，“清新福建”品牌获国家工商总局批准，成为全国唯一实现商标全要素组合在 45 个全类别成功注册的省级旅游品牌。各地围绕“清新福建”主题，推出“清新福建　花样漳州”“清新福建　平潭蓝”“清新福建　快乐武夷”等地域特色鲜明的二、三级区域旅游品牌，初步构建“清新福建”品牌体系。福建省牵头，与“海丝”沿线 9 个省份以及香港、澳门联合组建

“中国海上丝绸之路旅游推广联盟”，在日本、澳大利亚等地设立福建海外旅游推广中心，加大“清新福建”品牌在“海丝”沿线国家等海外市场的推广力度。在全国率先开展“清新指数”发布，并逐步拓展到旅游气象综合监测和发布，用优质的生态环境吸引全国游客。福建省还加强全域旅游专题宣传，在《中国旅游报》等媒体专题报道平潭、永定等市县全域生态旅游建设情况，推出一批可学习、可复制、可推广的经典案例和成功经验。

（五）旅游市场服务监管体系创新发展

着力创新“1＋3”旅游综合管理机制。2017 年 5 月，福建省旅游局正式更名为福建省旅游发展委员会，由省政府直属机构调整为省政府组成部门。全省 9 个设区市和平潭综合实验区管委会及武夷山市、永定区等相继成立旅游发展委员会。福建省旅发委与福建省高院联合出台《关于构建旅游纠纷多元化解机制的指导意见》，在旅游景区等游客相对集中区域派出法庭、巡回法庭和巡回审判点。厦门鼓浪屿、武夷山、平潭等主要景区成立了 12 个旅游法庭、7 个旅游巡回法庭和旅游巡回审判点、3 个旅游警察大队、2 个旅游警务队、14 个旅游警务室，依法治旅和综合管理手段更加丰富多样。

2016 年 8 月，旅游与工商、物价等 24 个市场监管部门联合在全国率先向游客做出“放心游福建”旅游服务承诺，对来闽游客旅游投诉实行“一口受理”“限时办结”“先行赔付”，并设立 1000 万元旅游理赔基金用于“先行赔付”。此举获得游客的良好反响和国家旅游局的充分肯定和推广，在厦门金砖会议期间得到海内外游客的广泛赞誉。

（六）全域生态旅游示范建设初显成效

福建先后有厦门市、平潭综合实验区，以及武夷山、泰宁、东山、永春、屏南、永定、连城、仙游、永泰、尤溪、武平、德化、建宁 15 个市、县、区被列为国家全域旅游示范区创建单位。同时，集美、周宁、福鼎、邵武、南靖、华安、永安、建阳、城厢 9 个市、县、区被列为省级全域旅游县试点建设单位。这些市、县采取了大量实践性举措，推动旅游业创新发展，产生了良好的示范建设成效，在全省形成了典型示范带动作用。据统计，2017 年，24 个全域旅游创建单位接待游客 1.78 亿人次，同比增长 21.6%，占全省旅游接待总量的 46%；实现旅游收入 2473.25 亿元，同比增长 27.7%，占全省旅游总收入的 48%。其中，平潭、永泰、东山、建宁等地旅游收入增幅超过 30%，明显高于全省平均水平。厦门市过夜游客比重达到 45.76%，同比增长超过 10%。在人民网主办的“2017 中国全域旅游魅力指数排行榜”评选活动中，福建厦门、泰宁、永定上榜，全域生态旅游在广大的国内旅游市场上得到认可。在示范试点市县的带动下，漳州市、南平顺昌县、漳州霞浦县等地也纷纷提出发展全域旅游，进一步拓展了全域生态旅游发展范围。

各地不断探索全域生态旅游发展新模式。厦门借助金砖会议效应，打响“美丽厦门”旅游会展品牌，打造国际一流旅游会展名城。永春坚持实施多产融合发展策略，依托白鹤拳文化、中国香都、老醋传统工业等，打造多元化旅游产品。仙游探索“旅游 + 红木产业”融合发展新业态，着重打造“旅游 + 工艺”的特色样板。集美区突出研学教育，创新性提出“品牌活动 + 沉浸式旅游体验 + 新媒体 + 市场化”全域旅游模式，打造教育旅游目的地。屏南依托双溪、漈头、漈下、棠口、北墘、夏地等乡村传统建筑，引入文创团队，通过主题特色带动乡村旅游的特色发展。多样化发展模式的探索，为福建省全域生态旅游发展提供了丰富的学习借鉴经验。

二　全域生态旅游发展的主要问题

全域旅游作为一个全新的目的地发展理念，其发展是一项复杂的系统性工程。福建在推进全域生态旅游发展的过程中取得了不俗成绩，但也暴露出一些问题，需要引起关注。

（一）盲目追求全面发展

全域旅游发展理念提出以来，一些旅游机构和专家围绕“全”字提出了各种全面发展观念。在这些观念的引导下，一些地方政府视发展全域旅游为泛旅游，在地域上遍地开花，在产业上“旅游＋全产业”，反而失去了旅游发展的亮点与特色，使旅游目的地缺乏核心产品集聚带动的问题更加突出，旅游市场迟迟无法打开，旅游发展陷入高投入低效益的误区。

（二）对发展目标急功近利

旅游发展是一个循序渐进的过程，发展全域旅游更是需要扎实的产业发展基础，要求旅游业在区域社会经济发展中居于主导地位。各地发展全域旅游的热情高涨，一些地方产业基础较为薄弱，将发展全域旅游作为区域旅游业发展的方向和目标是可以理解的。但是对于大多数地区来说，全域旅游是一个中长期发展目标。无视全域旅游宏伟目标与地方现实发展基础之间的差距，开展运动式的创建行为极不可取。有的地方提出发展全域旅游，则是跟风式的一哄而起，对自身的特色、优势、市场等研究分析不足，盲目对照尚未确定的发展标准，简单复制照搬其他地方的发展方式和经验，造成产业导向、业态培育、服务配套等方面的同质化发展。

（三）发展机制创新不足

发展全域旅游重在改革创新，但一些地方存在改革创新突破不够、工作方式传统固化的问题。一是重形式不重内容。换牌子不换体制、换机构不换机制等换汤不换药的问题较为明显，重宣传、重形式而轻内容、轻实践的现象比较典型。二是缺乏共建意识。一些地方存在全域旅游是旅游部门一家的事情的想法。旅游部门只能以景区景点等传统领域为切入点，无法开展更加开放的产品创新、机制改革和市场监管。三是旅游发展的市场参与度不足。各地发展全域旅游由政府主导推进，出台的引导鼓励扶持政策较少，没有为各类市场主体搭建良好的参与平台，民营企业、金融机构、地方群众的观望情绪较重，参与程度较低。

（四）产品体系尚不完善

一些地区以景区提升和乡村旅游作为发展全域旅游的切入点，重点推进传统观光景区的创 A 工作，全省国家 3A 级旅游景区数量明显增长。在产业融合方面，仍以传统的“旅游 + 农业”和“旅游 + 工业”为主，农家乐、农业旅游示范点和观光工厂仍是主打产品。在依托生态资源发展休闲业态方面相对滞后，康体养生、户外运动、研学旅游等休闲旅游新业态产品开发推进缓慢。总体而言，福建省旅游产品同质化现象仍然普遍，休闲度假旅游产品数量明显不足，表现形式粗糙，缺乏地域特色，不能满足现代旅游市场多样化、多层次和高品位的旅游需求。

（五）旅游服务相对滞后

部分发展全域旅游区域旅游业尚处于起步阶段，旅游咨询、交通、住宿、餐饮等旅游公共服务设施明显不足，主要表现在内部旅游交通网络不发达、公共交通不健全，到景区景点的交通“毛细血管”不够畅通。城镇建设没有兼顾旅游发展需要，城市休闲空间、游憩场所不足。由于没有稳定的旅游市场支持，地方高星级酒店、风味美食街（城）、购物街、娱乐项目等经营困难，无法形成良性发展的旅游消费链条。旅游专业人才较为缺乏，尤其是高端旅游经营管理人才、优秀导游偏少。当地民众对发展全域旅游的认知不够，热情友善的主人翁意识尚未形成，游客的体验感较差。

三　推进全域生态旅游的建议

国务院办公厅下发的《关于促进全域旅游发展的指导意见》为发展全域旅游指明了方向。文化和旅游部正在抓紧研究国家全域旅游示范区的认定要求和验收细则，加快推进示范区的创建工作。为推进全域生态旅游发展，在 2018 年的全省旅游工作会议上，福建省旅发委提出“1115”发展思路，即打响“清新福建”品牌，推动福建旅游国际化进程；深化以“放心游福建”服务承诺为核心的旅游综合服务监管机制，营造优质旅游环境；以“厕所革命”为重点，全面提升旅游公共服务设施；推进实施旅游产品体系提升、重点景区提升、乡村旅游提升、导游服务提升、智慧旅游提升五大工程。要实现旅游发展全域化、旅游供给品质化、旅游治理规范化、旅游效益最大化的全域旅游发展目标，建议应该在以下几方面做出成效。

（一）突出亮点，探索适宜的全域生态旅游发展模式

全国各地在实践全域旅游发展战略过程中总结出了很多新路径、新模式，如资源型城市发展转型、发达地区后工业化型、欠发达地区脱贫致富型等。各地因发展基础条件差异较大，发展模式和历程也不可能统一照搬，应避免等标准、套标准等固定套路模式，积极探索适应本地特质的全域生态旅游发展模式。要结合本地资源特点、旅游产业现状、社会发展基础和旅游市场前景等，正视目标和现实之间的差距，结合社会经济发展和人民生活需求，明确全域旅游示范区创建的阶段性目标，逐步缩小理想目标和现实发展之间的差距。各地要更加注重旅游目的地亮点的打造，注重与地域特色文化、成熟产业的融合，形成具有地域标志性的特色产品和新业态，可以是更高品质的旅游景区，也可以是丰富多彩的风情体验，或者是更好玩、更有趣的节庆活动，或者是令人称道的美食、住宿等，探索出适合自身的全域旅游发展路径。

（二）科学布局，构建合理的全域生态旅游发展格局

加强规划引领全域生态旅游发展，使发展全域旅游成为整合社会资源、资金和力量的重要抓手。全域旅游是以旅游目的地为基础，各地可以在创建国家全域旅游示范区工作的基础上因地制宜，创新全域旅游发展载体，如全域旅游示范城市、全域旅游示范乡镇、依托风景道的全域旅游示范带等，形成形式多样、各具特色的全域旅游区域。在发展空间上，注重推进“多规合一”，争取在城镇发展规划中能够预留充裕的旅游发展空间，注重旅游核心吸引物、重要服务节点等的系统性、合理性布局，连点成线，以线带面，形成“点”“线”“面”一体的全域旅游空间发展格局。引导旅游与农业、工业、文化等其他产业功能区和生态功能区科学有效叠加，避免旅游项目开发与生态保护红线冲突。福建省大量旅游景区在生态保护红线范围内。这些

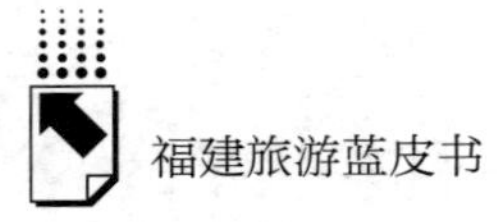

旅游景区的发展需要更加科学的规划，严格控制建设规模，有效平衡生态保护与旅游发展的关系，才能确保项目的有效落地。

（三）注重体验，打造丰富的全域生态旅游产品体系

顺应现代旅游消费需求多样化、品质化、综合化的趋势，加快旅游产品的转型升级，补齐旅游产品的短板，实现观光旅游和休闲度假旅游并重的发展格局。一是要引导生态观光向生态休闲转型。在国有景区门票普遍降价，门票经济无以为继的大趋势下，要积极转变生态资源的开发思路，在提升观光景区品质的同时，加大力度推动生态体验、生态教育等生态休闲旅游产品的开发建设，将生态休闲产品打造成为吸引游客深度体验和消费的核心产品。二是要着力补齐旅游产品的短板。福建省的海洋资源、文化资源相当丰富，但相关旅游产品在数量上、品质上不相匹配。在海洋旅游方面，厦门、平潭、东山都是第一批全域旅游示范区创建单位，应进一步发挥海洋资源优势，重点在厦门打造国际邮轮母港、平潭建设国际旅游岛、东山打造生态旅游岛上实现质的飞跃，打造富有海峡特色的海洋旅游精品，实现福建省海上旅游从滨海向海岛、海洋的延伸。在文旅融合方面，不能停留在对文化建筑载体的保护与修缮上，应深入挖掘文化场馆、文化街区、历史文化名村名镇的文化内涵，特别是对历史事件、历史人物、非物质文化遗产等的文化价值的提炼，注重地域特色文化的展现与表达，讲好地方故事，丰富体验内容，拓展休闲功能，形成文化旅游的精品。尤其是以中华传统文化、红色文化为底蕴的研学旅游，具备良好的发展空间和市场，是未来一段时期发展的重点。三是丰富乡村旅游展现形式。大力发展乡村旅游是发展全域旅游的重要举措之一。要升级乡村旅游的发展形式，注重乡村旅游与古村镇保护、新农村建设、现代农业的有机整合，打造小巧精致、特色鲜明、形式多样的乡村旅游产品，发展有历史记忆、地域特色、产业支撑的旅游村镇。

（四）深挖内涵，塑造全新的“清新福建”旅游品牌

全域旅游理念下的品牌战略，强调生活方式和特色体验的传播，重在迎

合游客的消费诉求。福建要继续以“清新福建”为统揽，深入挖掘“清新福建”品牌的文化内涵，强化对闽式生活的表达，凝练主题突出、特色鲜明、社会认可的旅游目的地形象，如“清新福建·闽式生活”“福建·生活的艺术”等，升华“清新福建”旅游目的地品牌体系。建立政府、行业、企业、媒体、公众等共同参与的整体营销机制，制定多元营销推广规划，形成多方参与的全域旅游营销体系。明确营销的责任与分工，政府部门负责旅游目的地形象推广，提高全域环境、优良生态、乡风民俗的知晓度，提升旅游目的地的知名度。旅游企业主要负责旅游产品营销，做好景区景点、乡村旅游点、商贸活动、文化节庆、体育赛事等的旅游宣传推介，凸显旅游产品的吸引力。

（五）优化环境，营造良好的全域生态旅游氛围

旅游目的地的所有要素都会影响游客的旅游感知，尤其是好客程度以及服务质量是影响游客感知的关键因素。游客对旅游目的地的公共服务设施、生态环境，以及个性化、特色化、人性化旅游服务的要求越来越高。全域旅游市县要更加注重旅游要素和服务的全域覆盖，营造更加便捷、温馨、好客的旅游目的地氛围。一是旅游服务设施要全域覆盖。发展全域旅游不能仅停留在景点、酒店的建设提升上，更重要的是要完善交通、接待、安全等服务设施。要进一步完善区域风景道、绿道等组成的慢行交通网络，健全标识标牌系统、游客集散中心、旅游咨询中心等配套服务设施，形成健全的旅游目的地自助自驾旅游服务体系。二是城镇整体环境要全面提升。以提高本地居民的幸福感和游客体验满意度为目标，结合城镇建设，形成辨识度高、富有地方文化特色的城镇风貌。洁化、绿化、美化主要旅游区域，旅游廊道和旅游村镇环境，实现景区内外环境都整洁美观。三是要塑造良好的服务形象与口碑。福建首推的“放心游福建”在全国已经初步赢得了良好的口碑。要进一步兑现好“放心游福建”旅游服务承诺，完善旅游市场快速综合处理机制，提高游客知晓度，让“放心游福建”成为广大旅游者真心认可的服务品牌。要加强宣传引导，增强本地居民的旅游参与意识、主人翁意识和热

情好客意识，建立常态化的志愿服务队伍，给予游客一个足以信任、舒适的旅游感知环境，给游客留下良好的目的地印象。四是完善地方特色服务标准。各地可因地制宜，制定具有地方特色、可操作性和实用性更强的地方标准，引导规范新业态发展。

（六）科技支撑，打造智慧的全域生态旅游新模式

随着信息技术的发展，旅游智能化成为全面加强产品建设、行业管理、对外营销的重要手段。各地应加快推进智慧旅游建设，通过建立完善旅游信息大数据平台、游客信息服务体系、智慧旅游管理体系以及智慧旅游营销体系，推动全域旅游的智能化、现代化、便利化。一是要加快建立统一的大数据平台，实现省、市、县和旅游企业四级旅游信息的全面采集和共享。二是利用大数据提升行业监管服务能力。借助大数据精准定位客源市场，分析客源结构和游客消费需求，帮助目的地以市场需求为导向开发旅游产品，实现产品开发与市场拓展的无缝衔接。通过大数据细致分析产业发展和企业经营存在的问题，推动旅游综合监管和服务更精准、更科学、更到位。三是提供便捷的智慧旅游服务。加强互联网、大数据、人工智能在旅游实体的应用，通过“笨游福建”App等移动端服务平台为游客提供更加丰富便捷的、覆盖“吃住行游购娱”各环节的旅游服务。推动旅游企业的信息化建设，建设智慧景区、智慧酒店等示范项目，实现旅游服务的智能化转型，建成智慧旅游城市、智慧旅游目的地。

四　政策机制保障

（一）建立全域旅游产业评价体系

发展全域旅游，将进一步凸显旅游业的产业带动作用和社会综合效益，原有的旅游统计体系已不能客观反映旅游业的综合作用。要建立以旅游产业综合贡献为核心的现代旅游统计体系，从旅游服务、产业发展和综合效益等

方面多维度评估旅游产业的发展。在做好旅游产业发展监测与统计的同时，在旅游综合效益较好的地区，可以探索试点实行旅游发展影响评价制度，就是参照环境影响评价，在地方发展和建设过程中，对规划建设的重大项目可能对全域旅游目的地的影响进行分析、预测和评估，并提出促进产业融合或减轻不良影响的对策和措施，增强全域旅游发展的带动作用，提高全域旅游的综合效益。

（二）拓宽旅游发展的投融资渠道

一方面，财政资金要加大对旅游基础设施和公共服务设施的投入力度。地方可以统筹交通运输、城镇化建设、水农渔林、生态治理、文化发展等方面的财政资金，集中财力支持全域旅游发展。有条件的地方政府可以设立旅游产业发展基金来扶持全域旅游发展。另一方面，要引导社会资本积极参与全域旅游发展。旅游业是市场化程度较高的产业，发展全域旅游更是提出要全民共建共享。各地要充分发挥市场配置资源的决定性作用，出台政策引导企业等市场主体在资源整合、产业融合、项目开发、区域运营、非公益性公共服务体系建设中发挥重要作用，形成全社会认可全域旅游、积极共建共享全域旅游的良好发展机制。

（三）保障旅游发展用地的有效供给

国务院办公厅下发的《关于促进全域旅游发展的指导意见》和《福建省政府办公厅转发省旅发委关于加快推进全域生态旅游实施方案的通知》都为发展全域旅游提供了土地政策保障，优先保障重点旅游项目、乡村旅游扶贫以及民宿发展等项目用地。各地在落实土地政策的时候，要在旅游项目用地指标的管理上予以保障，年度土地利用计划适当向旅游领域倾斜。要充分研究相关产业的发展政策，在推动旅游与关联产业融合发展的过程中，有效利用这些产业的土地使用政策来发展旅游。农村集体建设用地将成为未来旅游用地主流。要加强对国家出台的休闲农业、田园综合体等现代农业发展扶持政策的研究，利用这些农业用地政策来发展休闲旅游。

（四）提升旅游从业者队伍素质

要加强旅游从业者队伍的建设，提升从业人员的整体素质，为发展全域旅游提供充分的人才保障。出台吸引旅游高素质人才的政策措施，吸引旅游行业管理人才、旅游企业经营团队、导游服务队伍等旅游职业人才和团队，通过人才引进快速建立地方旅游专业服务队伍。积极引导设计、建筑、文化、艺术等各类专业人才通过技术帮扶、参与开发等形式主动参与旅游发展，完善旅游从业者队伍的专业构成。要加强社会旅游服务的相关培训，尤其是针对乡村旅游、民宿等业态的旅游从业者队伍开展技术技能培训，提升全社会的旅游服务意识和服务水平。

参考文献

[1]《福建省政府办公厅转发省旅发委关于加快推进全域生态旅游实施方案的通知》，2018年6月1日。

[2]《关于促进全域旅游发展的指导意见》，2018年3月9日。

[3] 吴贤德：《2018年全省旅游工作报告》，福建省旅游发展委员会网站，2018年1月17日。

[4] 吴贤德：《在2018年上半年全省旅游经济形势分析会上的讲话》，2018年7月27日。

市场发展篇

Analysis of Market Development

B.3
2017~2018年福建省国内旅游发展分析展望

林 颖　徐 霖*

摘　要： 随着《福建省“十三五”旅游业发展专项规划》的全面落实，全省旅游系统进一步丰富旅游产品供给，着力提升旅游服务品质，持续深化“清新福建”品牌，旅游资源优势凸显，国内旅游市场迎来重要发展契机。本文通过对2017~2018年福建省国内旅游市场发展现状、市场发展特征的研究分析，结合研究中发现的全省国内旅游市场发展存在的主要问题，有针对性地提出了加快全城旅游发展、深化旅游营销推广和完善旅游服务体系等一系列政策建议。展望2018年，福建省国内旅游将在环境服务进一步完善、消费结构不

* 林颖，福建省华通市场研究有限公司副总经理、高级统计师；徐霖，元智大学管理学院。

断升级的推动下，有望继续保持近年来总体较快增长的发展态势。

关键词： 福建省 国内旅游市场 旅游品牌营销 旅游服务体系

2017年，在中央的大力支持之下，福建省旅游系统认真贯彻落实省委、省政府和国家旅游局的一系列决策部署，围绕“旅游业要发展成为福建省新的主导产业”的发展定位，将全域旅游发展理念融入全省经济社会发展全局，持续叫响、唱响“清新福建”金字招牌，认真践行“放心游福建”旅游服务承诺，统筹推进旅游产业“五大提升工程”，全省旅游经济继续保持健康高位增长，旅游产业发展迈上新的台阶。①

一 国内旅游发展现状

（一）国内旅游市场稳步增长

随着“十三五”时期旅游创新的飞速发展，福建省内各地旅游产品日渐丰富，旅游服务水平持续提升，综合吸引力不断提高，国内旅游市场供需两旺，发展结构更加优化。从旅游人数上看，2017年福建省累计接待国内游客37534.06万人次，同比增长21.6%；其中，接待国内一日游游客18628.18万人次，同比增长21.0%，占国内游客的比重为49.6%；接待国内过夜游客18905.89万人次，同比增长22.2%，占比为50.4%。接待国内过夜游客中，住宿设施接待游客15446.41万人次，同比增长19.9%，占国内游客的比重为41.2%，居民家庭户接待游客3459.48万人次，同比增长

① 《2017年福建省旅游经济运行简析》，福建省旅游发展委员会政府门户网站，http://lfw.fujian.gov.cn/zwgk/lydt/bwdt/201805/t20180502_3412093.htm。

33.7%，占接待国内游客的比重为9.2%（见表1）。人数规模快速增长，过夜游客占比增多，客源结构持续优化，旅游经济效益明显提升。

表1　2017年福建省接待国内旅游人数及构成情况

指标	规模（万人次）	同比增长（%）	增速同比变动（个百分点）	占比（%）	占比同比变动（个百分点）
接待国内游客人数	37534.06	21.6	↑3.5	—	—
1. 过夜游客	18905.89	22.2	↑4.7	50.4	↑0.3
住宿设施接待国内游客	15446.41	19.9	↑3.7	41.2	↓0.5
居民家庭户接待国内游客	3459.48	33.7	↑9.2	9.2	↑0.8
2. 一日游游客	18628.18	21.0	↑2.2	49.6	↓0.3

资料来源：福建省旅游发展委员会。

2017年全省累计实现国内旅游收入4570.77亿元，同比增长30.8%，游客人均花费1218元，同比增长7.5%。其中，接待省外游客实现收入2327.09亿元，同比增长29.5%，人均花费2808元，同比增长8.8%；接待省内过夜游游客实现收入1535.40亿元，同比增长30.2%，人均花费1446元，同比增长4.3%；接待一日游游客实现收入708.28亿元，同比增长36.6%，人均花费380元，同比增长12.8%（见表2）。福建省接待省内外游客实现的旅游收入均有较大幅度增长，其中省外游客人均花费较高、增速较快，旅游经济效益明显提高。

表2　2017年福建省国内旅游收入及构成情况

指标	规模（亿元）	同比增长（%）	人均花费（元）	同比增长（%）
国内旅游收入	4570.77	30.8	1218	7.5
1. 接待省外游客收入	2327.09	29.5	2808	8.8
2. 接待省内过夜游游客收入	1535.40	30.2	1446	4.3
3. 接待一日游游客收入	708.28	36.6	380	12.8

资料来源：福建省旅游发展委员会。

（二）全域旅游建设加速推进

2017年，全省各设区市（含平潭综合实验区，下同）加大旅游资源整合力度，强化旅游营销推广，促进国内旅游市场快速发展，各设区市接待国内旅游人数均实现20%以上快速增长，整体发展速度较为均衡。

福州、厦门、泉州接待国内旅游人数稳居全省前三位，合计占全省接待国内旅游人数总量的47.6%，三地占比分别为17.6%、15.8%和14.2%。国内旅游人数增速方面，平潭国际旅游岛在旅游休闲、服务业、旅游商贸等产业上加速发展，进一步扩大旅游发展空间，积极推进以网络为主阵地的“营销活动三步走”战略并取得显著成效，海坛古城、东庠岛、仙人井等景区景点的知名度和网络口碑不断提升，国内旅游市场持续火热，国内旅游人数增速达27.2%，位列全省首位。龙岩、漳州国内旅游人数分别同比增长23.7%和23.1%，位列全省第二、第三位（见图1）。

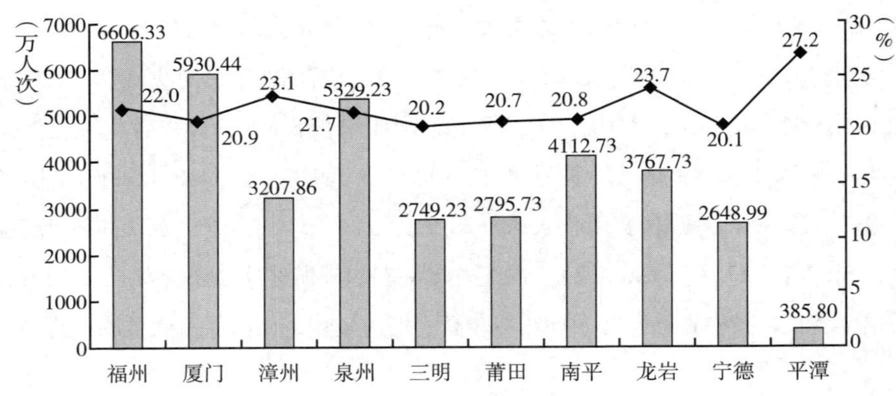

图1　2017年福建省各设区市接待国内旅游人数及增长率

资料来源：福建省旅游发展委员会。

全省各设区市国内旅游收入均实现27%以上快速增长，均高出国内旅游人数增速5个百分点以上，国内旅游市场经济效益凸显。国内旅游收入方面，厦门国内旅游收入超过1000亿元，明显高于其他设区市，福州、泉州国内旅游收入超过700亿元，三地国内旅游收入合计占全省国内旅游收入的比重达55.6%。国内旅游收入增速方面，平潭综合实验区、福州、厦门、龙岩和宁德增速均超过30%，分列全省前五位（见图2）。

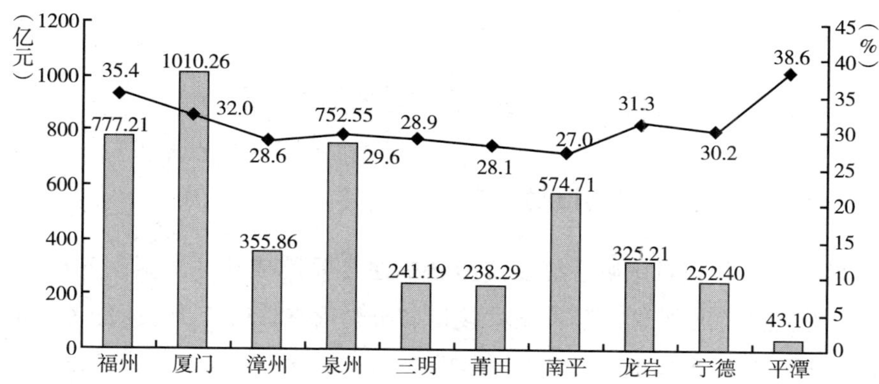

图 2　2017 年福建省各设区市国内旅游收入及增长率

资料来源：福建省旅游发展委员会。

从国内游客人均花费来看，2017 年福建省共有 6 个设区市国内游客人均花费突破千元大关，其中厦门、泉州、南平国内游客人均花费分别为 1704 元、1412 元和 1397 元，分列全省前三位。福建省各设区市国内游客人均花费有不同程度的增长，其中福州市、厦门市、平潭综合实验区和宁德市增长最为明显，增速均超过 8%，分列全省前四位（见图 3）。

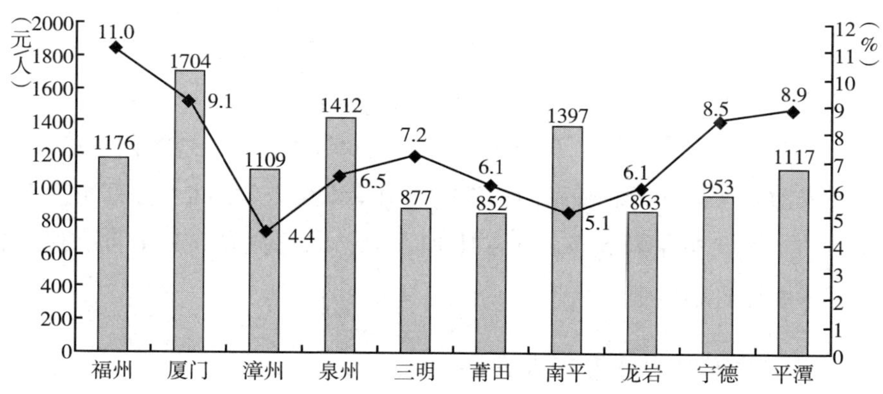

图 3　2017 年福建省各设区市国内游客人均花费及增长率

资料来源：福建省旅游发展委员会。

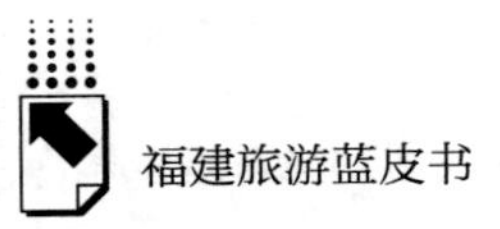

二 国内旅游市场客源特征

（一）省外客源市场日趋集中

2017 年，福建省旅游系统以“清新福建”品牌成功注册国家商标为契机，持续提升旅游形象，全省累计接待省外游客 8287.85 万人次，较 2016 年增长 19.0%，占接待国内游客人数的 22.1%；接待省内游客 29246.22 万人次，占接待国内游客人数的 77.9%。2017 年以来，福建省旅游部门全面推进声势浩大的宣传攻势，推动营销格局向“全省一盘棋”转变，深化塑造并突出“清新福建”品牌的总揽，形成“清新品牌花开，香遍八闽内外”的全域品牌体系，打造全域集成的品牌吸引力。通过举办海峡旅游博览会、“海上丝绸之路”国际旅游节等各类旅游节事活动，积极亮相于各种旅博会和旅交会，推出“清新福建”的标识和形象广告，提升彰显“清新福建”品牌形象。尤其是连续在北京、广州、上海、杭州等地举办旅游推介活动，切实提高推介实效，吸引广大旅行商和市民关注和参与，推动省外游客来闽旅游，取得了良好效果。

2017 年，福建省接待省外游客中广东游客占据重要地位，占比超过两成，达 22.2%；浙江和江西游客占比超过一成，分别为 15.9% 和 13.5%，位居第二、第三位；上海、江苏游客占比均超过 5%，分列第四、第五位；北京、安徽、河南、湖北和湖南游客占比在 2% 至 4% 之间，分列第六至第十位。前十大省外客源市场合计占比 81.0%，同比提高 0.9 个百分点，省外游客来源地日趋集中。

（二）休闲度假理念渐入人心

2017 年，福建省接待的国内游客的旅游目的以游览观光和休闲度假为主，其人数合计占接待国内游客人数的 77.3%。其中，以休闲度假为主要目的的游客占 31.5%，呈逐季递增趋势，升幅居各出游目的之首；以公务出差和商务经商为主要目的的游客比例分别为6.7%和1.1%，合计占比7.8%，有较大提升空间；以探亲访友为主要目的的游客占比为7.0%；以宗教朝拜和医疗养生为主要目的的游客相对较少，占比分别为2.6%和0.8%。与上年相比，休闲度假、游览观光游客所占比例均有所上升；以医疗养生和宗教朝拜为主要目的的游客所占比例与上年持平；以公务出差为主要目的游客所占比例降幅较为明显；以商务经商和探亲访友为主要目的的游客所占比例略微下降（见图4）。

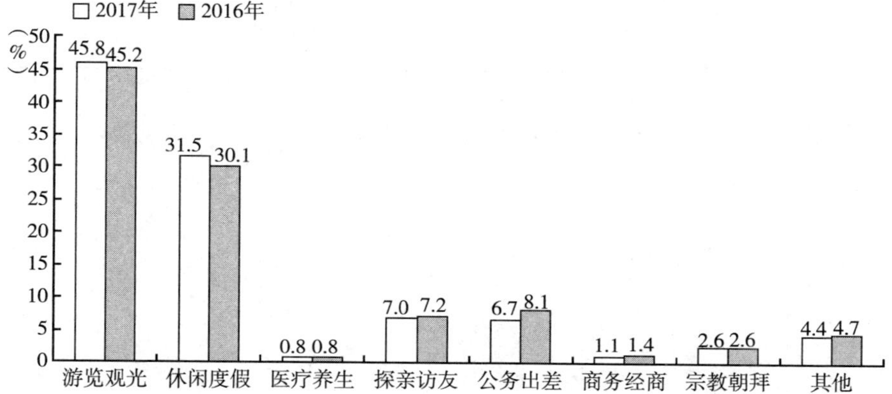

图4 2016～2017年福建省接待国内游客主要出游目的占比及其变动情况

资料来源：福建省旅游发展委员会。

（三）散客化趋势持续深化

2017年，全省接待的国内游客超八成选择自助游（即个人或与亲友结伴）作为主要出游方式，占比为86.7%；单位和旅行社组织出游的比例分别为6.3%和3.9%。与上年相比，除个人或与亲友结伴出行的游客比例提升，单位组织、旅行社组织和其他方式出游的游客比例均出现不同程度下降（见图5）。

2017年，全省接待国内游客以自驾车与社会客运车辆为主要交通方式，所占比例分别为41.8%、41.6%；搭乘团队车辆出游的游客所占比例不足10%，为7.2%（见图6）。

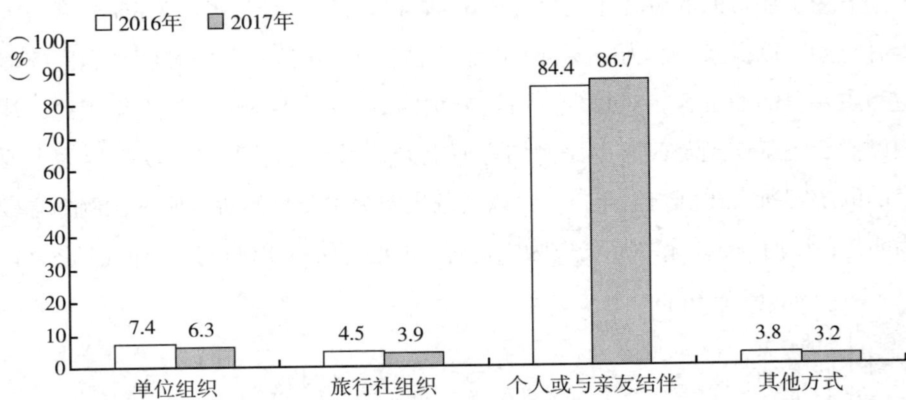

图5　2016～2017年福建省接待国内游客出游方式占比及其变动情况

资料来源：福建省旅游发展委员会。

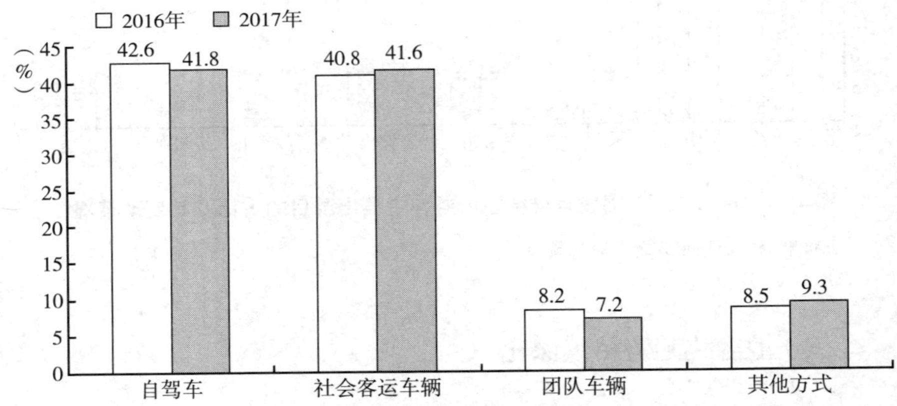

图6　2016～2017年福建省接待国内游客出游交通方式占比及其变动情况

资料来源：福建省旅游发展委员会。

三　福建省国内旅游市场运行特征

（一）旅游消费持续增长，综合效益稳步提高

全省旅游市场持续健康发展，尤其是国内过夜游市场的快速发展，直接

拉动游客人均消费增长，带动福建省旅游经济效益稳步提高，旅游发展质量不断优化。一是过夜游游客人数稳步增长。2017 年，全省接待国内过夜游游客 18905.89 万人次，较 2016 年增长 22.2%，占全省接待总量的 50.4%。过夜游游客的增加直接带动游客人均花费和旅游收入增长，来福建省旅游的国内游客人均花费 1218 元，同比增长 7.5%；实现国内旅游收入 4570.77 亿元，同比增长 30.8%，增速高于国内旅游收入增速 9.2 个百分点。[①] 二是游客花费结构持续优化。2017 年，全省接待的国内游客的住宿费、长途交通费和餐饮费支出占比分别为 22.5%、21.7% 和 17.5%；购物费支出占比达 16.0%，连续 3 年稳步提升。福建省接待的国内游客的花费虽仍以住宿费、长途交通费、餐饮费等基本支出为主，但购物费等需求价格弹性大的旅游消费比重有所上升，国内游客消费结构有所优化。三是假日旅游经济效益凸显。节假日及暑期是旅游出行的高峰期，2017 年春节期间，全省累计接待游客 1863.72 万人次，同比增长 20.8%，旅游总收入为 129.74 亿元，同比增长 25.1%。[②] 2017 年“五一”假期期间，福建省累计接待游客 904.16 万人次，同比增长 24.6%，累计实现旅游总收入 61.59 亿元，同比增长 30.2%。[③] 2017 年国庆、中秋双节福建省累计接待游客 3002.19 万人次，同比增长 23.6%，实现旅游总收入 220.13 亿元，同比增长 33.7%。[④]

（二）品牌创建卓有成效，旅游形象不断提升

福建省旅游系统以“清新福建”品牌成功注册国家商标为契机，持续强化“清新福建”品牌宣传，推进旅游品牌创建，叫响、唱响“清新福建”

① 《2017 年福建省旅游经济运行简析》，福建省旅游发展委员会政府门户网站，http://lfw.fujian.gov.cn/zwgk/tjxx/tjfx/201805/t20180502_3408855.htm。

② 《福建省 2017 年春节假日旅游市场综述》，福建省旅游发展委员会政府门户网站，http://lfw.fujian.gov.cn/zwgk/tzgg/jrly/201702/t20170202_2144357.htm。

③ 《福建全省小长假旅游总收入 61.59 亿元累计接待游客 904.16 万人次》，台海网，http://www.taihainet.com/news/fujian/gcdt/2017-05-04/2005100.html。

④ 《福建省 2017 年国庆中秋假日旅游市场综述》，福建省旅游发展委员会政府门户网站，http://lfw.fujian.gov.cn/zwgk/tzgg/jrly/201710/t20171008_2144359.htm。

品牌，旅游形象不断提升。一是“清新福建”品牌创建成效卓著。鼓浪屿成功列入世界文化遗产，厦门国际马拉松入选“国家体育旅游精品赛事”，厦门市入选“中国旅游休闲示范城市”，宁德白水洋体育旅游示范基地入选“国家体育旅游示范基地”，三坊七巷旅游景区、古田旅游区为全国首批“港澳青少年游学基地”，九龙漈风景名胜区入选第九批国家级风景名胜区，全省国家级风景名胜区总数达 19 家。二是“清新福建”旅游形象持续提升。中国旅游研究院、携程旅行网发布数据显示，福建和厦门在国内旅游度假目的地省份和目的地城市的人气排行榜中均位居第二。[①]《2017“五一”旅游报告与人气排行榜》中，福建在“五一”最具人气旅游省份中排第六位，厦门在“五一”最具人气休闲度假目的地中排第三位。《2017 国庆中秋长假旅游趋势报告与人气排行榜》中，福建在国庆中秋最具人气旅游省份中排第六位，厦门在国庆中秋最具人气休闲度假目的地中排第六位。途牛大数据显示，福建土楼、鼓浪屿荣登全国 5A 级旅游景区网络口碑十强景区榜。

（三）全域生态旅游加速推进，示范创建成效明显

2017 年，全省旅游系统高度重视发展全域生态旅游，着力推动旅游业加快补短板、优供给，加快推进“景区旅游”向“全域生态旅游”转变，深入推进全域生态旅游建设。一是乡村旅游健康有序发展。围绕“清新福建”品牌，全省大力发展休闲农业与乡村旅游，实施“乡村旅游、全域旅游、四季旅游、全民旅游”战略部署，实现由景区旅游到全域旅游的全面突破。2017 年，全省乡村旅游接待游客 11954. 74 万人次，较 2016 年增长 24. 9%；实现乡村旅游收入 820. 90 亿元，同比增长 28. 3%；拉动农民增收 108. 24 亿元，同比增长 14. 6%。二是都市休闲游蓬勃发展。围绕全域生态旅游建设，福建省各地不断强化“城市即景区、景区即城市”的全域旅游发展理念，持续推进以都市休闲、古城体验等为代表的全域旅游产品供给，

---

① 《中国旅游研究院、携程旅行网联合发布〈2017 春节旅游趋势报告与人气排行榜〉》，中国旅游研究院，http：//www. ctaweb. org/html/2017 – 1/2017 – 1 – 25 – 14 – 25 – 49629. html。

文博院馆、都市公园成为人们休闲出游的好去处，助力城市旅游发展。2017年，左海公园、漳州滨海火山国家地质公园等13家城市公园接待人数均在200万人次以上。三是全域生态旅游建设初见成效。在“2017中国全域旅游魅力指数排行榜”中，福建省连获佳绩，福建省旅发委获得最佳全域旅游推进奖，厦门获得地市级第六名，泰宁、永定分获县（市）级第七名和第十名。2017年，平潭、东山、建宁、永春、永泰、永定、连城、屏南、武平、仙游、尤溪和厦门等国家级全域旅游示范区创建单位接待旅游总人数增速均超过20%，南靖、华安、建阳、邵武等省级全域旅游试点县建设单位接待旅游总人数增速均在21%以上。

（四）产业融合迸发活力，新兴业态引领发展

2017年以来，福建省全面整合旅游资源，积极推动旅游与文化、农业、工业、体育、教育等各领域深度融合，推动文化旅游、康养旅游、工业旅游、体育旅游、研学旅游等新业态、新产品竞相发展，“旅游+”成为产业体系升级扩容的新动力。一是围绕文化旅游培育融合新载体。福建省着力推动文化与旅游融合发展，打造文旅融合新业态产品，优化特色文化旅游品牌。泉州围绕建设“世界海丝文化旅游休闲目的地”，以“古城”为核心，复兴泉州古城古港“海丝”文化活力；莆田以打造妈祖文化为着眼点，推进建设世界妈祖文化中心；漳州以关帝文化、林语堂文化为引爆点，着力传承传统文化，培育特色文化品牌；南平着力打造“双世遗”文化、茶文化、朱子文化等大武夷旅游的营销卖点，创新产品供给；三明、龙岩分别以泰宁古城文化、红色文化等为突破口，不断增强文化建设和旅游发展的内生动力和市场竞争力。二是依托工业培育旅游产业新业态。采取“旅游+工业”的模式推动新型工业化和旅游文化产业融合发展，并借鉴台湾发展经验，对工业旅游进一步精准定位，推出“观光工厂”这一旅游新业态，开辟多条工业游线路。截至2017年底，全省观光工厂达71家，涵盖食品、制茶、酒业、玉石、陶瓷、家具、雕刻、鞋服、玩具等企业，种类丰富。2017年，武夷香江名苑、福州春伦茉莉花茶文化创意产业园等

观光工厂接待人数增速均超过70%。三是联合“医养康”开发康体旅游。“旅游+体育”融合发展，成功举办环福州·永泰国际公路自行车赛、福州鼓岭山径赛、武夷山国际马拉松赛等精品赛事，延伸和拓展了各类体育赛事游、运动休闲游、登山、徒步、探险等新业态；开发培育了厦门日月谷温泉度假村、德化九仙山景区、新罗区七彩蓝田生态农业休闲观光园等27家省级养生旅游休闲基地，连城冠豸山景区、屏南白水洋·鸳鸯溪旅游区、永泰大樟溪休闲游乐区等23家省级体育旅游休闲基地，形成新的旅游热点。

（五）旅游环境不断改善，服务品质日渐优化

2017年，福建省旅游系统加快推进以“厕所革命”、智慧旅游和市场环境整治为重点的旅游公共服务体系建设，提升旅游服务品质，擦亮“清新福建”金字招牌。一是“厕所革命”成效明显，旅游环境有效改善。福建旅游系统大力推进旅游“厕所革命”深入景点，覆盖全域，城乡协同发展，取得明显成效，并获得国家旅游局颁发的“2017年厕所革命突出成果奖”。自2015年实施“厕所革命”至2017年底，福建省累计建设完成旅游厕所2061座，其中新建1433座，改扩建628座，完成“厕所革命”第一个三年计划建设任务的109.63%；同时全省9个国家5A级旅游景区2017年合计建成33个第三卫生间，完成年初所制定任务的366.67%。[①] 二是服务承诺加快落实，旅游服务品质日渐优化。持续推行“放心游福建”服务承诺，提升旅游综合监管水平，打造清新社会环境，提升旅游服务品质，并获得广大游客的认可。抽样调查数据显示，2017年福建省接待国内游客对全省旅游服务的总体好评率达64.6%，比2016年提高7.4个百分点；差评率仅为1.2%，比2016年下降0.5个百分点。其中游览和导游要素好评率均超过60%，交通、餐饮和娱乐要素好评率也在50%以上。三是持续推进“智慧旅游”建设，旅

① 《福建：让方便之所成风景“厕所革命”助推全域生态旅游发展》，福建旅游发展委员会政府门户网站，http：//lfw.fujian. gov.cn/zwgk/lydt/gndt/201801/t20180111_1065031.htm。

游基础不断夯实。福建省以优化提升“笨游福建”App为重点，加快推进福建智慧旅游平台建设。启动构建全省国家A级旅游景区联网统一购票平台，支持各景区官网自行开放入口，支付方式接入微信、支付宝及银联卡；建立和完善旅游信息基础数据平台、游客信息服务体系、智慧旅游管理体系及智慧旅游营销体系；加快推动省内100家智慧景区示范项目建设，中国国际信息技术（福建）产业园、数字福建（长乐）产业园·东湖VR小镇和厦门腾邦欣欣旅游产业园被评为2017年度首批福建省智慧旅游产业示范基地。此外，国家旅游局数据中心福州分中心揭牌成立，福州旅游大数据建设取得突破性进展，全省智慧旅游建设有效推进。

四　福建省国内旅游发展存在问题与对策建议

从全域旅游和优质旅游发展需求来看，当前福建省国内旅游市场还面临着许多难题，产业发展、营销推广、产品供给、服务体系和市场环境等方面还存在不平衡、不完善、不充分等问题，与新时代人民群众的旅游美好生活需求不相适应。如区域竞争和市场竞争激烈，营销推广成效有待提升转化；旅游资源开发和有效利用不足，特色旅游开发层次较低，产品供给无法满足游客需求；综合服务体系和基础支撑能力仍待加强，旅游公共服务及基础设施依然不够完善，尤其是旅游交通瓶颈仍然广泛存在；文明旅游发展相对滞后，旅游市场秩序还需进一步规范，旅游综合管理体制还需进一步理顺；等等。下一阶段，针对福建省国内旅游市场发展存在的主要问题，全省旅游系统要进一步推进旅游基础设施建设，完善旅游综合服务监管机制，大力推进全域生态旅游，加快发展优质旅游，扩大“清新福建”品牌影响力，推动全省旅游业持续健康发展。

（一）突出优势，加快全域生态旅游发展

按照《关于加快推进全域生态旅游实施方案》相关要求，加快旅游供给侧结构性改革，推进全域生态旅游建设，打造处处背景、移步换景、宜居

宜游的“清新福建”。一是品牌统领，不断丰富优质旅游产品供给。以“清新福建”品牌为统领，构建“清新生态”“清新人文”“清新品味”等多元要素组成的品牌体系①，并积极推进国家A级旅游景区、特色旅游风景道、特色旅游街区、旅游度假区、全域旅游示范区等品牌的创建和培育，促进景区配套升级和业态提质，打造一批高水平的优质旅游产品，增强旅游发展活力。二是都市带动，持续深化全域生态旅游理念。围绕“城即是景、景也是城、城在景里、景在城中”的全域发展理念，依托城市公共空间、商业环境、文化设施、景区景点、节会活动等培育商务旅游、研学旅游、购物旅游、文化观光等都市休闲旅游业态，引导各地发展特色旅游城镇。三是乡村振兴，贯彻实施乡村旅游提升工程。丰富乡村旅游业态，创建培育一批乡村旅游示范点、田园综合体、旅游休闲集镇、特色景观旅游名镇、乡村旅游村，推动乡村旅游创先争优；大力推进旅游精准扶贫，从政策扶持、资金投入、规划帮扶等方面支持乡村旅游开发，积极探索直接就业、定点采购、输送客源等方式，拓展旅游扶贫覆盖面，推动旅游扶贫富民。

（二）创新升级，丰富旅游品质内涵

当前，福建省国内旅游市场发展虽然已达到一定规模，但市场需求多元化与产品供给单一化的矛盾仍较突出，新业态、新产品发育滞后，与相关产业融合度不高等问题仍然存在。对此，建议通过旅游产品创新丰富旅游内涵，延伸旅游产业链条。一是以文促旅，加大文化旅游挖掘力度。依托海丝文化、朱子文化、客家文化、茶文化、民俗信仰文化等历史文脉荟萃的多元文化优势，通过文化博览、演艺娱乐和教育培训等方式展现闽剧、南音、木偶等非遗文化，创新打造一批特色文化体验旅游精品。二是立足创新，推动旅游新兴业态发展。鼓励推动邮轮游艇旅游、低空旅游、汽车旅馆、自驾车

① 《福建发布〈加快推进全域生态旅游实施方案〉》，福建旅游发展委员会政府门户网站，http：//lfw. fujian. gov. cn/zwgk/lydt/mtzx/201806/t20180622_ 3408356. htm。

房车旅游营地、自驾车露营公园、铁路遗产公园等新业态、新产品发展，并通过打造农家乐升级版、民宿旅游升级版等，推动传统旅游产品精细化、创新化发展。三是外延拓展，积极挖掘旅游发展空间。积极推动文化、美食、生态、科技、工艺美术、特色产业等优势资源与旅游融合发展，构建亮点突出、业态多元的旅游产品体系，进一步优化“旅游＋”生态圈，满足游客品质化、多样化的消费需求。

（三）品牌引领，深化旅游营销推广

强化“清新福建”品牌整体营销推广，精准拓展客源市场。以塑造品牌形象、构建品牌体系、整合联动推广三大工程为抓手，以“清新福建”品牌为核心，坚持整体形象推介与旅游产品营销并重、传统手段与新媒体并用，强化精深营销、精细营销和精准营销[①]，全面提升福建旅游的知名度与影响力。一是持续做热国内营销。坚持“立足散客、扩展团队、巩固省内、拓展周边、开辟远程”的市场定位，加大在京津冀、长三角、珠三角、华中等地区“清新福建”品牌的推广力度，培育西南、西北、东北等新兴市场，并不断强化“清新福建”品牌在省内的推广应用，不断做大全省旅游客源总量。二是强化区域合作。持续深化与广东、江西、浙江等周边省份及环渤海、长三角和珠三角等经济发达地区重点省份、城市的旅游合作，打造精品旅游线路；主动融入“一带一路”倡议，加强与海上丝绸之路沿线国家和地区的旅游合作，积极拓展旅游发展空间，实现区域旅游客源互动、市场共拓。

（四）服务先行，完善旅游服务体系

坚持以服务质量为先，不断完善旅游公共服务体系，切实推进旅游服务品质提升。一是加强公共服务体系建设。加快全省范围内旅游集散中

① 《大力推进全域生态旅游打造“清新福建”亮丽名片》，中国旅游新闻网，http://www.ctnews.com.cn/art/2017/12/5/art_113_12588.html。

心、自驾游营地、旅游厕所等基础设施建设，提升公共服务配套能力；加快推进智慧旅游建设试点，提升旅游服务信息化水平，完善智慧旅游服务体系；加快制定行业标准，加强对旅行社、景区景点、乡村旅游、宾馆饭店等的规范引导，全面展示旅游发展新面貌。二是深化旅游服务承诺。持续实施“放心游福建”服务承诺，高效处理旅游投诉，加强旅游行业诚信体系建设，完善旅游市场综合监管机制，为实现优质服务、营造良好市场环境提供有力保障。三是强化旅游市场管理。一方面，持续开展市场整治行动，推进旅游行业扫黑除恶工作，规范旅游市场秩序，净化旅游消费环境。另一方面，加强旅游安全宣传培训，加强对导游领队等一线工作人员的安全教育；层层落实旅游安全监管属地责任、企业主体责任，加强旅游安全监管和应急救援体系建设，切实提高安全风险防范能力，保障旅游安全稳定形势。

（五）依法治旅，营造良好市场环境

良好的旅游市场环境是国内旅游市场健康有序发展的有力保障，福建省旅游系统要加强旅游法治建设，坚持走依法治旅的道路。一是严格执法，抓好落实。严厉打击“不合理低价游”、强迫消费、导游擅自更改行程和非法经营旅行社业务等突出问题，重点整治“旅游虚假广告”、“旅游霸王合同”和“旅行社分社（网点）、购物店”的违法经营行为，在维护旅游市场秩序上持续发力，推动建立现代旅游市场综合监管体系。二是强化旅游安全保障，加强安全生产。组织开展对媚俗旅游活动、破坏性开发旅游人文资源的专项整治行动，提供符合全体人民共同价值追求的优质旅游产品；加强安全制度建设，完善安全生产风险分级管控和隐患排查体系，推动安全生产责任层层落实，进一步提升旅游安全应急处置能力，保障旅游安全稳定形势。三是紧紧围绕依法治旅，引导树立文明旅游新风。高度重视和加强普法宣传教育，从政府部门、企业和游客三方面共同着手，增强其法律意识和文明素养，优化全域旅游法治环境，形成人人知法、懂法、守法的良好氛围，共创文明、健康、和谐的优质旅游发展环境。

五　国内旅游发展展望

大众旅游时代，福建省国内旅游市场连续实现量质齐升，为福建省旅游业发展提供了良好的市场环境。2018 年，福建省国内旅游市场在强基础、促发展的总体基调下迎来发展热潮。一是旅游经济宏观发展基础持续夯实。2017 年，福建省经济运行总体平稳，供给侧结构性改革持续推进，产业支撑较为稳固，经济保持中高速增长和迈向中高端水平的有利条件不断积累增多，外贸出口、消费市场、居民收入等经济指标与上年相比均增速回升，旅游市场发展的宏观经济基础进一步夯实。二是政策红利加快释放。旅游业作为福建省的战略性支柱产业和现代服务业主导产业，是全省经济发展的重要组成部分，将为产业发展注入强大动力，在省委、省政府的高度重视下，旅游业战略地位将更加凸显，政策红利将加快释放。三是宣传推广扩大福建旅游影响力。随着全域生态旅游建设逐步推进，加上宣传营销活动效果显现，“清新福建”品牌形象在国内外的知名度和影响力有望进一步提升。综上所述，福建省国内旅游市场延续近年来的较快增长态势，继续保持较高热度。

B.4

2017~2018年福建省入境旅游发展分析展望

查瑞波　伍玉婷*

摘　要： 2017~2018年福建省入境旅游呈现持续增长态势，入境旅游游客人次、入境过夜游游客人次、旅游外汇收入均较上年平稳增长，其中港澳台客源市场主力地位依然稳固，外国客源市场活跃度不断上升。综合来看，2017年中国入境旅游稳步进入回升通道，福建省入境旅游拥有良好发展的大环境，厦门尼斯国际嘉年华、第十三届海峡旅游博览会、厦金两门旅游节、“海上丝绸之路”（福州）国际旅游节、国际旅游生活展等重大节事活动的举办以及金砖会晤溢出效应的展现和多条国际新航线的开通，都为福建省入境旅游市场持续稳步增长做出了贡献，2018年福建入境旅游业发展仍将进一步提升。

关键词： 福建省　入境旅游　海上丝绸之路　旅游品牌营销

2017年全球国际旅游呈现持续增长态势，且新兴经济体国家持续发力。2017年全球接待的入境游客总量为13.22亿人次，同比增长7.00%。其中，欧洲、亚太、美洲继续保持全球三大国际旅游热点地位。

---

* 查瑞波，博士，福建师范大学旅游学院讲师、硕士生导师，研究方向为旅游地理与可持续发展；伍玉婷，华侨大学旅游学院硕士研究生。

2017 年亚太地区接待入境游客数量的增速为 5.8%，欧洲和美洲接待入境游客数量的增速分别为 8.4% 和 2.9%。2017 年中国接待入境游客 1.39 亿人次，同比增长 0.80%，规模总量创下历史新高，并且入境旅游消费实现了平稳增长。在处于国际入境旅游发展呈现良好态势，以及中国入境旅游市场整体进入恢复增长的新通道和总体回升新阶段的大环境下，福建省作为“21 世纪海上丝绸之路”的核心区，积极主动响应国家提出的“一带一路”倡议，贯彻落实总书记倡导的“21 世纪海上丝绸之路”建设，持续推进与“一带一路”沿线国家在入境旅游市场方面的合作，努力提升其市场活跃度，加强旅游宣传与推广工作，进一步促进福建省入境旅游的发展。

一 2017~2018年福建省入境旅游发展总体趋势、主要进展

（一）福建入境旅游发展总体趋势

2017 年福建省全年接待入境游客 775.41 万人次，比上年增长 13.9%，占全国的 5.58%。其中，接待外国人 292.87 万人次，同比增长 15.3%；接待台湾同胞 313.27 万人次，同比增长 17.2%；接待港澳同胞 169.26 万人次，同比增长 6.1%。在福建省接待的入境旅游者中，过夜游客有 691.74 万人次，较 2016 年增长 13.1%。2017 年福建省的国际旅游外汇收入为 75.88 亿美元，同比增长 14.5%，占全国的 6.15%。

从入境客源市场的结构特征来看，2017 年福建入境旅游市场持续保持稳定态势，其表现为台港澳客源市场主力地位依然稳固，外国客源市场为辅且微有小幅扩大。福建省全年接待台港澳入境游客达 482.53 万人次，同比增长 13.1%，占福建省接待入境旅游总量的 62.2%；接待外国游客 292.87 万人次，同比增长 15.3%，占福建省接待入境旅游总量的 37.8%（见表 1）。

表1　2017年福建省入境客源市场游客总体情况

单位：万人次，%

指标	游客人数	同比增长	占比
接待入境游客	775.41	13.9	—
台港澳游客	482.53	13.1	62.2
外国游客	292.87	15.3	37.8

资料来源：《福建统计年鉴2018》。

（二）主要客源市场分析

1. 台港澳客源市场特征

2017年台港澳市场地位依然稳固，仍为福建省入境旅游市场的主力。但是台港澳客源市场的消费能力远不及外国客源市场。台港澳市场游客总量占比较2016年略微下降（下降0.5个百分点），但仍保持其主力地位。其中，接待台湾地区游客313.27万人次，占比为40.4%；接待香港游客152.31万人次，占比为19.6%；接待澳门游客16.94万人次，占比为2.2%（见表2）。台港澳地区的入闽旅游市场均呈现增长的优良态势，因闽台两地特有的“地缘相近、血缘相亲、文缘相承、商缘相连、法缘相循”的“五缘”优势，海峡两岸积极推出两岸旅游优惠政策，如打造环马祖澳旅游品牌路线，出台“鼓励港澳台青少年入闽研学旅行奖励措施”等，且自建设福建自贸区后，福建实施了10项新的出入境政策，都有效促进了台湾游客入闽游，故而其中台湾市场增量最为显著，对福建入境旅游总体市场贡献最大。其次增速较大的是澳门市场，两个市场均达到了10%以上的增速，但澳门所占入境旅游市场份额较小，因此贡献相对较少。香港市场虽增长率低于台、澳两地，但占福建省入境旅游市场份额较大，因此对福建入境旅游总体市场贡献较多（见图1）。

2. 外国客源市场特征

（1）外国人入境旅游市场持续扩大，进一步呈现良好发展态势。外国入闽游客人数依然呈递增趋势，2017年，福建接待入境外国游客规模总量创下历史新高，外国人入境旅游市场的规模和增速分别为292.87万人次和15.3%（见图2）。

表 2　2017 年福建省接待主要入境客源市场游客情况

指标	游客人数（万人次）	同比增长（%）	同比增长变动（个百分点）	占比（%）	占比同比变动（个百分点）
接待入境游客	775.41	13.9	-1.2	—	—
台湾游客	313.27	17.2	5.0	40.4	1.1
香港游客	152.31	5.7	-6.9	19.6	-1.6
澳门游客	16.94	10.1	-28.7	2.2	-0.1
外国游客	292.87	15.3	-3.4	37.8	0.5

资料来源：《福建统计年鉴 2018》。

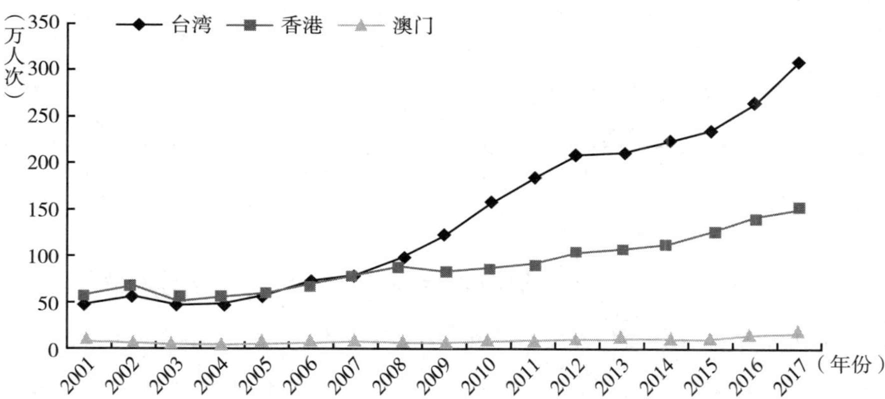

图 1　2001～2017 年台港澳入闽旅游人数变化情况

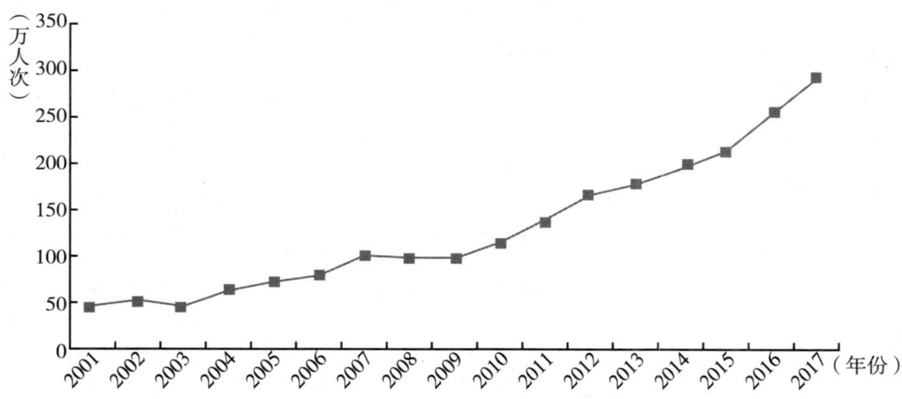

图 2　2001～2017 年外国入闽旅游人数增长情况

（2）外国游客入闽旅游人数占入境游客总人数较小。2017年福建省接待入境旅游外国游客达292.87万人次，虽然与本省往年数据相比有较大增长，但与北京（332.0万人次）、上海（671.21万人次）相比仍存在较大差距。从入境旅游外国游客占比上看，2017年福建省接待入境旅游外国游客占福建接待入境游客人数的37.8%，北京（84.6%）、上海（76.9%）都远远高于福建（见表3），因此，进一步提升福建省对外国游客的吸引力是需要长期坚持的战略。

表3　2017年福建、北京、上海外国游客入境情况对比

单位：万人次，%

地区	入境游客人数	入境旅游外国游客人数	占比
福建	775.41	292.87	37.8
北京	392.6	332.0	84.6
上海	873.01	671.21	76.9

资料来源：《福建统计年鉴2018》《2017年上海市国民经济和社会发展统计公报》《2018北京旅游年度统计资料发布计划》。

（3）从入境旅游市场构成来看，亚洲主力客源市场的地位依然稳固，欧美市场则次之，而大洋洲和非洲市场依然占据小份额。2017年，福建省接待亚洲市场入境游客人数达184.82万人次，占福建省接待入境外国游客人数的63.1%；接待欧洲、美洲市场入境游客达43.40万人次和43.93万人次，占比分别是14.8%和15.0%；大洋洲与非洲市场入闽游客所占份额较小（见图3）。从增速上看，亚洲和非洲市场增速相对较快，分别同比增长20.0%和37.5%，除大洋洲市场呈现负增长，其他洲均呈现增长（见表4）。其中，亚洲市场增速同比回落4.6个百分点，但仍然处于快速发展阶段；欧洲市场增速同比上升1.6个百分点；美洲市场增速同比下降了3.4个百分点；大洋洲市场增速同比下降24.9个百分点，出现了最大的增速回落；相反，非洲市场增速同比上升了18.4个百分点，是各洲中增速比上年同期上升最大的。

（4）从客源国构成来看，主要以近距离客源国为主体，十大客源国排名略有变化。从2017年福建省入境外国客源市场的构成情况来看，近程客

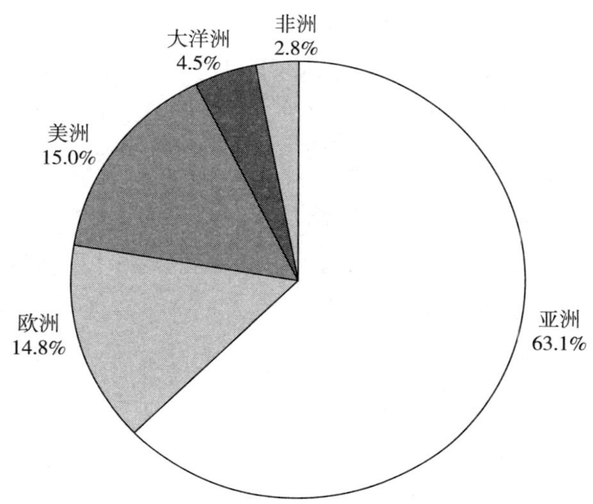

图3　2017年福建接待外国游客来源分布

表4　2017年福建省接待外国游客来源地明细

单位：人次，%

来源地	2017年	2016年	同比增速
亚　洲	1848225	1539786	20.0
欧　洲	433969	395016	9.8
美　洲	439290	421095	4.3
大洋洲	125027	125505	-0.3
非　洲	82222	59791	37.5
合　计	2928733	2541193	15.3

资料来源：《福建统计年鉴2018》《福建统计年鉴2017》。

源国入闽游客数量依然远远多于远距离客源国，各客源国入闽情况总体上变化幅度不大，与2016年相比基本上保持稳定。2017年福建省接待马来西亚游客人数最多，达44.21万人次，与2016年相比排名始终位列第一；接待日本、美国、新加坡三国游客人数分别为42.92万人次、31.53万人次、30.16万人次，与2016年相比排名继续保持第二、第三、第四位；接待菲律宾游客人数为13.04万人次，排名由第六位上升到第五位；2017年福建省入境前十大客源国与2016年相比，德国再次跻身前十客源国排名，其中各客源国排序略有变化（见表5）。从增速上来看：俄罗斯游客依然数量与2016年一样，增长最快，增速达到50.2%；其次是菲律宾、泰国、日本，增速分别是33.7%、28.7%和25.1%；再次是印度尼西亚、马来西亚、意大利，增速分别是23.3%、18.2%和12.3%。由于2016年韩国部属萨德反导系统，引发了中国强烈的反对浪潮，从而萨德事件之后两国关系紧张，严重影响了韩国作为客源国的入境旅游市场；对于日本入境旅游市场，自2001年开始，福建省连续组团赴日本开展旅游促销活动，且2017年“清新福建”旅游推介暨旅游经贸合作对接会再次走进日本，同时“清新福建（日本）海外推广中心”的设立促使了两地旅游业界达成多项合作意向，如在邮轮旅游产品方面新增多条邮轮旅游路线，在多元主题旅游产品方面积极推广宗教之旅、高尔夫之旅等休闲度假旅游产品，使日本作为福建第二大客源国，其入闽游客数量增长较快；而菲律宾入境游客数量增速持续上升，较2016年又提升了一个名次；在其他入境国家中，英国较2016年的增速出现了负增长，其余均呈现不同程度的正增长。

表5　2017年福建省前十大客源国情况

单位：人次，%

客源国	2017年入闽游客人数	占接待入境游客总人数比重	较2016年增长	较2016年名次变化
马来西亚	442061	15.1	18.2	不变
日本	429246	14.7	25.1	不变
美国	315287	10.8	3.7	不变
新加坡	301589	10.3	21.3	不变
菲律宾	130415	4.5	33.7	+1
印度尼西亚	87355	3.0	23.3	+2
澳大利亚	81087	2.8	2.8	不变
加拿大	73972	2.5	7.6	+2
英国	69883	2.4	-0.4	不变
德国	69094	2.4	2.8	+1

资料来源：《福建统计年鉴2018》。

（三）各区域接待入境旅游情况

1. 接待入境旅游人数的区域结构

从各设区市（含平潭综合实验区，下同）入境旅游人数上看：2017 年厦门市接待入境游客人数达 326.03 万人次，占全省接待入境游客的 42.0%；其次是泉州市和福州市，分别接待入境游客 145.26 万人次和 131.48 万人次，占比分别是 18.7% 和 17.0%；厦门、泉州、福州三地接待入境游客人数占福建省接待入境游客总数的 77.7%。从增速来看，2017 年福建省各设区市接待入境游客数量增速差异较大，其中，莆田、平潭综合实验区实现了 30% 以上的增速，分别增长 44.3%、31.8%，而南平接待的入境游客人数几乎与 2016 年持平，增速为 0.05%，其他各设区市均达到 10% 以上的增速（见表 6）。

表 6　2017 年福建省各设区市入境旅游市场情况

设区市	入境游客			外汇收入		
	人数（万人次）	同比增长（%）	占全省比重（%）	金额（亿美元）	同比增长（%）	占全省比重（%）
全省	775.41	13.9	100.0	75.88	14.5	100.0
福州	131.48	21.0	17.0	15.01	11.4	19.8
厦门	326.03	11.4	42.0	33.48	3.5	44.1
漳州	61.08	10.1	7.9	5.02	59.5	6.6
泉州	145.26	10.9	18.7	13.52	20.0	17.8
三明	7.77	19.4	1.0	0.72	25.5	0.9
莆田	44.93	44.3	5.8	4.12	51.7	5.4
南平	37.03	0.05	4.8	2.58	56.0	3.4
龙岩	16.41	18.1	2.1	1.12	29.4	1.5
宁德	4.01	21.7	0.5	0.28	29.4	0.4
平潭综合实验区	1.42	31.8	0.2	0.06	73.2	0.08

资料来源：《福建统计年鉴 2018》。

2. 旅游外汇收入的区域结构

从各设区市旅游外汇收入看，厦门市、福州市和泉州市的旅游外汇收入均超过 13 亿美元，分别为 33.48 亿美元、15.01 亿美元和 13.52 亿美元，分别占全省旅游外汇收入的44.1%、19.8%和17.8%。厦门、福州、泉州三市的旅游外汇收入依然同往年一样几乎囊括福建外汇的总收入，占福建外汇总收入的81.7%，相比2016年，其余7个设区市旅游外汇收入总和占比从13.9%提升到了18.3%。从增速来看，福建省各设区市旅游外汇收入均呈现正增长，除厦门市增速为3.5%，其余各设区市均实现了10%以上的增速：平潭综合实验区、漳州市、南平市、莆田市、龙岩市、宁德市、三明市、泉州市和福州市的外汇收入同比分别增长73.2%、59.5%、56.0%、51.7%、29.4%、29.4%、25.5%、20.0%和11.4%（见表6）。

综合来看，福建入境旅游客流的空间分布不均衡。其中，以厦门、泉州、福州三个热点城市为主，而除此之外的其他7个设区市仍具有较大的市场开发空间，因此应注重区域间的协调发展，进一步激发热点城市外的入境旅游市场潜力。

二 影响2017~2018年福建省入境旅游发展的原因分析

（一）宏观政策

1. 认真贯彻“全域旅游”的决策部署

福建省在全国率先提出建设全域生态旅游省的战略目标，并将其写入省政府印发的《福建省“十三五”旅游业发展专项规划》，统筹推进全域生态旅游省建设。且中央高度重视和支持福建加快发展，批准设立平潭综合实验区、中国（福建）自由贸易试验区、21世纪海上丝绸之路核心区、福州新区、福厦泉国家自主创新示范区、国家生态文明试验区和平潭国际旅游岛等，为福建加快发展注入了强劲的动力。福建省委、省政府将旅游业作为新兴主导产业加以培育。省委领导做出自然环境清新、社会环境清新和工作作风清新“三个清新”的重要批示，并亲自向海内外游客推介“清新福建”。省政府领导在不到一年的时间里两次召开专题会议研究旅游供给侧结构性改革有关工作，并在2017年福建省政府工作报告中强调要大力推进全域生态旅游。福建省政府先后印发《福建省人民政府关于进一步深化旅游业改革发展的实施意见》《促进旅游投资和消费实施方案》《提升服务质量、加强旅游市场综合监管实施方案》，修订实施新的《福建省旅游条例》。各地党委、政府竞相出台一系列支持旅游产业发展的政策措施，为加快建设全域生态旅游省，促进入境旅游发展做出更大贡献。

2. 海丝旅游力促福建入境旅游深度发展

福建旅游业主动融入国家“一带一路”建设，牵头成立了“9＋9”国际旅游合作联盟，推介“海丝”旅游精品路线，推动“海丝”旅游不断向深度、广度拓展，形成了大交流、大合作的态势。2017年11月19日，第三届“海上丝绸之路”（福州）国际旅游节（以下简称“海丝旅游节”）在福州举行。在海丝旅游节启动仪式上，福建省旅游有限公司、中国国际旅行社总社有限公司等10家国内旅游企业与美国、埃及、新西兰、约旦、俄罗斯等国的10家境外旅游企业共同签署了《海丝旅游发展战略合作协议》。此外，缅甸借本届海丝旅游节契机在福州设立旅游办事处，推动海丝旅游业交流协作。

3. 海外推广“8个100计划”，推动福建旅游国际化

随着2018年福建省旅游市场工作会议的召开，会议提出福建要充分发挥厦门会晤“溢出效应”，将积极拓展马来西亚、日本、美国、新加坡、韩国、菲律宾、印尼、澳大利亚、加拿大、英国十大客源国市场，启动实施海外推广“8个100计划”，即培养100名国际旅游大使、100对国际友城、100名外国记者、100名驻外使领馆官员、100名外国驻华使领馆官员、100家旅游龙头企业、100名小马可波罗、100家主流媒体，充分发挥“中国海上丝绸之路旅游推广联盟”平台作用，让“清新福建”品牌享誉全国，走向世界。

（二）品牌形象推介

2017年，“海丝起点·清新福建”2017清新福建旅游推介暨旅游经贸合作对接会走进柬埔寨，会上宣布2017年12月1日起至2018年底，

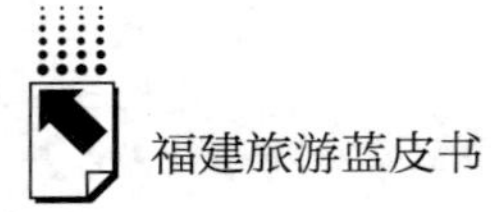

凡是持有柬埔寨护照的游客，到福建省 9 个国家 5A 级旅游景区旅游将免门票；2018 年，福建旅游以“清新福建旅游图片展”作为第一次走进白俄罗斯开展的推介活动，为促进白俄罗斯民众赴福建旅游开启全新篇章；作为东盟国家之一的越南，是福建省传统的入境旅游客源市场，福建省走进越南开展了 2018 清新福建旅游座谈会，意在深化两地旅游合作。福建一直都重视“清新福建”品牌对外的宣传推介活动，除此之外，福建省旅游发展委员会在打造“清新福建”品牌的同时，整合全省“429”旅游资源，向全国乃至全球游客推广“清新福建 · 情境之旅”精品线路，通过 H5 游戏互动、UGC 话题互动、KOL 网络直播、微博图文直播、线下情境体验等方式，满足消费者的深层情感需求，有利于吸引更多入境的年轻消费客群。

（三）旅游市场与公共服务质量的拓展与提升

1. “厕所革命”为福建旅游品牌添彩

福建省旅游发展委员会认真贯彻中央领导关于旅游“厕所革命”的批示精神和文化与旅游部关于推进旅游“厕所革命”的部属，将推进旅游“厕所革命”作为全省旅游工作的重中之重，作为优化旅游公共服务、打响“清新福建”金字招牌的重要环节。2017 年，福建省新建和改、扩建旅游厕所 300 座以上，并完成了建设 9 座“第三卫生间”的目标任务，逐步实现全省旅游厕所“全域覆盖、数量充足、使用免费”。

2. 智慧旅游为福建旅游提供便利化、智能化、现代化服务

2017 年首批“福建省智慧旅游产业示范基地”出炉，该评选是福建省旅发委为进一步培育福建省智慧旅游产业的重要举措。福建大力发展智慧旅游，推动中国 VR 旅游云数据服务平台落户福建，全球首家人脸识别技术在福建武夷山景区成功应用，全面推行“一日游”电子合同，真正让入境游客更方便、更舒心、更满意。

3. “旅游 + 教育”促进港澳台青少年入闽研学旅行

为吸引更多港澳台青少年来闽研学旅行，福建制定出台 2017 年度“鼓

励港澳台青少年入闽研学旅行奖励措施”，对港澳台青少年入闽研学旅行团组中首次入闽人员按1200元/人次给予奖励，其他人员按800元/人次给予奖励；对接受研学交流活动的院校或基地按2万元/次给予补贴。奖励资金总额为330万元。

福建省特意针对港澳台青少年客源市场，设计制作福建省第一本研学旅游产品手册，整合推出海丝文化、闽南文化、客家文化、妈祖文化、世遗文化等不同主题的修学旅游产品；福州三坊七巷旅游景区、龙岩古田旅游区2个景区成功获批第一批“港澳青少年游学基地”。厦门华侨博物院入选“最受港澳青少年欢迎的十大游学博物馆”，福建土楼景区入选“最受港澳青少年欢迎的十大游学景区”，福建泉州“丝绸之路文明之旅”、福建龙岩古田旅游区“香港青少年闽赣红色之旅”等入选“最受港澳青少年欢迎的十大主题游学活动”，不断丰富研学产品，加快提档升级，积极拓展港澳台青少年潜在市场。

4. 新开通国际航空、航线，吸引更多国际游客入闽

福建是洲际航线资源最为丰富的省份之一，近年来，厦门航空全力投身于“一带一路”建设，2017年，厦门航空开通了福建到巴黎、多伦多的洲际航线，并争取开通到莫斯科、孟买等金砖国家城市的航线，目前，厦门航空运营航线340条，航线网络覆盖17个国家和地区，有利于促进福建省的国际航线拓展提升，吸引更多国际游客入闽旅游。

三 2017~2018年福建省入境旅游发展趋势分析

从2017年总体情况来看，中国入境旅游稳步进入回升通道，基础支撑有待进一步夯实。而福建山海交融，人文荟萃，空气清新，生态环境优越，旅游资源丰富，属于“21世纪海上丝绸之路”的起点，拥有深厚久远的历史，再加上国家给予多项政策支持，以及海峡旅游博览会、“清新福建”推介会、海丝国际旅游高峰论坛、海上丝绸之路国际旅游节等重大节事活动的举办，都有力促进了福建入境旅游的发展。

（一）国际政治经济形势错综复杂

在政治方面，难民危机和恐怖主义威胁仍将牵动民众敏感的政治神经，欧洲一体化前景更加不确定，英国脱欧成了影响世界政治变化的标志性事件。在经济方面，2017 年，世界经济增速明显提升，劳动力市场持续改善，全球物价水平温和上升，大宗商品价格有所上涨，国际贸易增速提高。同时，国际直接投资增长缓慢，全球债务持续积累，金融市场出现泡沫。这些给未来世界政治经济带来诸多挑战。

（二）国内经济仍将延续稳中向好发展态势

2017 年，我国经济运行延续了十八大以来稳中有进的发展态势，经济形势好于预期。而 2018 年是我国进入全面贯彻落实十九大精神的第一年，也是“十三五”规划承上启下的关键一年，将决胜全面建成小康社会，开启全面建设社会主义现代化国家的新征程，旅游消费升级相关产品仍将保持快速增长，2018 年入境旅游市场将继续保持平稳增长的良好态势，预计将进一步进入回升增长的新阶段。

（三）国家对闽的政策支持

近年来，党中央、国务院高度重视福建加快发展，在政策上给予了多种支持。支持建设 21 世纪海上丝绸之路核心区、国家生态文明试验区、中国（福建）自由贸易试验区、平潭综合实验区、福州新区、福厦泉国家自主创新示范区等，进一步凸显了福建在全国发展大局中的地位和作用，且福建省成为第一个国家生态文明试验区。以上各类发展战略与优惠政策都能有效促使福建入境旅游的发展。

（四）重大活动、事件的开展

1.“海上丝绸之路”（福州）国际旅游节的举行

2017 年 11 月 19 ~ 21 日，国家旅游局、福建省人民政府主办，福州市人民政府、福建省旅发委承办的第三届“海上丝绸之路”（福州）国际旅游节在福州举行。旅游节期间，来自土耳其、菲律宾、新加坡等近30个国家和地区的旅游机构代表，300多名境内外旅行商以及海丝联盟推广省份代表共聚一堂，洽谈对接、合作共赢，共同推广海丝旅游品牌，力促发展具有国际范的“海丝旅游”。

2. 福建旅游生活展的举办

2017年12月22~24日，福建旅游生活展在福州海峡国际会展中心隆重举行。本次展会规模空前，业态齐全，形式多样。展会聚焦“惠旅游·会生活”主题，开展“清新旅游·品质生活”分享会、开幕式、共享经济旅游发展论坛、“1+1”产品采购对接会、旅游精品线路分享会、“少年旅行家”亲子互动、网红直播推广等多项活动。

3. 福建省旅游协会闽港澳台分会成立

2018年1月15日，福建省旅游协会闽港澳台分会在福州正式成立。分会由福建省内具备出境旅游资质的旅行社、具备对台旅游资质的旅行社、研究机构等与旅游相关的单位组成，共61家。分会的成立将为福建省闽港澳台合作交流发挥纽带和桥梁作用，促进福建省旅游业的持续、快速、健康发展。

4. 第十四届海峡旅游博览会的举办

2018年4月20~22日，以“融合发展、合作共赢”为主题的第十四届海峡旅游博览会在厦门举行，且2018中国（厦门）国际休闲旅游博览会在同期举办。本届旅游博览会展馆使用面积超50000平方米，参展的国家及地区达43个，展位达2200个，数万名客商莅会。

5. 旅游投融资合作与重大项目推介专场会的举行

2018年9月8日，“清新福建”旅游投融资合作与重大项目推介专场会在厦门举行，福建省组织推出优选旅游招商项目208个，总投资额超过3200亿元，主要涉及区域标志性项目、重大专项项目、综合开发项目、特色小镇项目、“+旅游”综合开发项目、乡村片区综合开发项目及单体项目七大类，现场集中签约34个项目，投资总额达809.62亿元。本次活动为大力推进全域生态旅游和优质旅游，为建设新福建、实现赶超目标做出积极贡献。

四 2017~2018年福建省入境旅游发展的建议和对策

（一）有效利用重大事件、节事活动的影响与效应

福建省可借助一年一届的海峡旅游博览会的召开，提高“清新福建”品牌在海内外的知名度，深入展示各区域旅游资源的独特魅力和城市形象，深度促进闽台旅游双向交流发展。并且利用厦门的“后金砖”效应，以及鼓浪屿的成功申遗，可策划一系列与厦门金砖会晤相关的活动，融入厦门会晤主题，例如图片展、美食节、旅游线路设计大赛等，给入境游客带来美好的“金砖回忆和体验”，通过旅游博览会来深化两岸旅游交流合作，借助世遗形象的影响力带动福建入境旅游的进一步发展。

（二）加快复合型入境旅游接待人才队伍的建设

人才队伍建设是促进入境旅游发展的关键。应加大资金投入，着力培养和打造一支懂管理、懂营销、懂规划的复合型旅游人才队伍。不仅注重专业知识的培养，也要重视综合素养的提升。懂得从福建省中高等院校培养出来的人才中选拔组合高素质人才队伍。

（三）加强区域旅游合作

各区域间应共同编制区域间旅游精品路线，互助开发旅游客源市场，注重旅游资源的合作开发，进一步挖掘潜力，促进区域间进一步协作融合发展。

1. 加强与“一带一路”沿线国家和地区的入境旅游合作

充分利用福建省作为21世纪海上丝绸之路核心区的优势，与“一带一路”沿线国家良好的合作基础和广阔的合作空间，可通过座谈会、推介会等形式为两地旅行商搭建交流合作平台。加速开通与具有潜在入境客源市场

的国家与地区之间的航线交通，减少入境游客中转入闽的次数，以节省游客时间，增加到达的便利性。

2. 加强省内以及省份与省份之间的区域入境旅游合作

福建省各区域入境旅游接待能力差异分明，应加强区域联动，实现旅游产业利益共享，做到由点到线至面辐射覆盖的旅游项目合作。例如闽东北五市一区，区域包括福州、南平、宁德、三明、莆田和平潭综合实验区，整合山地生态休闲度假游、妈祖文化游、温泉、海岛游等资源，打造旅游产业集群。

（四）制定合理有效的营销策略

1. 推动“清新福建”品牌深度化、广度化

自“清新福建”品牌正式成为国家注册商标以后，应着力完善“清新福建”二级、三级品牌体系，继续深挖“清新福建”品牌文化的内涵，构建一系列以“清新+”为主题的品牌宣传要素，尽力涵盖吃、住、行、游、购、娱等各方位；同时加强与海外国家和地区的旅游合作，增加海外营销点，让“清新福建”旅游品牌深入更多入境游客之心，享誉更多国家和地区。

2. 分领域开发入境旅游产品

福建应根据各地资源禀赋充分开发出具有当地特色的入境旅游产品，做到各地有亮点，各处值得游，以此吸引更多的入境游客。例如福州可侧重以中国近代洋务运动产物之马尾船政学堂以及造船厂、明清古建筑群三坊七巷为代表性的名片向外宣传展现；厦门以滨海休闲、文艺小资的旅游地形象闻名，再充分发挥世遗鼓浪屿所展现的外国文化在中国传播这一特点，对外吸引更多入境游客；泉州以东亚文化之都著称且自古以来为泉南佛国，又是海上丝绸之路的起点之一，可突出宗教旅游、文化旅游、海丝旅游等。总之各区域需要立足于当地特色，面向世界，开发出新的旅游产品，从而拓展更大的入境旅游市场。

参考文献

[1] 北京市统计局、国家统计局北京调查总队：《旅游年度统计资料发布计划》，http：//www. bjstats. gov. cn/tjsj/ndtjzl/2018ndtjzl/ly_ 6698/201801/t20180110_ 390664. html。

[2] 福建省统计局：《福建统计年鉴 2018》，http：//tjj. fujian. gov. cn/tongjinianjian/dz2018/index - cn. htm。

[3]《"清新福建"旅游投融资合作与重大项目推介专场在厦门举行》，百家号，https：//baijiahao. baidu. com/s? id = 1611023827158446543&wfr = spider&for = pc&isFailFlag = 1。

[4] 上海市统计局：《2017 年上海市国民经济和社会发展统计公报》，http：//www. stats - sh. gov. cn/html/sjfb/201803/1001690. html。

行业发展篇

Research on Industry Development

B.5

福建景区发展四十年报告

甘萌雨　王 敏*

摘　要： 改革开放四十年以来，福建省旅游发展围绕旅游景区，大幅提升旅游服务质量，实现了旅游指标的高位增长。改革开放以来，福建景区经历了起步、拓展、稳步发展和产业提升四个发展阶段，坚持创新发展、稳中快进，旅游经济持续保持较快增长，旅游产业发展跃上新的台阶。未来，福建景区发展要打破传统景区发展理念，推进以景区为核心的区域旅游产品体系建设，有步骤、分阶段地推动旅游景区从观光主导向观光、休闲、度假并重转变。

* 甘萌雨，博士，福建师范大学旅游学院系主任、副教授、硕士生导师，中国科学院地理科学与资源研究所博士后，研究方向为旅游目的地开发与管理；王敏，福建师范大学旅游学院硕士研究生，研究方向为旅游目的地管理。

关键词： 旅游景区 改革开放 福建省

一 发展概况

在整个旅游行业中，旅游景区是旅游消费的吸引中心，是旅游活动发生最集中的场所，也是旅游产业链中的中心环节。根据《旅游规划通则》与《旅游景区质量等级的划分与评定》，旅游景区是以旅游及其相关活动为主要功能或主要功能之一的空间或地域，是具有参观游览、休闲度假、康乐健身等功能，具备相应旅游服务设施并提供相应旅游服务的独立管理区。管理区应有统一的经营管理机构和明确的地域范围，包括风景区、文博院馆、寺庙观堂、旅游度假区、自然保护区、主题公园、森林公园、地质公园、游乐园、动物园植物园及工业、农业、经贸、科教、军事、体育、文化艺术等各类旅游景区。作为旅游活动的空间载体，旅游景区是旅游系统和旅游产业的核心部分，其开发与管理现状对旅游业的可持续发展和高质量发展至关重要。

改革开放以来，福建省旅游发展围绕旅游景区，大幅提升旅游服务质量，实现了旅游指标的高位增长。2017 年，福建省共接待国内外游客 3.83 亿人次，同比增长 21.4%，高于全国平均增速 9 个百分点；福建省旅游总收入累计实现 5083.10 亿元，同比增长 29.2%，高于全国平均增速 14 个百分点；根据初步计算，2017 年，福建省旅游增加值占地区生产总值的 6.7%，对国民经济的综合贡献为 15.6%。

从景区数量与类型上看，到 2018 年，福建省已有世界遗产 4 处（世界文化与自然双遗产——武夷山，世界文化遗产——福建土楼、鼓浪屿，世界自然遗产——泰宁丹霞地貌），世界地质公园 2 处（宁德世界地质公园、泰宁世界地质公园），国家 A 级旅游景区 298 家，其中国家 5A 级旅游景区 9 家 10 处，国家历史文化名城 4 座，中国优秀旅游城市 8 座，国家级风景名胜区 19 个，国家旅游度假区 3 个，国家地质公园 16 个，国家级自然保护区 17 个，国家森林公园 32 个，国家级水利风景区 35 处，国家级海洋公园 7

处，全国休闲农业和乡村旅游示范县（点）29 个，形成了相对完善的产品体系。旅游景区业态更加多元化，乡村旅游、红色旅游、生态旅游等成为游客消费的新热点。

从景区体制结构上看，公有制景区所占比例超过 80%。同时随着游客需求的多元化发展和大众市场的拓展，社会资本力量开始介入景区的投资与经营管理，景区投资愈发受其他行业主体偏爱，社会资本的力量已从策略性行为转变为战略性行为。

从景区经营效益上看，门票收入是大多数旅游景区的主要收入来源，在自然类和人文类景区中最为明显。

从景区经营模式上看，可以分为企业化经营与非企业化经营两方面，重点从旅游景区的所有权和经营权的所属关系展开。

从景区发展趋势上看，福建省旅游业将保持持续较快发展，在经济发展中发挥更加积极有效的作用，在未来，旅游景区效益更加显著，在数量、质量、管理模式等各方面都必将得到发展与提高。

二　发展阶段

党的十一届三中全会以来，随着中国的进一步对外开放，广大人民群众的生活水平不断提高，交通等基础设施越来越完善，福建省旅游景区发展从无到有，从小到大，取得了显著成绩，为促进福建社会经济发展和海峡两岸交流与合作做出了应有的贡献。四十年来，福建省旅游景区的发展主要经历了以下几个阶段。

1. 起步发展阶段（1978～1990年）

1979 年中央批准福建省实施特殊政策和灵活措施，1980 年以后，国务院相继批准福州、厦门、漳州、泉州、武夷山等地对外开放，1981 年成立福建省旅行游览事业管理局（后改为福建省旅游局），作为管理全省旅游行业的行政职能部门。1983 年，福建省政府下发《贯彻国务院关于加强旅游工作决定的意见》，要求各地加强旅游事业的管理。1984 年，福建省政府专门召开办公会议，研究旅游发展，要求福建旅游业“当年起步，三年显著变化，1990 年走在全国前列”，并每年拨出 500 万元周转金供发展旅游业使用。1985 年开始，福建省对旅游资源开发、旅游景区建设等情况做全面调查。旅游形式从单纯游山玩水的消遣型旅游逐步向多层次的消费型旅游转变，国内旅游逐渐由自发兴起、自由行动变为有计划、有组织的活动，国际旅游的行业功能也发生质的变化，结束过去那种不计盈亏、不讲效益的局面，以创汇为经济目的的国际旅游活动成为第三产业中的新兴行业。

1982 年，国务院公布了首批国家重点风景名胜区，武夷山位列其中。为加强管理风景名胜区，更好地进行保护、利用与开发，国务院于 1985 年 6 月 7 日发布《风景名胜区管理暂行条例》，1987 年 6 月 10 日，颁布实施《风景名胜区管理暂行条例实施办法》。1988 年 8 月 1 日，清源山风景名胜区、鼓浪屿 - 万石山风景名胜区、太姥山风景名胜区被批准为第二批国家重点风景名胜区。

2. 稳步发展阶段（1991 ~1998年）

1992 年，邓小平南方谈话加快了我国的改革开放步伐，促进了福建旅游业的发展。福建省政府决定利用外资加强旅游基础设施建设，重点开辟武夷山、湄洲岛、平潭岛三个旅游经济开发区，并下发加快发展旅游业的若干规定。1992 年 8 月 17 日，国务院发布了关于试办国家旅游度假区有关问题的通知，批准设立武夷山、湄洲岛两个国家旅游度假区。

各级政府纷纷把旅游业摆上重要议事日程，很多市、县制定旅游发展规划，出台扶持旅游发展的政策措施，为旅游业的发展创造有利条件。旅游景区企业改革步伐加快，逐渐形成多种经济成分一起办旅游的局面。旅游景区发展吸引外资和社会资金的势头强劲，可持续发展意识增强，在旅游开发建设中开始注意对旅游资源和旅游环境的保护。

1994 年 1 月 10 日，桃源洞 - 鳞隐石林风景名胜区、海坛风景名胜区、冠豸山风景名胜区、金湖风景名胜区、鸳鸯溪风景名胜区 5 家景区获批第三批国家重点风景名胜区。为了加强对风景名胜区的管理，1996 年 8 月 14 日，福建省根据《风景名胜区管理暂行条例》等国家有关法律、法规，结合本省实际，制定《福建省风景名胜区管理规定》。

3. 快速发展阶段（1999 ~2012年）

1999 年 9 月 18 日，国务院发布了修订的《全国年节及纪念日放假办法》，决定将春节、“五一”、“十一”假期与前后周末拼接，由此形成 7 天的长假。国庆“黄金周”标志着国民旅游时代的到来，大多数游客奔着旅游景区而去，游客需求极大地推动了福建省旅游景区的发展。

1999 年 6 月 14 日，国家颁布了《旅游区（点）质量等级的划分与评定》（GB/T17775—1999），于同年 10 月 1 日起正式实施，并制定了实施细则。合格景区将获得相应的 A 级，评定的最高标准是 4A。2001 年全国旅游工作会议宣布，187 家旅游景区荣获首批国家 4A 级旅游景区称号，由此标志着中国 A 级旅游景区的正式亮相。福建省有 8 家景区获批为首批国家 4A 级旅游景区，分别为：厦门鼓浪屿旅游区，泰宁金湖，永安桃源洞旅游区，武夷山风景名胜区，泉州开元寺，福州国家森林公园，厦门园林植物园和连城冠豸山。2004 年 10 月 28 日，修订后的新标准正式发布，即《旅游景区质量等级的划分与评定》（GB/T17775—2003），并于 2005 年 1 月 1 日起正式实施。核心内容是将景区评定的最高级别从 4A 提高到了 5A。2005 年 7 月 6 日，国家旅游局颁布了第 23 号令《旅游景区质量等级评定管理办法》，提出景区级别评定流程分为国家级和省级两个级别，从 4A 级旅游景区中产生 5A 级旅游景区。2007 年 5 月 22 日，国家旅游局发布通知公告，决定批准北京市故宫博物院等 66 家旅游景区成为首批国家 5A 级旅游景区。厦门市鼓浪屿风景名胜区、南平市武夷山风景名胜区为福建省首批国家 5A 级旅游景区。2009 年 12 月 1 日，国务院发布《国务院关于加快发展旅游业的意见》，对景区收费和基础设施建设等提出要求。

2002 年 5 月 17 日，鼓山风景名胜区和玉华洞风景名胜区被批准为第四批国家重点风景名胜区；2004 年 1 月 13 日，十八重溪风景名胜区和青云山风景名胜区被批准为第五批国家重点风景名胜区。2006 年 9 月 19 日，国务院颁布了《风景名胜区条例》，于 2006 年 12 月 1 日起实施，风景名胜区被划分为国家级风景名胜区和省级风景名胜区。2009 年 12 月 28 日，宝山风景名胜区、佛子山风景名胜区、福安白云山风景名胜区 3 家景区获批为第七批国家级风景名胜区；2012 年 10 月 31 日，灵通山风景名胜区和湄洲岛风景名胜区获批为第八批国家级风景名胜区。

2001 年 7 月，水利部成立了水利风景区评审委员会，并于 2004 年 5 月 8 日颁布并实施了《水利风景区管理办法》,《水利风景区评价标准》于 2004 年 8 月 1 日起实施。截至 2018 年，福建省拥有国家级水利风景区 35 处。

4. 综合提升阶段（2013 ~2018年）

2013 年，《旅游法》开始实施，国民旅游权利被写入法律，也要求旅游景区不断提升，充分挖掘和提高旅游资源的利用价值。

2013 ~2018 年，福建省旅游景区评定工作推进迅速，国家 A 级旅游景区由 2013 年的 130 家增加到 2018 年中的 298 家，增长 1.3 倍，其中国家 5A 级旅游景区由 7 家增加到 9 家，国家 4A 级旅游景区由 63 家增加到 88 家，国家 3A 级旅游景区由 42 家增加到 168 家，产品供给总量上了一个新台阶（详见表 1、图 1）。

表 1　2013 ~ 2017 年福建国家 A 级旅游景区数量情况

单位：家

年份	国家 A 级旅游景区	国家 5A 级旅游景区	国家 4A 级旅游景区	国家 3A 级旅游景区	国家 2A 级旅游景区
2013	130	7	63	42	18
2014	153	7	71	55	20
2015	197	9	85	87	16
2016	218	9	87	91	31
2017	298	9	88	168	33

资料来源：根据福建省旅发委网站和福建省各地市旅发委网站资料整理。

根据福建省景区评定委员会公布的国家 A 级旅游景区名单，截至 2018 年 6 月 30 日，福建省国家 A 级旅游景区共有 298 家 299 处，其中 5A 级 9 家 10 处，占 3%，4A 级 89 家，占 29.9%，3A 级 167 家，占 56%，2A 级 33 家，占 11.1%。与 2016 年相比，2017 年国家 A 级旅游景区共增加 80 家，其中国家 3A 级旅游景区增幅最大，增加了 77 家。国家 5A 级旅游景区分别为福州三坊七巷、厦门鼓浪屿、南平武夷山、漳州南靖土楼、龙岩永定土楼、三明泰宁风景旅游区、宁德屏南白水洋 · 鸳鸯溪旅游区、泉州清源山、

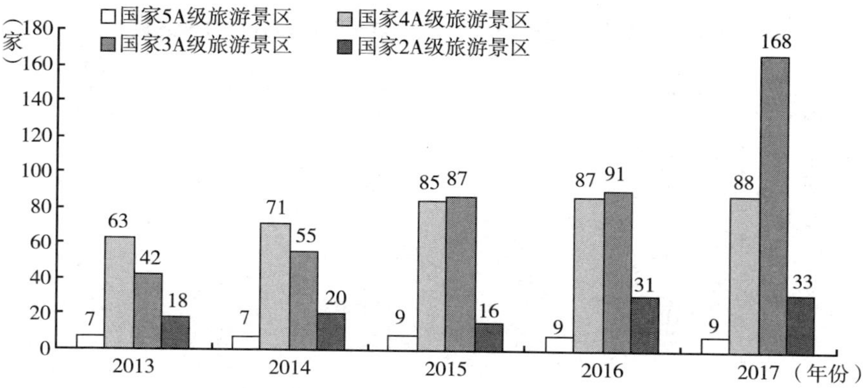

图1　2013～2017年福建省国家A级旅游景区增加情况

资料来源：根据福建省旅发委网站和福建省各地市旅发委网站资料整理。

宁德福鼎太姥山、龙岩古田会议会址景区，相对均匀地分布在8个地市。国家4A级旅游景区、国家3A级旅游景区在全省9个地市均有分布，但是较为集中在福州、泉州、龙岩以及南平，各类国家A级旅游景区数量分布及在各地区数量分布详见图2、表2。

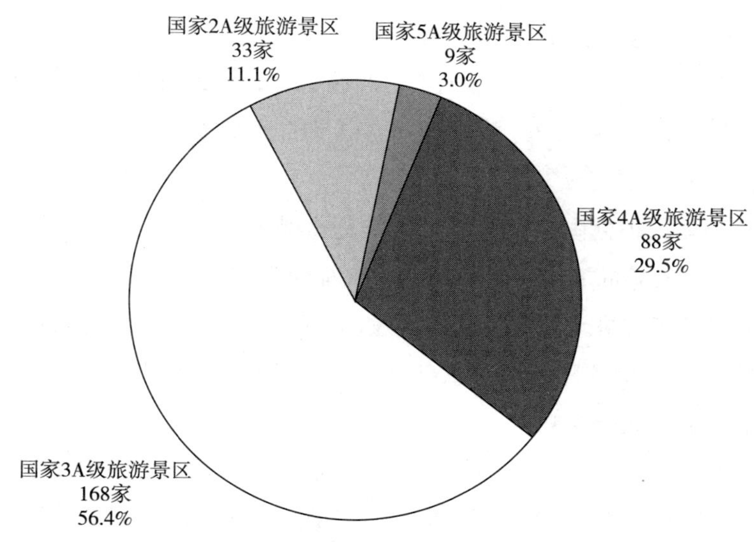

图2　2017年福建省各国家A级旅游景区占比情况

资料来源：根据福建省旅发委网站和福建省各地市旅发委网站资料整理。

表 2　2017 年福建省国家 A 级旅游景区地域分布数量统计

单位：处

地区	5A 级	4A 级	3A 级	2A 级	总计
宁德	2	2	15	1	20
福州	1	14	21	14	50
莆田	—	5	13	7	25
泉州	1	11	24	3	39
厦门	1	11	6	1	19
漳州	1	12	2	—	15
龙岩	2	10	33	—	45
三明	1	12	16	1	30
南平	1	11	36	5	53
平潭	—	—	2	1	3
总计	10	88	168	33	299

资料来源：根据福建省旅发委网站和福建省各地市旅发委网站资料整理。

2015 年上半年，国家旅游局正式发布《关于开展国家级旅游度假区评定工作的通知》。福建省各区市和旅游度假区高度重视，积极参与国家级旅游度假区创建工作。2018 年 1 月，福州市鼓岭旅游度假区获评国家级旅游度假区，成为福建省首家上榜的旅游景区。

2015 年 5 月 28 日，为加强风景名胜区管理，福建省人大常委会通过了《福建省风景名胜区条例》，并于 2015 年 8 月 1 日起施行。福建省现有国家级风景名胜区 19 处。

2016 年初，根据国家旅游局大力推进全域旅游工作部署，福建省提出建设全域生态旅游的战略构想，将其写入福建省“十三五”旅游专项规划，并制定了《关于推进全域生态旅游省建设的指导意见》，提出要加快旅游景区创新提升，到 2020 年，全省重点提升 100 家国家 A 级旅游景区，并新创建 100 家国家 A 级旅游景区。

2017 年，福建省旅发委印发实施了《福建省百家重点 A 级旅游景区三年行动提升工程方案（2017—2019 年）》。该方案提出以转型升级、提质增效为主线，市场需求为导向，坚持“整治、创建、提升”三个并重，突出“景区业态、内涵品质、综合功能、配套设施、管理服务”这五大重点，以福建现有和拟创建的国家4A级以上旅游景区为重点，2017～2019年用三年时间实施全省百家重点国家A级旅游景区提升工程，促进景区功能转型、产品创新和要素聚集，力争建成生态环境优美、文化特色鲜明、服务品质良好、综合效益突出、市场竞争力强的精品旅游景区，有效提高福建省国家A级旅游景区服务质量和管理水平，加快推进福建省国家A级旅游景区从观光主导向观光、休闲、度假并重转变。2016～2018年，福建省深入开展国家A级旅游景区专项整治行动，对全省不达标或存在问题的27家国家A级景区分别给予摘牌、降级、严重警告、通报批评等处理。其中，11家景区被撤销了质量等级，3家国家4A级旅游景区被降级为国家3A级旅游景区，1家3A级旅游景区被降级为2A级旅游景区，3家景区被严重警告，3家景区被通报批评，严厉的景区整治行动要求各个景区不断提升自己的软硬件建设水平，福建省旅游景区的游览环境不断优化。近年福建省国家A级旅游景区撤销和降级情况见表3，数据主要来源于福建省旅发委网站和各市级旅发委网站。

表3　2016～2018年福建省国家A级旅游景区撤销和降级情况

时间	名称	所在地市	撤销情况
2016年11月	厦门海沧大桥旅游区	厦门	撤销4A级
	漳州龙佳生态温泉山庄	漳州	降级,由4A级降为3A级
	福州皇帝洞生态旅游景区	福州	撤销3A级
	长乐董奉山国家森林公园景区	福州	
	漳州平和名峰山景区	漳州	
	古田翠屏湖景区	宁德	
2016年12月	月亮湾民俗文化园	三明	撤销3A级
2017年	邵武瀑布林生态旅游景区	南平	撤销4A级
	翠丰温泉旅游区	厦门	
2017年5月	衙口滨海休闲度假旅游区	泉州	撤销3A级
	泉州市山美湖旅游区	泉州	
	泉州仙公山	泉州	降级,由4A级降为3A级
	厦门同安影视城	厦门	
2017年5月	南顺鳄鱼园	厦门	撤销3A级
2018年5月	小嶝休闲渔村旅游景区	厦门	降级,由3A级降为2A级

资料来源：根据福建省旅发委网站和福建省各地市旅发委网站资料整理。

三 发展成就

福建省旅游景区的发展重点是根据建设我国重要的自然和文化旅游中心的战略目标，全面打响“清新福建”品牌，坚持创新发展，稳中快进，旅游经济继续保持较快增长，旅游业发展跃上一个新台阶。改革开放以来，福建景区发展主要取得以下成就。

1. 景区管理机制持续创新，激发旅游发展活力

创新旅游景区管理机制，着力提高旅游景区的经济、环境与社会效益。福建省旅游业发展已经发布了《中共福建省委　福建省人民政府关于加快旅游产业发展的若干意见》《福建省人民政府关于进一步深化旅游业改革发展的实施意见》等指导文件，有效地促进了以旅游景区为代表的旅游产业的加速发展，实现跨越式发展。福建省旅游产业发展领导小组成立并改革为全省旅游产业发展工作联席会议，成员单位调整，现已充实至 44 个。通过实施简政放权，旅游业发展工作逐步实现制度化、常态化。推进厦门创建国家旅游综合改革试点城市，推动“三市四县”省级旅游综合体制改革，厦门、泉州、泰宁等地开展旅游景区改革，面向全国推出 26 个中小旅游景区对外托管招商，全省初步形成以改革促发展的工作格局。

2. 打造“清新福建”品牌，加强旅游景区创建工作

在福建省委和省政府的高度重视和大力指导下，福建突出森林覆盖率连续保持全国第一的生态核心优势和独特的人文资源，率先在全国推出“清新福建”品牌，树立了福建旅游的崭新形象，并于 2017 年 4 月注册成功，成为全国第 6 个成功注册国家商标的省级旅游品牌。经过几年来的精心培育，“清新福建”品牌已经上升为福建旅游的金字招牌。2017 年，福建完成了对厦门鼓浪屿等 9 个国家 5A 级旅游景区和莆田湄洲岛、平潭海坛景区“清新指数”的综合监测站建设，也鼓励国家 4A 级旅游景区自行购买监测设备，目前已有 30 多家国家 4A 级旅游景区在游客中心等发布“清新指

数”。福建省成为全国首个完成全省所有地市均布设一台“清新指数”综合监测站，并开展“清新指数”等级预报服务的省份。

在“清新福建”旅游品牌的带动下，福建省加强国家A级旅游景区创建工作，不断开发新的、有吸引力的特色旅游产品。积极推广国家A级旅游景区的各项标准，将各类旅游景区都纳入规范化管理体系，加强引导旅游景区规范化、精品化、特色化发展。加强国家A级景区复核，对其实行动态化管理。目前，福建省已形成以国家A级旅游景区为核心，多个旅游景区产品系列的产业发展格局。

3. 产业融合，重点培育旅游景区新业态

福建省旅发委联合福建省文改办、文化厅指导评选首批8家福建标志性文化旅游场馆、3个精品旅游演艺；联合福建省商务厅指导评定17家优秀旅游商品企业；联合福建省海洋与渔业厅评定13家“水乡渔村”；联合福建省环保厅创建2家国家级和18家省级生态旅游示范区；联合福建省卫计委、福建省体育局指导评定12家省级养生旅游休闲基地、8家省级体育旅游休闲基地；等等。

景区新业态不断涌现，愈发成为旅游经济发展的中流砥柱，并且有力促进了旅游产品的转型升级。大力发展邮轮旅游，厦门邮轮母港全年接待国际邮轮77艘次。福州获批“中国邮轮旅游发展实验区”。举办2017年度“福建好礼”百佳旅游商品评选活动，指导评定认定153件（组）百佳旅游商品。创建12家观光工厂，评选11家省级露营公园。屏南县白水洋－鸳鸯溪旅游区入选首批国家体育旅游示范基地，厦门国际马拉松入选首批国家体育旅游精品赛事，漳州片仔癀中药工业园入选国家工业旅游示范基地。现已建成一批新业态，开发一批新产品，初步形成全产业和全天候“清新福建”产品体系。

4. 重点发展乡村旅游，从旅游景区向全域旅游迈进

福建省旅发委持续推进“百镇千村”行动计划，在城市和主要景区周边创建完成10个休闲集镇和235个乡村旅游特色村。评定“福建省十佳旅游休闲集镇”“福建省二十佳旅游特色村”，并联合新华网等媒体加强宣传。创建13家乡村旅游创客示范基地。联合11部门印发《福建省乡村旅游扶贫

工程行动方案》，对接中信银行、中国农业发展银行签订旅游扶贫合作协议，实施乡村旅游扶贫“百企百村专项行动”。

在全域旅游深入推进的背景下，“门票经济”势必受到冲击，逐步转变为以服务经济为主体，景区须改变自身增长方式，逐渐摆脱门票依赖。福建省紧跟旅游业发展总体趋势以及国家政策导向，2018 年国庆前，福建省 28 家重点国有景区门票价格不同程度下调，其中实行政府指导价管理的 9 家 10 处国家 5A 级旅游景区门票价格从 10 月 1 日起全面降价或免费，平均降幅达 21.83%。

全域旅游背景下，必须着重深化旅游供给侧结构性改革，扩大旅游有效供给，优化旅游供给结构，提升旅游供给效率，实现景区转型势在必行。福建省积极呼应国家旅游局部署，推进全省全域生态旅游建设，在全省 24 个市县开展全域生态旅游示范区创建，从理论和实践上积极探索如何建设全域生态旅游省。

5. 完善公共服务，全面提升景区服务质量

福建省根据规范标准、功能完善、布局合理、便利惠民、服务优质的要求，完善旅游景区公共服务体系建设，大幅提升旅游公共服务水平，健全游客对景区的评价机制，使景区服务得到显著提升。

在完善旅游景区基础设施方面，福建省根据国家 A 级旅游景区标准，完善景区主入口、游客中心、停车场、旅游厕所、安全警示救援等基础设施，并完善景区标识系统，推广使用环保型车船。通过实施旅游景区提升工程，省内国家 A 级旅游景区的厕所、停车场、游客中心、标识系统状况从根本上得到改善。

福建省旅游发展委员会协同公安、工商等执法部门，逐步加大力度整治旅游景区存在的违法乱纪现象。结合福建省旅游工作实际，福建省旅游发展委员会及工商局等部门牵头，成立福建省旅游景区诚信管理机制建设工作小组，积极开展旅游景区食品安全及诚信经营联合专项检查活动，维护市场秩序，构建福建诚信旅游景区，打响“清新福建”品牌，让海内外游客在乐享“清新福建”中共同创造最美记忆。

6. 推进智能景区建设，提高管理信息化水平

发展智能旅游交通管理系统、电子门票、移动支付、智能导游等，全面推进智慧景区建设。为深入贯彻国务院《关于促进旅游业改革发展的若干意见》，全面推进“旅游＋互联网＋相关产业”的融合发展，建设“创新、协调、绿色、开放、共享”的大旅游产业，福建省旅游主管部门组织编制了《福建智慧旅游示范基地建设规范和评定细则（试行）》（以下简称《规范》）。《规范》明确了智慧旅游示范基地类型以设计开发型、综合型为主，重点阐述了基地的建设内容和要求，以及申报基地的相关程序，规范了智慧旅游、物联网、2G、3G、4G、无线局域网、虚拟现实、增强现实等术语和定义。组织评定一批智慧旅游示范基地，打造一批从事智慧旅游理论研究、教学和规划设计、项目技术推广、产品开发、旅游电子商务和在线旅游宣传推广的基地，促成旅游景区与旅游企业的发展、转型升级和产生高质量效益。计划实现国家A级旅游景区视频监控、景区客流量监测数据对接、旅行社云节点的部署与接入、“清新福建”旅游多卡通闸机安置、全省100家智慧旅游示范景区建设等目标。

四　存在问题

福建省旅游业发展也面临诸多困难和挑战。我国经济发展进入新常态，福建省经济转型压力加大，区域竞争和市场竞争激烈，旅游景区发展仍存在以下问题。

1. 旅游景区影响力有待提升

福建省旅游产品质量水平及相关配套与建设成我国重要的自然和文化旅游中心的目标尚有较大差距，缺乏具有国际影响力的龙头产品。标志性重大旅游景区较少，武夷山、鼓浪屿等“老景区”创新不足，福建土楼、泰宁丹霞等在国内外影响力还需大幅提升。文化旅游、康养旅游、生态旅游等休闲度假类产品较少，特色旅游商品开发不够。部分景区仍然存在开发不足、品质不高、配套支撑不足、特色链条不完整等问题。

2. 旅游景区产业融合有待加强

旅游景区与相关产业的融合度不高，“旅游+”战略有待深化。文旅融合形式较为单一，现有景区主要集中于文化展示、旅游购物及餐饮等浅层开发，文化体验不足；体育旅游、森林旅游、乡村旅游、文化旅游等业态融合不足；农旅融合规模化不足，产品单一，休闲农业、生态农业发展不足，乡村旅游点布局分散，尚未形成范围经济与规模效益。

3. 旅游景区服务体系有待完善

福建省旅游景区基础设施相对滞后，智慧旅游推广应用尚未达到全省覆盖，旅游信息化水平有待提升，旅游景区公共服务体系亟须健全，整体旅游服务标准还有待进一步完善。

4. 景区管理人才有待培育

福建省旅游景区经营管理人才、创意策划人才、专业技术人才、外语导游等人才短缺，成为制约福建省景区高质量发展的短板。

五　发展趋势

党第十九次全国代表大会报告指出，中国特色社会主义进入了新时代，我国的社会主要矛盾已经转化为人民日益增长的美好生活需要和不平衡不充分的发展之间的矛盾。旅游业作为国民经济战略性支柱产业，无论从国家宏观发展要求，还是从自身发展需要出发，都已经达到了从高速旅游增长阶段向优质旅游发展阶段转变的关键节点。在全面推进全域旅游战略目标，大众旅游由初级阶段向中高级阶段演化的过程中，旅游景区依旧是旅游者和当地居民需求满足的基本载体，但同时需求侧的变化显著，旅游者越发重视对目的地生活方式的整体体验。

在新时代背景下，福建景区发展需要把握大众旅游的新需求，创新景区发展，继续以人民群众对美好生活的向往作为动力和目标，砥砺奋进。福建省旅游景区的发展要打破传统的景区发展理念，推进以景区为核心的区域旅游产品体系建设，促进景区功能转型升级、产品创新发展和要素聚集，加快建设景区及周边地区公共服务设施，大力改善景区生态旅游环境，注重提升景区旅游服务品质，有步骤、分阶段地推动福建省旅游景区从观光主导向观光、休闲、度假并重转变。

参考文献

[1] 福建省人民政府办公厅：《福建省人民政府办公厅关于印发福建省“十三五”旅游业发展专项规划的通知》，http：//www. fujian. gov. cn/zc/zxwj/szfbgtwj/201604/t20160406_ 1107839. htm，2016 年 4 月 6 日。

[2] 黄安民、李昊、白鹏鹏、刘丹丹：《福建省 A 级旅游景区发展初探》，《福建省旅游产业发展现状研究（2016～2017）》，社会科学文献出版社，2017。

[3] 李翔：《基于游客需求的福建省旅游公共服务研究》，硕士学位论文，福建师范大学，2013。

[4] 汪平：《福建景区提升重在“固本扶气”》，《中国旅游报》2015 年 4 月 22 日，第 15 版。

[5] 汪平：《把“清新福建”金字招牌打得更响》，《中国旅游报》2015 年 11 月 30 日，第 18 版。

[6] 汪平、吴建芳、李金枝：《“放心游福建”：一诺千金促优质发展》，《中国旅游报》2018 年 4 月 8 日。

[7] 肖长培：《福建旅游供给侧结构性改革路径研究》，《学术评论》2016 年第 2 期。

[8] 肖长培、许智杰、黄敏芳：《统筹整合建设全域生态旅游省——以打造“国际集美节”为例》，《福建论坛》（人文社会科学版）2018 年第 1 期。

[9] 张显庭：《福建乡村旅游景区开发模式研究》，硕士学位论文，浙江大学，2012。

[10] 中华人民共和国国家质量监督检验检疫总局：《旅游景区质量等级的划分与评定》，中国标准出版社，2004。

B.6
2017~2018年福建省旅游住宿业发展研究

周成旺　肖巧萍*

摘　要： 大众旅游时代来临，福建旅游住宿业主动适应经济发展新常态，进入大住宿时代。2017 年以来，福建旅游住宿业顺应消费升级的发展趋势，在规划引领和政策扶持下，不断推进供给侧改革，接待能力持续向好、民宿兴起且管理逐步规范、业态多元化趋势日益明显、产业链内涵外延拓展加速等发展特征明显。本文分析了 2017 ~2018 年福建省旅游住宿业的发展环境、现状、特征及存在问题，并针对性地提出了如下对策建议：加强行业管理，规范引领企业发展；加快品牌建设，提升行业服务质量；注重人才培养，提升从业人员素质；突出产品建设，开拓住宿过夜市场。未来几年，福建省旅游住宿业将在消费升级驱动下，更加注重服务质量和服务标准提升，随着福建省旅游住宿需求的快速增长，以中端酒店发展崛起为标志的行业发展态势将更加凸显。

关键词： 福建省　旅游　住宿业　民宿

2017 年以来，福建省围绕“旅游业要发展成为福建省新的主导产业”

* 周成旺，福建省华通市场研究有限公司总经理、高级统计师；肖巧萍，福建省华通市场研究有限公司研究部经理、助理统计师，硕士研究生。

的发展定位，加快全域旅游发展，加快旅游供给侧结构性改革，坚持融合创新、开放合作，大力推进旅游发展全域化、旅游供给品质化、旅游治理规范化、旅游效益最大化，“清新福建”旅游品牌影响力持续扩大，全省旅游经济形势总体稳中向好，旅游市场持续升温。

在食、住、行、游、购、娱六大要素的综合旅游服务中，旅游住宿业涉及食、住、娱三项要素，是旅游业发展的重要支柱，是旅行游览活动中十分重要的环节。在“大众创业、万众创新”的浪潮下，在大众消费成为主流的新形势下，在有利的宏观政策引领下，福建省旅游住宿业通过对接消费升级不断创新适应市场，发展多元化、多层次、多服务与高品质相结合的旅游住宿设施，旅游住宿市场被进一步激活，行业发展保持良好态势。2017 年，福建省住宿业实现增加值 101.82 亿元，同比增长 10.7%，占服务业增加值比重为 0.7%。[①] 据福建省旅发委提供的统计数据，2018 年上半年，全省住宿设施接待国内过夜游客达 7912.45 万人次，同比增长 16.7%。

一　旅游住宿业发展环境

（一）政策引领，优化发展环境

国家高度重视旅游住宿业，各部门多次出台政策引领行业发展，为住宿业发展创造良好环境。国家层面，2015 年 11 月国务院办公厅印发《国务院办公厅关于加快发展生活性服务业促进消费结构升级的指导意见》，提出积极发展绿色饭店、主题饭店、客栈民宿、短租公寓、长租公寓等满足广大人民群众消费需求的细分业态。2016 年 2 月，《绿色旅游饭店》（LB/T007—2015 代替 LB/T007—2006）行业标准开始实施。2016 年 12 月《商务部关于做好“十三五”时期消费促进工作的指导意见》提出，强化住宿餐饮业服务民生功能，推进住宿餐饮业连锁化、品牌化发展。2017 年 8 月国家旅游

① 参见《福建统计年鉴 2018》。

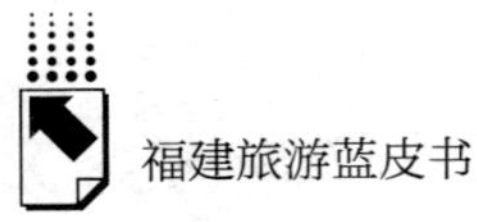

局发布《旅游民宿基本要求与评价》行业标准，成为民宿业今后发展的指南。省级层面，2015 年 5 月福建省人民政府发布《福建省人民政府关于进一步深化旅游业改革发展的实施意见》，提出四星级饭店评定转由社会组织自律管理，激发市场主体活力，充分发挥市场在旅游资源配置中的决定性作用。2016 年 3 月《福建省“十三五”旅游业发展专项规划》提出着力发展主题酒店、度假酒店、特色民宿、生态农庄、汽车营地等多元旅游住宿业态。2016 年 5 月《福建省“十三五”现代服务业发展专项规划》提出加快建设面向大众旅游的商务、休闲、养生、康复接待基地。2016 年 7 月新《福建省旅游条例》首次明确“民宿”的法律地位，积极鼓励和支持民宿业发展。2017 年 6 月，福建省《民宿管理办法》征求社会意见。2017 年 12 月《智慧饭店等级划分与评定》（标准编号：DB35/T1715—2017）发布为地方标准，2018 年 9 月开始开展 2018 年度智慧饭店评定工作。

（二）消费升级，提供发展机遇

近几年，全省经济快速发展，社会经济交往和商务会展活动增多，进一步带动住宿业市场需求扩大。居民收入也不断提高，2017 年福建省城镇居民人均可支配收入为 39001 元，比 2010 年增长 79.1%；农村居民人均可支配收入为 16335 元，比 2010 年增长 2.20 倍，人们消费能力提高，过夜人数不断增多，国内旅游人数屡创新高，为住宿业的进一步扩张奠定了市场基础。同时我国居民消费处于商品消费向服务消费转变的上升期，居民用于服务性消费的支出大幅增加，加之 85 后、90 后消费群体成为市场主体，多样化、个性化体验等新需求不断扩大，为住宿消费升级提供了新的机遇。住宿行业将以扩大服务消费为重点带动消费结构升级，大众化服务消费呈现巨大的潜力。发展度假酒店、亲子酒店、养老酒店、健康养生酒店、科技主题酒店等满足细分市场住宿需求的酒店成为行业创新机会。

（三）顺应趋势，增强发展动能

一是政府大力推进简政放权，减轻企业税负，激发企业发展活力。自

2016 年 5 月 1 日起，“营改增”试点全面推开，住宿业改为缴纳增值税，有效降低了企业税负，2017 年福建省住宿业缴纳生产税净额同比下降 11.6%。同时国家“一带一路”倡议、特色小镇建设等新的经济增长极和增长带，为住宿业发展带来新机会。二是各地出台许多扶持政策促进当地住宿业发展壮大。如 2018 年 7 月，湄洲岛提出 26 条极具含金量的扶持政策，其中明确，引进国际或国内知名品牌饭店管理公司，一次性给予奖励 200 万元至 400 万元，凡达到“限上”管理标准的民宿，每年给予补助 8 万元。[①] 三是绿色饭店成为行业发展主旋律，增强住宿业可持续发展的动力。福建省不仅积极实施贯彻《绿色旅游饭店》标准，出台《福建省绿色饭店评定工作实施办法》，提升绿色饭店创建工作质量，逐步形成低投入、低消耗、高效益的增产节约环保型饭店发展模式。福建省着力推进的“全域生态旅游省”建设，切合绿色饭店社会效益、环境效益和经济效益多赢的可持续发展理念，将全域生态旅游发展理念融入经济社会发展全局，积极推进“全域生态旅游省”建设，进一步提升行业可持续发展水平。

二　旅游住宿业发展现状

（一）单位数量稳步增长，区域分布差异较大

据福建省旅发委统计数据，截至 2017 年底，全省共有大小住宿设施 1.77 万家，同比增长 6.5%，总床位数达 83.67 万张，同比增长 7.7%。从住宿设施的区域分布看，厦门、南平、龙岩和福州住宿设施较多，单位数均在 2000 家以上；福州、泉州、漳州和三明单位数介于 1500 至 2000 家之间。从床位规模看，厦门、福州、泉州和南平的床位均在 10 万张以上，占全省比重分别为 20.0%、15.4%、13.4% 和 12.3%，住宿接待能力较强（见图 1）。

① 《美丽湄洲岛等你来!》，新福建，http://search.fjdaily.com/fjrb/html/2018-09/27/content_1137700.htm?div=3。

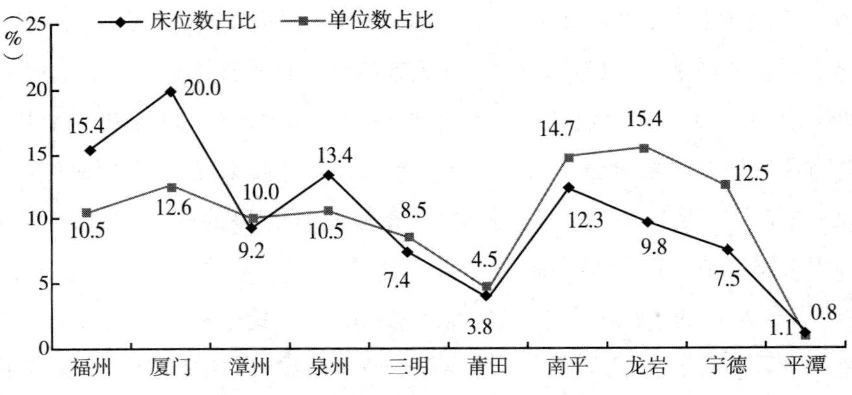

图1　2017 年福建省住宿设施区域分布情况

资料来源：福建省旅游发展委员会。

据福建省旅发委行业管理处统计数据，截至 2017 年底，全省共有星级饭店 335 家，客房 5.20 万间，床位 8.39 万张。其中，五星级饭店 50 家，四星级饭店 141 家，三星级饭店 129 家，二星级饭店 14 家，一星级饭店 1 家。泉州和厦门星级饭店明显多于其他设区市（含平潭综合实验区，下同），分别为 80 家和 64 家，尤其是高星级饭店（含五星和四星），均在 40 家以上（含 40 家），占全省高星级饭店的比重均在 20% 以上（见表 1）。全省旅游住宿业在规模和档次上保持金字塔形的市场结构，高档饭店（五星、四星）数量较少，服务大众市场的中低档饭店、旅馆占据市场主体，体现了旅游住宿业服务大众消费的民生属性。

表1　2017 年福建省星级饭店分布情况

单位：家

星级	全省	福州	厦门	漳州	泉州	三明	莆田	南平	龙岩	宁德	平潭
五星	50	8	18	2	13	3	2	2	1	1	0
四星	141	21	22	8	33	12	9	15	17	4	0
三星	129	13	23	11	34	12	4	10	11	9	2
二星	14	2	1	1	0	4	0	5	0	1	0
一星	1	0	0	0	0	0	0	1	0	0	0
合计	335	44	64	22	80	31	15	33	29	15	2

资料来源：福建省旅游发展委员会。

（二）个体经营占据主体，福厦地区企业为主

工商部门数据显示，2017 年底福建省住宿业单位中，个体工商户占比超过六成，为市场主体；企业占比为 33.7%。从单位类型看，企业主要分布在经济较为发达的福州、厦门和泉州，三个设区市集中了全省 65.7% 的住宿企业，个体工商户则主要分布在南平、宁德和漳州。从区域分布看，福州和厦门旅游住宿业以企业为主，个体工商户为辅，企业数量占当地住宿业单位比重均超 55%；其他设区市住宿业个体工商户数量均超过企业，尤其是宁德和龙岩，个体工商户占比均超过 83%（见表 2）。这与宁德、龙岩住宿设施单位数量多，但床位总数相对较少，住宿设施多为较小规模的旅馆、民宿的情况相吻合。

表 2　2017 年福建省各设区市旅游住宿业单位类型分布情况

单位：%

类型	全省	福州	厦门	漳州	泉州	三明	莆田	南平	龙岩	宁德	平潭
企业	33.7	60.7	56.0	22.7	46.7	22.0	21.7	19.8	14.1	16.4	30.7
个体工商户	66.3	39.3	44.0	77.3	53.3	78.0	78.3	80.2	85.9	83.6	69.3

资料来源：福建省市场监督管理局。

（三）行业规模持续壮大，带动就业作用明显

旅游住宿业在解决就业、拉动内需、带动相关产业发展方面发挥着不可忽视的作用。2017 年福建省住宿业实现营业收入 262.56 亿元，同比增长 16.1%。其中，全省 890 家限额以上住宿企业累计拥有床位近 20 万张，主营业务收入达 190.05 亿元，同比增长 10.6%，增速比上一年上升 5.8 个百分点。① 2017 年底，全省限额以上住宿企业从业人数达 8.29 万人，企均从业人数为 93.14 万人；全省星级饭店从业人员年平均人

① 参见《福建统计年鉴 2018》。

数达 4.85 万人，其中拥有大专以上学历人数为 1.25 万人[①]，企均从业人数为 158.41 人。

（四）过夜游客增长带动，消费水平明显提高

近年来，福建省各地加大夜间旅游项目的开发力度，推出业态丰富的夜游产品，吸引游客驻足，如福州东街口商圈元宵节推出“一公里光影秀”等夜游活动，吸引人流共计 103.9 万人次；漳州创新打造“一江两岸四桥”夜景项目，推出“水上看漳州，唱响龙江颂”夜游线路，尽显“山水漳州、文化漳州”魅力，有效吸引游客驻足过夜。2018 年上半年，福建省住宿设施接待国内过夜游客 7912.45 万人次，同比增长 16.7%。过夜游客数的增长有效带动了旅游消费提升，促进国内旅游总收入指标增长快于国内旅游人数增长，提升旅游经济效益。2018 年上半年，福建省接待国内游客人均花费 1388 元，同比增长 7.5%；其中国内过夜游游客人均花费 2115 元，同比增加 154 元，增幅为 7.8%。

（五）经营情况改善显著，经济效益大幅提升

2017 年，福建省星级酒店平均出租率逐季提高，年平均出租率为 58.4%，在全国 32 个地区中排名第六，同比提高 0.76 个百分点；人均实现利润 0.70 万元/（间·夜），同比增长 99.2%；平均房价为 353.53 元，同比增长 0.8%；每间可供出租客房收入 206.59 元/夜，每间客房平摊营业收入 16.43 万元，同比分别提高 2.1% 和 2.7%。其中福州和厦门表现较为突出，平均出租率均在 66% 以上，在全国 50 个城市中分别排名第六和第七，人均实现利润分别为 1.84 万元和 1.93 万元，远高于全省和全国平均水平（见表 3）。

---

① 参见文化和旅游部发布的《2017 年度全国星级饭店统计公报》。

表 3　2017 年星级饭店经济指标汇总

	全员劳动生产率（千元/人）	人均实现利润（千元）	人均实现税收（千元）	平均房价［元/（间·夜）］	平均出租率（%）	每间可供出租客房收入（元/夜）	每间客房平摊营业收入（千元）
全国	185.30	6.45	8.61	343.43	54.80	188.20	141.71
福建	177.42	6.95	5.93	353.53	58.44	206.59	164.27
福州	197.59	18.35	9.77	389.85	66.37	258.76	213.47
厦门	231.39	19.28	5.80	477.81	66.23	316.45	208.09
泉州	140.44	0.77	4.98	274.28	53.52	146.80	158.75

资料来源：文化和旅游部《2017 年度全国星级饭店统计公报》。

2017 年，福建省住宿业实现营业盈余 3.08 亿元，同比增长 45.3%，盈利能力明显增强。其中降税费对改善企业盈利能力发挥了重要作用。自 2016 年 5 月 1 日起，国家全面实施“营改增”政策，进一步减轻住宿企业税负，2017 年全省住宿业缴纳生产税净额 7.49 亿元，同比下降 11.6%。限额以上住宿企业表现出相同态势，2017 年扭亏为盈，实现营业利润 1.92 亿元，企均营业利润为 21.55 万元，同比增速超 100%。主营业务税金及附加合计 3.58 亿元，同比下降 19.7%，减税降费工作成效显现。

三　旅游住宿业发展特征

（一）住宿接待能力持续向好

按照中央工作部署，全省住宿业积极调整供给结构，供给侧结构性改革取得明显进展，供给结构得到进一步优化，住宿接待能力持续向好。一方面，供给能力大大提升，住宿设施迅速增多，单位数和床位数不断增长，据福建省旅发委提供的数据，2017 年底全省床位数超 80 万张，比 2015 年增长 13.8%。另一方面，产品供给更加丰富，主题酒店、特色民宿、自驾露营地等产品推陈出新，全省住宿接待设施日益多元，以商务型酒店、连锁经营酒店、快捷酒店、精品客栈、乡村民宿为代表的非标准住宿发展较快，形成协同发展的多元化格局，进一步丰富了游客选择。据福建省旅发委提供的数据，2017 年非星级饭店发展势头强劲，平均床位出租率约为 67.8%，同比提高 10.3 个百分点。

（二）业态多元化趋势日益明显

在市场需求多样化、个性化的新趋势下，住宿需求更加丰富，酒店业态也开始向多元化和细分化发展，住宿业进入大住宿时代，市场布局进一步优化。快捷酒店、精品客栈、汽车营地、乡村民宿、温泉设施等初步形成了组合性的酒店发展格局，极大地丰富了游客选择，成为行业发展的生力军。福建省顺应“消费升级”的市场变化，着力推进住宿业转型创新，如重点扶持福州旗山房车营地、华闽大云房车度假营地、漳浦县火山岛地质公园房车营地等自驾车房车营地建设项目，加快自驾车房车营地建设，提高住宿接待能力和质量。

（三）民宿管理发展逐步规范

近年来，民宿作为一种新型的非标准住宿业态被人们热捧。在经历高速扩张阶段后，一些民宿入住率增长放缓，甚至下降，民宿行业进入更新迭代时期，民宿发展逐渐进入规范管理阶段。2015 年三明市印发《三明市“绿野乡居”民宿设施与服务规范》，加快市级“绿野乡居”民宿开发；12 月厦门市印发《厦门市鼓浪屿家庭旅馆管理办法》，规范鼓浪屿家庭旅馆的经营和管理；2017 年福建省《民宿管理办法》征求意见，8 月国家旅游局发布《旅游民宿基本要求与评价》行业标准，为民宿业今后发展提供指南。在新的发展阶段，2017 年湄洲岛仅民宿业收入超 1250 万元，“湄洲人家”家庭旅馆协会会员突破 100 家①；2018 年福建省旅发委组织开展民宿行业发展现状调查。

---

① 《党建＋民宿新模式！湄洲岛海边民房演绎幸福嬗变》，搜狐网，http：//www.sohu.com/a/212138375_ 653034。

（四）“旅游+”扩大市场需求

在旅游业的食、住、行、游、购、娱六大要素的综合配套服务中，旅游住宿业涉及食、住、娱三个要素，是旅游业的三大支柱之一，是人们在旅行游览活动中十分重视的环节。2017 年福建省紧扣“旅游引领，产业融合，全民参与，全域发展”的主题，全面整合资源，融汇旅游要素，将全域生态旅游发展理念融入经济社会发展全局，积极推动健康旅游、体育旅游、工业旅游、科技旅游、研学旅游等新业态、新产品竞相发展，“旅游+”成为过夜市场升级扩容的新动力。2017 年福建省接待国内外游客 3.83 亿人次，其中过夜游客 1.96 亿人次，同比增长 21.9%，占全省旅游总人数的 51.2%。

（五）产业链拓展延伸加速

为了增强企业实力，分散行业风险，实现外部利益内部化，许多住宿企业加快一体化步伐，不断拓展延伸产业链。在横向拓展上，一方面积极促进与在线运营商的合作与共赢，纷纷与携程、艺龙等在线网站达成合作，另一方面通过兼并、股权运作等方式，形成饭店集团，逐步走上集团化发展道路。在纵向延伸上，兼营酒店、景区、房地产等相关业务，或促进其合作。一批温泉酒店、滨海度假型酒店等旅游休闲度假型酒店相继投资建设，如连城天一温泉度假村有限公司、厦门日月谷温泉度假村有限公司，或者如武夷山自游小镇是由福建武夷山三木实业有限公司投资建设的全国首创大型自游行养生度假旅游综合体，同时涉及了景区、酒店、房屋销售、商业休闲娱乐等业务。

（六）高速交通影响双面

随着高铁和动车等高速交通的快速发展，“快旅慢游”成为现实，促进旅游业加速发展，但对住宿业的影响是双面的。一方面，高铁动车极大提高了出行的便捷性，增强了地区可进入性，扩大了出游半径，进一步激发人们的出游意愿，人流往来增多，有利于高铁连贯覆盖地区的住宿业发展；另一方面，高铁缩短了旅途时间，减少了游客在外停留时间，很多两日游，甚至三日游的行程可能变成一日游，一周游的行程变成多日游，过夜游客减少，过夜天数降低，不利于住宿市场发展。

四　旅游住宿业发展存在问题

（一）行业管理水平有待进一步提升

一是行业多头管理，政策法规执行力不足。目前住宿业的行业管理由商务部负责，旅游住宿设施及星级饭店的管理则由文化和旅游部负责，福建省住宿业的管理体制与国家基本一致。行业管理部门的分割，造成管理体制和机制的运行不顺，行管政策及法规执行力不足，宏观调控处于相对薄弱状态，政出多门，未能很好地解决行业发展产生的矛盾和问题，在一定程度上阻碍了行业的有序健康发展。而受行业监管趋紧和政府接待有关规定影响，住宿企业参与评星热情有所下降，2017 年星级饭店数量从 2015 年的 396 家减少到 335 家，也进一步加剧了管理难度。尤其是新兴业态不断出现，非标准住宿业快速发展，这也需要强化管理机制创新。二是行业协会在对外协调、行业自律等方面的工作力度有待进一步加强。目前福建省旅游协会饭店专业委员会为福建省旅游协会的二级分会，不能在各地市设分会，基本不能列席主管部门会议，政府部门的意见相对难以传达。而像浙江、四川、山东、湖南等省份都有一级饭店协会，有利于主动引领住宿企业把握好旅游消费者的新需求，引领住宿业的服务品质全面提升，满足广大群众需求。

（二）行业服务品质有待进一步改善

经过多年发展，福建省住宿业取得长足发展。但是与欧美等发达国家和北上广深等国内大都市相比，无论在服务水平、管理水平，还是在文化内涵的挖掘上、高新技术和产品的应用上，福建省住宿企业都存在一定的差距。住宿业尤其是中小型宾馆、民宿客栈，其从业人员总体文化层次相对较低，专业管理和服务水平不高，这也制约了福建省住宿业的快速发展；少数中低档住宿企业，整体条件比较差，内部设施不够完善；住宿企业生产的产品或提供的服务在标准化、规范化、个性化方面仍需进一步改进。如龙岩市民宿发展处在起步阶段，同质化现象较为严重，发展较为无序且处于“无监管”状态以致存在一定的安全隐患。此前爆发的华住集团信息泄露事件、哈尔滨几家高星级饭店再陷“清洁门”事件给住宿企业敲响了警钟，应充分重视信息管理安全和卫生等问题。近年来，受高星级饭店供给数量增多、互联网冲击、市场竞争加剧等多种因素影响，很多高星级饭店采用精简服务人员或者服务外包的方式压缩成本。而在互联网时代，一旦出现问题，易被放大关注，从而对品牌价值和整个行业造成恶劣影响。

（三）人力资源问题有待进一步破解

一是人力成本高企问题较为普遍。2017 年限额以上住宿企业平均每个职工的年度薪酬从 4. 56 万元上涨到 5. 12 万元，人力成本上涨较快，在一定程度上影响企业用人，企均从业人数从 2015 年的 99. 80 人下降到 93. 14 人。同时，抽样调查显示，179 家住宿企业反馈当前面临的突出问题，分别有 65. 9% 和 63. 1% 的企业选择用工成本上升快和招工难。一线职工流动率高，职工对待遇与福利要求越来越高，加之生活成本较高，房价上涨过快，导致招工难、职工留定难问题凸显。所以即使超三成企业表示 2018 年劳动力需求有所增加，情况也不容乐观。二是高素质人才较为缺乏。由于受待遇、政策、环境等因素影响，福建省住宿业高素质人才较为匮乏，且人才流失现象较难改变。而从业人员的素质偏低制约了福建省住宿业的快速发展，影响了企业品牌打造、规模扩张和经营水平的提升，行业竞争力难以显著提高。

（四）夜游市场开发有待进一步加强

夜间旅游①发展不足。由于作息关系，夜间旅游更倾向休闲化和娱乐化，许多人流连于酒吧、咖啡馆、剧院等休闲娱乐场所。几乎所有成功的过

① 夜间旅游通常指入夜之后的旅游，时间集中于傍晚到深夜约 5 个小时的时间段内。

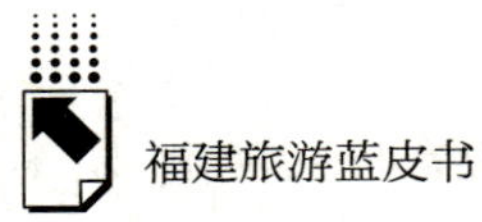

夜旅游开发城市都有一个鲜明的主题来吸引游客，比如台北的夜市、南京的餐饮、桂林的表演。目前福建省过夜游发展较好的是厦门和南平，形成较为成熟的两日游、三日游旅游圈，其他地市，尤其是龙岩、三明等内陆地区，相对来说过夜游市场发展还不成熟，景区、餐饮、娱乐等经营商各自为政，没有形成规模，更缺乏设施完善、创意新颖的精品夜间旅游项目。游客的夜游活动选择面较小，很多游客对当地现有的夜间旅游项目不了解。同时各项配套设施不够完善。发展夜间旅游，对基础配套设施要求更高。夜间公共交通问题，对于普通夜间出游的消费者来说是夜间旅游需要解决的首要问题，坐车难在一定程度上阻碍游客的夜游。

五　旅游住宿业发展对策建议

（一）加强行业管理，规范引领企业发展

一是注重规范引导，加快制定行业标准。积极研究制定住宿业态标准、市场准入标准、服务规范等行业标准；对跨界经营的新兴业态，在政策制定上为其预留发展空间，加快制定行业标准，规范发展。二是推进转型升级，鼓励住宿企业创建绿色饭店。建议加强对绿色饭店的宣传，依靠社会化营销、互动营销以及大众媒体，对绿色饭店进行宣传，将绿色饭店理念传达给从业者及消费者。同时加强指导，鼓励企业开展技术改造和能源管理等项目，发展节能生态科技。三是行业协会主动作为，充分发挥指导引领作用。在行业内部管理上，加强行业自律，酒店严格自查，辅以权责明晰的监管体系和危机预警及处理体系，更有针对性地服务会员，为会员提供更专业的建议，从而提质增效，推动住宿业向品质化发展。如卫生问题，可在行业内引入用工诚信评价体系，实施用工黑名单制度，对员工或第三方公司起到警示、震慑作用。

（二）加快品牌建设，改善行业服务质量

一是积极引导和支持福建省经营规模和效益位居行业前列、竞争优势明

显、品牌影响力强、经营网络覆盖面广的住宿企业集团做大做强，创新发展。支持品牌住宿企业做强宾馆会议服务、婚庆服务、休闲度假服务、餐饮服务，探索多元化经营和连锁经营，对重点企业给予税收、信贷、用地、资金、项目审批等方面的扶持，培育一批特色住宿品牌和优秀企业家，提高行业集中度，扩大品牌示范和带动效应，从而带动整个行业的健康发展，提升福建省住宿品牌形象和竞争力。二是挖掘地缘、文缘等文化，鼓励特色化发展。如厦门鼓浪屿、曾厝垵宿在全国享有很高的知名度，也吸引了不少游客。有关部门应积极开展调研，进一步挖掘闽南文化，在总结经验的基础上，科学制定扶持政策和管理办法，给予能更直接全面地承载在地文化的民宿及客栈、适合更长时间居住的公寓等非标准住宿企业或单位合法地位，引领其规范有序发展，不断满足个性化服务需求。三是充分调动住宿企业的积极性、创造性，帮助企业在各专业领域加强交流合作，学习各地成功的经营管理理念、制度、措施，提升企业的可持续经营能力。尤其是规模较小的住宿企业，要帮助企业结合地方特色，充分发挥自身优势。

（三）注重人才培养，提升从业人员素质

一是持续优化人才、人力政策环境，建立有针对性的人才体制机制和对接平台，如鼓励和国内外知名职业经理人的不定期合作，定期组织与省内外同行的各种交流学习，建立和高校的常态合作机制，固化定向人才培养等，既有效减少企业在招工和人才引进方面的成本，又能够帮助企业有效提升人才引进的效率和效果。二是不断完善职业教育和培训体系，提高从业人员素质。一方面，广泛开展诚信宣传推广活动，树立诚信理念，保持良好的职业道德品质，增强服务意识；另一方面，加大行业标准化人才培养和教育培训工作力度，推广从业人员的标准化培训，不断提高从业人员服务规范性和服务水平。三是鼓励企业提升内部管理水平，提高智能化水平，更多地采用微信开门、自助入住和退房、客房智能控制系统、可穿戴智能技术等技术和智能化设施，使用人工智能来提升服务质量和水平，如“酒店智慧前台”，消费者可通过“刷脸”自助办理入住，减少人员需求。

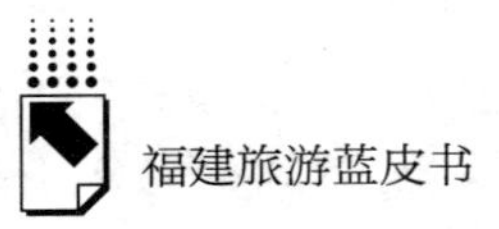

（四）突出产品建设，开拓住宿过夜市场

一是开发多元化、多层次、多服务与高品质相结合的旅游住宿设施。以游客需求为导向，深入分析不同类型游客群体的需求，从酒店经营理念、整体环境、服务设施、服务方式、配套设施等方面着手，大力推动主题化、特色化、精品化、个性化住宿设施的建设，满足游客多样性的需求，提升游客的住宿体验。同时借鉴日本、中国台湾民宿的特点，加入文化内涵，让游客感受当地生活。二是发展精品夜间旅游活动，完善过夜游配套设施建设。整合当地旅游景点，进行统一规划，依据当地特色发展精品夜间旅游线路，扩大游客夜间娱乐休闲空间。一方面完善城市夜间交通和灯光配套，改造景区夜间游览功能，另一方面参考丽江、凤凰等城市酒吧文化，优选发展特定区域作为娱乐活动休闲区域，增设酒吧街、娱乐城等娱乐项目，打造夜间餐饮文化，培养和发展夜生活文化。

六　结束语

2018 年，随着旅游成为常态化、高频次的消费方式，旅游住宿需求呈现稳定增长、多样化、个性化的趋势，福建省旅游住宿市场总体稳中向好，并迎来新一轮结构调整，逐步向供给多元化、规范化的方向发展。2019 年在消费升级的驱动下，福建省旅游住宿业将着重改造提升中低档酒店的质量和服务，不断向中端及中端偏上标准靠拢，促进中端酒店崛起，以匹配快速增长的商务和旅游需求。

参考文献

[1]《福建省“十三五”旅游业发展专项规划》，清新福建，http：//www.fjta.gov.cn/ar/20160407000001.htm。

[2] 福建省统计局：《福建统计年鉴 2018》。
[3] 文化和旅游部：《2017 年第二季度—2018 年第一季度全国星级饭店统计公报》。
[4] 中国饭店协会，http：//www. chinahotel. org. cn/forward/enterHome. do。
[5] 中国饭店协会：《2016 ~ 2017 中国客栈民宿行业发展研究报告》，搜狐旅游，https：//www. sohu. com/a/140829256_ 236448。
[6] 中国旅游新闻网，http：//www. ctnews. com. cn/col/col149/index. html。
[7] 中国旅游研究院：《中国旅游住宿业发展报告 2017——新思维　新模式　新格局》，旅游教育出版社，2017。
[8]《2017 中国住宿行业发展报告》，http：//www. 199it. com/archives/766994. html。
[9]《重磅发布：2017 ~ 2018 年度中国旅游住宿业品牌白皮书精华版》，腾讯网，https：// new. qq. com/omn/20180621/20180621B0JQTO. html。

B.7
福建省旅游购物业发展报告*

陈秋萍　马芳芳**

摘　要： 福建省旅游购物业初具规模，行业监管逐步到位，旅游商品渐成体系，但还存在旅游购物占比不高，旅游购物服务质量评价较低，大型旅游购物实体市场较少等问题。究其原因，旅游商品缺乏特色，营销推广形式单一，因而福建省旅游商品资源优势未转化为品牌优势。随着旅游商品趋于生活化，旅游购物群体分散化与购物场所多元化的趋势日益显著，充分把握政策利好因素，突破行业发展、企业经营的局限，从政策、组织、资金等多方面保障旅游商品的研发与设计，线上线下结合推广促销福建旅游商品，多部门联手加强旅游购物行业监管，才能切实推动福建省旅游购物业的发展。

关键词： 旅游购物　品牌　营销　监管

旅游购物业作为旅游业中最活跃的构成部分，持续拉动旅游产业的总收入。目前，福建省旅游购物业的发展基础已基本形成，但是购物在旅游消费中的占比仍较低，分析制约福建省旅游购物业发展的瓶颈问题，提出有针对

---

* 基金项目：福建省社会科学项目“福建省旅游公共服务体系的评价与优化研究”（FJ2016B105）。

** 陈秋萍，博士，华侨大学旅游学院副教授，酒店管理系主任，研究方向为旅游管理；马芳芳，华侨大学旅游学院硕士研究生，研究方向为旅游管理。

性的对策与建议，才能有效提升旅游购物消费的占比，实现旅游经济的转型与升级。

一 2017~2018年福建省旅游购物业总体发展形势与主要进展

（一）福建省旅游购物业的总体发展形势

1. 行业规模稳步增长

随着旅游业的迅猛发展，福建省旅游购物的行业规模实现稳步增长。2007 年，福建省接待国内游客 8041.12 万人次，国内收入达 838.17 亿元，人均旅游消费 1042 元。其中购物消费支出约占 17.15%，约为 178.7 元。2017 年，福建省接待游客总人数为 3.83 亿人次，旅游总收入达 5083.10 亿元，入境游客达 775.41 万人次，实现旅游外汇收入 75.88 亿美元，国内游客高达 37534.06 万人次，实现国内旅游收入 4570.77 亿元，国内游客人均消费 1218 元，同比增长 7.5%。就消费结构而言，福建接待国内游客的住宿费占比为 22.5%，交通费占比为 25.7%，餐饮费占比为 17.5%，购物费占比为 16.0%，同比增长 0.3 个百分点，游览费用、娱乐费用的占比则分别为 6.5%、5.2%。2017 年，国内游客的旅游购物人均消费为 195 元，位列旅游消费第四。

2. 场所建设紧锣密鼓

旅游购物业的发展离不开类型多样、信誉良好的旅游购物场所。福建省旅游发展委员会积极推动旅游购物实体市场的建设，目的是形成旅游购物的集群效应与抱团营销。2015 年 4 月，由福州、厦门、平潭三个片区组成的中国（福建）自由贸易试验区挂牌运作，总面积达 118.04km^2，迅速成为吸引国内游客购物的重要场所（见表 1）。

表 1　中国（福建）自由贸易试验区构成

名称	面积(km^2)	功能定位
福州片区	31.26	重点建设制造业基地，构建21世纪海上丝绸之路沿线国家和地区交流合作的沟通平台，成为两岸服务贸易与金融创新合作示范区
厦门片区	43.78	重点建设两岸新兴产业和现代服务业合作示范区、东南国际航运中心、两岸区域性金融服务中心和两岸贸易中心
平潭片区	43	重点建设两岸共同家园和国际旅游岛，为投资贸易和资金人员往来提供更自由、便利的措施

资料来源：福建省人民政府门户网站，http：//www.fujian.gov.cn/xw/ztzl/fjzmsyq/。

厦门大嶝岛、平潭两个对台小商品免税交易市场先后开业，商品日趋完善，为国内游客的休闲购物提供便利与优惠（见表2）。

表 2　福建对台小商品免税交易市场

名称	开市时间	构成	免税范围	免税限额
厦门大嶝岛	1999年5月	规划面积为0.85km^2，共有504个店面。分设交易区、仓储区、台湾停泊点、经营服务区等，实行封闭式管理	粮油食品、土产畜产、纺织服装、工艺品、轻工业品、医药品六大类	6000元/(人·天)
平潭	2014年6月	总面积为0.16km^2，分设台湾免税商品区、非免税品区和辅助功能区等		6000元/(人·天)

资料来源：中新网，http：//www.chinanews.com/tw/2014/06-17/6289408.shtml。

3. 行业监管保驾护航

福建省旅游发展委员会牵头联合24个省直部门，通过实施以“放心游福建”服务承诺为核心的旅游综合服务监管机制，进一步规范市场秩序，提高旅游服务质量，提升游客的在闽旅游体验，实现旅游指标的持续增长。2017年，福建省24个旅游综合监管成员单位共出动联合执法人员2万余人次，挽回在闽游客直接经济损失273万余元。2018年是“放心游福建”优质旅游年，政府部门加强对福建省旅游市场的综合监管，进一步完善旅游市场联合执法机制、旅游投诉受理运行机制、旅游纠纷多元化解机制、旅游服务承诺问责机制等一系列综合监管机制，提高游客满意度。

（二）2017~2018年福建省旅游购物业的主要进展

1. 旅游商品初成体系

福建旅游商品以传统工艺品和纪念品为主，局限性较大，如今旅游商品的种类不断丰富，不仅涵盖传统的工艺品、丝织品、旅游电子、旅游陶瓷、旅游竹木品、旅游个人装备品、旅游纪念品、旅游特色食品、旅游饮品、旅游创意设计类10大类别，而且福建省的旅游商品已初步形成体系，充分挖掘当地的特色文化资源，推动旅游商品产业结构调整。2016年，福建省首届旅游商品评选暨创意设计大赛评选出“福建好礼”133件，百佳旅游商品100件，创意设计产品37件；2017年“福建好礼”百佳旅游商品评选活动挑选出了105件“福建好礼”百佳旅游商品，其中包括75件旅游美食伴手礼，30件其他旅游商品。福建省旅游发展委员会以举办相关赛事及其宣传为契机，挖掘、培育、扶持一批创意独特、文化内涵深、市场前景好、独具地方特色的旅游商品，借以提升和增强福建省旅游商品的整体发展水平和市场竞争力，引领与强化福建旅游购物行业。

2. 旅游商品形成品牌

首先，福建省旅游发展委员会倾力打造“福建好礼”这一具有福建地方特色的旅游商品独有品牌，并形成与之配套的VI设计系统，福建旅游商品评选暨创意设计大赛获奖作品即可进入“福建好礼”的商品体系；编印福建省名优旅游商品名录，联合启动福建旅游商品品牌宣传与市场推广。其次，积极号召更多旅游商品企业、相关设计单位、院校师生及社会各界人士共同参与设计，鼓励和支持地域传统旅游商品企业做好传承和创新，促进企业的升级转型，培养一批旅游商品龙头企业，形成并推动旅游商品产业集聚和旅游购物消费升级。

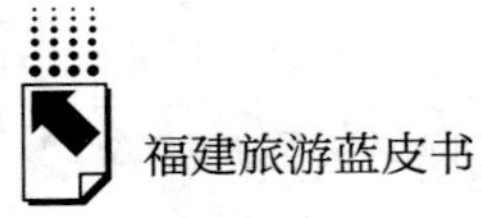

3. 旅游购物监管到位

随着旅游行业监管的加强，福建省旅游购物投诉数量略微下降，2017 年第四季度以来，福建省旅游购物相关投诉占比逐渐下降，投诉问题仍然集中体现为旅游购物商店的产品质价不符，以及悔购退货退款问题（见表 3）。

表 3　福建省 2017 年全年与 2018 年上半年旅游投诉情况汇总

时间	旅游投诉受理件数	投诉导游件数(占比)	其他投诉件数(占比)	旅游购物投诉问题
2017 第一季度	222 件	1 件(0.4%)	20 件(9%)	其他投诉主要反映购物质量问题
2017 年第二季度	271 件	0 件	31 件(11.4%)	其他投诉主要反映购物质量问题
2017 年第三季度	367 件	8 件(2%)	19 件(5%)	投诉导游如导游服务态度不佳、擅自安排购物店等问题。其他投诉主要问题是购物店强迫游客购物等情况
2017 年第四季度	280 件	8 件(3%)	35 件(12.5%)	投诉导游在购物点停留时间过长。其他投诉主要是购物商店产品质量问题
2018 年第一季度	361 件	9 件(2.3%)	41 件(10.6%)	其他投诉主要反映购物商店服务质量问题如产品质价不符、悔购退货退款问题
2018 年第二季度	315 件	6 件(1.9%)	27 件(8.6%)	其他投诉主要反映旅游产品质价不符及悔购退货退款问题

资料来源：福建省旅游质量监督管理所的质监动态。

2017 年至 2018 年第二季度，福建省旅游发展委员会通过联合工商、物价、交通、公安、国税、海关等部门，多次进行联合专项执法检查行动，在一定程度上阻止并制止了旅游购物违法行为的发生。2018 年以来，加大对旅游购物单位的检查力度，抽检商家明显增多，查处情况显示旅游购物陷阱的源头仍是旅行社组织不合理低价游，导游未与旅游者协商，擅自指定或增加购物场所，诱骗或强迫购物的现象仍然时有发生（见表4）。

表4　福建省2017年全年与2018年上半年旅游市场检查情况汇总

时间	执法检查（次）	检查人员（人次）	检查企业（家）	检查旅游购物单位（家）	购物相关查处情况
2017年第一季度	405	1637	595	19	重点整治旅行社未与旅游者就自费项目或购物签订补充协议、强迫欺骗购物或与旅游购物点串通谋取非法利益等违法行为，严厉打击旅游购物场所没有经营执照、价格欺诈、虚假宣传、商业贿赂、造假等违法行为
2017年第二季度	519	3340	766	23	没有和旅游者协商达成一致，指定具体购物场所
2017年第三季度	603	2797	854	25	针对“不合理低价游”向出境游市场蔓延和转移的趋势，重点整治赴泰、赴港澳台旅游线路存在的诱骗或强迫购物、私自增加自费项目以及境外甩团等问题
2017年第四季度	506	2367	536	22	旅行社以不合理低价游组织旅游活动，诱骗游客并通过安排购物获取回扣等不当利益
2018年第一季度	457	2026	617	49	导游兜售物品，未经双方协商一致或指定具体购物场所
2018年第二季度	510	2212	569	50	旅行社组织不合理低价游；厦门拥湖旅行社因安排购物获取回扣等不当利益，被处罚款35万元；文化和旅游部对4起涉嫌“不合理低价游”问题所提供案件线索，及时查明事实真相并反馈

资料来源：福建省旅游质量监督管理所的质监动态。

福建三个自贸区为游客提供便利的旅游购物场所与优惠的免税商品，但是也存在旅游商品鱼目混珠，经营者素质参差不齐的现象，自贸区的市场整治不容忽视。如 2018 年 5 月，由厦门自贸片区管委会综合监管和执法局牵头的综合执法队伍采取随机抽查、暗访检查、突击检查等方式，重点查处涉嫌虚假宣传、假冒伪劣、价格欺诈、偷税漏税、变相强迫消费和消防安全隐患等问题，为旅游购物提供安全有序的市场环境。

二　福建省旅游购物业存在问题与原因分析

（一）主要问题

1. 旅游购物消费占比不高

旅游购物消费在旅游消费中的占比是衡量一个国家旅游业发达程度的重要指标，也是旅游经济转型升级的着力点。目前，福建省旅游购物销售收入在旅游收入中的占比不足 20%，在欧美等旅游业发达地区，这一比例则高达 40% ~60%，福建省旅游购物业仍有很大的发展空间。

2. 旅游购物服务质量评价较低

近年来，福建省游客服务满意度调查显示，对导游、旅行社服务评价有所提高，但是游客对购物、娱乐的服务满意度始终在低位徘徊。品质次、假货多、价格高等现象的普遍存在，始终是阻碍旅游购物业发展的重要因素。由于旅游商品企业与游客之间存在信息不对称，商家给予导游高额回扣，因此市场上充斥着质次价高的旅游商品。导游的诱导胁迫购物时有发生，破坏了旅游购物的行业形象。

3. 缺少大型的旅游购物实体市场

旅游商品虽然种类繁多，但因为缺少专门的旅游商品集散中心，旅游购物商店分布零散，游客难以在有限的活动时间内清晰地获取资讯，并集中购买特色旅游商品；福建省各地市缺少能够融美食、购物、休闲、地方特色文化体验为一体的开放式历史街区或村镇，旅游商品的展示范围有限，尚未形成核心的旅游吸引物要素。各地的大型购物中心也缺少集中展示地方旅游商品的专区。另外，有些景区的旅游购物商店经营方式落后，市场秩序较乱，缺乏统一的监管，未能提供安全有序的购物环境。

（二）原因分析

1. 旅游商品缺乏特色，未形成口碑效应

一方面，福建省旅游商品研发设计的创新意识差，产品缺乏原创性与独特性，地方特色不明显，存在大量同质化、单一化、庸俗化的旅游商品，游客难以形成购买意愿；另一方面，福建省多数旅游商品生产企业规模不大、技术落后、商品制作较差，旅游商品主要形式为工艺品、纪念品或地方特色食品等，品种单一，质量参差不齐。

2. 旅游商品资源优势未转化为品牌优势

福建省许多旅游商品的研发、生产、流通和销售仍处于独立状态，尚未形成良性循环，且空间布局不均衡，缺少规范化的专业服务，未形成全省一盘棋的格局。在品牌建设方面，“福建好礼”品牌处于初创时期，成为全国知名的旅游品牌尚需时日。

3. 旅游商品营销推广亟待改进

在营销推广方面，营销观念落伍，宣传平台缺乏，投入不足，扩张意识不强，甚至存在某些旅游商品的品牌被遮蔽或误认的现象，品牌影响力亟待提高。在旅游商品的销售渠道建设方面，仍以传统渠道为主，从而导致销售方法单一，销售半径小。

三　影响福建省旅游购物业发展的因素分析

（一）政策因素

政策是福建旅游购物业发展的重要保障。2009 年，《国务院关于加快发展旅游业的意见》建议大力发展旅游购物，提高旅游购物在旅游收入中的比重，我国旅游商品进入政府引导的发展期。2014 年 8 月，《国务院关于促进旅游业改革发展的若干意见》将扩大旅游购物消费作为旅游业改革发展的重要举措，我国旅游商品迈入快速发展时期。国家旅游主管部门提出实施“中国旅游商品品牌建设工程”，挖掘、传承与弘扬老字号品牌，鼓励全国各地给出旅游商品推荐名录；规范旅游纪念品市场，发展富有地方特色的商业街区，建设特色商品购物区，完善境外游客购物离境退税政策，提供金融、物流发展购物旅游等建议。2015 年 10 月 1 日，福建省启动实施境外游客购物离境退税政策，由境外游客在退税商店购买且符合退税条件的个人物品，在退税代理机构可办理退税 11%，并收取 2% 的退税手续费。这些政策法规的提出为旅游购物业的发展提供了利好消息。

（二）行业因素

福建省旅游业的发展仍然处于初步阶段，走马观花型的观光旅游所占比例较高，深度旅游较少，购物旅游发展很不完善。国内外游客在闽的平均逗留时间较短，在旅游购物方面所花的时间、精力、费用都很有限，旅游购物消费仍有较大的提高空间。另外，旅游购物业的市场环境较为复杂，行业规则尚不明晰，旅游从业人员对游客购物的积极引导不足。

（三）企业因素

目前，福建省相当一部分旅游商品的生产、营销、销售分属于不同企业，处于割裂状态，未形成合力与品牌效应，在一定程度上制约了旅游购物业的进一步发展。另外，固守传统的生产制作工艺、经营管理方式，已经无法满足游客新的购物需求。引导和支持传统旅游商品生产企业做好传承与创新，加快转型升级势在必行。另外，旅游商品的发展只靠生产企业单打独斗是不行的，政策保障、搭建平台、抱团营销等多管齐下，才能整合资源，形成合力，实现旅游商品的提档升级和品牌提升，促进旅游商品行业的集约化与品牌化。

四 2019年福建省旅游购物业发展趋势分析

旅游购物是旅游产业中弹性最大的要素，也是市场化程度最高的部分，其发展趋势随着旅游需求的改变而变化。旅游购物相关企业只有顺应旅游者的需求，调整旅游产品设计、生产与营销活动，才能促进旅游购物业的持续发展。

（一）旅游商品趋于生活化

随着游客实用性需求的上升，旅游纪念品、工艺品在旅游商品中的比重逐渐下降，生活类工业品的购买显著增加，如化妆品、服装、鞋、包、电子产品等，在旅游购物中的占比明显上升。在某些景区，游客购买的生活类工业品在旅游购物中的比重甚至高达八成。千篇一律的纪念品与华而不实的工艺品越来越难引起游客的购买兴趣，而以生活类工业品等为代表的大旅游商品更能迎合游客的需求，成为旅游商品发展的重要趋势。另外，工业品类旅游商品在保留实用性的同时，借鉴传统工艺品的设计理念、图案、纹饰、造型等，更具有艺术性、观赏性，提高了游客的购买意愿。农副产品的包装也悄然改变，已不再是简单的纸盒、粗布布袋等传统的包装材料，而是采用新型轻便的包装材料，既简洁又美观，既实用又安全，颇受游客欢迎。

（二）旅游购物群体分散化

近年来，团队旅游的购物消费逐年下降，自助旅游者大幅增加，自助旅游购物消费蒸蒸日上。在团队旅游中，强迫购物、以次充好等现象时有发生，跟团旅游的群体购物越来越失去游客的信任，旅游购物的主体从团队旅游者逐步转为自助旅游者。自助旅游者更有主见，且消费能力不容小觑，其购物需求趋于多样化，购物偏好也更不确定。旅游购物主体从易于集中管理的团队游客转变为较为分散的自助游客，旅游商品企业进行精准营销的难度明显增大，对旅游商品的宣传与推广提出新的挑战。

（三）旅游购物场所多元化

随着自助游客逐渐成为旅游购物的主体，旅游购物的场所与方式也发生了明显的变化。特色不鲜明的“杂货店式”传统旅游购物店已难以吸引游客。具有文化、地域特色的旅游购物专卖店逐渐出现，集旅游、购物、休闲、娱乐于一体的一站式商业综合体受到游客的青睐；另外，网红店、以文化或低价为卖点的购物店、具有地方特色的旅游商业街区逐渐成为游客购物的主要场所。体验式购物日益成为旅游购物常态，在实体店体验购物，游客可通过试用、试穿、试戴、品尝，增加购物的愉悦感，获得在线购物难以企及的真实感受，促进游客产生购物行为。另外，发展“时尚旅游”，游客不仅近距离接触时尚产品，而且能获得优惠的价格。

（四）旅游购物营销多媒体化

游客在旅游过程中，在线上采购旅游商品也属于旅游购物行为。随着旅游者购物经验的积累，新闻媒体长篇累牍报道的警示，游客的购物消费趋于理性。如今，多管齐下、综合运用各种媒体进行营销，有利于推动旅游购物的深度发展。如传统的旅游购物店利用互联网进行宣传，游客可以在线上浏览商品，旅游过程中在线下的实体店里确认选择，然后在线上完成下单与付费。这种新的购买模式对旅游商品的销售起到较大的促进作用。此外，旅游商品销售与“游”深度结合也渐成趋势。旅游购物商店与旅行游览相结合，捆绑进行旅游商品的销售，建设特色商业街、特色购物区，针对游客宣传促销等为游客提供新的旅游吸引物。

五　福建省旅游购物业发展对策与建议

福建省旅游购物业的发展任重而道远，需要多部门通力合作，使旅游商品依附于创新研发、生产制造、营销推广三个平台，涵盖旅游商品的制作工艺、产供销、行政管理等环节，整合旅游商品资源、提升研发设计水平、助力营销推广、加强行政监管等缺一不可。

（一）多渠道推动福建旅游商品的研发与设计

1. 政策先行

在税收方面，福建省拟采取更加优惠的政策，对部分商品实行零关税，逐步扩大免税购物的区域，开设更多的免税购物点。包装福建特色产品如名茶香茗、海鲜特产、绿色果蔬、食用菌菇等目标千亿的农产品，使其成为旅游商品，开发雕艺美术、陶瓷工艺等一系列文创型旅游商品，使其成为“福建好礼”系列，进行重点培育与研发。另外，新《导游管理办法》规定导游在执业过程中不得擅自安排购物活动或另行付费旅游项目，如出现导游强迫购物、吃回扣等行为时，没收违法所得，处 2000 元以上 2 万元以下罚款，并暂扣或者吊销导游资格证，为减少旅游购物陷阱提供法律保障，促进旅游商品推陈出新，只有物有所值的优质旅游商品才能获得游客的青睐。

2. 资金跟上

借助政府的旅游专项基金，鼓励旅游商品生产企业进行技术创新与快速生产。福建省旅游发展委员会建立旅游商品研发基金，保证每年有计划地投入开发新的旅游纪念品，同时筹建福州、泉州旅游商品研发中心，并逐步扩大到全省，另外，福建省各地市轮流举办旅游商品设计大赛，营造良好的创新氛围，助力旅游商品的更新。

3. 组织保障

旅游商品的良性发展格局应该是多品种、大批量，只有实行规模化生产，才能降低成本与售价，吸引游客的目光。但是，福建省多数景区景点与一般的旅游商品生产企业由于资金的限制，不愿意加大研发生产投入。旅游发展委员会可充分聚合知名的旅游商品生产企业、高校相关专业等资源，政校企合作，为旅游商品的创意设计、生产制作等献计献策。如 2016 年 10 月，由泉州市旅游发展委员会和泉州师范学院美术与设计学院联合主办的旅游商品设计创作大赛，收到许多兼具创新性、实用性、工艺性、示范性、地域性、市场性的旅游商品，助推泉州旅游商品提高文创价值。海峡两岸旅游商品研发创意中心不仅公开征集创新设计产品，加大研发投入，引进创新性人才，专心研发、设计有福建特色的旅游商品，促进闽台两岸旅游商品的合作研发，提高旅游商品生产企业提高运营能力，而且利用互联网技术，依托电子商务平台，扩宽旅游商品的营销渠道，实现旅游商品价值最大化。

4. 制度管理

2015 年以来，“福建旅游商品评选暨创意设计大赛”已举办三届，为旅游商品研发提供了制度保障。2016 年扩大了评选范围，增加了旅游电子、旅游创意设计、旅游个人装备等类别，倡导深度挖掘福建特色文化资源，充分发挥设计者的想象力与创造力，取得了丰硕的成果。在传统旅游商品基础上，鼓励支持福建农特土水产品的商品化，弘扬当地的传统特色与民俗文化。泉州市旅游发展委员会连续多年举办旅游商品设计创作大赛，逐步挖掘、推广了一批艺术与实用结合、创新与市场结合、传统与现代结合的优秀旅游商品，实现经济效益与社会效益的双赢。

（二）线上线下结合推广福建旅游商品

通过鼓励走旅游商品的线上和线下的“双线推广”模式，政府、生产商、零售企业强强联手，网络、报刊、电视等多媒体合力，更加有效地助推福建省旅游商品的市场化。

1. 完善线上旅游购物平台

旅游商品生产企业通过线上进驻淘宝、京东、亚马逊、微信商城等电商平台，开启新零售旅游共享消费模式，开设“福建旅游商品旗舰店”，并利用电子商务的物流平台把游客购买的旅游礼品及时寄到家，让旅游购物便捷易行；支持和指导福建省旅游商品协会与携程、途牛、驴妈妈等旅游预订平台进行全方位合作，拓宽旅游商品的线上销售渠道。同时，在海峡旅游网站集群上，创立福建旅游商品网，并加入“海峡旅游超市”等。根据福建省旅游发展委员会的相关扶持政策，完善集旅游商品的研发、生产、宣传推广、展示交易、版权保护、投融资及销售等于一体的产业化对接服务平台，支持旅游商品生产企业、行业组织等共同努力，把“福建好礼”认证的商品打造成福建省旅游业的一面“金字招牌”，实现旅游商品的市场化、品牌化与产业化发展。

2. 建设线下旅游商品集散地与购物旅游目的地

旅游商品发展的重要动力是旅游商品集散地、购物旅游目的地。旅游商品集中交易的场所如旅游商品集散地、专门的旅游商品市场、旅游特色购物街区、旅游商品连锁旗舰店等，作为一种重要的旅游资源，不仅推动当地经济发展，而且促进文化、商贸、工业、农业的融合发展，也有助于当地政府树立旅游品牌形象，推动旅游产业从门票经济向商品经济转型升级。如今，促进旅游商品与旅游目的地的建设同步发展已是趋势，构建旅游各要素融合发展的旅游目的地，提供完整的旅游服务系统，让游客在景区观光游览的同时，充分享受购物的乐趣。另外，还可组织福建知名旅游商品线下进景区、进社区、进超市等，扩大影响力与覆盖面，如建设福建省旅游综合购物商场。2017 年，福州新区试点建设国际旅游购物中心，政府给予税费优惠福利，支持国际旅游商品在福州新区集散。

3. 一系列旅游商品的统筹规划与品牌塑造

为改变福建省各地市、各旅游商品生产企业分散经营、缺乏整体意识的现状，可在福建各地市选取具有辨识度、认知度、知名度的旅游商品，由政府行政主管部门主导品牌管理，从“统一的品牌形象、统一的店面形象、统一的防伪标识、统一的服务标准”四个方面着手，塑造福建省一系列旅游商品品牌。目前，“福建好礼”的评选已持续三届，福建省旅游发展委员会择优授予“福建好礼”的标识认证，可进一步巩固与升级“福建好礼”的品牌，将“福建好礼”打造成为“清新福建”大品牌的重要组成部分。

（三）多部门联手加强福建旅游购物行业监管

1. 充分发挥旅游商品专业委员会的作用

福建省与部分地市的旅游商品专业委员会陆续成立，通过资源整合、打造品牌、渠道建设等，做大做强整体的旅游商品产业，形成景区与购物的结合体，进行抱团宣传与营销，形成福建省旅游购物业的整体竞争力与品牌影响力。2015 年 1 月，泉州旅游协会成立旅游商品专业委员会，加强不同企业之间的交流与合作，并对旅游商品的商家资源进行整合，实现抱团发展与整体营销。又如龙岩市旅游商品同业协会对旅游商品行业进行统一管理，为旅游商品企业的发展提供专业的咨询服务。

2. 营造旅游购物业良好的市场环境

旅游购物业的发展涉及部门多，牵扯的利益主体不少，需要政府主管部门、旅游商品企业、从业人员等齐心协力，一起营造安全有序的竞争环境，促进旅游购物业的深度发展。一方面加强市场监管，营造良好的市场秩序与安全的购物环境，另一方面推广旅游商品的品牌消费知识，营造旅游商品消费文化氛围，促进旅游购物业的健康发展。阻断旅游商品产销的利益链条，减少环节，直接让利给游客。如手礼网不向导游提供佣金回扣，可先上网预订，再到机场现场提货付款，如不满意还可现场退货，且提供全国快递服务。在规范价格方面，也可通过对旅游商品的价格实行跟踪监测、走访、警示、告诫等多种方式，引导经营者加强价格自律，做到诚信经营，自觉维护旅游市场的价格秩序。

参考文献

[1] 陈再福：《福建省国内旅游消费结构分析》，《山西高等学校社会科学学报》2009 年第 9 期。

[2] 肖和勇：《大数据告诉你："清新福建"游 钱都花在哪》，新华网，http：//www.fj. xinhuanet. com/yuanchuang/2018 －02/27/c_ 1122461923. htm，2018 年 2 月 27 日。

[3] 中国（福建）自由贸易试验区福建省人民政府门户网站，http：//www. fujian. gov. cn/xw/ztzl/fjzmsyq/。

[4] 张建忠：《大陆第二个对台小商品免税交易市场平潭开市》，中新网，http：//www. chinanews. com/tw/2014/06 －17/6289408. shtml，2014 年 6 月 17 日。

[5]《福建省 2017 年度旅游市场检查情况总结》，福建省旅游发展委员会政府门户网站，http：//lfw. fujian. gov. cn/cszc/fjslyzljdgls/zjdt/201801/t20180119_ 3451406. htm，2018 年 1 月 19 日。

[6] 王金植：《泉州成立旅游商品专业委员会》，泉州网，http：//www. qzwb. com/gb/content/2015 －01/04/content_ 5020670. htm，2015 年 1 月 4 日。

B.8

2017~2018年福建省会展业发展研究报告

张 慧 张荣藤 殷 杰*

摘 要： 本报告对2017年福建省会展业发展情况进行了系统回顾与梳理，在对其突出特点及发展问题分析的基础上，对2018年福建省会展业发展工作进行了分析和展望。分析发现：2017年，福建省会展业在产业基础、产业建设、产业布局以及产业营销方面均取得了一定进展，产业发展呈现产业波动提升、项目稳速增长以及“众星捧月”式发展格局的特点，但仍存在经济发展失衡、辐射作用不强、营销力度不足的发展局限。2018年，结合会展业发展现状与相关政策要求，提出促进闽台会展产业对接、发展福建“互联网+”双线会展服务平台以及推进福建省会展产业核心群建设等对策，促进福建省会展产业发展。

关键词： 会展业 福建省 智慧会展

会展产业作为现代服务业的一种新型业态，具有带动性强、辐射面大、产业链宽、环境友好等突出特点，是国民经济体系的重要组成部分，被喻为

* 张慧，硕士，华侨大学旅游学院副教授，硕士生导师，会展经济与管理系主任，研究方向为旅游企业管理；张荣藤，华侨大学旅游学院硕士研究生；殷杰，博士，华侨大学旅游学院副研究员，研究方向为旅游企业管理。

现代经济发展的“绿色引擎”。会展产业是一个多要素复合系统，广义来讲，会展产业主要包括展览会、会议、节庆活动、赛事活动等内容。由于会展产业的强带动性，福建省持续大力发展会展产业。近年来，福建省会展业在管理体制、市场环境、改革升级等方面均取得了长足发展：《福州市展会发展专项资金管理办法》《福州市会展业发展规划（2014—2025）》等政策制度对建设完善会展设施，进一步改进会展业发展环境，提升展会承接规模和办展水平，持续促进会展经济快速健康发展起到了积极的促进作用。根据福建省“十三五”现代服务业发展专项规划，到 2020 年，福建力争成为以“海峡”和“海上丝绸之路”为品牌特色、具有国际影响力的国际性会展中心。厘清福建省会展业发展现状将有助于有针对性地制定产业发展战略。基于此，本报告将重点回顾 2017 ~ 2018 年福建省会展业发展总体形势与主要进展，诊断其发展问题，并提出相应的解决策略，以期为福建省打造具有国际影响力的国际性会展中心这一目标提供借鉴与启示。

一　福建省会展业发展形势与主要进展

（一）福建省会展业发展总体形势

2017 年，福建省会展业发展形势平稳，会展业发展概况如表 1 所示。由表 1 可知，福建省会展业稳步发展，主要表现在以下几个方面。

（1）从全国范围来看，福建省每年办展数量基本持平，会展业发展稳定。自 2013 年以后，福建省每年办展数量均在 250 场左右，办展数量稳定，福建省办展数量排名基本维持在全国的第 12 位左右，这表明福建省会展业在全国市场占有率较为稳定。由此可见，福建会展业处于稳定发展水平。

（2）从省域会展发展情况来看，福建省办展面积逐年增长，展会规模逐步扩大。自 2012 年以来，福建省每年办展总面积不断扩大，呈现平稳增长的态势。每年平均办展面积也呈现增长趋势，2017 年实现了 36% 的跨越式增长，这表明福建省办展规模正逐步扩大，稳步前进。

（3）从展会项目质量来看，品牌展会建设扎实推进，细分行业市场占有率提升。福建省展览项目在全国 TOP 100 中数量稳定，而在各细分行业展会面积 TOP 3 的展览数量也呈现增加趋势，其中福建省的石材展、佛事祭祀展、贸易投资展等展会成为各自细分行业中的知名展会，这表明福建省会展质量与规模正逐步提升，会展品牌形象逐步建立。

表 1　2011～2017 年福建省会展业发展概况

项目(单位)	2011 年	2012 年	2013 年	2014 年	2015 年	2016 年	2017 年
每年办展数量(个)	371	206	245	258	239	257	254
每年办展数量全国排名	8	12	11	12	13	11	14
每年办展总面积(万平方米)	337.49	215.43	247	263.86	303.46	327.46	440.2
每年平均办展面积(万平方米)	0.91	1.05	1.09	1.02	1.27	1.27	1.73
UFI 会员单位(个)	—	—	1	1	1	1	1
展览管理机构(个)	—	—	7	4	6	8	6
TOP 100 展览项目数量(个)	—	—	3	0	10	3	3
各细分行业面积 TOP 3 展览数量(个)	—	—	7	5	9	8	14

资料来源：2011～2017 年度中国展览数据统计报告。

（二）福建省会展业主要进展

2017 年福建省会展业在产业基础、产业建设、产业布局以及产业营销方面均取得了一定进展。

1. 产业基础日趋改善

产业发展依托是产业发展的根基，是撬动市场的杠杆。厦门会展业一直是福建省会展业发展的龙头，其产业基础得到进一步改善。2018 年，厦门立足岛内外均衡发展和会展业未来 5 至 10 年发展需要，在岛内基本形成了南北双核心的产业格局：北部形成了以厦门国际会展中心、厦门国际会议中心及其相关服务设施配套为中心的会展综合体；南部建成了以厦门五通佰翔会展中心、佰翔会展酒店和商务中心为核心的会展产业集群。另外，在 2018 年厦门会展周期间宣布成立的厦门国贸会展集团有限公司，作为厦门

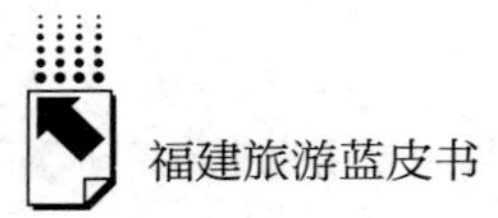

国贸控股集团有限公司的全资子公司，将在厦门翔安区投资建设运营新的会展中心和会展项目，届时厦门东部会展小镇也将呈现在世人面前。厦门市作为福建省会展业的龙头城市和代表性区域，代表了全省会展业发展的潮流趋势，由此可见，福建省会展业发展的消费环境得到了一定的改善，会展产业发展得到一定程度保障。

2. 产业项目日益推进

为进一步加快福建会展经济建设和社会发展，2017 年，福建省在产业发展和外资重点领域推出福州自贸区会展经济综合服务平台、莆田世界妈祖文化会展中心 2 项省重点会展项目，总计投资 18 亿元。厦门市政府、企业、协会协同发力，重点引进诸如中国机械工业联合会、中华医学会等国家级协会来厦举办协会会议与专业展览，召开高端专业会议与年会。2018 年，福建省会展全行业也集体发力，政府牵线搭桥，以厦门会展集团、福建荟源展览、厦门文广会展等大型骨干企业为主体，大力引进全国性的大型会议展览项目几十项，有力地推进了会展项目大型化、国际化和高端化，增强了福建省会展业的整体竞争力，福建省会展项目建设日益推进，不断走向完善和成熟。

3. 产业布局日渐优化

2017 年，福建省加紧对会展场馆及会议中心的规划投入建设工作，进一步优化产业布局。莆田市会展中心概念性建筑立足莆仙的地方文化特色，打造“21 世纪海上丝绸之路”的文化地标，借鉴和吸收世界各国先进的会展场馆的设计和建筑理念，着力挖掘福建以及莆仙文化特色，实现了功能性和文化性、科技与艺术的完美结合，打造出了既符合高等级会议及展览功能要求又具备丰富文化内涵的建筑群，使之成为世界莆仙文化中心的象征。坐落于莆田湄洲岛上的世界妈祖文化论坛永久会址，气势磅礴，功能齐全，其配套的郡雅酒店，高端大气，管理规范。此外，《龙岩主城区近期建设规划（2016—2020）》显示，龙岩现代会展中心集展览、商业、酒店于一体，是北部以居住、贸易、会展、商贸、新型产业为主的大数据功能区的重要组成部分，推动展览城、龙岩市交易中心、华为大数据产业园等片区建设。在泉州市，耗资 2. 168 亿元的晋江国际会展中心于 2017 年开工投入建设。由此可见，会展产业在全省范围内开始布局，原先会展产业布局得以进一步优化提升。

4. 产业营销日趋拓展

近年来，“一带一路”建设成为国家发展的主旋律，而福建是“21 世纪海上丝绸之路”建设的核心区，因此拓展营销格局、扩大会展覆盖面成为福建会展业发展的主要方向。2017 年，福建会展业在对外营销方面取得了突破性进展，厦门市会展局、市会展业协会加强与国际展览业机构 UFI、ICCA、AFECA 及国内各会展组织机构的合作，多次赴境外开展会展交流、营销活动，如参加国际展览业协会 UFI 年会，举办海外华商中国投资推介会，参加在马来西亚古晋举办的国际大会及 ICCA 年会，加强开展宣传营销活动。

二　福建省会展业发展的突出特点

近年来，福建省会展业发展过程总体形势较好，取得了一系列的进展与突破。2017 年，福建省会展业发展主要呈现产业波动提升、项目稳步成长以及发展格局众星捧月的特点。

（一）产业发展：波动提升

从 2011 年以来福建省会展业增长情况来看，2012 年福建省会展业发展有所下降（见图 1）。此后，福建省会展业出现增长，这种增长呈现稳步提升状态。从福建省历年办展数量来看，其呈现波动式的发展方式，且历年办展数量基本在每年 250 场上下波动。从每年办展面积来看，2012 年以后，福建省办展面积呈现稳步提升状态，2017 年办展面积出现大幅度增长。此外，依据表 1 可知，福建省每年平均办展面积同样呈现步入“快车道”的增长状态。由此可见，福建省会展业发展呈现波动提升的状态。

现阶段，中国展馆数量规模与区域经济之间存在正相关关系。本报告对 2011～2017 年福建省专业场馆进行分析，具体结果如图 2 所示。中国展览数据统计报告显示，福建省 2011～2015 年专业场馆数量基本维持在 6 个左

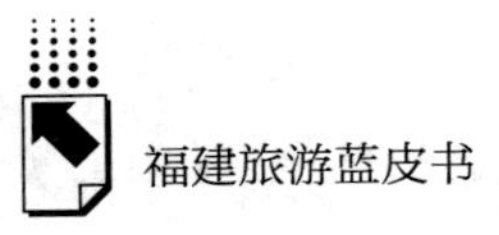

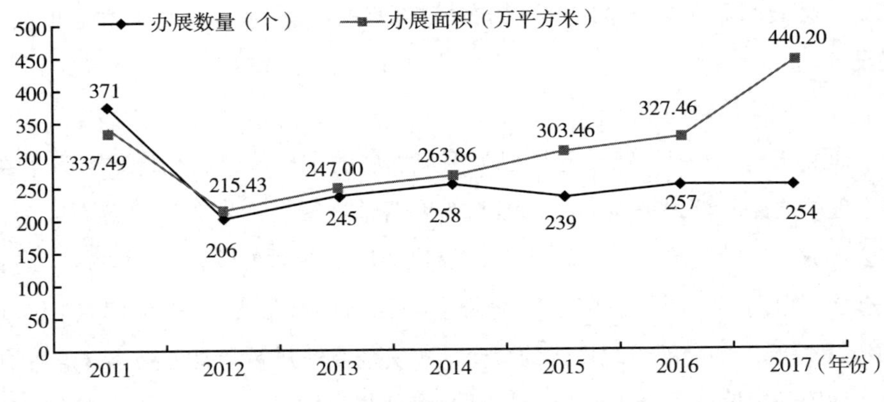

图 1　2011～2017 年福建省会展业增长情况

资料来源：2011～2017 年度中国展览数据统计报告。

右，2017 年专业场馆数量达到 12 个；专业场馆面积呈现波动式增长，场馆面积由 2011 年的 27.19 万平方米波动增长至 2017 年的 43.15 万平方米；而专业场馆平均面积亦呈现波动式的发展趋势。由此可见，福建省会展设施呈现波动式发展特征，这也在一定程度上说明会展产业基础薄弱，仍需提升相关硬件设施。此外，在会展设施方面，会展场馆的营运与管理也呈现鲜明特点：一方面，会展场馆连锁集团化发展特点越发明显，北辰、厦门会展集团等企业实现集团化发展，输出管理；另一方面，场馆主办展成为场馆营利的主要增长点之一，如厦门石材展、佛事展、茶博会等。

（二）会展项目：稳步成长

2017 年，福建省产业发展和外资重点领域推出省重点会展项目 2 项，总计投资 18 亿元。其中，福州自贸区会展经济综合服务平台位于福州市海峡国际会展中心商业区，引进涵盖澳新、欧美、东盟、日韩等国家（地区）进口商品购物中心和跨境电子商务体验中心，总规模为 12 万平方米，拥有福建省名特优直销中心、两岸文创休闲体验项目、跨境会展服务等业务模块。2016 年，湄洲岛成功承办了由国家五部委和福建省政府举办的世界妈祖文化论坛；2017 年，莆田世界妈祖文化会展中心项目预计总投资 8

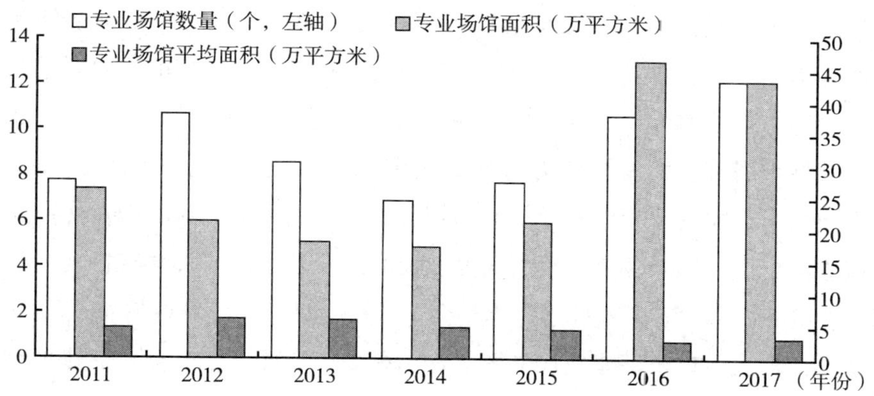

图2　2011～2017年福建省会展专业场馆发展概况

资料来源：2011～2017年度中国展览数据统计报告。

亿元，主要建设千人会堂、妈祖文化展览馆、会客厅、停车场及相关配套设施等，以促进妈祖文化在全球范围的传播和弘扬，推动海丝沿线国家和地区的民心交融。

此外，厦门市政府、企业、协会协同发力，重点引进诸如中国机械工业联合会、中华医学会等国家级协会来厦举办协议会议与专业展览，召开高端专业会议与年会。2018年，福建省会展全行业也集体发力，政府牵线搭桥，以厦门会展集团、福建荟源展览、厦门文广会展等大型骨干企业为主体，大力引进全国性的大型会议展览项目几十项，有力推进了会展项目大型化、国际化和高端化，增强了福建省会展业的整体竞争力。此外，超过30万平方米的海西国际商贸会展中心正在筹建中。

（三）发展格局：众星捧月

福建省各主要会展城市会展业发展概况如表2所示。2017年度中国展览数据统计报告显示，2017年厦门城市展览业发展指数为36.60，全国综合指数排名第18位，厦门市凭借良好的政策配套、环境配套、设施配套和文化配套已经发展成为一座新兴的会展城市，成为全国优秀会展旅游目的地城市之一，成为活力时尚、现代多元的典型海滨城市。厦门市借助综合优势，策划运营了“投洽会”、“旅博会”、“石材展”和“佛事展”等众多知名展会，在福建省会展业发展历程中扮演着辐射和拉动周边区域的重要角色。其他城市则主要依靠当地产业发展会展业，以农业发达的漳州市为例，2017年，其城市展览业发展指数为3.54，全国综合指数排名第107位。漳州市是农业大市，尤其在两岸农业交流与现代农业方面具有明显的产业优势。漳州市立足市情，以产业为抓手，大力发展会展业，形成了福建特色会展的一面鲜明的旗帜，“海峡两岸花卉博览会”“海峡两岸现代农业博览会”的成功举办，大大促进了两岸农产品贸易和漳州农业产业转型升级；福建平和琯溪蜜柚文化节、长泰芦柑节等农业节事的开展，促进了乡村旅游的蓬勃发展，有力地解决了旅游业淡旺季的问题，提高了当地农产品的知名度，形成了一大批乡村旅游品牌，有力地助推了产业精准扶贫；同时，两岸民间有关客家土楼、关帝、保生大帝、三平祖师的民间信俗活动开展得如火如荼，传统文化艺术活动有力地促进了海峡两岸的民心相通、文化相融。福建省会展业发展形成了众星捧月式的发展格局，即厦门一地会展业独耀，福州、漳州、宁德等众星相伴。

表2　福建省各主要会展城市会展业发展概况

城市	会展业发展指标	2013年	2014年	2015年	2016年	2017年
厦门	展览业综合指数排名	12	14	15	6	18
	展览数量(个)	184	200	193	248	71
	办展面积(万平方米)	160.37	173.46	191	332.63	146
	专业展馆数量(个)	2	3	2	6	2
	专业展馆室内面积(万平方米)	13.65	11.25	12	16.46	12
	展览管理机构(个)	3	2	3	3	3
	UFI会员单位(个)	1	1	1	1	1
	UFI认证项目(个)	1	1	1	1	8
	TOP 100展览项目数量(个)	2	0	6	3	2
	TOP 3展览项目数量(个)	5	3	6	6	2
	城市展览业发展指数	40.89	44.11	54.1	72.81	36.60

续表

城市	会展业发展指标	2013 年	2014 年	2015 年	2016 年	2017 年
福州	展览业综合指数排名	28	34	29	37	32
	展览数量(个)	51	49	44	23	26
	办展面积(万平方米)	76.01	78.1	101.66	99.4	80
	专业展馆数量(个)	1	1	2	2	2
	专业展馆室内面积(万平方米)	8	8	8.45	12.45	8.45
	展览管理机构(个)	2	2	3	3	3
	UFI 会员单位(个)	0	0	0	0	0
	UFI 认证项目(个)	0	0	0	0	2
	TOP 100 展览项目数量(个)	1	0	4	0	2
	TOP 3 展览项目数量(个)	2	2	3	2	1
	城市展览业发展指数	14.41	14.81	22.91	20.39	16.35
漳州	展览业综合指数排名	96	100	121	106	107
	展览数量(个)	1	1	1	0	1
	办展面积(万平方米)	7.26	8	8	0	8
	专业展馆数量(个)	1	0	3	3	8
	专业展馆室内面积(万平方米)	7.26	5.3	4.7	4.7	18.4
	展览管理机构(个)	0	0	0	1	0
	UFI 会员单位(个)	0	0	0	0	0
	UFI 认证项目(个)	0	0	0	0	0
	TOP 100 展览项目数量(个)	0	0	0	0	0
	TOP 3 展览项目数量(个)	0	0	0	0	0
	城市展览业发展指数	1.65	1.73	1.67	0.87	3.54
宁德	展览业综合指数排名	104	105	135	100	135
	展览数量(个)	9	8	1	2	1
	办展面积(万平方米)	3.25	4.3	2.8	4.05	2
	专业展馆数量(个)	1	1	1	1	1
	专业展馆室内面积(万平方米)	1.25	1.25	2.8	2.8	2.8
	展览管理机构(个)	2	0	0	1	0
	UFI 会员单位(个)	0	0	0	0	0
	UFI 认证项目(个)	0	0	0	0	1
	TOP 100 展览项目数量(个)	0	0	0	0	0
	TOP 3 展览项目数量(个)	0	0	0	0	0
	城市展览业发展指数	1.45	1.46	0.76	1.09	1.68

资料来源：2011~2017 年度中国展览数据统计报告。

三　福建省会展业发展问题诊断

2017 年，福建省依托资源优势，借助“金砖厦门”辐射性的后发动力，整个会展业显现稳中有增的发展趋势，厦门市政府部门和协会继续加大优惠政策的供给力度。厦门市会展局、会展协会通过外引内联，与政府、企业一道成功举办了厦门会展周、厦门会议营销精英赛，对厦门会议型酒店的评选有力地促进了酒店的转型升级。在优质会展项目方面，则着力提升展会的综合质量，大力培育本土品牌展会，并形成系列化。佛事展与茶博会的同期举办，使展会举办模式有了创新，展会融合成为新的产业潮流。而需要居安思危的是，省内的会展经济发展并不平衡，辐射带动效应还需进一步挖掘，营销力度还需进一步加大，优质会展是一个永远的话题，这些都制约着全省会展业的长远发展。

（一）各地发展失衡，办展实力相差较大

《关于福建省 2018 年国民经济和社会发展计划执行情况及 2019 年国民经济和社会发展计划草案的报告》显示，福建省 2018 年实现生产总值 3.58 万亿元，同比增长 8.3%，2018 年泉州市稳坐省内的第一经济大市的交椅，全年共完成生产总值 8467.97 亿元；其次是福州市，2018 年共完成生产总值 7856.81 亿元；其后依次是厦门、漳州、龙岩、三明、莆田、宁德和南平。而在会展经济发展方面，《2017 年度中国展览数据统计报告》表明，厦门市在中国所有会展城市中位列第 18 名，福州市位列第 32 名，而漳州、宁德分别位居第 107 位和第 135 位。值得思考的一点是，泉州市只位列全国第 153 位，泉州市的会展业发展水平与其经济发展水平出现了“倒挂”的现象，稍加分析自然看出，虽然泉州产业基础最为雄厚，办展的产业优势明显，而发展作为服务经济的会展经济光有经济总量、产业基础是远远不够的，需要大型场馆、政策支持等相关基础的配套，亟须打造泉州会展产业生态圈，与厦门会展经济逐步缩小差距，形成厦门、泉州、漳州闽南会展经济

“金三角”的格局。除较早发展会展业的厦门之外，其他城市在会展人才培养和办学上起步较晚，会展教育资源在省内区域分布的不均衡，必然会导致部分城市高端会展人才短缺、人才供求矛盾突出等问题。可以看出，福建省各地市由于在会展政策导向、资源禀赋、产业认同和思想观念上存在差异性，出现了产业资源优势与会展业发展水平不相适应的状况，一些产业基础良好的城市会展主题需要进一步挖掘，会展产业需要进一步下大力气去开发规划。

（二）辐射作用不强，带动效应有待提升

城市展览业是对区域经济依赖性较强的产业，区域差异和集聚不平衡是国内展览业普遍存在的问题。这些问题与各市的经济水平、城市区位、展馆建设等情况密切相关。在福建省人民政府办公厅 2015 年 7 月 29 日印发的《促进展览业改革发展实施方案》中，将厦门、福州、泉州定位为全省展览业中心城市。目前来看，福建省会展业发展形成众星捧月式格局，在会展优惠政策方面，厦门市对会展业的扶持政策的出台源于 2004 年的会展业专项资金的设立，此项政策开创了我国会展业专项资金的先河，具有明显的标志性意义。近些年厦门市委、市政府始终重视厦门会展业的发展和对厦门会展城市品牌的打造，在其颁布的《关于扶持会议展览业发展若干意见》中将会展旅游业列为重点打造的五大千亿产业链之一，其在全市产业格局中的地位可见一斑。2017 年，厦门市颁布实施了《关于进一步促进会议展览业发展的扶持意见》，其间共受理 325 个奖励项目，资金和政策扶持力度进一步加大。厦门为福建省会展业的领头羊，但周边的泉州、漳州等地会展业始终无法形成规模，未达到区域经济规模的相对平衡。由此可见，厦门会展业并未形成良好的辐射与带动效应。厦泉漳地区既是我国东南沿海经济最为发达的城镇密集区，也是福建省区域经济最具发展活力的新兴增长极。三市在农业、制造业、服务业等行业开展了广泛的合作和交流，但三地在会展业的合作发展刚刚起步。

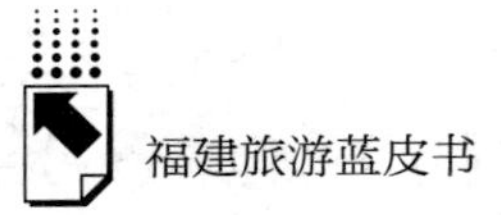

（三）营销力度不足，品牌展会亟待拓展

福建品牌展会有待拓展。《福建省“十三五”旅游发展专项规划》中明确指出福建省要打造海上丝绸之路（福州、泉州、漳州）国际旅游节、中国土楼世界客家文化节、世界茶博会、世界妈祖文化节等品牌会展节庆。此外，《厦门市会议展览业发展报告（2016 年）》指出厦门会展业在境内外营销力度不够。2013～2017 年，仅有石材、佛事祭祀以及投资贸易每年成为各细分行业 TOP 3 展会。因此，福建省应加大国际营销，尤其是“一带一路”沿线国家会展营销力度，拓展中国国际投资贸易洽谈会、中国海峡项目成果交易会、中国（厦门）国际游艇展览会、中国厦门国际佛事用品展览会、中国（晋江）国际鞋业博览会、21 世纪海上丝绸之路博览会、海峡两岸经贸交易会、海峡论坛、海峡两岸机博会、海峡两岸纺博会、海峡两岸图交会、海峡旅博会、海峡绿博会、厦门国际动漫节等一系列品牌展会。

四　2019年福建省会展业发展提升路径

（一）促进闽台会展业合作对接

会展业是涉及“会、展、节、赛、演”等内容的大概念，福建地处海峡西岸核心区域，与台湾隔海相望，两岸融通，会展业不失为一个很好的桥梁和纽带。福建各地市又各具特色，县域经济特色优势明显，与台对接的基础雄厚，闽台会展业合作前景广阔。在福建省内，福州、厦门、泉州、漳州等核心城市各具特色。福建省应借助地域优势，发挥产业特长，精心布局，打响“海峡会展”品牌，造福两岸同胞。作为典型的“会议旅游和展览名城”，厦门依托优势独特的区位因素和功能完善的会展设施，打造的旅游、文化、电子、工业等专业自办品牌展览会极富对台特色。厦门应依托其产业基础和对外开放的窗口优势，着力引进先进国家和地区的会展专业人才，或者设置国际化的会展专业人才联合培养基地，通过引进和培养人才来提升会展行业的整体素质和水平，继续领跑全省乃至全国的会展业；泉州及下属县市（晋江、南安、惠安等）以轻工业为主导产业，会展主题应该选择以“轻工”展会为特色，可以涵盖纺织鞋服、箱包、婴孕童、石材、石雕、佛事等产业领域。基于此，海峡两岸会展业可以在产业互动、人才互通、信息互联等方面形成多样化的对接模式。另外，台湾精益农业具备良好的基础，两岸可以定期互办农业主题博览会、订货会，助推两岸农业产业融合转型，打通农产品流通市场。莆田、泉州、漳州地域文化特色突出，莆田妈祖文化在台湾根深蒂固，是第一大信俗，妈祖两岸文创、两岸旅游文化活动人群基数大，潜力无限；泉州“海丝文化”与台胞同根同源，民间信俗交流活动前景广阔，效果可期；漳州重视对传统文化的传承与创新，与台湾民间文化可以实现良好的对接融通，文化和艺术交流活动方兴未艾。

（二）发展福建“互联网+”双线会展服务平台

《促进展览业改革发展实施方案》指出，要积极推动各展览会引进移动互联网、App、微博和智能展会应用技术。应用互联网技术，尤其是移动互联网技术，可以大大方便政府部门、会展企业、参展商和观众。厦门市于2015年建成厦门市综合会展业公共信息服务平台并成功运营，标志着厦门市会展智慧化、信息化水平走在了全国的前列。服务平台极大地提高了办事效率，对厦门市的展会信息发布、查询和营销起到了积极的促进作用。而福建省其他城市智慧会展建设几乎是一片空白，在移动互联网和智慧会展盛行的今天，尝试构建“福建省智慧会展综合服务平台”已经是大势所趋、需求所致。这一平台需要整合全省各地市会展资源、会展产业链上的各个环节、会展服务配套的相关业态，根本目标是满足会展业核心利益相关者（如参展企业、组展企业、专业观众）的利益诉求，实现即时的、体验式的、多感官的“永不落幕的展会”功能。同时，各个会展企业也要实现智慧化的科学管理，切实提高企业运营效率。各地在会展业发展上应保持自身特色优势并形成核心竞争力，以建立区域会展协调机制、共建“互联网+”双线会展服务平台，以及加快专业会展人才协同培养步伐等发展路径为依托，推进该区域会展业转型升级，实现福建省会展业竞争力和综合实力的全面提升，构建福建省会展都市圈。

（三）推进福建省会展产业核心群建设

会展产业更加注重生态圈的打造，即打造包含会议、展览、住宿、餐饮、搭建等企业的会展生态圈。生态圈的打造主要是通过产业融合的方式进行。《促进展览业改革发展实施方案》明确指出要促进展览与旅游、商贸、物流、科技等其他行业、产业的融合发展。纵观福建省，会展增长极业已初现，区域性的会展经济发展的强劲态势必然会对福建省乃至东南沿海大区域起到引领、带动和辐射作用。厦门和福州已经实现和正在实现会展中心城市的目标，泉州市在未来也将加速推进会展城市的建设，三大中心城市协同发展的结果必然引领我国东南沿海会展经济圈的形成和发展，形成会展产业千亿级“增长极”。就福州而言，海峡国际会展中心坐落于福建自贸区内，具有良好的政策优势，要厘清自贸区负面清单的内容，重点打造会展政策高地和贸易展会集聚区，同时，改善场馆周边的服务配套、生态环境，也要进一步优化场馆内部功能，打造智慧场馆；厦门市借助特区和自贸区双重政策优势，在发展会展业方面积极先行先试，以厦门国际会展中心集聚区、五缘湾会展小镇集聚区和翔安国贸会展小镇为重点，打造国际会展名城，领跑中国会展经济。泉州市要大力推进大型场馆如东海国际会展中心、晋江国际会展中心的建设，形成泉州大东海会展产业发展轴，同时形成泉州特色产业联盟，助力泉州先进制造业的转型升级。

五　结束语

会展是一项综合性的产业，城市的社会经济条件、相关政策和市场环境等因素都会影响会展业的发展。福建省会展业取得了一系列的进展与突破，但会展业发展仍有诸多需提升之处。相关部门与管理单位应重点把握福建省会展业发展的显著特点和存在问题，结合合理有效的会展业发展路径，推进福建省会展业长足发展。

参考文献

［1］黄如良：《服务业非均衡分布与区域发展——厦漳泉地区的实证研究》，《福建师范大学学报》（哲学社会科学版）2011 年第 6 期。

［2］林芳：《基于同城化背景下的厦漳泉大都市区耦合发展研究》，《西南农业大学学报》（社会科学版）2013 年第 7 期。

［3］刘枭、丁智才、杨雨潇：《闽南金三角会展都市圈构建策略研究——基于厦漳泉一体化背景》，《厦门理工学院学报》2016 年第 4 期。

［4］刘震、楼嘉军：《中国城市展览业发展状况评价》，《城市问题》2018 年第 6 期。

［5］罗秋菊、罗倩文：《中国省域展览业与经济相关关系及其空间溢出研究》，《地理科学》2016 年第 11 期。

［6］邬燕、周国忠：《基于博弈论的会展产业融合模式研究》，《浙江学刊》2018 年第 1 期。

［7］杨欣、金李梅：《中国会展业时空分布特征》，《经济地理》2014 年第 8 期。

［8］张晓明、徐丽莎：《会展产业生态化的内涵和发展趋势解析》，《管理现代化》2015 年第 2 期。

［9］朱其静、陆林、汪莹、黄剑锋：《中国展览业的空间分布及其影响因素》，《安徽师范大学学报》（自然科学版）2016 年第 1 期。

［10］Fang Zhongquan, Zhang Ying, Wang Zhangjun and Zhang Lifeng, "Spatial Agglomeration of Exhibition Enterprises on a Regional Scale in China," *Chinese Geographical Science*, 2017（3）.

B.9
福建省研学旅行发展研究*

储德平　王鹤琴　骆培聪　杨　菲　陈晓锋　童浩南　黄景文**

摘　要： 本报告从发展基调、发展规模、发展水平、发展效应方面分析了福建省研学旅行的总体态势，从研学交流、研学特色、研学结合、研学产业方面分析了其主要特征，从资源、区位、交通、政策方面分析了其有利条件，从产品体系、基（营）地建设、教育改革、传统文化方面分析了其主要成就，从教育观念、经费筹措、监管机制、评价系统方面分析了其制约因素，从供求结构、认知观念、经费保障、人才队伍方面分析了其主要问题，最后提出如下对策建议：构建合理的政策支持体系，强化研学政策的正向指引；构建高效的产品研发体系，增强研学产品的供给能力；构建健全的安全应急体系，完善研学安全的监督管理；构建多元的人才培育体系，夯实研学人才的智力支撑；构建科学的效果评价体系，促进研学效果的正面激励。

关键词： 研学旅行　研学旅游　教育旅行　福建省

---

* 本报告得到国家旅游局2017年度"万名旅游英才计划"培养项目"中小学研学旅行背景下文明旅游进校园志愿服务"（编号：WMYC201720079）、福建省教育厅课题"福建省研学旅行发展总体规划"、福建师范大学大学生创新创业训练计划项目"乡村中小学研学旅行发展的现实困境及其进路研究"（编号：cxxl－2019096）的支持。

** 储德平，博士，福建师范大学旅游学院副教授，硕士生导师；骆培聪，博士，福建师范大学旅游学院教授，副院长，硕士生导师；王鹤琴、杨菲、陈晓锋、童浩南、黄景文均为福建师范大学旅游学院学生。

研学旅行[①]是一种以学生为主体、以研学为目的的课外实践活动[②]，具有主体自主性、内容开放性、方法探究性、取向实践性等特点[③]，与红色旅游、海丝旅游、生态旅游、非遗旅游等旅游业态兼容互通、协调发展。《中国研学旅行发展报告（2017）》显示，我国研学旅行发展将呈现市场热度持续上升、市场需求后劲强、行业规模和市场空间广阔三大显著特点[④]，将成为推动我国传统教育向素质教育转变的新动力。近年来，福建省一直紧跟时代步伐，充分利用全省生态资源、红色资源、海洋资源以及毗邻台港澳优势，积极推动研学旅行平稳健康发展，逐步形成了以“研学活动课程开发、研学旅行基地建设、研学旅行线路设计及研学工作机制完善”为核心的初步发展方案。[⑤]

一　福建省研学旅行发展总体态势与主要特征

（一）总体态势

1. 发展基调稳中有进

2017年以来，在福建省教育厅、福建省旅发委及各方力量的配合下，福建省研学旅行发展基调总体平稳。各地市充分利用当地生态景观、遗址遗迹、文化场馆等旅游与教育资源，加快建设研学旅行实践教育基地，深入发掘自身特色文化，设计不同层次、不同类型的研学旅行活动，推动研学旅行向教学“第二课堂”转变。同时，福建省研学旅行发展与农业、工业等第一、第二产业的联系逐步加强，与传统课堂教学的磨合效果逐渐突显，这为研学旅行的稳步推进奠定了良好的发展基础。

---

① 本报告对研学旅行和研学旅游不做概念上的区分。

② 方中权：《对推动研学旅行发展的思考》，《中国旅游报》2018年11月6日，第3版。

③ 刘畅：《研学旅行目的地选择的影响因素研究》，硕士学位论文，云南财经大学，2018。

④ 中国旅游研究院：《中国研学旅行发展报告在开封发布》，http：//www.ctaweb.org/html/2017-10/2017-10-21-12-21-49581.html，2017年10月21日。

⑤ 福建省教育厅：《关于认真做好研学旅行工作规划的通知》，http：//jyt.fujian.gov.cn/xxgk/zywj/201704/t20170426_3181396.html，2017年4月26日。

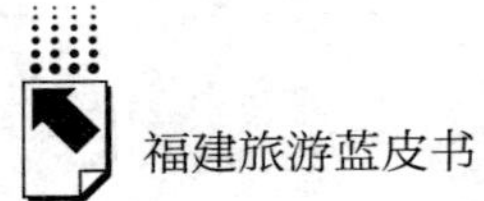

2. 发展规模逐步扩大

从研学市场需求来看，来闽开展研学旅行的人数逐步增加。仅2018年第一季度，龙岩市旅行社便接待了研学旅行中小学生60多批，约9000人[①]，到5月达到最高峰10000多人[②]；2018年6月19日到7月30日，武汉市组织超过30个团近10000名中小学生前往武夷山开展研学活动[③]。从研学市场供给来看，2018年7月福建省共确立30个省级中小学生研学实践教育基地、6个营地（见表1）。此外，福建省体量虽小，但入选全国中小学生研学实践教育基地（营地）的数量十分多。2017年12月，福建省有5个基地、1个营地入选全国中小学生研学实践教育基（营）地；2018年11月入选基地16个、营地1个（见表2）。相较2017年，2018年全省获批全国中小学生研学实践教育基地的数量增加了两倍。值得关注的是，2018年自然资源部、住房城乡建设部、国家林业和草原局等都推荐了福建省基地单位，特别是住房城乡建设部所推荐的四个全国中小学生研学实践教育基地均属福建省，这表明了国家有关部委对福建省研学旅行发展的高度重视和大力支持。

3. 发展水平全面提升

一方面，福建省研学旅行工作推进成效显著，2017年4月福建省教育厅下发《福建省教育厅办公室关于认真做好研学旅行工作规划的通知》，明确了研学旅行发展方向；2018年1月福建省召开中小学生研学实践教育工作推进会，会议围绕“为什么教、教什么、怎么教”这一核心问题，对上半年省内研学工作的开展进行了部署；2018年4月福建省教育厅印发《福建省中小学生研学实践教育基地营地建设与服务标准（试行）》，进一步规范了中小学生研学实践基（营）地的准入机制。另一方面，福建省研学旅行人才队伍建设备受重视；2018年5月福建省首届中小学校长研学旅行研讨会在泉州召开，2018年8月福建省中小学生研学实践教育管理和师

---

① 曾燕福：《一季度我市旅游经济实现“开门红”》，《闽西日报》2018年5月8日，第1版。

② 施薇：《研学游快速增长红色主题最受欢迎》，《闽西日报》2018年6月21日，第4版。

③ 金文莲：《从“冷冬”到“暖冬”的嬗变》，《闽北日报》2018年2月11日，第1版。

资骨干培训班在晋江举办，两次活动旨在加强对福建省研学旅行师资力量培养，提升研学旅行服务水平；依托国家级研学营地、中小学名师工作室的研学课程设计团队开始组建。

4. 发展效应逐步凸显

在部门联动方面，根据福建省教育厅的要求，近年来各地市积极开展中小学研学旅行工作小组筹建工作，通过教育部门牵头，联合旅游、发改、公安、财政、交通、文化、食品药品监督等部门，加强对研学旅行工作的统筹规划与管理指导，有助于加强部门联动合作，协调好部门间的纵向和横向关系，提高工作效率。在区域协作方面，随着研学旅行的发展，省内各地区认识到区域合作、信息共享的重要性。2017 年 11 月，厦门研学旅行推介会在长沙召开，两地围绕研学要素，在资源互补、客源互送、品牌互推方面加强合作，加快研学旅行发展；同时，针对台港澳同胞，福建省专门印发《关于 2018 年度开展港澳台青少年入闽研学旅行的通知》等文件，吸引更多的台港澳青少年来闽研学旅行，提升“清新福建”研学品牌影响力，深化福建省与台港澳地区的合作。

表 1　福建省中小学生研学实践教育基（营）地

类型	基（营）地名称	确立时间	城市	数量
福建省中小学生研学实践教育基地（30 个）	福州市林则徐纪念馆*	2018 年	福州市	4 个
	福建龙翔国防教育基地	2018 年		
	福州罗源湾海洋世界	2018 年		
	福建农业职业技术学院相思岭中小学研学实践教育基地*	2018 年		
	厦门华侨博物院	2018 年	厦门市	4 个
	厦门科技馆*	2018 年		
	厦门方特旅游区	2018 年		
	厦门灵玲马戏城	2018 年		
	漳州东南花都*	2018 年	漳州市	3 个
	漳州滨海火山国家地质公园	2018 年		
	国营福建龙海双第华侨农场鹭凯研学实践基地	2018 年		

续表

类型	基(营)地名称	确立时间	城市	数量
福建省中小学生研学实践教育基地(30个)	晋江五店市传统街区	2018年	泉州市	5个
	泉州市洛江区中小学生综合实践基地*	2018年		
	泉州海外交通史博物馆	2018年		
	南安市郑成功纪念馆	2018年		
	泉州清源山名胜风景区	2018年		
	福建省泰宁世界地质公园	2018年	三明市	3个
	建宁县中小学生社会实践基地	2018年		
	大田县中小学生社会实践基地	2018年		
	莆田市逸林农庄	2018年	莆田市	1个
	南平市建阳区卧龙湾花花世界4A景区	2018年	南平市	3个
	福建武夷山添宏极地海洋公园	2018年		
	福建省邵武市青少年学生校外活动中心	2018年		
	龙岩市铸魂古田青少年研学培训基地	2018年	龙岩市	5个
	永定客家家训馆	2018年		
	福建省长汀水土保持科教园	2018年		
	福建省梅花山·中国虎园	2018年		
	福建桃溪蘑菇部落研学实践教育基地	2018年		
	福鼎市区中小学劳动实践基地	2018年	宁德市	2个
	福建省九鲤溪·赤溪中小学生研学实践教育基地	2018年		
福建省中小学生研学实践教育营地(6个)	厦门市青少年综合实践基地	2018年	厦门市	1个
	漳州市示范性综合实践基地	2018年	漳州市	1个
	安溪县中小学生社会实践基地	2018年	泉州市	1个
	三明市示范性综合实践基地	2018年	三明市	1个
	龙岩市示范性综合实践基地**	2018年	龙岩市	1个
	霞浦县中小学生社会实践基地	2018年	宁德市	1个

注：*表示该基地同时入选全国中小学生研学实践教育基地；**表示该营地同时入选全国中小学生研学实践教育营地。

资料来源：根据福建省教育厅文件整理。

表 2 福建省全国中小学生研学实践教育基（营）地

类型	基(营)地名称	确立时间	推荐单位	城市	数量
全国中小学生研学实践教育基地（21 个）	福州市中国船政文化景区	2017 年	福建省教育厅	福州市	5 个
	福州市三坊七巷·严复翰墨馆	2017 年	福建省教育厅		
	福建农业职业技术学院相思岭中小学研学实践教育基地	2018 年	福建省教育厅		
	福州市林则徐纪念馆	2018 年	福建省教育厅		
	福建福州国家森林公园	2018 年	国家林业和草原局		
	厦门大学附属科技中学	2017 年	国家海洋局	厦门市	3 个
	国家海洋局厦门海洋环境监测中心站	2018 年	自然资源部		
	厦门科技馆	2018 年	福建省教育厅		
	三明市泰宁世界地质公园研学实践基地	2018 年	福建省教育厅	三明市	3 个
	三明市建宁县溪源乡上坪村中小学实践教育基地	2018 年	住房城乡建设部		
	三明市建宁县客坊乡水尾村中小学实践教育基地	2018 年	住房城乡建设部		
	宁德市屏南县熙岭乡龙潭村中小学实践教育基地	2018 年	住房城乡建设部	宁德市	3 个
	宁德市屏南县甘棠乡漈下村中小学实践教育基地	2018 年	住房城乡建设部		
	福鼎市中小学劳动实践基地	2018 年	福建省教育厅		
	福建土楼（南靖）青少年社会实践活动中心	2017 年	福建省教育厅	漳州市	2 个
	漳州东南花都	2018 年	福建省教育厅		
	泉州市晋江市五店市传统文化旅游区	2018 年	福建省教育厅	泉州市	2 个
	泉州市洛江区中小学生综合实践基地	2018 年	福建省教育厅		
	福建闽越王城博物馆	2017 年	福建省教育厅	南平市	2 个
	南平市建阳区卧龙湾生态旅游开发有限公司	2018 年	福建省教育厅		
	龙岩市古旅游集团有限公司	2018 年	福建省教育厅	龙岩市	1 个

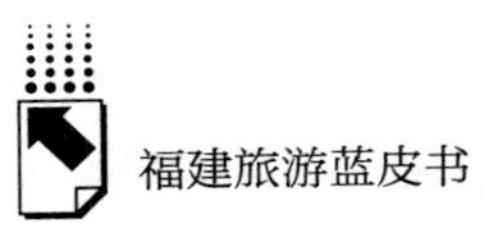

续表

类型	基(营)地名称	确立时间	推荐单位	城市	数量
全国中小学生研学实践教育营地(2个)	福建泉州市示范性综合实践基地	2017年	福建省教育厅	泉州市	1个
	龙岩市示范性综合实践基地	2018年	福建省教育厅	泉州市	1个

资料来源：根据相关资料整理。

（二）主要特征

1. 研学交流日益密切

一方面，福建省内之间合作力度加强，如泰宁县与福建地质调查院、厦门大学、福建师范大学等科研院校建立了紧密的合作关系，探讨研学基地课程研发，共建教育基地，推动研学旅行稳步发展。另一方面，福建省与其他省份之间的交流也愈加密切，如2017年6月北京研学旅行团赴闽开展“一带一路清新福建”研学旅行活动，感受八闽文化；2018年8月，福建尤溪一中师生以“启梦京华，砺志笃行”为主题开展了暑期北京研学旅行活动，两地间的往来互通进一步加强了彼此间的了解，有利于相互学习、优势互补。

2. 研学特色逐步凸显

福建省基于自身特色旅游资源，借助海峡旅游博览会、香港旅展等平台开展“清新福建修学游”主题宣讲活动，并运用新媒体、“互联网+”等手段，创新旅游营销模式，推广福建省研学旅行品牌。以朱子文化为例，福建省政协十一届四次会议、省十二届人大四次会议指出，要将“朱子文化”融入“一带一路”建设，全力打造朱子文化品牌，福建省旅发委还出台《福建省朱子文化旅游发展专项规划（2018—2022）》，要着力打造集观光、文化体验、研学旅行等功能于一体的朱子文化旅游目的地，加强研学与文化的融合，彰显“朱子文化”旅游品牌效应。

3. 研学结合日渐紧密

福建省研学旅行由于起步较晚，尚处于早期探索磨合阶段。随着研学旅行市场规模的扩大以及市场上研学产品问题的显露，省内各地市对研学旅行的产品设计、“研”“学”实质内容也愈加重视。以泰宁县为例。在实践与体验方面，泰宁县相继投入1000多万元完善泰宁地质博物苑、泰宁县博物馆、泰宁红军街的展陈内容，开发出大金湖水上丹霞游赏、泰宁古城与博物馆文化品鉴、泰宁红色苏区主题教育等30多条集游览、考察、实践、教育和体验的一系列研学线路，丰富了活动内容；在教学方面，泰宁县组织专人攻关编写了10多种研学培训教材和研学宣传资料，设计培训课程，并聘请了25名科研院校的专家担任顾问。

4. 研学产业加快融合

随着全省研学旅行发展步伐加快，各县市根据自身特色，推动旅游业与其他产业深度融合，提升产业附加值，实现产业间的联动与共兴。如武夷山以茶文化为主题开展研学旅行，集采茶、制茶、品茶、赏茶等环节于一体，融合了科教、历史、民俗等多种元素，引导学生学习中国优秀的茶文化。从经济效益来看，发展茶文化研学旅行带动了当地的餐饮住宿、娱乐休闲、交通运输等产业的发展，为当地带来了更多的就业机会和可观的增值收益。

二　福建省研学旅行发展的有利条件与主要成就

（一）有利条件

1. 资源优势

福建省特色研学旅行资源为自然景观与人文景观的有机结合，这些为全面发展研学旅行奠定了坚实的基础条件。如龙岩充分利用独特的红色文化与客家文化，建设了以金砂“红色之旅”、湖坑“客家之旅”、永定“绿色之旅”为主题的研学旅行基地；厦门集美区以嘉庚精神为核心，融华侨文化、闽南文化和学村文化，整合区内研学旅行资源，设立人文、艺术、自然、科学集美研学旅行路线；武夷山因地制宜，利用自然山水开展

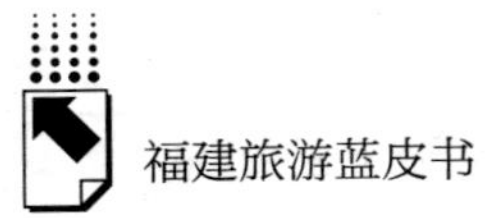

茶旅研学、摄影研学，并结合历史文化设计朱子研学、红色研学、闽越研学等产品。

2. 区位优势

福建省地处中国东南部，东北毗邻浙江，西南与广东接壤，东隔台湾海峡与台湾相望，具有承“长”接“珠”、贯西通海的区位优势，是两岸三地经贸合作、科技文化交流的重要地区。在东面，福建省是大陆与台湾交流的门户，拥有80%以上祖籍地在闽的台胞，独具地缘相近、血缘相亲、文缘相承、法缘相循、商缘相连的“五缘”优势，是台湾青少年研学旅行的热门选择。在西面，江西省借助其独有的红色资源发展研学旅行，对福建省红色研学具有重要的借鉴意义。在南、北面，福建省作为连接珠三角与长三角的纽带，可与旅游强省市实现旅游互动，这也为福建省研学旅行的发展提供了经济、人才及客源市场的支撑。

3. 交通优势

近年来，福建省交通发展迅速，为福建省研学旅行的开展奠定了重要基础。在公路建设方面，全省高速公路通车总里程达5228公里，全省基本实现“村村通客车”，为偏远地区提供了发展研学旅行的基础条件；在航空建设方面，福建省已建成机场6个，其中3个为国际性机场，为福建省研学旅行的国际化发展提供可能性。在水路建设方面，全省沿海地区开通了客运航线，2017年全省完成客运量1924.64万人次，旅客周转量为2.78亿人次，海上交通联系不断加强。在铁路建设方面，随着向莆、厦深、合福等铁路相继开通，至2017年底，福建铁路总里程已达4800多公里，约占全国总里程的10%，福建省内各地区融入1~2小时的旅游圈，与皖赣鄂湘等中部地区融入3~4小时旅游圈，并进而与环渤海地区融入7~9小时旅游圈[①]，进一步凸显福建省发展研学旅行的优势。

---

① 陈敏华、黄福才主编《福建省旅游产业发展现状研究（2016~2017）》，社会科学文献出版社，2017。

4. 政策优势

2016 年底，教育部等 11 部门联合发布《关于推进中小学生研学旅行的意见》，从重要意义、工作目标、基本原则、主要任务、组织保障等方面对中小学生研学旅行做了顶层设计；随后，教育部在全国校外教育经验交流暨研学旅行工作部署会上，动员部署中小学生研学旅行推进工作。在此背景下，福建省积极推动本省研学旅行发展，于 2017 年 4 月发布《关于认真做好研学旅行工作规划的通知》，从研学旅行活动课程开发、研学旅行基地建设、研学旅行线路设计三个方面进行了工作部署，要求各级教育行政部门及中小学认真学习领会；随后，福建省教育厅针对中小学生研学实践教育基（营）地建设，于 2018 年 4 月发布《福建省中小学生研学实践教育基地、营地建设与服务标准（试行）》，依据三级指标，从基础条件、研学内容、组织保障等方面，细化和量化基（营）地建设标准，促进基（营）地建设规范化发展。

（二）主要成就

1. 研学旅行产品体系更加丰富

福建省拥有丰富的旅游资源，为加快研学旅行产品的开发，丰富研学产品体系，各地市纷纷加大产品研发力度。如连城县依据当地丰富的红色文化资源、地质科普资源、生态文化及客家文化资源，从基地创建、研学策划、市场培育三方面进行研学旅行产品研发。当前连城县已设立自然生态科普类、红色文化实践类、客家文化实践类三类研学基地，以加强研学资源的开发利用；并依据小学、初中、高中三个学段进行实践课程设计，涵盖地质地貌、动植物科普、客家建筑文化学习以及手工、农耕文化体验等内容，极大地丰富了研学产品体系。

2. 研学基（营）地建设不断转型升级

自 2017 年起，福建省中小学生研学实践教育基（营）地的数量一直不断增加，各地区的关注重心逐步从基（营）地的申报转移到基（营）地的建设上。如 2018 年厦门集美区投入 5000 多万元打造集美研学旅行产业基地，集住宿营地、课程教室、集散中心于一体，开辟“产、城、学、人”融合发展新方向，为中小学生提供更为丰富的研学体验。同样，在以“科技”为核心的厦门科技馆中，馆内根据中小学生心理特点，以“人·科技·和谐”为主线设置了“海洋·摇篮”“探索·发现”“创造·文明”等五大主题展馆，注重科学精神、科学思想、科学方法的创新，摒弃传统说教，让中小学生在研学活动中学得进去、学得明白、学得有趣。

3. 中小学教育改革获得较大推动

福建省各地市相继将研学旅行纳入学校教学计划，加强对学生实践能力的培养。2017 年三明市确定首批研学旅行试点学校 25 所，2018 年以来全市共有 70 余所学校开展了研学旅行活动，参与人数达 5 万余人次，有力地推动了传统教育向现代素质教育转变。[①] 2018 年 2 月，莆田市政府出台了《关于建设教育强市的实施意见》，指出将创建 40 所美育特色校，并开设以地方语言、乡土历史、莆仙文化、莆仙戏曲为主要内容的研学课程。2018 年 9 月，厦门市教育局印发《中小学生“嘉庚精神宣传月”主题教育实践活动方案》，该方案重点要求各中小学在本年度依托集美鳌园、华侨博物院等社会实践基地开展研学活动，推动素质教育全面实施。

4. 传统文化得以更好的传承与弘扬

认知中华传统文化是研学旅行的核心要义。[②] 福建省在推进研学旅行发展的同时，也十分注重对优秀传统文化的传承与弘扬。如福州市马尾区以船政文化为依托，针对学生群体的需求，推出了专题研学旅行线路，加强中小学生对船政文化的了解；福州严复翰墨馆则在 2018 年中秋节前，联合福州市小柳小学举办了一次中秋主题研学活动，设计了古诗词表演、月饼制作等蕴涵浓厚中国传统韵味的活动，让学生在丰富有趣的活动中感受中国传统节日文化的魅力。

---

① 三明市教育局思政科：《我市 6 个研学实践教育基地获评国家级和省级中小学生研学实践教育基（营）地》，http://smjy.sm.gov.cn/Item/39317.aspx，2018 年 10 月 29 日。

② 方忠权：《对推动研学旅行发展的思考》，《中国旅游报》2018 年 11 月 6 日，第 3 版。

三　福建省研学旅行发展的制约因素与主要问题

（一）制约因素

1. 应试教育观念

研学旅行的发展与教育理念密不可分，其学理意义毋庸置疑，但在实践中容易受到各方质疑。一是家长层面，众多家长忽视了研学旅行的内在教育意义，关心的仍是孩子的学习成绩与升学院校，更愿意将时间和金钱投资到与分数直接相关的校内课程上。[①] 二是学校层面，学校出于升学压力、安全考量，对研学旅行存在顾虑，束手束脚，活动质量遂大打折扣。三是教师层面，部分教师对研学旅行的教学效果存在疑虑，往往将研学旅行变成作业的“第二课堂”，使学生再次落入应试教育的窠臼。

2. 经费筹措机制

福建省研学旅行的经费筹措尚存在一定问题。一是由于福建省各地区经济发展水平存在显著差异，一些地方财政只能勉强保证教师工资及其日常开支，难以再支持研学旅行这一额外开支，尤其对于农村地区的中小学校而言，很难有能力支持研学旅行活动的开展。二是福建省研学旅行的经费来源以家庭为主，政府、学校、社会等途径获得较少，同时各大教育协会等社会服务组织参与不足，缺乏社会资本的投入与民间力量的参与，研学旅行经费筹集渠道较为单一。

3. 监督管理机制

从当前福建省研学旅行的发展情况看，尚未形成完善的监督管理机制。一是缺乏市场准入门槛，目前市场上研学机构鱼龙混杂，存在不少以研学旅行为噱头，实为推销一般性旅游产品的“挂羊头卖狗肉”现象。二是学校

① 王婷婷、刚祥云：《论中小学研学旅行面临的几个问题及其应对策略》，《黑龙江教育学院学报》2018 年第 5 期，第 75 ~ 77 页。

管理制度不完善。学校往往将研学旅行活动委托给研学机构，缺少对研学机构和学生的监督管理与技术指导。三是相关部门监管不力。当前，福建省相关部门间的职责界定不够清晰，缺少相应的监管机制，容易出现部门单兵作战的局面，未将责任分化落实。

4. 研学评价系统

当前，福建省研学旅行缺乏科学、合理的评价系统，专业型评估意见反馈缺乏。在政策层面，目前福建省研学旅行相关政策虽对研学评价系统做出了宏观规定，但实操性的建议不够细致，未在基层上得到较好的落实；在实践层面，研学旅行开展过程中易出现重活动轻评价的现象，研学旅行过程中的主题、步骤、方法、实施、效果得不到有效监控，导致改进措施不及时；在评价方法层面，研学旅行较之传统课堂教学而言难以找准指标、量化评价，目前多依赖结果评价，忽略了过程评价及目标评价等多元评价方法。

（二）主要问题

1. 研学旅行供求结构欠平衡

从产品结构上看，尽管福建省研学旅行产品不断丰富，但目前仍然难以满足中小学生日益多样化、个性化的研究性学习需求。一是研学旅行供给侧结构性失衡，研学产品的供给体系与研学教学和学习需求不配套；二是现有研学旅行产品多偏向观光性产品，因地制宜、游学兼顾的针对性产品较少；三是研学旅行产品质量参差不齐，研学课程设计、线路设计与课本内容存在脱节，教学效果难以保证，无法满足中小学生的研学需要，导致供需错位。

2. 研学旅行认知体系不健全

从认知要素上看，研学旅行有助于中小学生体验大社会、亲近大自然，具有显著的游学功能。受此影响，很多研学旅行基（营）地过于侧重“游”的功能，致使研学旅行与课堂、教材之间缺乏联系，融合度不高：一是混淆研学旅行与中小学一般综合实践活动的关系，较多学校仍将研学旅行简单地等同于中小学生春、秋游，未能深刻领会研学旅行的教学内涵；二是安全权责认知不明晰，缺少研学旅行各环节所涉及的职责认定、纠纷处理条例，有关部门、学校、旅行社等主体间对于责任承担往往相互推诿。

3. 研学旅行经费筹措难保障

从经费结构上看，研学经费保障体制面临巨大挑战：一是福建省研学旅行市场不够明晰，收费项目及标准界定还很模糊，家长不免将研学旅行视为“烧钱”活动，担心增加其经济负担；二是研学旅行经费筹措渠道尚未建立，当前福建省研学旅行经费来源形式单一，缺少规范、成熟的经费管理规程，且尚未制定针对福建省农村中小学生研学旅行相关经费的支持政策；三是研学经费管理方式不当，当前福建省各地市尚未制定一套科学、合理的研学旅行经费使用与监督制度，研学旅行经费预算、经费使用、经费审计等各环节易出现较大风险。

4. 研学旅行人才队伍待建设

从人才队伍结构上看，福建省在研学旅行人才培训方面有了实质性的举措，但在研学教材编写人员、研学导师及志愿服务人员方面仍存在较多问题：一是研学旅行教材编写人员缺乏，多数地区并未组织院校教师、旅游专家、研学基（营）地负责人等专业人员共同参与教材编写；二是研学导师数量少，目前福建省的研学导师多为景区工作人员、导游与学校教师，缺少一批研学活动组织能力强、专业知识深厚的“双师型”研学导师；三是在研学旅行志愿服务人员方面，忽视了部分家长的参与，同时也未有效发动大学生、退休干部、老教师、医护人员、专家等各方力量参与其中。

四　福建省研学旅行发展的对策建议

（一）构建合理的政策支持体系，强化研学政策的正向指引

合理的政策与完善的制度是指引研学旅行良性发展的前提条件。福建省在发展研学旅行时，需加快构建因地制宜的政策与制度体系，推动研学旅行顺利实施。一方面，在政策指引上，要求各级部门颁布的研学政策，在引导方法和实施形式上具有较强的适用性，能根据当地研学旅行发展的基础条件

和研学发展的实际需要做出相应的政策调整；另一方面，在研学旅行的管理制度上，相关部门要加大对研学旅行社会机构的监督审查力度，取缔不符合研学旅行开展资质标准的社会机构，提高研学旅行行业准入门槛，并制定福建省研学旅行实施管理条例与评价体系，保证研学旅行的质量，切实提升研学旅行的育人效果。

（二）构建高效的产品研发体系，增强研学产品的供给能力

福建省的研学产品供给与市场需求尚存在一定差距，应在课程研发、线路设计、教材编写方面下大力气，着重提升产品质量，更好满足市场需要。首先，在课程研发上，各地区可依托乡土资源与乡土文化，结合学生的发展特点与实际需要进行课程设计，并注重课程的实践性与体验性，把专业知识与社会生活相结合，打造一批可复制、可推广的“金课”；其次，对于研学教材，可根据研学目的和教学需求，针对学生的认知水平及各地地域特色，设计涵盖自然、文化、历史、地理、科技、生态等不同内容的研学旅行教材；最后，在研学线路设计上，福建省要充分利用好生态优势、滨海优势、多元文化优势，深度发掘资源内涵，如针对“生态研学线路”开发，可从“森林探秘”“水乡渔村”“乡村休闲”“绿色田园”等不同角度设计适合不同年段的研学线路。

（三）构建健全的安全应急体系，完善研学安全的监督管理

安全体系的构建是研学旅行发展过程中备受各界关注的一个问题。首先，福建省各地市应制定一套完整的安全保障方案，发布明晰的研学旅行安全条款，对研学旅行各环节所牵涉的责任承担、事故认定、纠纷处理进行详细说明，细化教育、旅游、交通、卫生健康等各个部门的职责，避免学校成为“无限责任”的承担者；其次，学校、旅行社等研学旅行组织单位在研学旅行活动开展前，应针对研学旅行过程中的交通、住宿、餐饮、观光、教学等不同环节，制定完善的安全应急预案，并报送有关部门进行审查；最后，教育部门、学校应不定期对中小学生开展研学旅行安全知识的宣传，做

好行前安全教育工作，如发放安全手册、开设研学旅行安全教育专题讲座等，普及研学旅行安全常识，提高师生的安全意识及危机处理能力。

（四）构建多元的人才培育体系，夯实研学人才的智力支撑

功以才成，业由才广。人才的数量与质量直接关系着福建省研学旅行的可持续发展。首先，针对产品研发人员，可由教育主管部门牵头，与文化、旅游等相关部门开展合作，组织学校教师、旅游行业专家等协同配合，建立一支专业互补性强、知识体系健全、理论与实践并存的专业人才队伍；其次，在研学导师的培育上，可借助厦门大学、福建师范大学、福州大学、福建农林大学、华侨大学等高等院校的师资力量，并聘请知名专家学者开设培训课程，培养一批高素质、跨学科、复合型研学导师；最后，在研学旅行志愿者队伍建设上，可充分发挥社会各界的力量，鼓励大学生、退休老教师、相关行业专家等参与研学旅行志愿服务，增加专业人员配置，提高研学旅行的质量与成效。

（五）构建科学的效果评价体系，促进研学效果的正面激励

研学旅行区别于传统旅游活动及一般教学活动，其研学效果应有专业评估。一方面，福建省各地市的教育主管部门应尽快将研学旅行活动纳入学校教学工作和德育工作评价之中，将中小学生研学旅行参与情况和成效作为学校综合考评的重要指标；另一方面，中小学校应制定多形式、多指标、涉及研学旅行全过程的成效评价方法，做到过程性评价与结果性评价兼顾。如学校可邀请家长、教师、研学基地工作者、导游人员等，通过举办研学成果展览会、座谈会、交流会、班会等方式，就学生旅行中的所思所获及存在的问题等进行交流，采取自评和他评的方式，对表现优异的个人与集体进行表彰。

B.10

福建省观光工厂与工业旅游发展研究报告

黄远水　陈龙妹*

摘　要： 工业旅游日渐成为我国旅游产业一个新的增长点，也成为政府创新发展工业、旅游业以及优化产业结构的重要抓手之一。福建省旅游发展委员会自2014年前后便开始谋划突破工业旅游发展瓶颈，加大力度推动工业旅游创新发展，率先推出观光工厂这一工业旅游的创新形式，经过3年的发展，已有71家工业企业获评观光工厂，观光工厂发展态势良好，但其发展仍处于初级阶段，还存在旅游要素不足、主题特色缺乏、体验性较差、发展模式模糊等问题，现有观光工厂分布不均衡，形成以东南沿海工业发展城市为龙头，其他地市均有分布的特点。本报告分析了影响观光工厂旅游发展的主要因素后，提出政府部门需加强服务功能，引导观光工厂发展；工业企业应挖掘“工厂文化”，突出观光工厂主题，开发体验项目展示观光工厂的价值，创新求变才能永续发展观光工厂和工业旅游。

关键词： 观光工厂　工业旅游　福建省

* 黄远水，博士，华侨大学旅游学院院长、教授，研究方向为旅游资源、区域旅游发展规划以及观光工厂、乡村旅游等；陈龙妹，华侨大学旅游学院硕士，研究方向为区域旅游规划、工业旅游。

引 言

随着工业和旅游业的发展，工业旅游迅速普及。在大众旅游时代，越来越多的游客蜂拥到开放工厂、博物馆、科技园区、工业遗产公园，工业旅游正迎来黄金发展时期，工业企业发展旅游的热情也日趋高涨，中国的工业旅游必将迎来爆炸式增长。2016 年 12 月，国家旅游局公布了《全国工业旅游发展纲要（2016—2025 年）（征求意见稿）》，拟建立 1000 个全国工业旅游示范点和 100 个工业旅游基地，10 个以老工业基地为依托的工业旅游城市，初步构建协调发展的产品格局。

福建省旅游局等政府部门极其重视工业旅游发展，积极探索观光工厂的发展，多次在会议上提出要大力发展观光工厂。2015 年，分析总结了福建省观光工厂发展的显著优势，开始加大力度发展工业旅游。2016 年，福建省旅游局提出要依托特色工业企业，积极推进“旅游 + 工业”的发展。《福建省“十三五”旅游业发展专项规划》将“推动‘观光工厂’标准化建设，创建全国工业旅游示范城市”作为目标。

观光工厂是工业旅游的创新模式，其发展越来越受到重视，发展前景广阔，但由于我国观光工厂旅游还处于初期阶段，还处于探索阶段，就目前发展情况看，仍存在观光工厂业主认识不足、旅游要素不足、主题特色缺乏、体验性较差、管理人才不足等问题，这些问题影响着观光工厂的进一步发展。

一 福建省工业旅游与观光工厂发展历程

福建省有众多的工业企业，具备良好的资源开发基础，例如泉州市晋江市拥有 130 项“国字号”企业品牌、14 项区域品牌、41 家上市企业。这些都成为福建省发展观光工厂的强有力支撑。

福建省各级旅游部门致力于引导工业旅游的发展，近年来在不断调研工

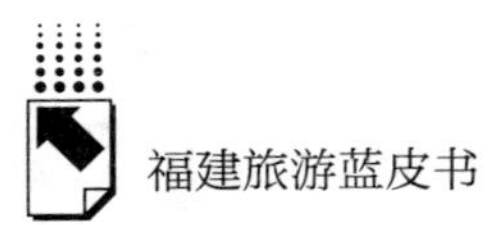

业旅游发展状况的过程中，福建省旅游局发现了“观光工厂”这一更加符合游客需求的新业态，并开始引领福建省工业旅游向观光工厂转型，因为观光工厂是福建省工业旅游的重要创新形式，因此本报告重点对观光工厂进行研究。

《福建省“十三五”旅游业发展专项规划》以“推动‘观光工厂’标准化建设，创建全国工业旅游示范城市”为目标。在各级旅游部门的引导下，工业企业业主发展热情高涨，观光工厂的发展态势良好。

2016 年 7 月 21 ~22 日，福建省旅游局在泉州举办“观光工厂建设与服务规范”培训班，邀请了华侨大学黄远水教授、台湾林致远博士等观光工厂专家做专题辅导。

2016 年 11 月福建省七匹狼集团被授予“首批国家工业旅游创新单位”荣誉称号，成为全国 22 个获奖单位之一。

2016 年 12 月，福建省旅游局和旅游协会评出第二批观光工厂，共有 26 家工业企业通过评审。

2017 年 10 月 11 ~13 日，福建省旅游发展委员会[①]与福建省经济和信息化委员会共同举办的“2017 年推进工业旅游创建观光工厂工作现场会”暨《福建省观光工厂建设与服务规范》标准培训班在泉州市华侨大厦召开。共有 9 个地市旅游发展委员会、经济和信息化委员会的 20 多位负责人及 80 多家工业企业参加此次培训。

2017 年 11 月，福建省评出第三批观光工厂，共有 12 家工业企业获评。

2018 年 9 月，福建省经济和信息化委员会与福建省旅游发展委员会积极培育福建省工业旅游示范基地，并于同月开始第四批观光工厂的评定工作。

截止到 2018 年 10 月福建省共有 71 家观光工厂（名单见附录 1）。

① 福建省旅游局于 2017 年 6 月更名为“福建省旅游发展委员会”。

二　福建省观光工厂分布特征

（一）地市分布特征

从观光工厂分布在各地市情况来看，这些观光工厂分布在福建省 9 个设区市，由于平潭综合实验区暂时没有观光工厂分布，在本报告中只考虑福建省 9 个地级市的分布情况。泉州市由于工业基础良好，观光工厂数量最多，远超第二名 16 家；在数量上并列第二的是厦门市、南平市和宁德市三个地级市，而这也正与当地的旅游资源分布格局相对应。洛伦兹曲线（见图 1）表现出观光工厂分布呈明显的不均衡。

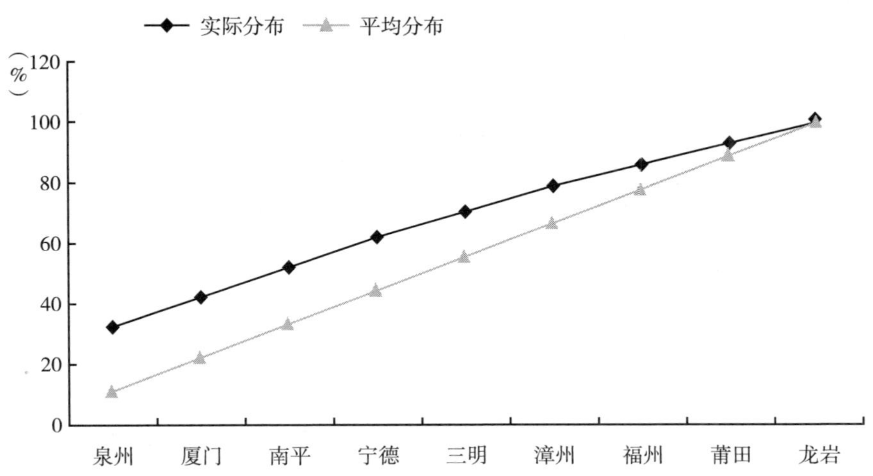

图 1　福建省观光工厂地市分布洛伦兹曲线

资料来源：福建省旅游发展委员会官网。

（二）区域分布特征

闽南地区（厦门、漳州和泉州）是观光工厂分布的主要地，共有 36 家观光工厂，占福建省观光工厂总量的50.70%；闽东地区（福州、莆田、宁德）位居第二，共有观光工厂17家，占福建省观光工厂总量的23.94%；闽西地区（龙岩、三明）共有11家，只占15.49%，位列第三；闽北地区（南平）最少仅7家，占9.86%。可见，福建省观光工厂在四个地区分布上的不均衡。

三　福建省观光工厂类型

（一）观光工厂分类依据

福建省观光工厂处于起步阶段，并未对观光工厂进行详细分类，因此，需借鉴其他分类，观光工厂分类依据有以下三个：一是参照台湾观光工厂分类标准，分为艺术人文超欢乐、开门七件事、居家生活超幸福、醇酒美食超级赞、健康美丽超亮眼五大系列；二是依据2017年国民经济行业分类（GB/T 4754—2017），参照国民经济行业分类法进行分类；三依据前人研究，将福建省观光工厂划分为博物馆主导类、生产场景型开发类、购物主导类。

（二）观光工厂分类

参考台湾观光工厂分类标准，福建省观光工厂中以开门七件事系列最多，共计18家，占福建省观光工厂总量的25.35%；居家生活超幸福系列位居第二，共有17家，占福建省观光工厂总量的23.94%；艺术人文超欢乐系列和醇酒美食超级赞系列均有13家，均占福建省观光工厂总量的18.31%；健康美丽超亮眼系列有10家，占福建省观光工厂总量的14.08%，各种类型占比如图2所示。

参照国民经济行业分类法，福建省71家观光工厂分布在15个行业，国民经济行业分布类型如表1所示。

从现有71家观光工厂行业的划分来看，酒、饮料和精制茶制造业观光

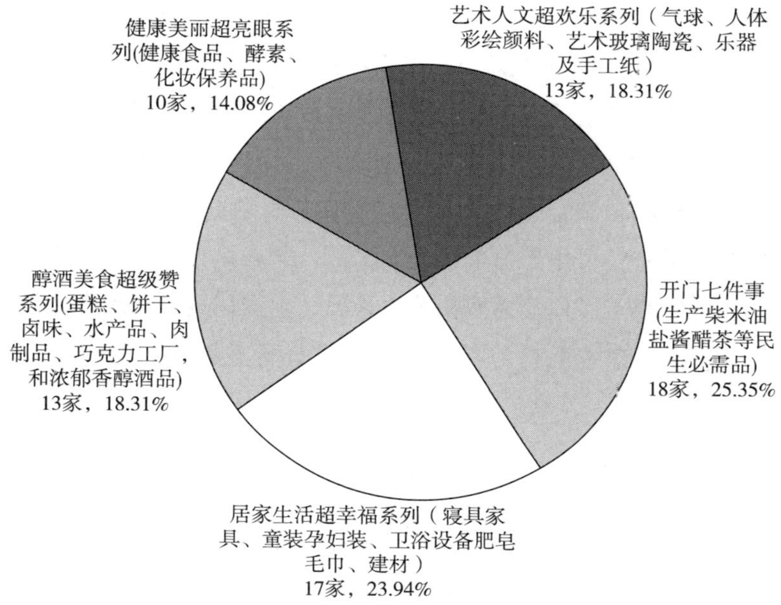

图2　按照台湾观光工厂分类标准福建省各类观光工厂的数量

表1　福建省观光工厂行业分布类型及数量

单位：家

分布类型	数量	分布类型	数量
酒、饮料和精制茶制造业	23	农副食品加工业	3
食品制造业	11	纺织服装、服饰业	2
文教、工美、体育和娱乐用品制造业	8	仪器仪表制造业	2
医药制造业	4	皮革、毛皮、羽毛及其制品和制鞋业	2
非金属矿物制品业	4	黑色金属冶炼和压延加工业	1
家具制造业	3	木材、加工和木、竹、藤	1
化学原料和化学制品制造业	3	其他制造业	1
电气机械和器材制造业	3		

工厂共有23家，占福建省观光工厂总量的32.39%，位列第一，从国民经济行业分布来看，酒类观光工厂和制茶类企业数量较多；食品制造业共有11家，占福建省观光工厂总量的15.49%，文教、工美、体育和娱乐用品制造业观光工厂共有8家，占福建省观光工厂总量的11.27%；三大行业总占

比高达 59.15%。其他行业总占比为 40.85%，其中，医药制造业、非金属矿物制品业观光工厂各有 4 家，占比为 5.63%；家具制造业、化学原料和化学制品制造业、电气机械和器材制造业以及农副食品加工业观光工厂各有 3 家，占比均为 4.23%；纺织服装、服饰业，仪器仪表制造业，皮革、毛皮、羽毛及其制品和制鞋业观光工厂均有 2 家，占比为 2.82%；其余类别观光工厂各有 1 家，占比为 1.41%。

将福建省观光工厂划分为博物馆主导类、生产场景型开发类、购物主导类，按照该标准福建省现有 71 家观光工厂的分类主要如图 3 所示。

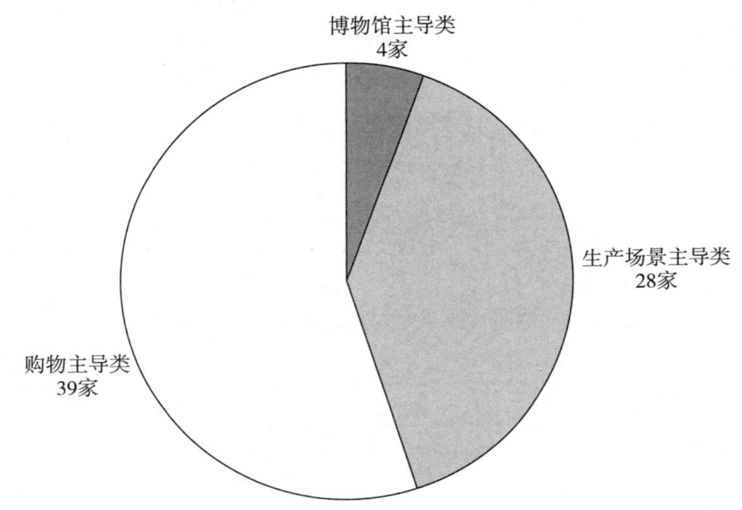

图 3　福建省观光工厂主导类型分布及数量

从现有 71 家观光工厂主导类型的划分来看，以购物主导类最多，共有 39 家，占福建省观光工厂总量的 54.93%，说明目前福建省观光工厂多数是以购物为主导，购物是多数观光工厂最主要的功能；生产场景主导类位居第二，共有 28 家观光工厂是以展示本工厂的生产场景为主的，这类观光工厂通过先进的技术、可靠的产品工艺来展示企业的产品和文化，再现生产工艺，也是目前重要的类型；数量最少的是博物馆主导类，仅有七匹狼男装博物馆、恒丽钟表博物馆、厦门太古可口可乐饮料观光工厂和东星奢石文化馆4家观光工厂，这类观光工厂依托企业历史博物馆、产品博物馆或企业文化博物馆来进行旅游开发，企业的博物馆在其中占据主导地位。

四 观光工厂发展影响因素分析

（一）影响观光工厂发展的外部因素

观光工厂是在当前旅游发展大环境之下出现的新的工业旅游的一种形式，先从其外部因素分析影响观光工厂发展的因素：政府部门的支持力度、经济发展水平、产业发展程度（尤其是旅游业发展情况）、交通通达性等因素。

1. 政府部门的支持力度

观光工厂的发展是在政府的推动下完成的，从观光工厂的评分标准的制定委托到观光工厂的评审，政府旅游部门尤其是福建省旅游发展委员会起到至关重要的作用。因此目前发展的水平在一定程度上是政府相关部门的意识体现，同时，政府对于观光工厂的发展还提供了支持，因此福建省观光工厂的发展情况受政府行为的影响。

2. 经济发展水平

观光工厂的发展与当地的经济发展水平密不可分，经济发展水平还影响工厂业主的思想开放程度，经济发展水平高的地区，工厂业主发展观光工厂的热情较高。从福建省统计局网站上下载福建省9个地市的经济生产总值，通过采用Arcgis 10.2克里金插值法进行分析，得出经济发展水平最高的是泉州市，并沿着东南沿海向南如厦门市、向北如莆田市递减，而经济发展水平高的地方观光工厂的数量也较多，因此观光工厂的发展程度受经济发展水平的影响。

3. 产业发展程度

观光工厂是在工业企业的基础上发展起来的，由此可推测观光工厂与各地的产业发展水平有关，根据福建省人民政府门户网站提供的《2017 年福建省统计年鉴》整理产业数据，观光工厂发展程度与当地产业发展程度有一定关联，并且观光工厂是各地市的特色产业，比如泉州市晋江市的制造业发达，因此观光工厂的类型也是以制造业为主的，如安踏观光工厂和七匹狼男装博物馆均被评为观光工厂；泉州市德化县被誉为“陶都”，所生产的陶瓷远近闻名，因此德化县的卓越陶瓷与顺美陶瓷成功获评观光工厂。在工业发达的地区，观光工厂发展的程度高。旅游产业发展程度高的城市，观光工厂发展的程度也相对较高。

4. 交通通达性

从工业布局角度看，观光工厂的分布也与工业布局有关，考虑到成本，工厂一般选址靠近交通线路，大多是布局在地形起伏度小、相对平坦的区域，并且大多沿河分布在交通便利的地方，这些区位条件为工厂以及观光工厂的发展奠定基础。可达性是影响旅游的一个重要因素，同样，观光工厂分布也要考虑旅游通达性，旅游通达性影响观光工厂的可持续发展，交通通达性好的区域，观光工厂能获得更多的客源，如厦门市的观光工厂客流量较大。

（二）影响观光工厂发展的内部因素

影响观光工厂发展的因素有很多，最主要的是观光工厂业主的选择，从内部因素考虑主要有发展目标、发展意愿、知识经验、旅游人才、主营产品。

1. 发展目标

发展目标影响观光工厂的发展，不同观光工厂业主对发展观光工厂的目标存在差异，影响着他们对观光工厂发展策略的选择。一部分企业是在旅游发展委员会的动员之下，加入观光工厂的创建网络中来，他们的目标是完成旅游发展委员会下达的创建量的目标，这类观光工厂的数量占多数，他们就仅仅是为了完成创建的任务，获得福建省观光工厂的牌子，为自己增加一份荣誉，在创建成功之后接待游客及工厂观光的完善方面并不积极，这是目前多数观光工厂存在的问题。还有一类是主动寻求接待游客的资质，这部分企业本身就在发展旅游，也在发展旅游的过程中得到益处，销售得到大幅度提升，比如青蛙王子、中国包酒文化博览园。这类企业创建观光工厂的目标就是接待游客来增加销售收入，他们会更愿意投入时间、精力发展观光工厂。

2. 发展意愿

发展意愿影响观光工厂的发展，发展意愿强烈的观光工厂就会对观光工厂的项目进行规划设计，以期促进旅游发展。而只是为了完成任务或者只为了获得观光工厂牌子的工业企业，不会为观光工厂的发展制定蓝图，选择合适的发展模式更是无从谈起。目前，传统生产仍然是工业企业发展的主流，旅游是在原有生产的基础上发展起来的，具有投资大、回报率低、开发周期长等特点，工业企业收入微乎其微，旅游业价值不显著，因此工业企业领导往往漠视观光工厂的益处。当地政府，主要是旅游发展委员会对发展观光工厂的态度也会影响观光工厂发展的程度，一般而言，政府对发展观光工厂有积极的态度，就会为观光工厂提供更多的支持；而观光工厂业主有积极的态度就会将项目规划落到实处，比如厦门轻工集团旗下的三家观光工厂发展速度较快。

3. 知识经验

观光工厂发展不仅受到业主和管理人员发展目标和发展意愿的影响，还受到知识经验的影响，有的观光工厂有明确的发展观光工厂的目标，也有发展旅游的强烈意愿，但缺乏建设提升观光工厂的经验和相关知识，因此在发展过程中也遇到一些问题，在发展模式与策略的选择上没有明确的想法，没有进一步去选择适合自己企业的发展模式与策略。一些观光工厂业主也受自身的经验影响，因此到其他工业企业参观学习，看到典型企业的发展模式与策略，有选择性地参照着发展自己的工业企业，比如诏安梅之韵青梅文化观光工厂旅游部门负责人就到多家发展较好的观光工厂进行调研学习，再结合实际情况发展自身观光工厂。

4. 旅游人才

人才在旅游发展过程中发挥着重要的作用，旅游部门的人才对观光工厂的发展起到影响作用。从与观光工厂业主及旅游部门负责人的深度访谈中，都可以看出观光工厂的发展目前存在的一个问题就是旅游专业的人才缺乏，现有观光工厂中较少有专门成立旅游部门的，为了创建观光工厂，工业企业多是成立观光工厂创建小组，由董事长或部门经理牵头，从各部门抽调人员分工合作。也有少数观光工厂成立旅游部门，由旅游部门负责观光工厂的各项工作，旅游部门的负责人对观光工厂的创建提升工作发挥着重要作用，也对观光工厂发展产生影响。

5. 主营产品

观光工厂的类型和主营产品影响着观光工厂的发展。主营业务是发展观光工厂的工业企业最主要的业务，旅游功能也是依托主营业务而产生的，不同类型的产品影响观光工厂的发展。主营产品是茶叶的工业企业基本上选择购物主导模式发展观光工厂，期望通过对工厂展馆的参观，带动茶叶等产品的销售，也有部分茶叶类工业企业选择生产场景型发展模式，选择上的差别来源于工厂与茶园的距离。陶瓷类观光工厂也选择的是购物型，通过解说与产品的布展来刺激游客消费。

五　福建省工业旅游和观光工厂发展的建议和对策

（一）政府部门

工业旅游与观光工厂发展的实践证明，政府部门在其中发挥着不可或缺的作用，正是因为政府的大力推动和支持，福建省才能连续评审三批观光工厂，政府的支持和引导也是观光工厂旅游能够获得长期发展的保障，政府部门应进一步发挥以下作用。

1. 加强制度建设，完善规范指导

政府部门需以福建省观光工厂的发展与评审现状为基础，制定观光工厂旅游可持续发展专项规划，进一步完善《福建省观光工厂建设与服务规划标准》相关制度，积极开展观光工厂的评比，并以此为据区分等级，为促进观光工厂规范化、规模化构建良好的外部环境。对于已获评的观光工厂，福建省旅游发展委员会及各级旅游发展委员会应组织观光工厂专家团队，加强对观光工厂的监督，并且，委托高校专家团队编制《福建省工业旅游发展规划》，梳理工业旅游资源，提出培育发展工业旅游的政策建议，推动工业旅游发展。

2. 建立辅创机制指导工厂建设

福建省旅游发展委员会和各级旅游发展委员会应组建观光工厂辅创团队，将观光工厂方面的专家和有经验的业主纳入专家团队，对已经获评的观光工厂和想要创建观光工厂的工业企业在观光工厂创建和经营过程中的困惑给予辅导和指导。针对工厂发展旅游的空间规划、产品展示、旅游氛围营造等困惑给予指导，同时也需要宏观调控观光工厂分布不均衡的问题。邀请台湾地区观光工厂专家与业主到大陆指导观光工厂的创建提升，组织大陆观光工厂业主或管理人员到台湾地区观摩学习，积累观光工厂建设经验。

3. 发挥渠道优势，加强宣传推介

福建省各级旅游发展委员会应发挥其在宣传方面的渠道优势，加大观光工厂宣传力度，参加旅游推介活动。在各级政府门户网站尤其是各级旅游发展委员会门户网站上专门设置观光工厂模块，以宣传观光工厂并为游客提供资讯。政府部门和各观光工厂合作建立观光工厂旅游网及福建省观光工厂微信公众号，由福建省旅游发展委员会委派专业人员来管理，资讯来源向各级旅游发展委员会及各观光工厂征集，实时更新，发布观光工厂体验项目，形成宣传合力。每月发放观光工厂电子报，以达到更大的宣传效果。

4. 搭建合作平台，减少行业阻力

为观光工厂旅游发展搭建合作平台。依托政府部门建立的平台，能有效减少各行业之间的阻力，征召不同的行动者加入观光工厂发展网络之中，促进工业企业和旅游企业及其他行业建立良好的合作关系。在市场还不够完备的情况之下，政府部门通过搭建合作平台的方式，能够赢得工业企业和旅游企业等行动主体的信任，促进不同主体之间的合作。建立校企合作平台，引导高等学校参与观光工厂的创建提升，促进产、学、研有机结合。

5. 加强服务功能，提供政策支持

实施主管部门引导模式的关键是主管部门对行政指示的淡化，强化指导功能，加强相关部门的服务功能。强化政府部门的服务功能，促进现有的政府部门主导向工业企业主导发展。对于工业企业业主发展观光工厂认识不足，因而发展旅游热情不高的问题，需通过培训的方式向工业企业宣传发展观光工厂的益处，鼓励业主由被动发展的思维变为主动发展。

政府部门对观光工厂发展的大力支持，为观光工厂业主和从业人员提供信心，支持他们持续经营观光工厂。福建省的观光工厂发展旅游要素尚不完善，政府可在政策方面给予有利的倾斜与支持。

（二）工业企业

工业企业应加强工业旅游示范点与观光工厂主题建设、游憩机会清单编制，强化体验设计与项目提升。

1. 加强主题建设，突出工厂特色

观光工厂企业从厂区设计、景观改造到旅游氛围营造以及旅游商品设计等都应围绕本工厂的主题，在不同的侧面与细节之处体现观光工厂的用心，这对观光工厂的规划设计提出了更高的要求，需要聘请专门的规划公司进行策划与规划，将规划公司与装修设计公司等行动主体征召到观光工厂发展的网络之中。各观光工厂应引进专业人才，成立旅游部门，加强对员工的礼仪培训，强化其服务意识，使其熟悉旅游业的服务规范标准，在服务上对接游客的需要，提升游客对观光工厂的印象和满意度，充分彰显本工厂的特色。

2. 编制游憩机会清单

根据游憩机会理论（ROS 理论），将工业企业厂区中要发展旅游的区域划分出来，按照等级划分，再梳理重要的游憩资源，根据游憩资源的重要程度分类，按照重要程度选择适合开发的项目。研究和评估游憩资源以及功能区划，编制一系列游憩清单，作为管理人员决策的基础，并为旅游者提供资讯。

3. 强化体验设计与项目提升

实验心理学家赤瑞特拉通过大量的实验证明：人们通过听觉和视觉获得的信息占总信息的94%。基于体验经济理论，将感官与展示空间结合的要点——注重“五感”体验规划，重点做好听觉和视觉体验项目的规划。视觉图像化代替大量文字，主题性入口意象、情境展示、光线营造、显眼的色彩、可爱的吉祥物等方式都需以“视觉图像化”为原则进行设计，提高游客观看的意愿。听觉以不相互影响为关键，因此规划听觉体验时，需注意各装置间的距离，音量是否造成彼此间的干扰，需人工调整音量、具备声音播放功能的多媒体装置。未来观光工厂中如需加入嗅觉体验，需先分析嗅觉元素的香气浓郁程度，以实验的方式测试香气之间是否互相影响，规划出简单又有趣的嗅觉体验，提供多种味觉体验，食品类观光工厂应运用此优势，不仅在卖场间，在展示空间中也可依照展示内容搭配多样化的产品试吃。采用多项感官刺激以提高游客对产品的信任度，促进销售。分析工厂中的触觉体验，食品类观光工厂中触觉为最容易被忽略的体验项目，但其实此类型观光工厂中，有许多元素适合规划为触觉体验项目。进行体验规划前，需经过确实的分析方可找到属于工厂独特的触觉体验项目。

结　语

福建省观光工厂创建初期总体乐观并将保持稳中趋快的增长趋势，从2018年起将进入观光工厂创建的中后期，发展速度将放缓，而工业旅游示范基地将进一步发展，成为福建省工业旅游的重要载体。但是福建省观光工厂还处在初步发展阶段，因此仍存在观光工厂业主认识不足、旅游要素不足、主题特色缺乏、体验性较差、管理人才不足等问题，影响观光工厂发展的因素有政府支持力度、经济发展水平、产业发展程度、交通通达性等；而观光工厂发展目标、发展意愿、知识经验、旅游人才和主营产品是影响观光工厂业主发展观光工厂的主要因素。针对存在的问题，本报告提出政府部门应重视制度建设，完善规范指导，建立辅创机制指导工厂建设，发挥渠道优势加强宣传推介，搭建合作平台减少行业阻力，加强服务功能提供政策支持，工业企业应加强主题建设，突出工厂特色，编制游憩机会清单，强化体验设计与项目提升，旅游企业和高校等其他行动主体也应发挥相应的作用等建议，促进福建省观光工厂与工业旅游的发展，从而促进福建省旅游业的发展。

附录1　观光工厂名单

序号	地市	观光工厂名称	批次
1	福州	福州小神龙表业技术研发有限公司	第一批
2		青岛啤酒(福州)有限公司	
3		春伦茉莉花茶文创园	
4		福建神蜂观光工厂	第二批
5		明一国际高新科技园	
6	宁德	福鼎市郑源工艺有限公司	第一批
7		福建奇隆翔农业有限公司	
8		福建省同泰春茶业有限公司	第二批
9		福建新坦洋集团股份有限公司	
10		太姥山天湖茶业厂	
11		青拓工业观光工厂	第三批
12		霞浦钦龙水产养殖观光工厂	
13	南平	武夷香江茗苑	第一批
14		福矛酒业	
15		双龙戏珠酒业	
16		印象小密中国包酒文化博览园	第二批
17		福建省神六保健食品有限公司	
18		中华茗园(武夷星茶叶)	
19		福建长富乳品观光工厂	第三批
20	三明	建宁县闽江源绿田实业投资发展有限公司	第一批
21		沈郎乡油茶产业文化园	
22		永安移山金线莲观光工厂	第二批
23		将乐金硕生物科技观光工厂	
24		泰宁“一点石”食品厂	第三批
25		状元茗茶观光工厂	

续表

序号	地市	观光工厂名称	批次
26	厦门	厦门古龙食品有限公司	第一批
27		厦门通士达有限公司	
28		厦门太古可口可乐饮料观光工厂	
29		厦门鼓浪屿食品厂	
30		妙吉祥香道观光工厂	第二批
31		蓝湾海洋多糖科技园观光工厂	
32		三圈模型科技体验观光工厂	
33	龙岩	漳平市鸿鼎现代体验式茶厂	第一批
34		龙岩星宇竹制品厂	第二批
35		福建金丰酿酒厂(龙岩)	
36		连城兰花博览园观光工厂	第三批
37		漳平岳山嘉茗观光工厂	
38	漳州	青蛙王子(中国)日化有限公司	第一批
39		漳州市片仔癀药业股份有限公司	第二批
40		漳州恒丽钟表观光工厂	第三批
41		漳浦天福茶观光工厂	
42		华安二宜楼酒观光工厂	
43		诏安梅之韵青梅文化观光工厂	
44	泉州	石狮大帝集团	第一批
45		七匹狼中国男装博物馆	
46		安踏(中国)有限公司	
47		晋江恒盛玩具有限公司	
48		顺美集团有限责任公司	
49		福建省德化县卓越陶瓷有限公司	
50		福建八马茶业有限公司	
51		泉州盛世三和茶业有限公司	第二批
52		永春老醋有限责任公司	
53		达埔彬达制香厂有限公司	
54		建明玉石城	
55		福建玉艺发展有限公司(东星石材)	
56		惠安鼎立雕刻艺术有限公司	
57		安记食品工业园	
58		年年香茶业特色观光工厂	
59		永春顺德堂老醋文创园	
60		三六一度(中国)文化馆	
61		惠安日晟雕艺文化创意研发中心	第三批
62		晋江木延文创体验中心	
63		南安九牧智能制造观光旅游园	
64		德化泰峰瓷坊观光工厂	
65		德化安成陶瓷观光工厂	
66		安溪国心绿谷观光工厂	

续表

序号	地市	观光工厂名称	批次
67	莆田	福建群仙红木文化股份公司	第一批
68		福建省三福古典家具有限公司	
69		庄严苑工艺品观光工厂	第二批
70		仙游鲁艺红木园	
71		莆田盐场观光工厂	第三批

资料来源：福建省旅游发展委员会官网。

参考文献

[1]《福建省七匹狼集团荣获“首批国家工业旅游创新单位”》，清新福建，http：//www. fjta. com/news/detail/2780，2017 年 9 月 25 日。

[2]《福建省人民政府办公厅关于印发福建省“十三五”旅游业发展专项规划的通知》，福建省经济信息中心网站，http：//www. fjic. gov. cn/jjxx/ghxx/201604/t20160406_1157894. htm，2018 年 9 月 4 日。

[3] 黄远水、陈龙妹、李娜：《2015～2016 年福建省观光工厂旅游发展研究报告》，《福建省旅游产业发展现状研究（2015～2016）》，社会科学文献出版社，2016。

[4]《〈全国工业旅游发展纲要〉公开征求意见》，潍坊市政府信息公开专栏，http：//xxgk. weifang. gov. cn/slvyj/201612/t20161201_ 1713048. html，2018 年 9 月 4 日。

[5]《台湾旅游景点观光工厂》，台湾“交通部”观光网，http：//www. taiwan. net. tw/m1. aspx? sNo =0017481，2017 年 9 月 20 日。

[6] 徐史明：《浅谈多媒体技术在高职数学教学中的应用》，《中国成人教育》2003 年第 13 期。

[7] Lynch，J. A. and Nelson，C. M.，Updating the Recreation Opportunity Spectrum User Guide—Eastern Region Supplement.

B.11

2017~2018年福建省文创旅游发展报告

李勇泉　张舒宁　董泽平　宋学通*

摘　要： 文化创意旅游已成为加快促进“文旅融合”、实现旅游产业转型升级、提升旅游竞争力的新趋势。2017年，福建省文创旅游总体上呈现政策先行、行动助力的发展态势，在文旅快速融合、文化遗产作用凸显、文旅体验深度化、创客基地新载体等方面取得较大进展，同时呈现了国际交流密切、优质产品涌现、业态丰富多样、节事活动鲜明等特点，也暴露了配套设施滞后、发展不均衡、同质化严重、人才整体缺乏、园区水平不高等问题，通过分析指出福建省文创旅游业发展将趋向文旅融合加快、精品化发展、多元业态融合以及体验与价值共创发展态势。最后，提出如下对策建议：深入挖掘传统文化，促进文旅深度融合；优化文创产业布局，整合区域协调发展；出台相关扶持政策，引导文创发展思路；完善旅游产品体系，培育新型文化旅游业态；紧抓旅游时代机遇，加快文创跨越发展。

关键词： 文创旅游　文旅融合　福建省

* 李勇泉，博士，华侨大学国际学院院长，旅游与服务管理研究中心主任，教授，博士生导师，研究方向为文化创意旅游；张舒宁，华侨大学旅游学院硕士研究生，研究方向为文化创意旅游；董泽平，博士，台湾师范大学管理学院教授，研究方向为文化创意旅游；宋学通，华侨大学旅游学院硕士研究生，研究方向为文化创意旅游。

文化创意产业是二十一世纪国家之间软实力竞争的制高点，已成为当今世界综合实力发展的新潮流和战略性选择。国内外文化创意发展的实践表明，文化创意具有高知识性、高附加值、强融合性、环境污染小、市场前景广等特点。[①] 不少文化创意发达国家凭借构建创意衍生品价值链等方式推动经济发展模式的转变。我国文化创意产业起步相对较晚，但拥有广阔的资源，资源优势转化为产业优势的潜力巨大。近十年来，依托文化创意产业和文化产业基础，我国的文化创意旅游发展日趋快速和明显。“十三五”以来，国家更是提出到2020年要让文化产业成为国民经济支柱性产业。十九大报告也提出，要坚持文化创造性转化和创新性发展。《文化部“十三五”时期文化科技创新规划》明确指出，全面支持文化创意融入实体经济，促进文化创意与旅游业、体育业和特色农业等行业融合发展。[②] 2017年3月12日发布的《中国传统工艺振兴计划》提出，要注意发现和扶持传统工艺创意人才，鼓励文化创意人才积极发挥优势特长，发展传统工艺、文化创意等产业。[③]

2017年，福建省文化创意旅游在政策助推与社会支持下取得稳健有效的发展。在大部委改革的时代背景下，福建省全力推动文化遗产保护、传承与申遗工作，及时出台政策为实现“文旅融合”保驾护航，推动文创旅游在业态多样化、产品优质化、节事活动品牌化、创客企业规模化等方面取得较大成效。但随着文旅融合步伐加快，文创旅游市场竞争激烈，福建省文创旅游的未来发展挑战与机遇并存。本文通过剖析现状问题与未来发展趋势，对下一年度福建省文创旅游的健康持续发展提出优化对策与发展建议。

---

① 《2017年全球文化创意产业分布格局解析》，中国产业信息网，http://www.chyxx.com/industry/201611/472842.html，2016年11月30日。

② 中华人民共和国中央人民政府：《文化部“十三五”时期文化发展改革规划》，http://www.gov.cn/xinwen/2017-02/23/content_5170224.htm，2017年2月23日。

③ 《文化部等三部委联合印发〈中国传统工艺振兴计划〉》，中国经济网，http://www.ce.cn/culture/gd/201703/24/t20170324_21381392.shtml，2017年3月24日。

一　2017年总体形势与主要进展

（一）文化创意旅游总体形势

2017年是实施“十三五”规划重要的一年，也是福建省响应大部委改革、实现文旅融合与扩大品牌影响力关键的一年。围绕把福建建设成为我国重要的文化旅游中心和国际知名旅游目的地的战略目标[①]，福建省相继出台了《福建省历史文化名城名镇名村和传统村落保护条例》《福建省文化旅游演艺产业发展指导意见》《福建省文化消费体验卡实施方案》等一系列政策，启动了“福建舞台艺术精品工程”和“福建戏曲传承保护与弘扬工程”，在旅游文化挖掘、遗产保护以及产业推动等方面给予了积极的政策引导与扶持。海峡两岸艺博会、文博会等文化展会取得了实效进展，在推进大众文化体验消费方面也取得了初步成效。

在文旅融合的强劲发展势头下，福建省第三产业的发展取得了明显进展。2017年，第三产业增加值14085.52亿元，增长10.3%，第三产业增加值比例达到43.6%，贡献率达到54.0%，拉动4.4个百分点。全省文化系统共有国有艺术表演团体70个，文化馆97个，博物馆98个，文化系统各类艺术表演团体演出1.22万场，居民的教育文化和娱乐消费价格比上年增加了2.3%。[②] 文化产业是文化创意旅游发展的支柱和保障。中国文化产业投融资数据平台显示：福建在文化产业资本力指数榜排名全国第六，属于文化产业资本力第二梯队[③]，文化产业资本市场表现突出，发展潜力巨大。

福建省积极推进核心区文化建设和自贸区建设，加强文化遗产保护，推

① 福建省旅游发展委员会：《福建旅游的基本情况》，http://lfw.fujian.gov.cn/lyzx/lygkxydt/lygk/，2018年9月27日。

② 福建省人民政府：《2017年福建省国民经济和社会发展统计公报》，http://www.fujian.gov.cn/zc/tjxx/tjgb/201802/t20180226_1134391.htm，2018年2月22日。

③ 《【2017中国31省市文化产业资本力指数排行榜】北京独占鳌头，上广浙优势明显》，搜狐网，https://www.sohu.com/a/223431565_100022284，2018年2月22日。

动鼓浪屿申遗成功，壮大重点文化创意产业。还积极举办了第四届福建文创奖评选、30 个优秀创意旅游产品评选、第三届福建文化创意周、乡村旅游创客示范基地评选等活动，整体呈现以挖掘优质产品推动企业创新发展、实现文化与旅游全面融合的新趋势。

（二）文化创意旅游主要进展

1. 文化与旅游融合进程加快

文化与旅游融合是推动文化创意旅游快速发展的重要契机。福建省积极响应国家关于文旅融合的号召，通过政策发布与行动助力推动文化与旅游融合，在 2017 年取得了巨大成效。第一，政策先行。为促进文化与旅游融合发展，福建省先后下发了《福建省关于加快推进文化和旅游融合发展的实施意见》《关于推进文化和旅游融合发展示范工程的实施方案》《福建省促进闽台文化产业合作发展实施方案》等相关政策文件，设立总规模达 100 亿元的福建旅游产业发展基金用于扶持旅游龙头企业、优化旅游产业结构和补齐产业发展的短板，支持成立福建旅游发展集团等一批国有文化旅游投资公司。各地市也纷纷出台促进文旅融合的相关政策，如泉州出台了《推进文化和旅游融合发展示范工程行动计划》，莆田出台了《鼓励扶持文化旅游创意产业发展若干规定》，等等。第二，行动助力。据不完全统计，2017 年厦门思明区共挖掘历史文化等景点 46 处、老街故事 32 个、街巷业态 7 大项目，完成 3 个文化节点建设，开展闽南曲艺展演 32 场，吸引观众近 7500 人次，举办文化节庆类活动 39 场，旺街类活动 57 场。① 三明市投资 1.2 亿元，启动 1958 文化创意园产业项目，积极推进文旅融合进程。

2. 文化遗产发挥更重要的作用

福建将“非物质文化遗产”的保护与发展作为 2017 年度工作的重中之重，并推动“厦门鼓浪屿申遗”成功。福建与“海丝”相关的文化遗产、

① 福建省旅游协会：《思明区四举措推动文化旅游深度融合》，http://www.fjtra.com/Item/Show.asp?d=9091&m=1，2017 年 11 月 30 日。

“侨乡”文化、“茶”文化、民间习俗等也逐渐活跃在文创旅游活动中，文化与遗产的作用逐渐凸显。如2017年12月底泉州市的海上丝绸之路非物质文化遗产展，凝聚了尼泊尔、土耳其、巴基斯坦等沿线各国100多项“非遗”传承人及项目，极大地推动了文化遗产的传承保护和文创旅游项目发展。莆田市也积极助推妈祖信俗文创旅游项目的发展，持续举办湄洲岛文创·湄食节活动、“瓣香湄洲”两岸妈祖文创作品联展等。福建（西湖）文创市集的展览融入了众多福建“非遗”元素，如脱胎漆器、建窑建盏等。落地厦门的“丝路上的茶席”也融合了非遗与现代文化创意，开启了首个精品酒店+文创空间的“精创空间”项目，体现了文化遗产在文创旅游中越来越重要的地位。

3. 文创旅游活动体验性增强

福建省文创旅游活动不仅突出文化内涵和创意元素，还逐渐走上惠民、乐民、亲民的道路。福建（西湖）文创市集沙龙打造“福建双创联盟”，运用“潮流+创意+匠心”元素，推出“文化体验消费卡”，鼓励市民进行文化消费。晋江五店市举办“周末文创集市”，形成创意街市引游客驻足。“2017福建旅游生活展”设置了近千个展位，逛展民众目不暇接。“连城·中国客家狂欢节”将具有客家特色的历史、人文、戏曲、民俗、节庆等文化融入群众喜闻乐见的旅游活动中，强化大众深度体验感。[①] 福建最大县级文庙——长泰文庙开展“拜谒先师·跨年祈福”、亲子诵读等活动，吸引来自厦漳泉以及澳大利亚、新西兰、新加坡、港澳台等地的文化旅游团体和游客。2017年，福建省的文创节事活动不仅为地区经济带来优质创收，还朝着融入时代元素与创造深度体验的趋势发展。

4. 创客基地成为发展新载体

为积极鼓励“创新创业”快速发展，福建省以文创产业带动大众创业万众创新，整合政府相关部门的资源优势，形成良好的创客空间环境，取得

① 谢建师：《文化开花，旅游结果》，http：//fjrb. fjsen. com/fjrb/html/2017－02/22/content_1003382. htm? div=0，2017年2月22日。

显著成效。2017 年，《福州市人民政府工作报告》指出，重点支持德艺文化创意集团等一批具有自主知识产权、自主品牌出口企业加快发展，促进出口转型升级。2017 年，福建省确立了福州仓山区建新镇麦浦村索佳艺陶瓷文化创客示范基地、武夷山市朱子文化休闲小镇创客示范基地、南靖县书洋镇土楼文化旅游创客基地等 13 个乡村旅游创客示范基地[①]，极大地促进了乡村旅游融合本土文化向着振兴与传承方向发展。莆田江口镇蒜溪也依靠“南洋文化”全面打造文创产业特色小镇，结合莆仙文化、妈祖文化、驿道文化，将“产城人文旅”一体化作为发展路径。[②] 各地通过发展创客基地，运用创意元素与本土文化提升内涵，极大地推动了旅游业的转型升级和提质增效。

二　福建省文创旅游发展突出特点

（一）国际合作频繁交流密切

2017 年，福建省文创旅游发展整体呈现对外交流形式多样、文化交流密切、品牌互动紧密的特点，“引进来”与“走出去”齐头发展。为加强对外交流合作，福建省举办了第三届“海丝”国际艺术节、第十届海峡两岸文博会，强化文创品牌的国际化发展，并相继在福州和武夷山举行“匠心·意蕴——2017 台湾文创周”，积极推动两岸文创合作交流、精品互鉴的共同发展模式。厦门文创村曾厝垵设立的文创展示中心举办了金砖五国风情展，入驻了“两岸工艺大师精品中心”等优质文创产品。[③] 福建省还推动文化“走出去”以增强文化品牌影响力。福建省还远赴东盟国家、联合国总

---

① 中华人民共和国中央人民政府：《福建省确定 13 个乡村旅游创客示范基地》，http://www.gov.cn/xinwen/2017-12/11/content_5245839.htm，2017 年 12 月 11 日。

② 《组图：百年南洋风　福建蒜溪打造文创产业特色小镇》，人民网-福建频道，http://fj.people.com.cn/n2/2017/1101/c181466-30876900-5.html，2017 年 11 月 1 日。

③ 《福建文创奖系列报道：厦门文创产品　几家欢乐几家愁》，新浪福建，http://fj.sina.com.cn/news/s/2017-11-02/detail-ifynhhaz1981656.shtml，2017 年 11 月 2 日。

部等地巡展持续举办“丝路帆远——海上丝绸之路文物精品联展”。首家“中国·福建文化海外驿站”于2017年8月在马来西亚揭牌，并计划未来几年内在5～8个国家建设具有一定规模和辐射力的“福建文化海外驿站”，充分发挥福建的侨乡优势，推动文化“走出去”，弘扬“海丝”精神，促进与“一带一路”沿线国家的民心相通、文明互鉴[①]，获得社会影响力和旅游经济效益的双赢。

（二）文创旅游优质产品涌现

旅游文创产品是文化创意旅游发展的重要物质载体。[②]福建省文创产品有观光型、演艺型、体验型、商品型等多种类型，并不断涌现出各种优质旅游产品，推动了文创旅游的精品化发展。2017年3月，福建省公布首批30个优秀创意旅游产品名单（见表1）[③]，同期通过举办“福建好礼”百佳旅游商品评选活动，评选出105件包括美食、陶瓷等在内的各具特色的旅游商品。[④] 2017年3月，作为福建首家旅游文创商品专营店的“屏南有礼”正式运营，并且首批开发了50余种文创产品。[⑤]同年12月，泉州举办的旅游商品设计创作大赛评选出19件（种、系列）极具创意、富有泉州韵味的旅游创意作品。[⑥]各地频繁推出的文创旅游产品创新与评选观摩活动，初步形成福建文创旅游商品品牌“福建好礼”的产品体系，同时也发现和培育了一批优秀旅游商品创意人才，扶持和塑造了一批文创旅游商品龙头企业。

---

① 《“海丝”效应显　福建文化加速“走出去”》，中国新闻网，http：//www.cinic.org.cn/xy/fj/400422.html，2017年8月31日。

② 张舒宁、李勇泉：《文化创意旅游：一个亟待学术关照的研究领域——基于2001～2017年文献回顾与探讨》，《旅游论坛》2019年第2期。

③ 《福建省公布首批30个优秀创意旅游产品名单》，中国网，http：//www.china.com.cn/travel/txt/2017－03/27/content_40506278.htm，2017年3月27日。

④ 《2017年“福建好礼”百佳旅游商品评选活动成果丰硕一批优秀旅游商品脱颖而出》，北京时间，https：//item.btime.com/03gbm39oi9fv1if57at1if21ulv，2017年5月26日。

⑤ 《福建首家旅游文创商品专营店在屏南揭幕》，搜狐新闻，http：//www.sohu.com/a/154620918_187768，2017年7月5日。

⑥ 《19件创意作品在2017年泉州旅游商品设计创作大赛夺奖》，人民网，http：//fj.people.com.cn/n2/2017/1226/c181466－31073850.html，2017年12月26日。

表 1　2017 年度福建省首批优秀创意旅游产品

地市	产品名称	地市	产品名称
福州市	三坊七巷汉服体验系列活动	泉州市	德化·洞上陶艺村
	永泰·云顶蛋居酒店		德化·顺美陶瓷文化生活馆
	平潭·北港文创村		南安·田边厝民宿
厦门市	空中看厦门	漳州市	东山·拉山网渔家体验旅游
	古龙酱文化园		漳浦·天福石雕园
	空中骑行游厦门	龙岩市	永定·土楼客家家训馆
	古早味－闽王行军大锅饭自助式体验项目		连城·培田春耕节
	老院子民俗文化风情园·《闽南传奇》秀		漳平·永福台品樱花茶园
	方特旅游度假区		上杭·古田“星火燎原”红色体验馆
	通士达光影体验馆	南平市	浦城·“印象小密”中国包酒文化博览园
泉州市	彬达香文化创意园		武夷山·大红袍山水实景演出
	新门文化旅游特色街区	三明市	尤溪·侠天下旅游区——玻璃天桥
	惠女风情表演		泰宁·耕读李家
	涂岭猪脚美食文化节		“清新福建·悠然三明四季行”系列体验活动
	永春·老醋文创园		泰宁·大金湖怡养中心

资料来源：根据“2017 年度福建省首批优秀创意旅游产品”资料整理。

（三）文创旅游业态丰富多样

2017 年，福建文创旅游业呈现多元素、多类型、影响力增强的迸发态势，形式更丰富、文化更浓厚、创意更多元的业态推动了文创旅游产业升级。2017 年首届福建国际旅游生活展开展三天，观展人数超过 20 万人次，线上直播观展人数近 300 万人次。[①] APM 广场则携手福建博物院在购物中心内共同打造“遇见博物馆”活动。泉州开元盛世广场依托千年古刹开元寺、西街等周边文化旅游资源，将现代商业与古城文化融合，引进了历史丰富和充满潮流文化的西门潮街。晋江吾悦广场融入空中戏台、高甲社、南音社、

① 《2017 福建旅游生活展闭幕　观展人数超 20 万人次》，福州新闻网，http：//news.fznews.com.cn/shehui/20171224/5a3fae6b03328.shtml，2017 年 12 月 26 日。

茶园坊等“海丝”文化主题元素，打造闽南文化风情主题街区。[①] 文创旅游发展打破了单一业态的模式，形成了多企融合、政企合作的联动模式，以及传统+现代、古典+时尚的业态发展新风格。

（四）文创节事活动品牌鲜明

福建依托闽都文化、客家文化、海丝文化等特色文化以及各地民风习俗，在文创节事活动方面具有文化多元、形式多样、种类丰富等特点。2017年，福建举办了“第三届福建文化创意周系列活动”“第十届太姥山文化旅游节”“‘为荷而来’第二届中国建莲文化旅游嘉年华”“第六届南安国际凤山文化旅游节”“重阳登高文化旅游节”“第二届海丝泉州文化旅游嘉年华”“第二届福州民俗旅游节日”“海峡两岸（漳州）文化创意节”等节庆活动，还举办了“第十届海峡两岸文博会”“第十二届中国（莆田）海峡工艺品博览会”等展会。围绕扩大福建文化影响力和发展文化产业，文创节事活动取得了长足发展，不仅形成了短时的客流集聚，还推动了文创节事活动的品牌效应，总体呈现地域化、特色化、品牌化的多元文创节事共同发展的景象。

三　福建省文创旅游发展主要问题

（一）配套基础设施不完善

总体来看，福建省文化创意旅游至今仍存在基础设施不完善、资金投入较少、产品整体开发建设水平不高、媒体宣传力度不够等问题。福建省部分乡村地区期望依托文创旅游带动地区旅游发展，但受制于地理位置与内外部交通问题，难以形成良好发展。同时，基础设施的不完善难以形成有

---

① 《2017福建23个大型商业项目入市　泉州、福州供应量领先》，赢商网，http：//news.winshang.com/html/063/2425.html，2018年1月5日。

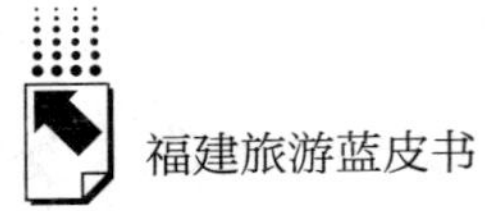

吸引力的文创旅游发展环境，容易产生负面的连锁反应。调研发现，部分企业在文创产品研发、设计等环节资金匮乏，或者资金链较短。尤其在民宿等新兴文创业态的发展过程中，资金投入、产品质量与利润回报难以协调，长此以往，造成产品与服务质量双双下降。另外，文创旅游地的媒体宣传与推广营销也难以紧跟旅游发展，如泉州源和1916文创园区等。营销与宣传是打响品牌的重要手段，但媒体建设不足，带来影响力小、客流量少等问题。

（二）区域发展水平不均衡

福建省各区市、城乡的文化创意旅游发展仍不均衡。一方面，由于厦门、福州、泉州的公共文化服务基础设置较为完善、经济发展水平较高等，这三市在文创旅游产品研发与制作、文创人才引进与创业团队入驻等方面具有较强的优势，在举办旅游会展、文创论坛、对外合作以及跨境合作等方面表现突出。尤其在鼓浪屿申遗、金砖五国举办成功后，厦门迎来文创旅游“引进来”与“走出去”的新契机。其他地区在文创旅游发展方面则存在资金链短缺、创意筹资力较弱、文创企业数量少等问题。另一方面，为推动“乡村旅游”发展带动乡村振兴，福建省设立了乡村旅游创客示范基地，但由于文化基础设施薄弱、居民文化消费水平不高、旅游文化产品与服务供给不足等现实条件，大部分乡村停滞于文化基础设施弱、文创旅游业态少、创意创新能力低的循环中，造成了区域文创旅游发展不平衡的现状。

（三）文创旅游同质化较严重

虽然2017年福建省大力举办节事活动、评选优质文创旅游产品活动，但“旅游＋文化”的融合度还较弱。首先，大部分景区对文化的挖掘明显不够，普遍存在浮于文化表面、缺乏历史文化内涵的现象。文化资源是文创产品和项目设计、研发的原动力和核心素材，对文化资源利用不足，滋生出照搬利用模式，最终导致同质竞争恶化，如厦门中山路、曾厝垵、鼓浪屿等景点钥匙扣、明信片等产品随处可见。[①] 其次，文创企业对产品的设计具有较强主观性和盲目性，缺乏市场调研，不清楚消费者需求，游客喜闻乐见的文创产品供给不足。最后，部分景区仍以“观光”为主，缺乏风土人情与民俗文化的深度体验活动，存在旅游业态发展不足、民俗活动创新匮乏等问题。文创旅游的“同质化”现象，影响了优质文创旅游产品与优秀文创企业的生存，最终也打击了整个行业对产品研发的信心。

（四）文创旅游人才整体缺乏

文化创意旅游主要依托对文化内涵的挖掘与创意的运用，文化创意类人才是企业发展的核心与最大动力。然而，福建省各地区的文化创意人才资源仍不乐观。除了缺乏文化产业类、管理类、创意类、设计类、运营人才外，计算机类、科技技术类、高端电子商务类等高端技术人才更是匮乏，这对高度依赖科技支撑、知识创新与智慧化旅游发展的文化创意旅游产业的制约更为明显。此外，旅游企业与高等院校的文化产业、文创旅游研究中心的联系与合作还有待加强，对高层次人才的提前培养与校园招聘等联结较为薄弱，缺乏校企深度联系与研究合作，还未形成“产官学研”的有机结合。因此，大部分文创企业缺乏自主研发与发展研究的核心竞争力，导致自身可持续发展难以实现，影响力难以提升。

（五）文创园区发展水平不高

据不完全统计，2017 年福建省共有 92 个文化产业园区。其中，33.9% 的企业经营情况一般，16.9% 的经营状况不乐观。[②] 结合实地调研，发现部分福建省文创园区尚存在以下问题。第一，存在文化特色不突出、旅游项目

① 《厦门文创旅游产品遇“同质化”困局　文创产业待升级》，人民网，http://fj.people.com.cn/n2/2017/1012/c181466-30821843.html，2017 年 10 月 12 日。

② 《园区建设方兴未艾　企业心声仍需关注——福建省文化产业园区调查报告》，个人图书馆，http://www.360doc.com/content/17/0112/09/35940102_621916510.shtml，2017 年 1 月 12 日。

设计薄弱、旅游业态种类少等状况。不少文创园区旅游发展定位模糊，缺少长期的战略性规划和设计，更缺少旅游营销和宣传，造成旅游项目水平参差不齐，毁誉参半，品牌效应不足。第二，部分文创旅游企业缺乏市场预测与风险评估，缺少长期的战略合作伙伴。一些青年创业团队由于经验不足盲目开发、经营不善等，存活时间很短。第三，存在配套服务不完善、企业规模小、投资链供应不足、创新力欠缺等问题。第四，部分园区对政府相关支持和资助政策的了解不足，较少与文化、旅游部门或周边景区进行交流合作，难以形成集聚效应，缺乏产业联动及协同发展。

四 发展态势与展望

（一）文化、创意与旅游融合将进一步加快

2018 年 10 月 30 日，福建省文化和旅游厅挂牌成立，在行政机构上实现了文化与旅游全面融合，有效扫除了文化和旅游产业发展的机制障碍，也将推动文创旅游发展的文化内涵更加丰富、文创产品更具地方特色、文化产业挖掘力度更大。目前，各地市已逐渐重视文化、创意与旅游的融合发展。《福州市加快全域旅游发展三年行动计划（2018～2020 年）》指出，做强闽都文化旅游，推进坊巷文化、船政文化等产品建设。[①] 2017 年 9 月，福建省旅游发展集团在闽清县启动了中国“瓷天下”旅游区项目，以古陶文化和海丝文化为重点，打造福州版“瓷都”。厦门思明区组建三级闽南文化非物质文化遗产寻访组，建立非遗资源档案库和非遗人才数据库，出资维护、修缮省、市级文物，举办“民俗灯光节”“郑成功文化节”“闽南曲艺汇”等文化旅游活动，以文强旅、文旅互动、文旅共荣。[②] 可见，文旅融合将是未

① 福州市人民政府：《福州市加快全域旅游发展三年行动计划（2018～2020 年）》，http：//www. fuzhou. gov. cn/ghjh/ztgh/201808/t20180822_ 2556112. htm，2018 年 8 月 22 日。

② 厦门市思明区旅游局：《文旅融合再发力　为思明增色添彩》，http：//lfw. fujian. gov. cn/zwgk/lydt/sxdt/sm_ 32984/201809/t20180903_ 4465521. htm，2018 年 9 月 3 日。

来各地可持续发展以及产业转型升级的重点，也是打造本土特色旅游产业的必要途径。

（二）优质项目将拉动文创旅游精品化发展

福建省的文化创意旅游发展快速，精品化、差异化将是未来发展趋势。福建省发布《福建省旅游发展委员会关于印发2018“建设优质旅游年·唱响文明旅游风”活动实施方案的通知》，倡导并推进营造优质旅游的良好氛围。[①] 精品优质化的文创旅游发展将重点关注细分客源市场、丰富旅游文化内核、全面提升服务业素养、推动旅游深度互动体验、提供更多精品文化旅游产品等方面。厦门市人民政府办公厅提出，要形成旅游发展全域化、旅游供给品质化、旅游治理规范化、旅游效益最大化的发展格局。[②] 三明市推出2018年“满意在三明·优质旅游年”系列活动，积极营造优质旅游的良好环境。南平市将串联部分成熟文化旅游景点，打造朱子之旅、成功之旅等精品文化旅游线路。优质文创旅游也将拉动一批高端文化消费的兴起，更将推动文化在旅游建设中发挥积极的作用。

（三）文创旅游多元业态融合将带来新机遇

“旅游+”“+旅游”多元业态已成为全域旅游发展的趋势，文创旅游多元业态融合则是其中的重要发展方向。首先，一大批新型业态将积极涌现。如平潭的“乡村文创”“文化演艺”、惠安小岞的“美食+文化+旅游”等多元业态，以及永泰庄寨的“研学旅行”古镇生态文化旅游业态等。其次，多条产业链带动业态融合创新发展。厦门着力推动旅游与会展、文化、商贸等领域高渗透融合发展，培育和规范房车、露营地等特色旅游新业

① 福建省旅游发展委员会：《建省旅游发展委员会关于广泛发动推选文明旅游先进典型活动的通知》，http://lfw.fujian.gov.cn/zwgk/zfxxgkzl/zfxxgkml/25gzdt/08lywmjs/201809/t20180928_4518966.htm，2018年9月28日。

② 福建省旅游发展委员会：《厦门出台全域旅游实施方案　加快部署建设全域旅游示范市》，http://lfw.fujian.gov.cn/zwgk/lydt/sxdt/sm_32984/201808/t20180827_4351651.htm，2018年8月27日。

态；永泰县发布的《加快全域旅游发展三年行动计划》提出坚持推动旅游业与文化、庄寨等产业深度融合发展。最后，产学结合将为新业态的发展保驾护航。2018 年 9 月，福州鼓岭成立了“中国·鼓岭民宿学院”和“町隐·八闽民宿学院”，通过建立实习基地、举办沙龙论坛、开展策划与培训等方法服务文创旅游的发展。产学结合将推动文创旅游业态融合以及碰撞出更为优质、精品的文创产品。

（四）文创体验与价值共创将成为全新态势

在共享经济时代，文创依托价值共创才能走上精品与优质发展道路。第一，文创体验馆建设加快。如福州昙石山特色历史文化街区的闽侯非遗技艺传习馆、泰宁的青游浆豆腐文化体验等体验馆，以及南平顺昌的古镇风俗慢游、大圣文化体验等板块。第二，文创活动注重深度体验。厦漳泉联合推出卡通、亲子互动等主题的文化体验活动，南平市和平古镇打造“家和概念”的 IP 品牌与旅游体验互动，三坊七巷推出传统节日文化巡游、传统节日文化集市等系列活动。第三，价值共创成为发展新趋势。由单一景区发展逐步向多群体、平民化、自由化的共同发展模式演变。如屏南县创新打造“党委政府 + 艺术家 + 农民 + 古村 + 互联网”的传统村落文创发展模式。价值共创模式将形成文化热度，促成跨时空、多维度的新兴发展趋势。

五　发展建议与对策

（一）深入挖掘传统文化，促进文旅深度融合

充分发挥传统文化、文化遗产在推动文旅融合中的奠基作用，深度挖掘海丝文化、闽南文化、朱子文化、客家文化等本土多元文化资源，积极推动《福建朱子文化旅游发展专项规划（2018 ~ 2022）》等专项规划的落实；深度挖掘南音等传统非遗文化内涵，创新文化创意旅游产品类型；深度挖掘地方特色乡土文化，如平潭重点深入挖掘壳丘头文化、南岛语族文化，推动福

州永泰庄寨、永定土楼、华安土楼等传统建筑文化旅游目的地的文化保护和文创发展；科学利用传统村落、艺术馆与非遗展示馆等文化场所，推动旅游与剧场、演艺、动漫等产业的快速融合；鼓励资助非遗技艺传承人大胆创新、积极开拓，开发系列旅游文化创意产品，开辟文化深度体验路线；推动民俗文化活动形成品牌，提升地区文化与旅游影响力。

（二）优化文创产业布局，整合区域协调发展

积极推动文创产业生态系统平稳良好运行，必须从系统性、整体性、协同性的高度审视文创产业的发展。首先，促进福建省内各地市的文创景区互联共通，形成全域旅游发展模式，取得区域上的集聚效应与协同合作，避免单一化、分散化的发展模式。突出福州、厦门、武夷山旅游中心城市的集散能力，促成区域在空间上的联动发展。引导各地发展独具城市特色的文创旅游项目，避免同质化与恶性竞争。其次，加大福建省包括文创企业、产业协会、信息平台、金融机构在内的各类文创组织间合作力度。协同旅游文创项目、旅游文创活动开发契机，整合政府、企业与社会力量资源，推动产业升级。最后，注重区域间创新驱动作用，积极流通创意技术、人才合作项目，减少地区文创旅游发展的不平衡。

（三）出台相关扶持政策，引导文创发展思路

政策是文创旅游快速健康发展的向导。第一，全面推动《福建省关于加快推进文化和旅游融合发展的实施意见》等现有政策落地实施。第二，加大重点文创园区、创客基地、文创产品的政策保障力度，推动文创领域的优质化与精品化，树立标杆型项目与企业；保护非物质文化遗产，保障和激励非遗传承人的积极性，为传统文化发展提供强有力的后盾。第三，以文创企业需求为导向，及时反馈文创企业传递的信息，制定未来导向性发展的产业政策，提升文创产业的政策实效。第四，充分发挥政府在文创产业发展中的服务作用，引导和帮扶微小文创企业，促使其发展壮大。

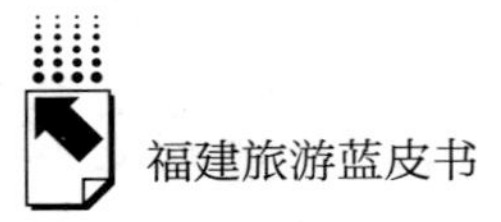

（四）完善旅游产品体系，培育新型文化旅游业态

适应不断变化的大众需求，充分将文创资源转换为文创 IP，打造一系列优质文化旅游产品，完善旅游产品由开发、设计到营销和售后的产业链。第一，重点推动泉州刺桐古港和泉州古城海丝文化旅游区、武夷山市五夫朱子文化园等标志性旅游区建设，完善各设区市、平潭综合实验区的文化创意旅游产品体系。第二，深度挖掘地域文化，积极引导景区开发特色文创项目，丰富福州三坊七巷、厦门中山路、泉州古城等历史文化街区的功能，积极推动休闲场所和文化娱乐项目建设，努力拓展旅游消费发展空间，形成主客共享的文创娱乐休闲产业。第三，与美丽乡村、古村落保护、新农村建设等规划相结合，鼓励并引导发展多元化特色文化创意精品民宿。第四，培育旅游产品新的经济增长点，利用文创 IP 和创新元素，努力推动文创产品注入旅游地，推动其市场化发展，促进文化传播和经济效应双赢。

（五）紧抓旅游时代机遇，加快文创跨越发展

紧跟“全域旅游”“创新创业”“互联网+”等时代潮流，推进文创旅游业的跨越式加速发展。运用“文化+科技”思维，紧跟现代数字技术和移动互联网技术发展趋势，构建文化衍生产品，提高旅游产品的科技、文化、生态含量。积极响应“一带一路”倡议，紧跟国际化浪潮，增进与各国优秀旅游文创项目的交流与合作，推动福建省文创旅游产品“走出去”，讲好福建故事，传播福建文化，最大限度地减少“文化折扣”现象。创新创业时代为文创企业的发展带来了难得的发展契机，应加强政策支持、信息共享、交流平台等方面的服务，努力减少文创企业在信息获取、融资引智以及人才保障等方面的发展鸿沟，促使文创企业在“双创”时代浪潮下乘风破浪。

年度专题篇

Key Issues of the Year

B.12 2017年福建旅游发展十大热点[*]

曾志兰　洪一树　黄福才[**]

摘　要： 2017年福建旅游发展十大热点为：贯彻十九大精神迈向旅游新时代；旅游供给侧结构性改革精准发力；“放心游福建”推动服务质量整体跃升；全域生态旅游发展形成合力；“清新福建”品牌内涵日益丰富；乡村旅游助力乡村振兴；闽港澳台和省内区域合作持续深化；首推“金牌导游”建立导游激励机制；培育旅游龙头企业壮大市场主体；旅游公共服务再上新台阶。

关键词： 福建旅游业　旅游供给侧结构性改革　“放心游福建”　“清新福建”　全域生态旅游

---

* 文中数据、资料除特别注明外均来自福建省旅游发展委员会，特此致谢。

** 曾志兰，福建社会科学院副研究员；洪一树，福建省旅游协会副会长兼秘书长；黄福才，厦门大学旅游管理教授、博士生导师，中国旅游研究院台湾研究基地首席专家，福建省旅游学会副会长。

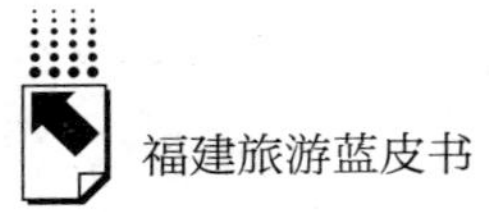

2017 年，福建旅游发展进入新时代，旅游业继续保持快速、高效、健康发展的良好态势。课题组经多方面征求学术界、业界和管理部门的意见，选定 2017 年度福建旅游发展十大热点。

热点一：贯彻十九大精神迈向旅游新时代

福建省旅游系统把学习宣传贯彻十九大精神作为首要政治任务，深刻领会大会的丰富内涵和精神实质，认真思考新时代的旅游发展方略。2017 年 10 月 27 日，省旅发委①召开党组（扩大）会议，传达党的十九大精神以及中共福建省委贯彻大会精神的措施，并研究贯彻落实的意见；11 月 14 日，省旅发委印发《关于开展学习宣传贯彻党的十九大精神的实施方案》，对福建省旅游系统学习贯彻党的十九大精神做出全面部署。全省旅游企事业单位把学习宣传贯彻十九大精神与推动旅游业改革创新发展结合起来，探寻新时代福建省旅游发展的着力点，并从多个方面提出学习贯彻落实的多项具体举措，力求在新时代实现新作为，做出新贡献。

进入新时代，迫切需要加快转变旅游发展方式，转换增长动力。人民日益增长的旅游需求与不平衡不充分的旅游发展之间的矛盾转化为我国旅游业发展的主要矛盾，成为新时代福建省旅游发展战略方位的重要出发点。旅游业作为福建省的战略性支柱产业，面对新情况、新问题、新考验，要准确把握优质旅游发展阶段的发展路径，坚持科技创新、依法治旅、全方位开放开拓，坚持创新发展引领、渗透融合发展、内涵式发展，以大力推进全域生态旅游为主线，加快推进旅游供给侧结构性改革，持续打响“清新福建”品牌，深入实施“放心游福建”旅游服务承诺，统筹实施“五大提升工程”，努力把福建建设成为我国重要的自然文化旅游中心和国际知名的旅游目的地；只有积极作为、主动担当，才能顺利完成从高速旅游增长阶段向优质旅

① 2018 年 10 月 30 日福建省文化和旅游厅挂牌，文中的“旅发委”为挂牌之前的福建省旅游主管部门。

游发展阶段的转变。

进入新时代，福建省旅游业发展站在了新的历史起点上。不断满足新时代人民的旅游美好生活需要，使广大游客的获得感、幸福感、安全感更加充实、更有保障，让广大游客游得放心、游得舒心、游得开心，奋力迈向我国优质旅游发展新时代。学习贯彻十九大精神的过程将显现新时代新论述对福建省旅游发展的战略引导、指导作用，也必将对福建省旅游业发展产生深刻的影响。

热点二：旅游供给侧结构性改革精准发力

旅游供给侧结构性改革是在旅游供需矛盾凸显，特别是旅游产品供给侧结构跟不上民众日益升级的消费需求，政府管理和服务水平需更好地跟上旅游业快速发展形势的背景下提出的，是调整旅游产业要素供给、激发旅游市场活力、优化产业结构的重要手段。2017 年 3 月 24 日，省委书记于伟国主持召开“推进旅游供给侧结构性改革”专题会议，提出要顺应旅游业发展新趋势，以供给侧结构性改革引领旅游业加速发展，突出全域生态旅游，扩大“清新福建”品牌效应，努力实现游客总量增加、逗留时间增加、旅游消费增加的目标。为了更好地落实此次重要专题会议精神，福建省旅发委提出旅游供给侧结构性改革要立足省情实际，突出问题导向，精准谋划、精准施策、精准发力。

为了精准推进旅游产品供给侧结构性改革，福建省旅发委把 2017 年作为全省旅游项目重点推进建设年。一是积极引导社会资本投资旅游业。全力以赴地推进总投资 3280.35 亿元的 300 个在建重大旅游项目建设，年度计划投资 482.67 亿元，实际完成投资 683.80 亿元，超额 41.67%。二是持续创建、提升景区。下发《福建省百家重点 A 级旅游景区三年行动提升工程方案（2017—2019）》；厦门鼓浪屿成功列入世界文化遗产名录，鼓岭成功创建国家级旅游度假区；新创建国家 A 级旅游景区 42 家，其中国家 4A 级旅游景区有 5 家。与此同时，深入开展全省 A 级景区专项整治，全省 27 家不达标或存在问题的A级景区被摘牌、降级、严重警告、通报批评。三是优选一批重大项目。推荐八闽文化旅游项目等26个项目入选全国优选旅游项目。精心策划厦门近海游轮休闲度假旅游、鼓岭国家级旅游度假区、漳州大乌山生态养生旅游度假区等16个首批标志性旅游产品项目。同时，持续培育竞争性，扶持重大旅游项目，向上争取财政预算支持，积极筹建旅游产业发展基金。四是着力培育旅游新业态。大力发展邮轮旅游，厦门邮轮母港全年接待国际邮轮77艘次。福州获批“中国邮轮旅游发展实验区”。举办2017年度“福建好礼”百佳旅游商品评选活动，指导评定认定153件（组）百佳旅游商品。创建12家观光工厂，评选11家省级露营公园。屏南县白水洋—鸳鸯溪旅游区入选首批国家体育旅游示范基地，厦门国际马拉松入选首批国家体育旅游精品赛事，漳州片仔癀中药工业园入选国家工业旅游示范基地。

旅游供给侧结构性改革对于增强旅游发展新动能，实现制度创新和政策调整，破除各种市场壁垒，进一步满足民众旅游消费需求，激发新一轮旅游市场活力的意义重大。

热点三：“放心游福建”推动服务质量整体跃升

“放心游福建”是省委、省政府针对“十三五”时期福建旅游业转变监管方式、规范旅游市场秩序、从景点旅游走向全域旅游做出的重大部署。“放心游福建”服务承诺自实施以来受到高度赞誉，2017年福建省旅发委被评为金砖国家领导人第九次会晤筹备和服务工作先进集体。

一是工作机制进一步完善。着力实施“放心游福建”服务承诺，监督旅游企业遵守并兑现优质服务承诺；一个由旅游部门牵头、24个部门共同参与、面向全域大旅游的综合协调管理体制已初步建成。特别注重开展工商、公安、物价等部门联手的打击强迫购物消费行为和“不合理低价游”等的专项行动，净化旅游市场环境；推进“双随机”抽查方案；开展“春季行动”、“暑期整顿”和“秋冬会战”整治市场，在完善工作机制的过程中，进一步优化旅游市场秩序。

二是诚信建设取得突破性进展。深入推进守信联合激励和失信联合惩戒工作；推出信用“红黑名单”并实施差别化分类管理；充分利用“信用福建”公共信用信息服务平台，逐步实现平台数据及时交换，为实施失信联合惩戒、守信联合激励提供大数据；建立“双随机”平台，对旅行社进行随机抽查，并将抽查过程和结果向社会公示。

三是大力推动文明行业创建。构建省、市、县三级文明行业创建机制，分级签订《文明行业创建竞赛活动责任书》，制定第八届（2015～2017 年）三年创建规划和每年度实施意见，定期对全行业创建工作和窗口开展巡查和调研。

四是大力倡导文明旅游。落实导游领队“一岗双责”、行前说明会、文明督导员、文明承诺等制度，明确各级旅游管理部门督导和旅游企业的主体责任；投入专项资金设计制作 3100 面“文明旅游诚信宣传公示牌”，加强文明旅游、诚信经营以及行业核心价值观宣传；在全省旅游行业部署开展文明礼仪践行行动、马上就办高效行动、城乡环境整治行动。

五是加大宣传推广力度。省旅发委设计推出“放心游福建”标志，制作播放“放心游福建”服务承诺专题宣传片，创新开展一系列宣传推广活动，推动“放心游福建”深入人心。

在一系列有力措施的推进下，“放心游福建”服务承诺取得实质性进展。截至 2017 年底，旅游与法院、公安、工商等部门密切配合，在武夷山、鼓浪屿等重点旅游景区建立了 12 家法庭、12 家旅游巡回法庭和旅游巡回审判点、2 家旅游警察大队、1 家旅游警务指导中队、2 家旅游警务队、14 家旅游警务室，并且都在持续推进中；全省 A 级旅游景区、旅行社、星级酒店等旅游企业也积极主动参与进来，做出优质服务承诺，已经有 517 家旅行社、85 家 A 级旅游景区和 295 家星级酒店签订了优质服务承诺书。

深化以“放心游福建”服务承诺为核心的旅游综合服务监管机制，提升旅游服务品质，营造优质旅游环境。此服务承诺以问题倒逼的方式，大幅度提升全省旅游服务质量和旅游综合监管水平，推动旅游服务质量整体跃升，使游客入闽旅游有更加全面的服务保障。

热点四：全域生态旅游发展形成合力

2017 年，“大力发展乡村、休闲、全域旅游”写入国务院《政府工作报告》，标志着全域旅游正式进入国家战略体系。福建在全国率先提出“建设全域生态旅游省”，并将其写入 2017 年省政府工作报告，经过实践探索，全域生态旅游省建设思路已经明晰，即树立全域发展理念，强化统筹思维，突出九大统筹重点，实现由旅游资源大省向旅游经济强省的跨越。

2017 年是全域旅游发展的关键之年，全域生态旅游省建设成效明显。一是完善顶层设计。加快编制《平潭风主题旅游项目规划》《福建省红色旅游发展规划（2018—2022 年）》《福建省朱子文化旅游发展专项规划》三个专项规划，于 2017 年 9 月前均完成初稿。下发《关于推进全域生态旅游省建设的指导意见》，要求按照“省域即景区、景区即省域”的理念，扎实推进 15 个国家全域旅游示范区和 9 个省级全域生态旅游试点县建设。二是突出示范推广。在《中国旅游报》《福建日报》上开设全域生态旅游建设专栏。三是形成发展合力。充分发挥省旅游产业发展工作联席会议的统筹协调作用，携手推进 97 项旅游产业融合发展任务。联合省委台办、省公安厅等多部门向国家争取对台旅游先行先试政策；联合省文改办、文化厅指导评选福建首批 8 家标志性文化旅游场馆，3 个精品旅游演艺；联合省商务厅指导评定 17 家优秀旅游商品企业；联合省海洋与渔业厅评定 13 家“水乡渔村”；联合省环保厅创建 2 家国家级和 18 家省级生态旅游示范区；联合省卫生健康委员会、省体育局指导评定 8 家省级体育旅游休闲基地、12 家省级养生旅游休闲基地；等等。

2017 年 6 月 5 日，“福建省旅游局”更名为“福建省旅游发展委员会”，并由省政府直属机构调整为省政府组成部门。福州、厦门等 9 个设区市和平潭综合实验区管委会及武夷山市、永定区相继成立旅游发展委员会。旅游局改成旅发委是加快推进全域生态旅游省建设、建立旅游综合产业发展和综合执法体制机制的必然结果。旅发委将进一步加强旅游部门的统筹协调职能，明确福建旅游的多方面统筹发展，整合联席会议43家成员单位和更多涉旅部门的力量，在跨行业资源综合保护、大产业协同促进、大市场联合执法、旅游形象统筹推广方面不断发力，建立多部门联动管理机制，从而在体制机制上加快全域生态旅游省建设。旅游局改成旅发委是旅游管理适应景点旅游模式向全域旅游模式转变的需要；旅游业是综合性产业，从景区旅游模式向全域旅游模式转换，是新时代旅游业发展的必然选择。2017年福建旅游发展，部门、地域、跨界联合（融合）特征十分明显，在推进过程中注重多种业态创新发展，在全域、统筹、融合理念的引领下，正进一步迈向全域生态旅游新时代。

热点五：“清新福建”品牌内涵日益丰富

2017年，福建省持续打响“清新福建”品牌，同时丰富其“海丝旅游”内涵。

一是加大旅游形象宣传力度。持续开展福建整体旅游形象宣传，国家工商行政管理总局公告批准“清新福建”品牌为全国第6个成功注册国家商标的省级旅游品牌。在电视媒体宣传方面，2017年全年在央视《新闻联播》黄金时段投放15秒“清新福建”形象宣传片。自7月31日起至年底在央视四套《远方的家》“一带一路”栏目投放“清新福建”广告。与福建电视台旅游频道合作，创办八档优质旅游节目。与东南卫视合作，制播《好运旅行团》《客从远方来》等专题片。在户外媒体宣传方面，在北京首都机场，公交候车亭，户外大屏，福州、厦门机场出入口、贵宾休息区域，国内部分主要高铁站台和南昌铁路局所有高铁动车，等等，投放“清新福建”广告；冠名投放闽江游船“清新福建号”广告；在全国“两会”和十九大期间，投放北京黄金地段位置和各大楼宇电视广告，重点覆盖王府井工美大屏等6块城市大屏幕和7500多块楼宇电视。在网络媒体宣传方面，入闽游客接收到移动、联通、电信三大运营商的欢迎短信。成功策划实施“网络大V说福建”项目，成功实施“五个一”（一首主题歌曲、一支合成微视频、一个营销点、一场网络推介会、一个媒体大V联盟）网络营销。加强与人民网、新华网、凤凰网、百度、微信、人民日报数字屏媒、中国旅游新闻网等网络媒体的合作，开展“清新福建”定时定向宣传。在平面媒体宣传方面，在《福建日报》《海峡都市报》《中国旅游报》《海峡旅游》杂志开设“清新福建”专栏宣传。编制中、英、俄、葡4种版本的厦门会晤《福建旅游宣传手册》。联合福州市策划编印福州周边一日游至三日游攻略。优化提升5条精品旅游线路（世遗之旅、海丝之旅、乡村之旅、茶乡之旅、海岛游），通过串联景点、讲故事、应用新媒体和传统媒体相结合的方式开展宣传。

二是加大国内市场营销力度。“清新福建，游你精彩”推介会走过了全国10个城市——南昌、深圳、济南、郑州、西安、兰州、沈阳、哈尔滨、北京、石家庄；借助国内各类展会平台资源，先后组团参加了西北旅游营销大会、河南旅博会、东北旅交会、上海旅博会、山东旅交会、武汉旅博会、北京旅博会、宁波旅展、广东旅博会、四川旅博会、广西旅游展、江西旅博会、云南国际旅交会、厦门文博会、海南休博会、深圳旅博会16个展会，成功组织“全国都市报总编清新福建行”大型主题采风活动，邀请全国32家都市报媒体对福建旅游线路开展采风，加大“清新福建”旅游品牌展会城市的营销力度。

三是讲好福建“海丝”故事，加大国际市场营销力度。2017年福建旅游生活展、第三届“海上丝绸之路”（福州）国际旅游节、第十三届海峡旅博会在福建省成功举办。这一年，福建讲好“海丝”故事，“清新福建，游你精彩”推介会足迹遍布四大洲16个国家——印尼、俄罗斯、丹麦、瑞典、澳大利亚、新西兰、哈萨克斯坦、西班牙、希腊、约旦、蒙古、美国、古巴、老挝、柬埔寨、日本。在日本、澳大利亚、美国、菲律宾新设立海外旅游推广中心。“海丝”旅游推广联盟秘书处实质运作，建立与成员单位及“海上丝绸之路”沿线国家旅游部门的联络机制，树立联盟整体形象，做大做强做实“海丝”旅游推广联盟。注重海外新媒体营销，在福建旅游外文网站和Facebook、Twitter、Youtube三大国际新媒体上开展福建“海丝”旅游宣传，外文网站独立IP访问流量超过20万个，其中10万个以上IP来源于海外。

渠道多元，十城、四大洲、十六国，“清新福建，游你精彩”结合“海丝旅游”宣传促销，加大开拓海内外市场力度，带来明显的效益。2017年，全省旅游增加值占地区生产总值的比重为6.7%，对国民经济的综合贡献为15.6%（比全国高4.6个百分点）；全省全年累计接待游客总人数为3.83亿人次，同比增长21.4%，比全国平均增速高9个百分点；全省旅游总收入突破5000亿元大关，达5083.10亿元，同比增长29.2%，比全国平均增速高14个百分点。“清新福建”品牌增加“海丝旅游”内涵，日渐凸显其影响力，全省旅游系统正为其享誉全国、迈向世界级旅游品牌做不懈努力。

热点六：乡村旅游助力乡村振兴

十九大报告指出，要实施乡村振兴战略。2017年，中央一号文件、福建省委一号文件提出把乡村旅游作为乡村振兴的重要举措和抓手。2017年，全省旅游系统高度重视旅游助力乡村振兴，在城市和主要景区周边创建完成10个休闲集镇和235个乡村旅游特色村，持续推进“百镇千村”行动计划；评定“福建省十佳旅游休闲集镇”“福建省二十佳旅游特色村”，并联合新华网等媒体加强宣传；创建13家乡村旅游创客示范基地；联合11部门印发《福建省乡村旅游扶贫工程行动方案》，对接中信银行、农业发展银行，签订旅游扶贫合作协议，实施乡村旅游扶贫“百企百村专项行动”。

“富民”与“扶贫”是乡村旅游助力乡村振兴的两大重要路径与目标。2017年12月22日，省旅游发展委员会公布“清新福建·百镇千村”——“福建省十佳旅游休闲集镇”“福建省二十佳旅游特色村”评选结果，福州市罗源县霍口乡、三明市尤溪县洋中镇、龙岩市上杭县古田镇等10个乡镇，三明市明溪县夏阳乡紫云村、龙岩市漳平市南洋镇北寮村、厦门市同安区军营村等20个村入选，标志着福建省“百镇千村”三年行动计划取得创新发展成果，点、线、面协同发展的新格局和多类型、高品位的乡村旅游产品体系初步形成，进一步推动了“富民”工程的落实。

《福建省乡村旅游扶贫工程行动方案》的实施，是2017年福建乡村旅游扶贫的又一亮点。一是该方案由11部门联合印发，建立多部门共同参加的乡村旅游扶贫工作机制，明确部门分工，加强组织协调，强化督查考核，为乡村旅游扶贫提供体制机制保障。二是明确工作目标、主要任务与落实措施。工作目标明确“‘十三五’期间，力争通过发展乡村旅游带动全省472个建档立卡贫困村、10485户贫困户、37783名贫困人口实现脱贫”，真正做到精准扶贫。“四大任务”和“八大行动”是对历年乡村旅游扶贫工作实践的总结和提升，从实践提升到理论再到指导实践。八闽大地正将乡村旅游业发展作为乡村振兴的重要产业支撑，为推动实施乡村振兴战略做出贡献。

热点七：闽港澳台和省内区域合作持续深化

在全球化、数字化、全域旅游的背景下，旅游发展相互影响、相互依存、相互合作已成必然趋势。2017年，福建旅游区域交流合作遵循世界旅游发展趋势，更加注重共商、共建、共享、共赢理念和平台搭建，在闽台旅游、闽港澳旅游、省内区域旅游合作方面推出新举措。

闽台旅游合作拓展新渠道。一是着力于政策先行先试。推动实施“福州、厦门、平潭常住居民试点签发赴金马个人游‘一年有效多次往返’签注”、试点开放厦门—金门游艇便利往来政策等先行先试政策；研究梳理赴金马“一年多签”等六项政策措施，报送省台办，争取国台办更大力度地支持福建省对台旅游工作；积极争取福建省自贸区对台旅游领域的进一步改革开放，包括增加台资合资旅行社经营赴台旅游的指标，支持在自贸试验区就业、生活的台胞在自贸区执业等五项内容；“第十三届海峡旅游博览会”推陈出新，首次将旅博会配套活动——名导论剑活动落地金门举办，让旅博会真正成为连接两岸、深化旅游产业合作的重要平台。二是福建沿海与金门、马祖地区旅游再上新台阶。厦金旅游协作区建设平稳推进，继续策划举办2017年厦金两门旅游节，联合印制《厦金旅游宝典——厦门金门旅游实用手册》，大力发展厦金游艇旅游等，在榕马旅游交流合作方面持续加大环马祖澳旅游项目建设力度、“两马”旅游推介力度。三是闽台旅游融合实现新突破。2017年，台胞在闽投资旅游项目29个，总投资24.497亿元，有旅行社9家，总投资9020万元；福建省落实《台湾青年来闽就业实习岗位征集实施方案》的相关要求，在相关平台上发布150个岗位招聘信息，提供符合岗位要求的薪资待遇和必要的生活保障；闽台乡村旅游品牌与经济效应继续扩大；拓展环海峡邮轮旅游新领域，2017年1~10月，厦门港共接待国际邮轮71艘次，邮轮旅客吞吐量为13.90万人次。

闽港、闽澳合作搭建新平台。一是节庆展会纷呈。充分利用国家旅游局宣传推广平台，组团参加第31届香港国际旅游展、第五届澳门国际旅游（产业）博览会等，组织参加“美丽中国——2017港澳地区主题旅游宣传推广活动”，向各国参展商、旅游业界及港澳民众推介福建特有的“8T1M”旅游资源，提高“清新福建”的知名度。二是搭建新平台。与港中旅合作，设立“清新福建”澳门旅游服务中心；借助港澳电视、巴士、渡轮等宣传平台推广福建旅游品牌形象；借助国家旅游局驻亚洲旅游交流中心和香港华闽旅游有限公司平台，在港澳投放福建旅游系列宣传资料，同时深化与港澳旅游业界的双向合作；指导推动厦门建发国际旅行社、中国国旅（福建）国际旅行社分公司、福建省康辉国际旅行社、春辉旅游集团等多家省内企业进军国际邮轮市场。

省内区域旅游合作力度进一步加大。旅游“联盟”“联合”“联席会议”成为合作主渠道。2017年6月9日，福建省三坊七巷、武夷山、泰宁丹霞等12家品牌景区抱团发展，成立福建省品牌景区推广联盟，联盟改变各自为政、碎片化营销的现状，精心提炼重点景区的亮点卖点，实现重点景区的互联互通、便捷通达，实现产品联推、渠道共拓、经费共担、机制共建。10月11日，由厦门、漳州、泉州、三明、龙岩、金门六地旅游主管部门联合主办的“清新福建·山海闽西南”旅游联合推介营销活动走进河南郑州、江苏徐州和连云港。12 月 12 日，以“聚力合作共赢，助推全域旅游”为主题的 2017 年闽粤赣十三市旅游局长联席会议召开。“山海闽西南”“十三旅游局长联席会议”秉承的同样是共商、共建、共享、共赢的理念。

热点八：首推“金牌导游”建立导游激励机制

2017 年是导游体制改革年，国家旅游局积极推动导游体制改革工作。为加快推进福建省导游体制改革，《2017 年福建省旅游人才工作计划》提出评定首批“清新福建金牌导游”，在建立导游正向激励机制、树立优秀导游标杆方面迈出第一步，领先全国。

根据《“清新福建金牌导游”考评和管理方案》（以下简称《管理方案》），按照“公平公正、推荐考评、示范引领、好中选优”相结合的原则，经过前期申报推荐、考察、公示等一系列考评程序，2017 年 4 月 11 日，福建省首批“金牌导游”名单出炉，黄玉麟等 15 人被授予首批“金牌导游”荣誉称号。省旅游局与“金牌导游”签订管理服务协议，并给予每人两年的奖励金（50000 元），同时将其列为福建省旅游人才重点培养对象。2017 年 12 月 19 日，第二批省级“金牌导游”及首批省级“金牌讲解员”名单出炉，每人奖励 30000 元。同时，省旅发委督促各地旅游主管部门加强跟踪管理，建立常态化的进入和退出机制，以确保“金牌导游”“金牌讲解员”的服务品质和社会影响。

“金牌导游”考评对导游的优质服务给予正向激励、正面形象宣传，对大力营造尊重导游、保障导游执业权力的良好氛围意义重大。《管理方案》指出：“考评‘清新福建金牌导游活动’旨在……展示他们的职业美、品德美、行为美，树立导游群体的良好形象，让全社会进一步理解、尊重和信任导游，增强导游的职业自信心和自豪感，激励和引导广大导游热爱旅游、服务旅游、奉献旅游”，把导游“培育成为‘清新福建’旅游形象代言人，打造品质旅游、提供品质服务的生力军”。随着“金牌导游”从少到多直至成众，这一激励机制将引领福建省导游队伍素养建设迈上新台阶。

热点九：培育旅游龙头企业壮大市场主体

“零突破”“百亿突破”“11家”“十亿”“17位”，这一串数字构成了福建旅游企业实力不断攀升的画面，记录了福建旅游企业实力增强、市场主体壮大的发展历程。2017年，全省旅游系统在培育壮大旅游产业龙头企业方面取得明显成效。

首先，推动旅游企业上市。在全面调研全省旅游企业上市、预备上市情况的基础上，重点支持旅游装备制造企业、新业态旅游相关企业上市融资。武夷山印象大红袍股份有限公司获准在新三板挂牌，实现零的突破。其次，开展旅游龙头企业评选。2017年2月，评定福建省旅游发展集团有限责任公司等10家企业为福建省十佳旅游企业，厦门建发旅游集团股份有限公司等50家企业为福建省旅游龙头企业。最后，支持旅游企业做大做强。支持和推动福建省旅游发展集团、厦门建发旅游集团股份有限公司等本土旅游企业实现营业收入百亿元突破。按照最新公布的2017年中国旅游集团20强名单，福建省旅游发展集团股份有限公司位列第17位。全省现有11家旅游企业年营业收入总额超过十亿元。对照《福建省“十三五”旅游业发展专项规划》，旅游企业规模发展目标中的“百亿突破”已经实现，年营业额超十亿元的旅游企业集团（家）目前已有11家。

实现“百亿突破”的福建省旅游发展集团股份有限公司在“中国旅游集团20强名单”中的位次由2016年的第20位上升到2017年的第17位，其身后有集团的一系列改革和产业运作做支撑。但是数据显示，2017年全国20强集团总交易额达到1.53万亿元，平均每个企业为765亿元。福建省旅游发展集团股份有限公司虽然入榜，但营业收入尚未达到20强的平均值，与千亿元企业相比还有一段差距，特别是与国际、国内大型旅游集团相比实力差距更大，需要福建省旅游企业做出更大的努力。

热点十：旅游公共服务再上新台阶

完善旅游公共服务是“十三五”时期旅游品质提升的重中之重，也是旅游供给侧结构性改革的重要组成部分。福建省委、省政府把旅游业作为三大新兴主导产业之一加以培育，在省委、省政府的高度重视和支持下，福建旅游公共服务体系不断完善。一是全省旅游系统加大旅游公共服务项目建设力度，全力保障资金、项目、土地。2017 年投入旅游公共服务项目建设的资金为 683.80 亿元，力度超前。二是将“厕所革命”作为旅游公共服务全面改善提升的切入口和引爆点，建设完成旅游厕所 727 座，全省 9 个国家 5A 级旅游景区建成第三卫生间 33 座，超额完成全年任务，基本实现旅游厕所“数量充足、使用免费”的目标。“2017 年 11 月，在世界厕所日暨中国厕所革命宣传日活动上，福建省旅发委获得国家旅游局颁发的‘厕所革命突出成果奖’，成为获此殊荣的十家省份之一。”[①] 三是建成永泰、福清、福州闽都、德化戴云山、平潭坛南湾 5 个旅游集散服务中心。联合省交通厅推动永泰县青云山服务区、长泰县兴泰服务区、永安市贡川服务区、武夷山市武夷山服务区、上杭县古田服务区 5 个高速公路服务区向交通、生态、旅游等复合型服务区转型升级，打造“清新福建”休闲驿站。四是加快智慧旅游建设。“初步建成全省智慧旅游系统，包括建成基础数据云、景区云、旅行社云等云数据中心；服务监管平台、多语种旅游门户网站、大数据网评、旅游运行监测、入闽旅游奖励、旅游项目管理、双随机一公开等平台‘笨游福建’APP、微信微博等自媒体矩阵等应用客户端；整合了闸机、视频汇聚系统、旅游客车定位系统、游客的住宿数据、电子合同、ERP、100 家景区语音导览、12301 与 12315 投诉系统以及执法系统、气象、地图、美团等感知系统。推动智慧旅游产业发展，在福州落地全国首个国家旅游数据中心

① 汪平、吴健芳：《“清新福建”旅游厕所革命剑指新“高标”》，《中国旅游报》2017 年 11 月 24 日。

分中心，评定数字福建（长乐）产业园等4家‘福建省智慧旅游产业示范基地’。初步形成‘数据+内容+平台+应用终端+物联网（智能感知）节点’的福建智慧旅游体系。”①

福建旅游公共服务体系在建设中再上新台阶，进一步优化了旅游供给侧内涵，提升了“清新福建”品牌优势，也加快了将福建建成“放心、舒心、爱心”旅游之地的步伐。

参考文献

[1] 李金枝、罗秋云：《福建：切实做到“五个聚焦”》，《中国旅游报》2017年11月7日。

[2] 汪平、吴健芳、李金枝、徐同庆：《“清新福建”：全域生态旅游省建设向纵深推进》，《中国旅游报》2018年1月5日。

[3] 汪平、吴健芳、李金枝：《“放心游福建”：一诺千金促优质发展》，《中国旅游报》2018年4月6日。

[4] 吴贤德：《吴贤德在全省旅游工作视频会议上的讲话》，http：//lfw. fujian. gov. cn/zwgk/bwgk/bwld/ldhd/201702/t20170204_ 3425434. htm，2016年8月5日。

[5] 吴贤德：《2018年全省旅游工作报告》，http：//lfw. fujian. gov. cn/zwgk/bwgk/bwld/ldhd/201801/t20180117_ 3425546. htm，2018年1月17日。

① 李金枝、吴健芳：《全力发展优质旅游　让游客“放心游福建”》，《中国旅游报》2018年5月29日。

B.13
福建省旅游供给侧结构性改革

魏　敏*

摘　要： 近年来，供给侧结构性改革问题成为政府、实业界和学术界高度关注的一个问题，福建省旅游领域也不例外。剖析福建省旅游供给侧结构性改革内容，主要涉及两个问题：一是福建省的旅游产业在供给侧改革进程中扮演何种角色；二是福建省旅游产品（服务）供给的演变如何适应旅游需求的变化。就更深层次而言，两个问题聚焦于如何推进福建省旅游产业转型升级。基于此，本文拟从旅游景区、旅游资源、旅游投资和旅游管理四个方面出发，探讨福建省旅游供给侧结构性改革的理论与实践，并提出加强旅游投资、旅游景区、旅游管理、旅游资源的供给侧结构性改革的对策建议。

关键词： 供给侧结构性改革　旅游景区　旅游资源　旅游投资　旅游管理

一　引言

2015 年 11 月，习近平同志首次创造性地提出了“供给侧结构性改革”的概念。近年来，供给侧结构性改革问题成为政府、实业界和学术界高度关

* 魏敏，厦门大学管理学院教授、博士生导师，西安交通大学经济学博士、厦门大学工商管理博士后，主要研究方向为产业经济、区域经济以及旅游产业经济。

注的一个问题，旅游领域也不例外。自 2017 年以来，福建省旅发委积极加快推进旅游产业的供给侧改革，继续加大力度统筹资源整合，并提出“省域即景区、景区即省域”的重要理念和行动指南，进一步有效地加快全域旅游建设。2018 年 6 月，省旅发委发布《关于加快推进全域生态旅游实施方案》，拟打造 15 个国家级全域旅游示范区，并初步形成全域旅游省市县三级联动、梯队推进、点面覆盖的全面发展格局，示范引领作用初步显现。

根据国家文化和旅游部公布的数据，2017 年国内旅游人数已经突破 50 亿人次（年增长率 12.8%），其中入出境旅游总人数为 2.7 亿人次（年增长率 3.7%），全年实现旅游总收入 5.4 万亿元（年增长率 15.1%）。2017 年，全国旅游业对 GDP 的综合贡献已经达到 9.13 万亿元（占 GDP 的比例为 11.0%）。由此可见，我国国内旅游规模高速增长，入出境旅游规模平稳发展，凸显了供给侧结构性改革的明显成效。就福建省而言，2017 年福建省共接待国内外游客 3.83 亿人次（年增长率 21.4%），实现旅游总收入 5083.10 亿元（年增长率 29.2%）。另外，福建省 2018 年一季度的 GDP 为 7307.22 亿元，GDP 增速为 7.9%。数据表明，随着经济的发展和人们消费需求的转变，旅游需求呈现爆发式增长，旅游业迎来了大众旅游的时代。2017 年，福建省旅游对国民经济综合贡献为 15.6%，远高于全国的平均水平（高出 4.6 个百分点），由此为 2020 年（“十三五”时期）全省年接待游客总量（国内 + 入境）突破 5 亿人次以及旅游总收入力争突破 7000 亿元的发展目标打下了坚实的物质基础。可见，在“十三五”中期，福建省旅游供给侧结构性改革取得阶段性成果。然而，提升福建省旅游产业展质量，实现其转型升级，依然任重道远。为了更好地实现福建省“十三五”旅游业发展目标，旅游业的供给侧结构性改革是福建省旅游产业发展的新机遇。

二　福建省旅游供给侧改革的内容

（一）旅游景区的供给侧改革

旅游产品（服务）是在旅游资源开发过程中逐渐形成和打造的，旅游景区（景点、旅游吸引物）是旅游业赖以发展的最主要的凭借，是旅游产业的核心环节，是旅游产业经济最核心的载体，因此旅游景区是旅游供给侧结构性改革的重点，而基于旅游景区的供给侧改革最主要的任务是深层旅游资源及其相关资源配置和景区管理的综合性改革。福建省旅游发展委员会官网显示，福建省2017年共有国家A级旅游景区217家，其中，5A级10家，4A级87家，3A级89家，2A级31家。从景区分布的地区来看，福州景区数量最多，为43家，其次是泉州37家，南平30家，景区数量最少的是宁德，只有14家，但宁德有2家5A级景区，具有优质的旅游资源，而莆田市缺乏有影响力的5A级景区，而且景区数量也较少（见表1）。由此可以看出，福建省景区数量分布不均衡，部分地区缺乏有影响力的景区。从各地市2017年的旅游接待总人数和旅游总收入来看，厦门、福州和泉州旅游收入排行前三，而三明、宁德的旅游收入与其他地市相比较落后。另外，值得注意的是，龙岩市和宁德市都有2家5A级景区，但是旅游收入相对来说并不高，说明这些景区还有深度挖掘的空间。

表1　福建省各地区A级景区数量及2017年旅游总人数、旅游总收入

地区＼星级	5A（家）	4A（家）	3A（家）	2A（家）	合计（家）	旅游总人数(2017年)		旅游总收入(2017年)	
						数值(万人次)	增长率(%)	数值(亿元)	增长率(%)
全省	10	87	89	31	217	38309.47	21.44	5083.10	29.2
福州	1	13	14	15	43	6737.81	22.0	878.54	32.4
厦门	1	13	8	0	22	7830.52	15.7	1168.52	20.7
宁德	2	2	9	1	14	2653.00	20.1	254.29	30.2
莆田	0	5	3	8	16	2840.66	21.0	266.01	30.4
泉州	1	12	22	2	37	5474.49	21.4	752.55	29.6
漳州	1	12	2	0	15	3330.02	20.1	389.75	30.9
龙岩	2	10	12	0	24	3784.14	23.7	332.76	31.3
三明	1	11	3	1	16	2757.00	20.2	246.03	28.9
南平	1	9	16	4	30	4149.76	20.6	592.11	27.7

资料来源：根据福建省旅游发展委员会官网（注：截至完稿时，尚无省文旅厅官网）以及各地市《国民经济和社会发展统计公报》数据制表。

从供给侧结构性改革方面来看，优化景区资源配置，深度挖掘景区的潜力是景区供给侧改革的重点。首先，从旅游市场角度（市场需求）来看，旅游景区在供给侧改革的过程中要加大一般性景区的景观价值、产业附加值、服务设施的提升和改善力度，从而满足消费者的体验需求。其次，从旅游空间规划角度（市场供给）来看，要改变以景区为核心的旅游目的地体系，形成以旅游中心城市和旅游集散地为核心的区域旅游空间体系，做好全域旅游规划。2018 年“五一”小长假，鼓浪屿共接待游客 15 万人次，同时环岛路沙滩、厦门大学等开放式景区和休闲场所也吸引了众多游客。最后，在未来的景区评定过程中，应在坚持 A 级景区评定的同时，根据景区资源特点和游客消费趋势，从观光、休闲、度假等不同角度，从工业、农业、水利、林业等不同类型细分创建标准和层次，丰富景区类型，改善景区结构，满足游客需求。根据福建省“十三五”旅游业发展专项规划，2020 年前，福建省计划建设全域县、特色旅游休闲城镇（见表 2）。

表 2　福建省全域县、特色旅游休闲城镇建议名单

国家全域旅游示范区	武夷山、泰宁、平潭、东山、永春、屏南、永定、连城、仙游、永泰
全域旅游试点县（市/区）	德化、周宁、福鼎、邵武、建宁、南靖、华安、永安、建阳、城厢、尤溪等。
特色旅游休闲城镇	武夷新区岩茶小镇、泰宁古城、集美休闲小镇、闽安古镇、福鼎白茶小镇、霍童古镇、和平古镇、惠安古城、马口花田小镇、坂仔文学小镇、九峰 1518 阳明小镇、古田红色小镇、新泉客家美食名镇、连城培田客家文化小镇、仙游榜头红木文化镇、德化陶艺文化小镇等。

资料来源：《福建省“十三五”旅游业发展专项规划》。

从景区管理改革的角度来看，福建省需要在热点旅游城市（福州、厦门）以及旅游集散地逐步建立起完善的散客服务体系（旅游公共服务体系），同时，提高景区的服务水平，更好地服务游客，特别是在旅游旺季，做好各方面的服务统筹工作。2017 年 8 月，福建省旅发委印发了《百家重点 A 级旅游景区三年行动提升工程方案》，重点培育并优化升级一批旅游景区（景点），力争在 2020 年前全面提升全省 100 家左右 4A 级以上旅游景区（景点）。提升方案将重点放在改善景区交通条件、完善景区配套服务设施等方面，以转型升级、提质增效为主线。景区（点）供给侧改革坚持以市场需求为导向，重点关注“景区业态、内涵品质、综合功能、配套设施、管理服务”五大重点方面，并以此为契机提升福建省A级旅游景区（点）管理水平、产品（服务）品质和满足游客需求。

（二）旅游资源的供给侧改革

旅游资源是旅游产品（服务）开发的前提和条件，也是旅游业发展的基础。中国的大众旅游发端于观光旅游。观光旅游的开发与发展主要依托于两种资源，即自然资源和人文资源。中国大多数5A级和4A级景区（点）是依托于自然资源和人文资源禀赋，并进行合理开发利用而发展起来的，也被称为“第一代”旅游资源。福建的“第一代”旅游资源丰富，其代表性景区（点）有鼓浪屿、武夷山古田景区和福建土楼景区等5A级景区。“第二代”旅游资源即“3S”（“Sun阳光”“Sand沙滩”“Sea海洋”）资源。福建省靠近我国东部海岸线，海滨旅游度假资源丰富。其中，“海上花园城市”厦门近年来一直是全国前10的热门旅游目的地。“第三代”旅游资源可以表述称“4Q”资源：清洁的空气、宜人的天气、洁净的水气、传统的地气。福建省的旅游资源在三代资源中都具有明显的优势，特别是拥有丰富的“4Q”资源。福建省旅游产品（服务）以“清洁空气”为重要卖点，近年来在旅游客源市场上塑造“清新福建”品牌形象，赢得了国内外休闲度假游客的偏爱，并推出“清新指数”这一指标来衡量空气的质量，“清新指数”是全省50家生态旅游景区的PM2.5和负氧离子指数实时值的总称。

在供给侧改革背景下合理开发人文旅游资源，既是对民族文化的整合宣传，也可通过开发实现对其保护，如闽南民俗文化。因此，科学合理的人文旅游资源开发是非物质文化遗产延续和保护的重要手段，通过民俗文化资源产业化（厦门的大型文艺演出——闽南神韵），还能优化产业资源配置，以人文旅游产业的发展带动、引导和促进其他相关产业（交通、餐饮和物流等）的发展。福建省非物质文化遗产项目众多，这些文化遗产都是在供给侧结构性改革中可以被深度挖掘和开发的旅游资源。表3是福建省遗产名录数量及划分。

表3　福建省遗产名录数量及划分

按地区划分	按类别划分	按级别划分(世界级7项)
福州54项	民间文学(12项)	人类非物质文化遗产代表作名录(4项)
厦门32项	传统音乐(36项)	妈祖信俗(1项)
宁德44项	传统舞蹈(29项)	南音(1项)
莆田32项	传统戏剧(42项)	剪纸(1项)
泉州72项	传统医药(11项)	急需保护的非物质文化遗产名录(2项)
漳州56项	传统美术(27项)	中国木拱桥营造技艺(1项)
龙岩26项	传统体育(25项)	中国水密隔舱福船制造技艺(1项)
三明31项	曲艺(13项)	非物质文化遗产优秀实践名册(1项)
南平28项	传统体育、游艺与杂技(25项)	福建木偶戏人才培养计划(1项)
省直10项	传统技艺(108项)	
	民俗(66项)	

资料来源：根据福建省非物质文化遗产保护中心数据制表。

（三）旅游投资的供给侧改革

福建省“十三五”旅游业发展专项规划指出要促进旅游投融资创新，强化旅游投融资平台建设，搭建线上线下旅游投融资平台，每年在厦门举办旅博会（旅游宣传和旅游投资大会），吸引国（境）内外资本参与福建省旅游发展建设。主要举措有：创新发展投融资机制，推广政府和社会资本合作模式（PPP），以及挖掘侨力资源拉动引资。2018年，福建省旅游基础设施（旅游公共服务设施）建设继续在供给侧改革思维的引领下，融入全域化思维、主客共享思维、产品化思维和市场化思维，实现“五位一体”的发展模式（见图1）。

另外，新旅界研究院联合聚源资本等单位推出新旅界指数，并将其用来衡量投资机构对旅游行业的投资信心。新旅界指数在分析过程中借助宏观经济因素、旅游行业盈利情况及其投资额三个因素，参考国家统计局、国家文

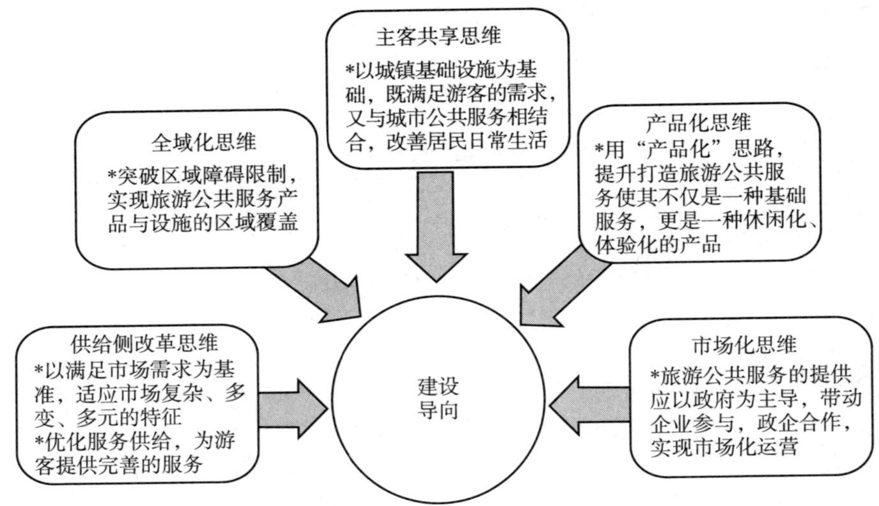

图 1 2018 年福建省旅游基础设施的“五位一体”模式

旅部及政府统计公报等相关权威数据，计算得出 2015 ~ 2017 年的新旅界指数，并预测 2018 年的新旅界指数（见表 4）。

表 4 2015 ~ 2018 年（e）新旅界指数

占比(%)	分类	2015 年	2016 年	2017 年	2018 年(e)
35	全国居民可支配收入(元)	21966	23821	25583.75	27374.62
	同比增长(%)		8.44	7.40	7.00
25	旅游行业平均 P/E	77.82	43.75	39.81	43.79
	同比增长(%)		-43.78	-9.01	10.00
40	旅游行业投资额(亿元)	10072	12997	15000	17250
	同比增长(%)		19.04	15.41	15.00

资料来源：新旅界。

（四）旅游管理的供给侧改革

福建省为了实现旅游业的可持续发展，激发旅游业的发展潜力和发展活力，着力加强供给侧改革，相继出台了一系列意见和办法等指导性文件，有力地推动了旅游业在更高的起点上加快发展、跨越发展。

2017～2018年，旅游领域负面新闻频发，这些负面事件一方面对福建省旅游行业本身的管理体制、管理方式和水平提出更严峻的考验，另一方面也凸显了相关部门，包括公安、发改、文化、物价、工商、经信、食药监等部门在市场管理上的综合协调问题。面对扰乱旅游市场秩序的行为，厦门市积极开展针对旅游市场不规范现象的整治行动——“利剑行动”，并联合多部门采用多举措强化市场监管，零容忍打击违法行为，尤其在非法一日游方面，加大走访、检查和执法的力度，进一步打击旅游市场违法违规现象，在“利剑行动”中，执法检查人员一共出动60余人次（包括执法车辆16台次），有效检查监督6家旅行社（一共24家次网点），监督检查群众意见较大的8家自贸区购物商店，监督检查旅游团队980个（涵盖1050名导游员）。

综上所述，旅游供给侧结构性改革是一个系统工程，涉及旅游领域的方方面面。本文重点探讨的旅游景区、旅游资源、旅游投资和旅游管理四位一体的供给侧结构性改革只是供给侧改革中的一部分，由此深化供给侧结构性改革，使供给变得有效（见图2）。

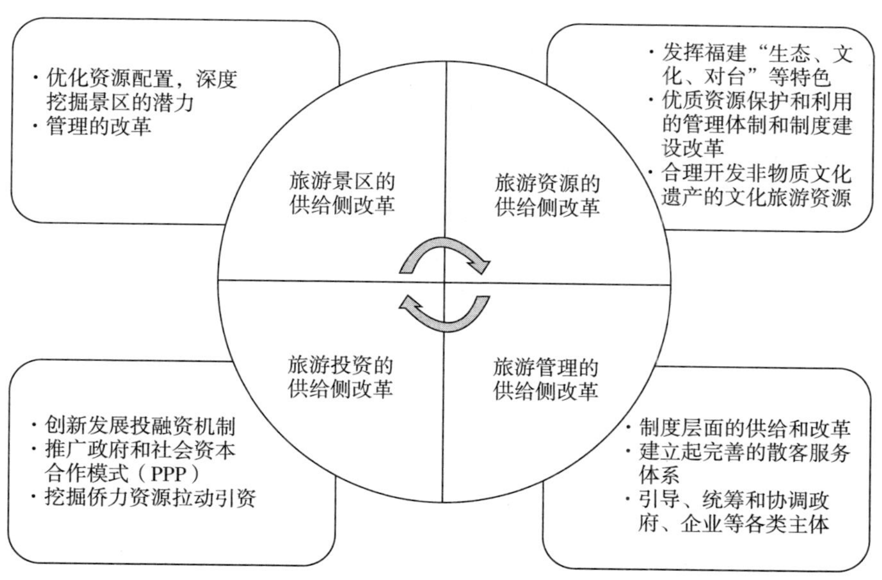

图2　福建省供给侧改革四位一体

三　政策建议

（一）景区的供给侧结构性改革建议

供给侧改革的根本是制度层面的供给和改革，福建省政府应统筹体制机制，实现福建省旅游改革的全面创新。《福建省“十三五”旅游业发展专项规划》在国家和福建省相关文件和实施意见的指导下进行编制，在实施过程中，恰逢中央供给侧改革的大好时机，因此，各级旅游规划和相关政策要在供给侧改革的背景下，以此为依据，将其视为把福建省建设成旅游经济强省的行动纲领。由此可见，制度层面的供给侧改革是加快福建省旅游产业供给侧改革的先导。具体而言，福建省景区发展需要明确以下几点任务。

在景区开发过程中，福建省需要统筹功能布局和功能分区，实现旅游规划全域覆盖，并且统筹旅游资源的有效配置，实现旅游产品（服务）的全域构建和供给层次差异。2018 年 6 月，省旅发委出台《关于推进全域生态旅游省建设的指导意见》，提出在供给侧改革的战略背景下，把福建全省作为一个大景区来打造，努力实现“省域即景区、景区即省域”的开发战略。该开发战略既是福建省加快建设国家生态文明试验区的重要实施路径，也是全省旅游供给侧改革背景的具体实施方案。另外，福建省还要加大力量要改善景区的基础设施（交通、通信等），完善景区公共服务设施（智慧旅游、App 等），实现传统产品（服务）转型升级和新业态推陈出新并重的有利形势。

福建省还要提高景区的服务水平，更好地服务游客，特别是在旅游旺季，做好各方面的服务统筹工作。另外，做好景区的改造提升工作，提升方案将重点放在改善景区交通条件、完善景区配套服务设施等方面。

（二）旅游投资的供给侧结构性改革建议

就投资而言，福建省需要进一步强化旅游产业投融资平台建设，搭建并完善线上线下旅游投资融资信息交流平台；同时通过举办旅游投资融资大会，诸如厦门旅游博览会等，鼓励国（境）内外大型旅游投资集团、全国性规模以上的金融机构投资福建省重大旅游项目。另外，依托福建优越的地理位置，积极吸引海外侨胞聚焦福建，参与涉旅项目投资。通过旅游投资融资平台的建设和旅游博览会的举办，培育和打造“清新福建”的世界级旅游品牌。

旅游投资融资机制需要借助供给侧改革进行创新，突出政府和金融机构的重要作用，进而拓宽旅游产业的投资融资渠道。同时，建立旅游融资担保平台，福建省可与融资担保公司合作，由省财政出资设立专项担保资金，创建旅游融资担保平台，构建激励机制，鼓励金融资本投向福建省旅游业，满足福建省旅游新业态项目特别是有发展潜力但资金不足的旅游项目的融资需求。因此，在福建省旅游投融资机制的创新发展过程中，要提醒相关责任人避免隐性债务风险。

旅游投资融资机制的优化还需要加强政府与社会资本的合作，由政府牵头，采用灵活的多利益主体合作方式（PPP 的投融资模式），将稀缺的社会资本最充分地利用起来。相关部门还需要设立旅游产业促进基金，以政府主导、企业负责的模式进行市场化运作，促进旅游资源开发和旅游投资建设在市场机制的作用下有效配置。在供给侧改革的背景下，福建省旅游投资管理初见成效，例如，2018 年福建省制定了《福建省级财政旅游专项资金竞争性扶持重大项目管理办法》，这一办法有效地促进了旅游项目的建设和旅游产品体系的提升。

（三）旅游资源的供给侧结构性改革建议

首先，优质资源一般都具有珍稀性、濒危性和市场吸引性，因此，对优质资源保护和利用的管理体制和制度建设改革显得尤为重要。在资源开发的过程中，一方面要深度挖掘现有资源禀赋，多形式、多角度呈现资源特色和优势；另一方面也要注意保护优质资源，避免过度或破坏性地开发旅游资源。政府应制定具体的旅游资源开发制度，给旅游企业合理开发旅游资源指

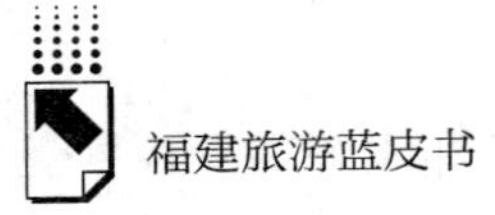

明方向。

其次，通过开发优质资源，做到旅游产品（服务）供给品质化。加大旅游产业与文化产业及其他相关产业的融合发展力度，提升旅游产品（服务）的科技水平，挖掘其文化内涵，增添其绿色含量和生态元素。同时，福建省旅游产品（服务）供给还要突出创意元素、体验因素、定制化成分，进而增加旅游产品（服务）的有效供给。2018 年伊始，在“清新福建”这一品牌塑造的理念下，福建省旅游资源实现更为合理、有效的开发。2018 年 8 月，“清新福建 · 海丝核心”福建旅游推介会在马来西亚吉隆坡举办，通过本次推介，更多海内外人民了解了闽南馅饼、贡糖、武夷岩茶、茉莉花茶等福建特色美食品尝以及博饼、拓福民俗体验，进一步提升了国（境）内外游客对“清新福建”的体验度。

最后，坚持旅游 + 其他产业融合，充分利用文化、教育、体育、医疗、农林、工厂、水利、交通和乡村等各类可开发利用的旅游资源，向市场提供大众休闲旅游产品（服务）与体验旅游产品（服务），在供给侧改革中利用共享经济理念合理开发非物质文化旅游资源，满足人们美好生活的需要。上述思路在理论上是可能的，在理念上是科学的，在实践上是可行的。

（四）旅游管理方面的供给侧结构性改革建议

福建省旅游与文化厅成立后，省级旅游主管部门由原来单一的行业主管部门升格为集文化、旅游为一体的政府综合协调部门，在旅游发展中能够充分协调发改、财政、医疗、国土、建设、交通、商务以及工商等诸多部门的力量，更好地推动旅游产业的发展。此外，福建省还需要进一步建立健全旅游监管服务体系，使各部门认真履行职责，打造“放心游福建”品牌形象，优化提升“12315”旅游投诉平台的服务意识，强化旅游市场监督管理，为国（境）内外游客营造安全、有序的旅游环境。福建省在供给侧方面还要加快旅游服务标准制定，使之更为科学化、人性化；加强旅游从业人员的服务意识和服务水平方面的培训，让旅游从业人员的服务水平和服务质量更加精细化、专业化和人性化。

福建省还需要进一步完善旅游可持续发展工作机制，强化组织协调和管理监督作用。在供给侧结构性改革的背景下，可以从以下三方面健全和完善旅游发展工作机制。一是建立综合协调会议制度。建立由省级文旅厅厅长、副厅长和省级其他相关部门负责人参加或列席的工作会制度、办公会制度和专题会制度，各单位通报自身所负责的工作情况，履行省文旅厅综合协调职能。二是建立省部合作联系制度。建立省文旅厅领导与国家文旅部及其他部委间的合作工作联系制度，协调解决旅游产业发展和建设中面临的重大问题，争取国家相关部门的政策支持。三是建立目标的责任考核制度。完善对省属各地（市）旅游产业发展目标责任考核制度，建立业务监督和问责机制，并组织考核评定。

四　结论

福建省旅游供给侧结构性改革是福建省旅游业健康、可持续发展的重要保障，也为福建省实现旅游产业转型升级、提高旅游产业质量奠定了基础。2017～2018年，实现旅游供给侧结构性改革的重点是进一步完善政策制度。在2018年福建省文化和旅游厅成立的大好背景下，旅游供给侧结构性改革将进一步挖掘旅游资源的文化内涵，丰富旅游产品体系，实施旅游景区创新提升计划，促进旅游投融资创新和建立健全旅游监管服务体系。旅游供给侧改革是一个重大的系统工程，需要政府（包括旅游主管部门）、旅游企业、旅游技术人才等多方利益相关者的齐心协力，需要从旅游供给侧的每一个“结构”出发，适应当前的旅游发展趋势，提升整个福建省旅游产业的质量。

参考文献

［1］福建省非物质文化遗产保护中心，http：//www. fjfyw. net/e/search/result/? searchid = 843。

[2] 福建省旅游发展委员会，http：//www. fjta. gov. cn/ar/20170104000047. htm。

[3] 福建省旅游发展委员会：《2017 年上半年全省旅游经济运行简析》，http：//www. fjta. gov. cn/ar/20171011000116. htm。

[4] 《福建省 2017 年国民经济统计公报》，福建省人民政府门户网站，http：//www. fujian. gov. cn/zc/tjxx/tjgb/201802/t20180226_ 1632526. htm。

[5]《福建省“十三五”旅游业发展专项规划》，福建省人民政府门户网站，http：//www. fujian. gov. cn/zc/zxwj/szfbgtwj/201604/t20160406_ 1157894. htm。

[6] 李森：《“供给侧改革”背景下开发“非物质文化遗产”的文化旅游资源研究——以淮河流域民间美术为例》，《美与时代旬刊》2016 年第 11 期。

[7]《旅游行业观察新媒体》，旅游圈，http：//www. dotour. cn/。

[8] 《2017 年中国旅游投资报告》，新旅界，http：//www. lvjie. com. cn/research/2018/0124/5468. html。

[9] 王玉成：《我国旅游景区管理体制问题与改革对策》，《河北大学学报》（哲学社会科学版）2017 年第 3 期。

[10] 吴贤德：《推进福建旅游供给侧结构性改革》，中国经济网，http：//www. ce. cn/culture/gd/201704/24/t20170424_ 22259402. shtml。

[11] 中国经济网，http：//www. ce. cn/。

[12] 中国旅游新闻网，http：//www. ctnews. com. cn/。

[13] 中华人民共和国文化和旅游部：《2017 年全年旅游市场及综合贡献数据报告》，http：//www. cnta. gov. cn/zwgk/lysj/201802/t20180206_ 855832. shtml。

B.14
福建省红色旅游可持续发展

叶新才　张 婷*

摘　要： 福建省红色旅游是中国红色旅游的重要组成部分。在过去的一年中，红色旅游规划持续推进、创A成效凸显，经济效益显著、教育功能突出、脱贫功能初显、民众认知提升，但仍然存在一些制约福建省红色旅游可持续发展的因素，亟待在战略决策、政策保障、产品供给等方面积极应对。本文主要从2017～2018年福建省红色旅游的发展现状出发，归纳其在经济、资源、教育、政策等多个方面的成就，综合归纳其发展的突出特点，并针对存在的问题如公共服务供给不足、产品业态开发滞后、产业融合深度不足、旅游宣传营销滞后等，提出增强旅游供给能力、提升旅游供给质量、创建复合型旅游产品、实施系统营销、加强“旅游+”产业融合、推进红色旅游示范区建设等对策建议，以期为福建省红色旅游提质增效和永续发展提供借鉴。

关键词： 红色旅游　可持续发展　福建省

党的十九大报告指出，文化是一个国家、一个民族的灵魂。文化兴国运

---

* 叶新才，博士，华侨大学旅游学院旅游管理系主任，副教授，主要研究方向为旅游目的地规划与管理、旅游项目策划与评估；张婷，华侨大学旅游学院硕士研究生，主要研究方向为旅游目的地可持续发展。

兴，文化强民族强。没有高度的文化自信，没有文化的繁荣兴盛，就没有中华民族伟大复兴。[①] 红色革命文化是中国共产党领导人民在革命、建设、改革过程中创造出来的，是思想的积淀，是文化的沉浸。文化是旅游之魂，旅游是文化之表，只有将文化与旅游深度融合，打造文化旅游精品，满足人们日趋多样的旅游需求，才能真正使人民从旅游中获得更多安全感、幸福感和满足感。

红色旅游作为旅游众多类型中的一种，自2004年起正式起步，在政府的大力推动下，经过多年的发展取得了斐然的成绩。全国参加红色旅游的人数由2004年的1.4亿人次增至2016年的11.47亿人次，累计超过50亿人次，年均增长率超过16%，其中青少年游客数量累计达到32亿人次。[②] 就2017年来看，中国红色旅游游客数量达13.24亿人次，同比增长15.4%，占国内旅游总人数的26.5%，旅游收入达3622.4亿元，占国内旅游收入的7.9%。[③] 总体来看，全国红色旅游发展速度较快，经济效益持续增长，备受社会关注，以井冈山、延安、嘉兴、遵义、信阳、枣庄等目的地最为火热，整体呈上升趋势，影响面逐步扩大。

发展红色旅游具有政治引导、文化教育、价值培育、经济增长、资源保护、品牌塑造等多方面的意义，引导民众参与红色旅游不仅有利于弘扬社会主义核心价值观，培养人民高度的文化自觉和文化自信，坚定对社会主义道路、理论、制度的自信，坚持中国共产党的领导，也有利于拉动地区经济增长，提升人民的生活水平，助力贫困地区人民脱贫致富，让更多人共享红色旅游发展成果，还可以加强对革命文物的修缮和保护，传承红色旅游资源和打造红色旅游响亮品牌，提升红色文化影响力。

福建省是著名的红色革命老区、中央苏区的根据地，拥有数量庞大、类

---

① 《决胜全面建成小康社会　夺取新时代中国特色社会主义伟大胜利——在中国共产党第十九次全国代表大会上的报告》，《人民日报》2017年10月28日。

② 《人民网舆情监测室发布〈2017年红色旅游影响力报告〉》，人民网－舆情频道，http://www.yuqing.people.com.cn/，2019年2月27日。

③ 《人民网舆情监测室发布〈2017年红色旅游影响力报告〉》，人民网－舆情频道，http://www.yuqing.people.com.cn/，2019年2月27日。

型多样的红色旅游资源。近年来，福建省积极挖掘红色资源，不断开发红色旅游产品，注重红色旅游产品与本地旅游业的发展融合，弘扬福建省特色红色文化精神，不断增强其在全国红色旅游发展和爱国主义教育中的先导作用。因此，有必要系统分析福建红色旅游发展现状及其制约因素，制定正确的旅游发展战略，促进红色旅游的持续健康发展。

一　福建省红色旅游发展的总体形势与主要进展

（一）总体形势

福建省作为党的发展进程中的一个重要奠基地，红色资源数量充足，文化内涵丰富。近年来，福建省持续认真贯彻实施《2016～2020 年全国红色旅游发展规划纲要》和《福建省红色旅游发展实施方案（2016～2020 年）》，以十九大精神为指导，主动作为、不断创新，建设成效突出，综合实力提升，为红色旅游的不断开拓创新增添实力，稳中求进地推动了全省红色文化旅游的跨越发展、融合发展、创新发展。

（二）主要进展

1. 经济效益显著，脱贫功能初显

福建省红色旅游发展火热，吸引众多游客的关注，以古田会议旧址为代表的红色旅游景区吸引了众多外来旅游者，拉动了地方经济增长。2015～2017 年，福建省红色旅游接待游客累计达 4565 万人次，综合收入达 460 亿元。[①] 2017 年全省红色旅游更是势头猛进，发展迅速。龙岩市红色旅游景区接待游客 953.08 万人次，同比增长 24.1%，带动旅游收入 60.89 亿元，增长 29.9%。[②] 其中，

① 《福建着力打造全国红色生态旅游示范省》，中国旅游新闻网，http://www.ctnews.com.cn/，2018 年 12 月 20 日。

② 《龙岩：旅游产业亮点多“文化＋”后劲更足》，福建省旅游协会网站，http://www.fjtra.com/，2018 年 11 月 15 日。

古田会议旧址吸纳旅游人次394余万，同比增长25.5%；长汀红色旧址群旅游人次达112余万，同比增长24.8%；才溪乡调查旧址景区游客量逾147万人次，同比增长25.2%。仅2017年春节期间，寿宁下党乡吸引了3万多名游客“乡村红色游”。[①] 2017年国庆黄金周，中央苏区反“围剿”纪念馆共接待游客4.04万人次，同比增长24.3%。[②] 2017年上半年，三明全市接待红色旅游147万人次，同比增长16%，红色旅游综合收入9.35亿元，同比增长19.1%。[③] 同一时期，永定区红色旅游共接待国内外游客64.1万人次，实现红色旅游收入955.63万元。[④] 红色旅游活动带来巨大流量，带动旅游消费，为拉动地方经济增长提供强劲动力。

发展红色旅游，一方面为当地居民提供更多就业机会，另一方面通过旅游消费促进民生，带动地方居民实现脱贫致富。2017年，福建省加大红色旅游扶贫力度，会同多个部门对50个建档立卡省级旅游扶贫重点村进行规划指导和资金扶持。[⑤] 据统计，龙岩红色旅游直接从业人数超过1.85万人，间接从业人数达6.38万人，共计约8.23万人吃上了“红军饭”。[⑥]

2. 资源数量丰富，创A成效显著

福建省红色文化资源数量多，分布集中，地位较高，优势明显。据统计，福建省拥有2683处革命遗址遗迹，3600多个革命基点村，资源数量颇丰，占据着中国红色旅游资源的一片天地。福建省目前拥有革命文物971处，其中，全国重点文物保护单位9处，省级文物保护单位41处。[⑦]

---

① 《寿宁下党乡：春节吸引3万多游客乡村红色游》，东南网，http：//www.nd.fjsen.com/，2018年11月15日。

② 《福建红色游为啥这样红》，东南网，http：//fjnews.fjsen.com/，2019年2月28日。

③ 《福建红色游为啥这样红》，东南网，http：//fjnews.fjsen.com /，2019年2月28日。

④ 《红色资源保护利用的永定实践》，东南网，http：//www.ly.fjsen.com/，2019年2月27日。

⑤ 《福建：着力打造全国红色生态旅游示范省》，《中国旅游报》（数字报），http：//www.ctnews. com.cn/，2019年2月27日。

⑥ 《红色旅游添彩“清新福建”》，《中国旅游报》（数字报），http：//www.ctnews.com.cn/，2019年2月28日。

⑦ 《全国百名专家汇聚三明　为保护传承发扬红色文化出谋划策》，东南网，http：//www.fjsen.com/，2019年2月27日。

在过去的一年中，福建省积极主动推进红色旅游景区创 A 工程，在原有的 16 个 A 级景区的基础上，通过完善基础设施、公共服务建设，大力挖掘文化内涵，推动杨成武将军故居、邵武金坑、红色洋口小镇等 11 个红色旅游景区升至 3A，全省红色旅游 A 级旅游景区由原有的 15 家增加到 26 家。[①] 2017 年 10 月，国家发改委印发《全国红色旅游经典景区三期总体建设方案》，福建省 13 个经典红色旅游景区榜上有名，数量仅次于河南省（14 个），经典红色景区占全国总量的 5.7%。[②] 整体而言，福建省红色文化资源数量多，分布集中、地位较高，优势明显。

3. 教育功能突出，民众认知提升

福建省作为红色旅游资源大省，红色革命文化的教育功能日益彰显，主要表现在党性教育和青少年成长培育两方面。2017～2018 年，以古田会议旧址为代表的红色文化教育基地呈井喷式发展。

2014 年“新古田会议”的召开，确立了古田思想建党、政治建军的重要地位。[③] 龙岩市抓住这个重要契机，提出“力争把古田建设成为与延安、井冈山齐名的全国党员干部教育培训基地”的工作目标，开始面向市内外、省内外开展党性培育活动。[④] 截至 2017 年，全国各级各部门在古田设立教育基地共 82 个。[⑤] 仅 2017 年 1～9 月，古田培训机构承办对外培训班逾 13.2 万人次，合计 2518 期[⑥]，开展如“红色讲堂、现场体验”“三严三实”“两学一做”“坚定理想信念锤炼道德品行”党性专题教育等活动。在古田党性教育培训模式的引领下，龙岩上杭县陈丕显纪念馆、毛泽东才溪乡调查

---

① 《福建：着力打造全国红色生态旅游示范省》，《中国旅游报》（数字报），http：//www.ctnews.com.cn/，2019 年 2 月 27 日。

② 《全国红色旅游经典景区三期总体建设方案》，发展改革委网站，http：//www.ndrc.gov.cn/，2019 年 2 月 28 日。

③ 《新古田会议：又一座里程碑》，人民网，http：//www.theory.people.com.cn/，2018 年 2 月 16 日。

④ 《培训业务》，福建古田党员干部教育（基地）培训中心网站，http：//www.fjgtpxzx.longyan.gov.cn/，2018 年 2 月 16 日。

⑤ 《保护性修缮，让古田革命旧址展新颜》，《福建日报》2017 年 12 月 20 日。

⑥ 《古田镇：红色旅游文化产业蓬勃发展》，《上杭报》2017 年 12 月 11 日。

纪念馆、蔡威事迹展陈馆、泰宁红色旅游景区、连城新泉整训思想政治教育基地、闽东苏区纪念馆等众多革命文化教育基地初显锋芒，成为爱国主义教育、党性提升教育、实践培训教学的热门基地。

青少年教育是不容忽视的基础工程，只有引导青年大学生和中小学生群体形成对革命历史的正确认识，才能坚定其对中国道路、理论、制度的自信，形成完善的价值观和人生观。目前，福建已经有 16 个全国爱国主义教育示范基地，29 个省爱国主义教育示范基地。[①] 2017 年，福建省开展多次“红色文化进校园”、红色文化夏令营、“重走红军路、领略苏区情”、“重走红军路、永葆先进性”、“暑期红色苏区游夏令营”等红色文化旅游活动，丰富了青少年学生的校园生活，提升了他们的思想道德素养，为培育一代代红色文化接班人打下了坚实基础。此外，福建省还通过“香港青少年红色之旅”赴内地参访、编制红色文化教材进课堂、鼓励参与全国大学生红色旅游创意策划大赛等活动，增进了香港青少年对民族文化的认同感和归属感，拉近了闽港两地的友谊关系，增强了学生群体对红色脉络的了解，提升了青年学生自主创新、勇于实践的主动意识。

4. 完善规划指导，加强区域合作

2017 年 1 月，福建省印发《福建省红色旅游发展实施方案》，为红色旅游的持续健康发展提供了顶层设计和规划指导，使红色旅游发展有章可循。2017 年 11 月 10 日，福建省同全国 24 个省（自治区、直辖市）旅游主管部门在江西成立中国红色旅游推广联盟[②]，通过加强合作交流、互通有无、优势借鉴、经验学习等多项工程，共同推进红色旅游形象的树立和红色旅游品牌的建立。

5. 争取资金支持，重视景区建设

福建省高度重视红色文物保护和红色景区建设工程，借助多方力量引资，推动修缮事业和基础设施的改进。据统计，福建有革命文物 963 处，数量丰厚。国家文物局十分重视福建省红色革命文物的保护工作，已累计投入

---

① 《福建省爱国主义教育基地网上展馆今起陆续上线》，东南网，http：//www. ly. fjsen. com/，2018 年 2 月 26 日。

② 《中国红色旅游推广联盟成立》，人民网，http：//www. people. com. cn/，2018 年 2 月 16 日。

1.83 亿元用于福建省重点革命旧址的维护、保护和改造工作。[1] 2017 年，根据文物局的要求，福建编制了《福建省革命文物保护利用经费需求规划》（以下简称《规划》），项目总数 573 个，经费总需求 20.12 亿元[2]，《规划》针对革命文物的保护和修缮工作进行专门策划和重点指导。

此外，福建省积极主动争取国家基础设施专项建设资金扶持，宁德市寿宁县下党乡红色旅游景区建设项目、安溪县清水石境山景区、宁德市柘荣县鸳鸯草岭旅游区配套服务设施项目等 17 个项目获得旅游基础设施和公共服务设施建设项目 5.39 亿元补助。[3] 福建省还积极引导社会资本投资，推动景区及周边公共服务设施建设，完成包括毛泽东才溪乡调查旧址等 7 家红色旅游景区在内的新建改建 4A 级以上旅游景区停车场 26 个、游步道 27 条、游客服务中心 33 个，旅游集散服务中心 25 个。[4] 2017 年重点推动 300 个项目完成投资 349.51 亿元，其中，重点推动红色旅游项目 195 个，占总项目数的 65%。[5]

二　福建省红色旅游发展的突出特点

红色旅游是旅游业的一块璞玉，是红色文化的重要载体和精神寄托，有着丰厚的研究价值和教化功能。福建省红色旅游发展取得了系列成就，总体呈现以下特点。

（一）依托资源发展

福建省红色旅游起步较早，省政府持续高度重视红色文化的保护和红色

① 《国家文物局政法司副司长陈培军在红色文化高端论坛上的讲话》，人民网，http://www.people.com.cn/，2018 年 2 月 16 日。

② 《福建红色游为啥这样红》，东南网，http://fjnews.fjsen.com/，2019 年 2 月 28 日。

③ 《福建：着力打造全国红色生态旅游示范省》，《中国旅游报》（数字报），http://www.ctnews.com.cn/，2019 年 2 月 27 日。

④ 《福建：着力打造全国红色生态旅游示范省》，《中国旅游报》（数字报），http://www.ctnews.com.cn/，2019 年 2 月 27 日。

⑤ 《福建：着力打造全国红色生态旅游示范省》，《中国旅游报》（数字报），http://www.ctnews.com.cn/，2019 年 2 月 27 日。

旅游的发展，吸引人数越来越多，旅游人次逐年提升，对经济的拉动作用愈加明显。福建省红色旅游资源大多集中在闽西、闽北、闽东三大区域，分别以古田会议旧址、武夷山和宁德为重心，闽南和闽中的红色旅游发展相对较弱。

（二）强化环境协调

“绿水青山就是金山银山。”福建省各大红色旅游景区深刻领悟此道理，坚持红色旅游景点的开发与当地环境相适应的原则，依托自然花卉、绿化植被、海域条件等周边生态环境，打造“红 + 绿”“红 + 蓝”等空间发展格局，使红色旅游完整协调地融于当地环境中。

（三）追求质效提升

旅游供给的不平衡和不充分是目前旅游业发展的最大矛盾。福建省红色资源数目众多，可修复开发和建设的项目较多，但实际完成开发的景区不到100个，且各景区的供应体系、文化创新、产品创作仍不健全。近年来，福建省在红色旅游景区景点方面加快了开发建设步伐，越来越重视红色景区的配套设施建设、产品业态发展、服务质量提升及旅游效益增长。

（四）转向产业融合

随着“旅游 +”的出现，整个旅游行业掀起了一股旅游“1 + N”的热潮。福建红色旅游发展也提出了“红色旅游 + 生态旅游”“红色旅游 + 滨海旅游”“红色旅游 + 客家文化”“红色旅游 + 历史文化”“红色旅游 + 特色小镇”等系列新型业态。

（五）突出教育功能

红色文化的教育功能是开展红色旅游的主要目的之一。福建省红色景区经过多年发展，与各级各部门组织、事业单位和高等院校等建立联系，开展党性培育、实践教育等活动。福建省红色旅游大力拓展红色文化的教育功能，将旅游与学习相结合，与培育相衔接，既提升了旅游的品质，也增添了学习的兴趣。

三　福建省红色旅游可持续发展存在的问题

福建省红色旅游的发展虽取得一定成绩，但是与新时代人民日益增长的旅游美好生活需要相比，还存在若干问题制约其可持续发展。

（一）公共服务供给不足，文化资源吸引有限

旅游服务业是一个综合产业，涉及旅游主体、中介、客体三大层面。新时代的旅游主体有更加精细、独特的要求，作为供给方的中介和客体则需要更加注重提升服务质量，全面满足旅游主体需求。福建省红色旅游的发展存在多个方面供给不足的问题。

基础设施供给不足，建设条件落后。福建省红色文化资源大多位于边缘穷困地区，交通的可进入性以及基础设施配套条件难以与日趋壮大的旅游流量相匹配。基础设施的不充足性严重制约着红色旅游的扩张。目前福建省的红色旅游开发资金主要来源于政府拨款，政府投入有限，难以形成设施健全、产品丰富的综合景区，不能满足旅游市场日益提升的多样化需求。

人才供应不足，人力资本存在短板。旅游人才的缺乏始终是制约旅游业发展的一大难题。旅游业作为现代服务业的龙头产业，服务人员的科学知识与个人素养都会直接影响人们对其服务的认可。《2017～2018 年中国旅游发展分析与预测》指出，旅游行业的快速发展与高端人才缺乏之间的矛盾可能成为未来很长时间内制约旅游业发展的主要矛盾。① 这个问题虽然一直是中国旅游业的痛点，但在实际情况中，红色旅游景区所处地理位置、经济状况、收入待遇等都难以留住高素质服务与管理人才。

文物保护不力，资源吸引有限。红色资源属于重要的历史文化资源，具有不可再生和不能复制的特点。在福建省现存 2683 处遗址遗迹中，对观众

---

① 中国社会科学院旅游研究中心：《2017～2018 年中国旅游发展分析与预测》，社会科学文献出版社，2018。

和游客开放的仅 841 处，保存完好或较好的革命遗址仅 993 处，有 419 处革命遗址已完全损毁。此外，由于当代年轻人对于革命的认知力较弱，传统价值观念不断受到冲击，对革命文化的自主保护意识不强。红色革命遗产由于长时间遭受风雨侵蚀、缺少修缮和保护不当等在不同程度上受到损坏。

（二）产品业态开发滞后，旅游体验深度不足

新时代、新需求迫切要求以“创新”为理念，大力推进红色旅游，进行产品创新、服务创新、模式创新、体验创新。福建省红色旅游产品建设已初具成效，但是旅游产品的单一和同质化仍是束缚其红色旅游向优质化迈进的一大障碍。福建省的红色旅游产品大多还停留在观光层面，产品老化，同质严重，技术引用较少，文化挖掘深度不够，缺乏深刻的旅游产品来支撑景区的发展。现有产品类型主要聚焦于纪念馆的参观学习、演绎表演方面，发展方式相对“传统”，对于“互联网 +”的运用和 IP 打造比较欠缺。

（三）产业融合深度不足，旅游功能有待释放

“旅游 +”是创造价值，能够有机融合，产生内在反应，实现“1 +1 >2”的合作机制，而不是简单“1 +1”的表面行动。多数红色旅游景区在打造“旅游 +N”产品时，未能厘清深刻含义，实现本质的融合，仅仅停留在表面，打着红色旅游的空口号，进行走马观花的活动。“旅游 +”的功能未被完全发挥，与周遭环境和人文氛围的适应度低，进而影响红色旅游的全域发展，难以实现整体提升。

（四）旅游宣传营销滞后，综合影响力亟待扩大

目前，福建省红色旅游的宣传工作仍然存在短板。以传统的电视媒体传播、宣传手册等为主，新型的自媒体传播、手机移动 App、直播软件、高铁宣传、事件营销、名人效应等方面运用较少。部分地方打破传统的宣传方式，通过举办各项推介活动、节庆活动、参加旅游博览会、举办文化论坛、座谈会、微信推广、契机营销、创建新型旅游节日等方式进行推广传播，在一定程度上提升了知名度。但是，流量巨大的新型推广方式未得到广泛运

用，导致红色旅游的影响力局限于省内城市和周边省份，对中西部地区的吸引力微乎其微。同时，政府作为红色景区的背后力量，能力有限，难以顾及所有红色旅游地区的宣传推广，综合影响力低。

四　福建省红色旅游可持续发展趋势与对策建议

（一）可持续发展趋势

文旅融合既为文化的发展增添了又一重要传播媒介，又为旅游的完善注入了文化骨髓。红色旅游作为革命性、文化性、时代性的产物，理应走在时代的前列，发出中国好声音，在文旅融合中起到模范先锋作用。2017 年两会，李克强总理做政府工作报告时明确提出“创建全域旅游示范区”，随后，国务院办公厅发布《关于促进全域旅游发展的指导意见》。[①] 今后，红色旅游发展将深刻贯彻全域旅游建设思想，打造红色旅游全域示范区和示范基地，牢牢把握住红色旅游精髓，多措并举实施“红色旅游 +”战略，抓住优质旅游发展契机，奋力迈向优质发展新时代，推动红色旅游由“全覆盖”走向“全面加强”。[②]

2017 年 4 月 22 日，福建省旅游局在三明宁化召开全省红色旅游工作会议。会议指出，力争到 2020 年，全省红色经典景区全部完成 A 级旅游景区创建，红色旅游 A 级景区超过 30 家，红色旅游景区接待人数突破 3000 万人次。[③] 新出台的《福建省红色旅游发展规划（2018 ~ 2022 年）》中明确提出，红色旅游发展将依靠自身生态优势，积极打造“全国红色生态旅游示

---

① 《关于促进全域旅游发展的指导意见》，新华社网站，http：//www. xinhuanet. com/，2018 年 11 月 20 日。

② 《推动红色旅游从“全覆盖”走向“全面加强”》，《中国旅游报》（数字报），http：//www. ctnews. com. cn/，2018 年 11 月 30 日。

③ 《福建省旅游局召开全省红色旅游工作会议》，福建省旅游发展委员会网站，http：//lfw. fujian. gov. cn/，2018 年 11 月 22 日。

范省”①，依托“全国首个省级生态文明先行示范区”和“国家生态文明试验区”的优良口碑，推动红色革命老区的修复和维护工程，合理保护红色旅游资源；着力促进红色文化的保护和传承，坚持“红色”底色永不改变；加大力度弘扬革命文化和时代精神，扎实推进“红色旅游+旅游生态”的融合；以乡村振兴和精准扶贫战略为指导，带动老区贫困人口脱贫致富；提升红色旅游的经济效益、社会效益、生态效益，推动红色旅游的全域化、优质化、品牌化发展。具体可细化为以下4个方面。

1. 资源保护日益强化

发展红色旅游，必须健全和完善作为吸引物的红色资源。福建省红色旅游发展将进一步着力于资源的完善，遵循“保护第一，开发第二”的原则，实现旅游资源的科学合理保护。

2. 扶贫功能不断强化

红色革命老区的地理位置和乡村特点决定了红色旅游的发展必须为地方建设提供支撑。在“乡村振兴战略”的指引下，福建省红色旅游发展将进一步聚焦贫困地区，以“红色旅游+乡村旅游”的融合发展带动贫困地区脱贫攻坚。

3. 产业融合纵深推进

“旅游+”自提出起便受到福建省的高度重视，陆续推出旅游“1+N”融合业态。随着人们消费需求的多样化，红色旅游产业融合将吸纳新的产业和事业，掀起“红色旅游+”狂潮。

4. 全域生态旅游发展

近年来，福建省《关于加快推进全域生态旅游实施方案》（以下简称《方案》）出台，《方案》明确提出要通过加强组织领导、资金扶持、用地保障和人才支撑来完善全域旅游发展的配套要素，营造文明旅游氛围，加快供

① 《福建省红色旅游发展规划（2018~2022年）》，福建省旅游发展委员会网站，http://lfw.fujian.gov.cn/，2018年11月22日。

给侧结构性改革，打造处处皆景、移步换景、宜居宜游的“清新福建”。[①] 全域旅游发展势头日趋火热，红色旅游发展也将沿用全域旅游的优势，推动红色旅游在全省的发展。

（二）发展对策建议

“弘扬红色精神、传承红色基因”要承前启后，紧抓创新工作，落实责任到位，健全政策保障，加快法治建设，加强学术研究，提升配套设施和服务质量，坚持新发展理念，开展智慧旅游，做大做强“清新福建”品牌，实现红色旅游的稳步可持续发展。具体如下。

1. 增强旅游供给能力，提升旅游供给质量

福建省红色旅游发展必须从配套设施、人才保障、文物保护三大基础板块入手，从供给端发力，实现供给侧结构性改革，提升供给品质，为需求端提供更加健全、完备的服务。

第一，福建省红色旅游发展要从基础打起，完善“食、宿、行、游、购、娱”六大要素，健全红色旅游配套体系，确保为游客提供全方位服务，增强可持续发展的基础动力。政府要起到牵头和统筹作用，引导社会资本投入基础建设，同时根据总体规划统筹安排，避免多建、乱建、少建。

第二，制定红色旅游人才发展计划，从政策、待遇等多项规定给予倾斜。根据《福建省红色旅游发展规划（2018—2022 年）》规划要求，建立福建省红色旅游基层—中端—高端红色旅游人才库，定期加强培训、指导和素质考核，为红色旅游的发展匹配高素养和高水平人才。[②]

第三，从各地实际发展情况出发，针对红色文物景观和遗址进行修缮、修复、维护、预防工作，始终保持红色旅游资源的真实性和原真性。

---

① 《关于加快推进全域生态旅游实施方案》，福建省人民政府网站，http：//www. fujian. gov. cn/。

② 《福建省红色旅游发展规划（2018—2022 年）》，福建省旅游发展委员会网站，http：//lfw. fujian. gov. cn/，2018 年 11 月 22 日。

2. 创建复合型旅游产品，增添旅游产品活力

旅游产品是福建省红色旅游亟须突破的一大难关。旅游产品的设计首先要与市场贴合，根据游客的需求进行调整，突出旅游产品的适用性、实用性、工艺性等特点。其次要挖掘文化内涵，打造具有红色文化寓意的产品，突出时代性、革命性、象征性等特征，打破旅游产品表面、肤浅的特点。最后要丰富旅游产品体系，建设多元文化旅游产品，打破旅游产品单一、同质的僵局。福建省应主动出击，通过开展高校红色旅游产品创意大赛、红色旅游伴手礼征集、“你设计，我创作”革命文化作品展览等活动，吸引高校学生、社会企业、工作群体的注意，以有奖征集的形式为红色旅游产品设计提供后备智囊。

3. 加强“旅游+”产业融合，推进红色旅游全域示范区建设

实行产业融合发展战略，深度刻画旅游“1+N”发展内核。福建省要依托优越的自然生态环境，建设红色生态旅游示范省，打造“红+绿”全面发展格局，融合特色农业、特色产业、特色文化优势，将红色旅游与客家文化、民俗文化、乡村旅游、研学教育、休闲度假相融合，推动旅游的多样整合、全域发展和优质建设，形成自身特有的魅力，扩大红色旅游吸引力。充分运用互联网的整合优势和大数据的快速便捷，引入社会科技，完善“互联网+旅游”模式，给予游客新型旅游体验。

4. 实施系统营销，扩大影响范围

旅游工作的三分之一是宣传，宣传做得好，影响面广，才能为景区输送源源不断的客流。福建省红色旅游的影响范围较为狭窄，仅限于省内城市和临近省份，在一定程度上束缚了红色旅游的扩张。因此，对待红色旅游宣传营销要积极主动作为，在原有的营销手段的基础上大量运用高铁宣传、名人效应、联合营销、搜索引擎、微博、微信、在线旅行商、线上线下平台、图片视频社交媒体平台、移动终端等影响力较强的方式，打造宣传专题，注重软硬结合，不断优化传统传播媒介。

一是通过印制高铁广告让游客在出行途中形成潜移默化的记忆，加深对红色旅游目的地的向往。

二是借助名人效应，举办红色主题商演活动，依靠名人影响力吸引粉丝。

三是在特定节日，如古田会议日、毛泽东同志诞辰日等，通过开展“89 年后的今天”“向主席致敬”等主题活动吸引游客。

四是加强区域联合营销，借助江西、湖南等省份的经典红色旅游口碑，串点成线，为吸引旅游者埋下伏笔。

五是借助现代技术，打造沉浸式红色旅游体验空间，丰富体验性、参与性旅游产品，培育红色文化旅游节庆活动，增强红色文化价值传播，传承红色基因，扩大红色旅游的体验营销和节庆营销效应，进而带动地方经济、社会、文化的可持续发展。

旅游营销重在针对性，根据游客需要采取多种方式进行激励，促成旅游消费需求的产生，同时提升红色旅游影响力，扩大福建省红色旅游辐射范围，让福建红色旅游产品既能够“走出去”，又能够“引进来”。

参考文献

[1] 杜江、向萍：《关于乡村旅游可持续发展的思考》，《旅游学刊》1999 年第 1 期。

[2] 王良健：《旅游可持续发展评价指标体系及评价方法研究》，《旅游学刊》2001 年第 1 期。

[3] 易向农：《弘扬红色文化，助力福建发展——福建省红色文化建设的历史资源、时代实践与前瞻思考》，《福建党史月刊》2017 年第 6 期。

[4] 中国社会科学院旅游研究中心：《2017～2018 年中国旅游发展分析与预测》，社会科学文献出版社，2018。

[5] Farrell, B., Smith, V. and Eadington, W., “Tourism as an Element in Sustainable Development: Hana, Maui”, *Tourism Alternatives*, University of Pennsylvania Press, Philadelphia, 1992, pp. 115 – 132.

[6] Jafar Jafari, “World Conference on Sustainable Tourism,” *Annals of Tourism Research*, 1996 (4): 958 – 960.

B.15
福建省旅游精准扶贫发展报告

李子蓉　曾月娥*

摘　要： 旅游扶贫通过扶持发展旅游业，带动具有旅游资源优势的贫困地区脱贫致富，从而成为产业扶贫的重要方式之一。2017～2018年，福建省在全面配套旅游发展要素、提升公共服务水平、创新旅游体制、完善规划体系等方面致力于发展旅游扶贫。随着旅游脱贫人员增加，旅游从业人员素质大幅提升，基础设施完善，取得较好的成效，但也存在一定的不足，如旅游开发模式较为单一、旅游开发资金投入不足、旅游开发配套设施仍有待完善等。福建省旅游精准扶贫应该与乡村文化发展、全域旅游相结合，同时重视“+旅游”。在上述分析的基础上，本文提出了做好旅游扶贫规划、健全群众参与机制、开拓多元旅游扶贫资金整合渠道、创新旅游扶贫模式、促进“+旅游”产业融合、开展培根计划与多元增能培训计划等建议。

关键词： 旅游业　旅游精准扶贫　福建省

引　言

旅游扶贫是通过扶持具备旅游资源优势的贫困地区发展旅游业，使其脱

---

* 李子蓉，学士，泉州师范学院资源与环境科学学院院长、教授、硕士生导师，研究方向为乡村旅游；曾月娥，博士，泉州师范学院资源与环境科学学院讲师，研究方向为城乡发展规划。

贫致富的一种区域经济发展模式。旅游产业扶贫见效快、参与面广、经营成本低、返贫率低，给贫困人口带来物质和精神的“双脱贫”，成为产业扶贫的重要方式之一，也是多数地区精准扶贫的首选产业。

2017 年，国家旅游局出台《全国乡村旅游扶贫工程行动方案》，成立国家乡村旅游扶贫观测中心，通过“万企万村”行动和 280 个国家旅游扶贫示范项目，推广“景区带村、能人带户、企业 + 农户、合作社 + 农户”等旅游精准扶贫模式。据统计，2017 年全国游客中有 25 亿人次前往乡村旅游，达到了 1. 4 万亿元的旅游消费规模。旅游业已成为扶贫致富的新渠道。

福建省贫困村和贫困人口大部分集中在山区，生态环境优美，拥有许多不同的旅游资源，如高山、峡谷、溪流、瀑布、湖泊、草地、茶园、竹林和传统村庄，引导贫困人口参与乡村旅游成为有效脱贫和杜绝返贫的优选路径。

一　2017~2018年福建省旅游精准扶贫发展态势

近年来，福建省在打响“清新福建”品牌的基础上，贯彻落实乡村旅游，在全面配套旅游基本要素、提升公共服务水平、创新旅游体制、完善规划体系等方面致力于发展旅游扶贫，并取得一定成效。全省 2200 个建档立卡贫困村，具有旅游资源的村达 472 个。2017 年，旅游业带动 62 个村 1226 户共计 4005 人实现脱贫，19 个村编制了旅游扶贫规划。

（一）福建省旅游扶贫主要做法

1. 加大政府扶持力度

出台《乡村旅游“百镇千村”提质升级三年行动计划（2018 年—2020 年）》。经过多年的发展，全省已打造出 82 个省级旅游特色集镇、584 个省级乡村旅游特色乡村，逐渐形成乡村旅游点、线、面旅游产品协同发展的空间体系。在未来三年将加速推动形成全面的、有规模的景区化乡村，并打造自己的品牌。

启动“百企百村专项行动”。政府及相关部门积极组织行动，动员全省主要的旅游企事业单位积极配合国家旅游扶贫政策，并与省内各个全国旅游扶贫重点村直接合作，采取多种扶贫方式，提升贫困地区的发展速度，进行帮扶脱贫。

实施《福建省星级乡村旅游休闲集镇和旅游村创建导则》。规范休闲集镇和旅游村的评定标准，推进乡村旅游提档升级，并对“十镇百村”给予资金支持。各县（市、区）财政根据财力情况相应建立乡村旅游发展专项资金，评上四星级的休闲集镇和旅游村由福建省给予补助，评上三星级的休闲集镇由市里补助20万元，评上三星级的旅游村由市里每个补助10万元。

2. 推进旅游规划编制

“因地制宜，突出特色”在旅游规划编制中尤为重要。福建省个地方政府要根据本省特色以及各贫困村本身的特色，把握旅游基本资源，升级旅游配套设施，以达到收益最大的目标。各地充分利用当地资源，抓好旅游规划编制。如南平以“福建省旅游龙头产业城市”为总体目标，编制完成《南平市“十三五”旅游业发展专项规划》，同时，加快编制《大武夷旅游创新提升规划》《武夷新区旅游发展控制性规划》，推动旅游提质增效。莆田市指导督促仙游县、秀屿区旅游局新增的2个扶贫重点村于2018年10月底前完成旅游扶贫规划编制。

3. 完善基础设施建设

福建省山地多的地理环境限制了较偏远地区的旅游扶贫景点的基础设施建设，难以满足游客的物质和心理需求。因此，切实完善旅游基础设施建设体系，加大资金投入，有利于奠定旅游扶贫的基础，增加游客量，从而稳定当地的收入。

近三年来，福建省旅发委拨出3580万元用作旅游扶贫专项资金，促进贫困地区的旅游规划、旅游基础设施建设以及智力帮扶项目的展开。此外，为了促进60个全国旅游扶贫重点村旅游规划的完善和旅游基础设施的全面提升，省旅发委联合省发改委拨款5880万元增加农民的收入，建设星级乡村旅游村镇游客中心、公共停车场、旅游厕所、标识导览系统等公共服务设施建设以及服务质量也得到提升，所获成效显著。2018 年，福建省将加大对乡村旅游休闲基础设施建设的投入，对 122 个重点扶贫村的交通道路、步行道、健身路径设施、停车场、厕所、供水供电、应急救援、游客信息系统等基础设施进行全面提升。

4. 健全精准扶贫旅游机制

精准旅游扶贫机制在不同阶段应不断健全。加大精准扶贫全省 472 个建档立卡旅游扶贫试点村的力度；培训和提升乡村旅游扶贫村村官的素质和能力；以景区带村、能人带户、“企业 + 农户”和增加就业、技能培训等方式，提高贫困村民的素质和能力，促进旅游业的发展，加速贫困地区及其居民脱贫致富的步伐。

从地方情况来看，宁德市下党村为示范引领，通过可视化扶贫定制茶园项目、“互联网 +”的党媒精准扶贫、生态农副产品销售与传统村落等方式带动了旅游业发展；安溪县虎邱镇充分发挥当地特色优势产业的放大效应，依托禾康好农合作社养鸡场和少卿村种猪场，推广帮助贫困户发展“建场所 + 提供种苗 + 技术指导 + 防疫 + 销售”的禽畜养殖产销一体化帮扶模式，统一向有能力养殖鸡或猪的贫困户无偿提供种苗，目前镇里的建档立卡贫困户已达 70 多户；漳州县中驰山庄响应建设“生态旅游岛 - 漳南核心区”号召，打造旅游景区，现有十户精准扶贫户在这从事务农、花草树木的耕种和清洁卫生等工作。

（二）福建省旅游扶贫成效

1. 通过旅游脱贫人口增加

2016 年，全省 52 个旅游扶贫重点村中共有旅游从业人员 3679 人。582 人通过旅游扶贫直接脱贫，占脱贫总人数的 39%，旅游承接劳动力转移就业人数占全部转移就业人数的 26.8%。2017 年，148 个乡村旅游扶贫重点村中旅游从业人员约 8300 人，其中旅游脱贫约 1700 人，旅游从业人员年人均可支配收入约 1.05 万元；约 1.19 亿人次游客前往乡村旅游，同比增长 24.9%；带来的收益高达 820.90 亿元，同比增长 28.3%。

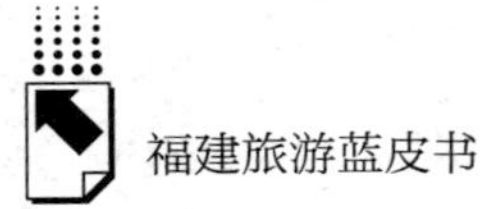

各地市通过旅游脱贫的人数也大幅上升。如三明市立足本地生态资源的优势，完善配套服务，发挥先富带后进的作用，实现村民脱贫致富，助推旅游扶贫。截至2017年底，全市通过发展旅游实现脱贫人数1000多人，占全市脱贫人数的10%左右，其中19个旅游扶贫重点村中的182人通过旅游扶贫脱贫，占脱贫总人数的26%，旅游承接劳动力转移就业人数占全部转移就业人数的比例为27%，与2016年相比提高了3个百分点。

2. 基础设施日益完善

各地政府积极开展旅游精准扶贫基础设施建设。如南平市旅游厕所建设稳步推进，全年计划新建和改建旅游厕所74个，其中新建63座、改建11座，目前已全部完工，完工率100%。2017年，磁窑、马銮村成功创建省级旅游特色村，争取到省级旅游专项资金补助各15万元，争取到省、市旅游厕所项目资金补助前楼下西坑村旅游厕所建设7万元。莆田市推动旅游扶贫重点村旅游项目15个，计划完成投资5640万元，建设完善停车场、旅游厕所、旅游标识标牌等旅游公共服务基础设施。

3. 旅游从业人员素质提升

福建省旅游部门围绕乡村旅游开发建设、乡村旅游经营管理和宣传营销等主题，广泛开展各种形式的培训，加大教育培训力度，指导旅游从业人员的职业技能，开发经营户的职业技巧，全面提升从业人员的职业素质和水平。近几年来，全省共培训各类乡村旅游从业人员32.8万人次。2017年，在福建省148个全国旅游扶贫重点村约8300名旅游从业人员中，接受过初中及以上教育的约6000人，同比增长14.8%，旅游从业人员的增加，使旅游扶贫软环境得到极大提升。

二　2017~2018年福建省旅游精准扶贫存在的问题及原因

（一）思想认识不够深刻

旅游业扶贫是业内最重要的扶贫方式之一，但各地目前在认知上存在非常惊人的缺陷。原因是对意识形态的概念不明确。在许多地区，旅游扶贫开发只是有限的举办花节、水果节、音乐节等活动，农民缺乏广泛参与乡村旅游业和共享旅游成果的机会和平台。另一个原因是政府指导不到位。通过旅游业进行扶贫是一项需要许多相关部门合作的系统工程。但目前一些城镇和农村地区的乡村旅游扶贫只能由政府和相关部门主办，没有其他的扶贫途径，结果造成扶贫工作很难达到预期的效果，既无法引入市场组织和中介机构，使增加旅游业务、旅游从业人员工资、场地租金、物资库存等扶贫方法没有得到利用，又不能提高贫困人口的思想意识。

（二）旅游开发模式较为单一

福建省部分地方在乡村旅游整体规划上存在不足，开发模式单一。如永春县的乡村旅游发展在泉州市较为突出，但关于其 11 个乡村旅游扶贫村，仅东关镇东美村编制了旅游发展规划，其他村均未编制旅游发展规划。在乡村旅游产品开发上，创新性不足，大多数贫困村将农业旅游产品定位在休闲农业与观光农业上，对乡村旅游开发的模式比较单一，不可避免地出现了乡村旅游模仿、抄袭、雷同等同质化竞争现象。

以德化县赤水镇戴云村为例，其在旅游规划中，拟以卧龙谷为载体，开发玻璃栈道、户外拓展等项目，但此类游乐项目在福建省内已有较多成熟案例。从短期来看，乡村旅游是新鲜事物，它对游客具备一定的吸引力，并为贫困地区带来一定的利润。然而，从长远来看，这些乡村旅游缺乏特色，并没有深刻探索历史和文化对当地旅游行业的影响。相似的旅游开发项目很难保持，要做到可持续发展并不容易，同时它也缺乏市场，最终导致难以增加农民的收入，也无法实现扶贫的真正目的。

（三）旅游开发配套基础设施仍待完善

福建省旅游扶贫重点村大多位于山区，属于偏远地区，相对而言，交通可达性较低，部分旅游基础配套设施，如旅游交通以及各种文化娱乐、体育、疗养等物资设备，难以适应乡村旅游发展的要求，致使旅游发展受到一定程度的限制，从而对精准扶贫产生影响。如周宁县礼门乡陈峭村，连接村、镇的仅为6公里单向通行的村道，且道路坡度大、弯道多，交通可进入性较差，对其旅游资源的持续开发利用带来了较大阻碍；浦城县忠信镇坑尾村不仅表现在交通可达性较低上，在停车场规模方面也有待改善；德化县杨梅乡杨梅村虽然交通可达性相对而言较好，但民宿、餐饮接待设施不足。

（四）旅游开发资金投入仍有不足

乡村旅游项目投资周期长，回报慢，且开发前期对资金的需求量大。但是，福建省贫困地区多数地方政府财政压力较大，无法承担建设乡村生态旅游的经济负担。以国家乡村旅游扶贫重点村福建省武夷山岚谷乡客溪村为例，政府缺乏相配套的建设资金高达百万元；又如连江县天竹村，仅仅筹集到50万元资金，依然缺少高达180万元的资金。存在的这种问题与福建省乡村生态旅游开发投入模式密切相关，福建省的融资渠道主要以政府扶持为主，融资渠道匮乏，其他渠道如企业融资十分困难。

（五）乡村旅游扶贫与精准帮扶出现偏差

在投入和管理主体上以政府为主的重点村中，旅游开发和管理人员以及导游几乎是兼职管理人员，并且是村中的干部，很难涵盖工作的各个方面，最终导致农村生态旅游的开发和管理效率急剧下降，旅游扶贫受到严重制约。农民可以获得的收入完全基于对土地、住房和其他资源的补贴，通过其他途径赚取的收入非常少，农民参与农村生态旅游发展的积极性也不高。

同时，部分旅游扶贫重点村吸引了投资开发主体，切实解决了困扰旅游开发的资金难题。但是，投资开发商在选择从业人员时，由于当地农村缺乏旅游开发方面的专业人员，劳动力素质不高，因此往往不优先使用当地群众，当地居民基本上不能参与到旅游产业中去，更没有享受旅游产业所带来的红利的机会，导致精准帮扶出现了偏差。

不管是何种开发主体，精准帮扶出现偏差的原因主要与当地农民旅游从业素养有限，未能从根本意识上发生改变有关，亟须进行相关业务的培训。

三 2018年福建省旅游精准扶贫发展趋势分析

（一）与乡村文化发展相结合

传统的乡村旅游发展形势已经不能满足消费者对乡村旅游消费的需求，而乡村旅游产业与乡村文化发展相融合，特别是与乡村文化创意产业的融合，应成为旅游扶贫的重点方向。

乡村旅游和乡村文化创意产业的融合发展载体主要是乡村特色民宿和乡村众创空间，通过乡村众创空间将设计类人才、城市人口、当地在外打工者和在城市工作的本地人才返乡创业，在乡村工作和生活，通过创业支援乡村的建设和扶贫工作，同时也实现自身的经济积累和价值体现。在创业主体培育中，注重培育扶贫对象这一创业主体，引导其将熟习的乡村传统文化与旅游相结合，多方位展示、体验，让农民主动进行创新、创业。

将旅游扶贫与文化创意产业相结合，走文化旅游创意创新创业发展与农村减贫结合的道路，是符合时代潮流的旅游扶贫路径。

（二）全域旅游将得到更多关注

乡村景观是一个由农村居民点、自然风光和乡村文化特色组成的有机综合体，通常包括自然生态、经济生产和乡村生活三部分。“生态，生产，生活”三位一体是乡村旅游最具竞争力和最独特的卖点。这三者相互依存、相互融合，突出了乡村旅游的朴实。乡村全域旅游要求提高乡村旅游资源的有机整合，促进乡村旅游景区一体化和农村发展同步进行。乡村全域旅游是乡村生活和生态产业发展的一体化形式，要构建景村共建的农业旅游，开发乡村旅游发展之路。

因此，有必要成功引入旅游扶贫项目，实现国家的精准扶贫。“扶贫”必须从准确扶贫的人群孤立贫困度入手，解决路径问题。为了实现扶贫目标，必须实现村落共同体的建设，必须实现乡村建设和旅游景区建设的融合和整体发展，必须强化乡村内生性生产力水平，树立全域旅游观念，将整个乡村当作旅游景区来建设。

（三）“+旅游”成为重要方向

2017年，我国城镇居民旅游动机主要以休闲度假及娱乐为主，花费构成情况是：交通费占比最高，为30.9%，住宿费占15.8%，餐饮费26%，购物费占18.9%。因此，应更注重特色产业的发展，将原来附加值较低的农产品、农事活动与旅游进行“嫁接”，转化升级成“购”的商品、“吃”的食材，甚至“娱”的产品，大力发展“+旅游”，切实提高产业附加值，点线面结合打造“+旅游”产业及乡村旅游新型脱贫产业链，助力精准脱贫。

（四）可持续脱贫能力是重点课题

习总书记说过：“脱贫攻坚一定要扭住精准，更加注重提高脱贫效果的可持续性。”在新时代，通过旅游精准扶贫来实现贫困地区全面发展的可持续性尤为重要，这不仅要加强贫困地区的旅游基础设施建设和提升其服务水平，还必须确保扶贫政策能够真正惠及每个贫困户、每个贫困人口，培育和提高贫困人群自身的“造血功能”。在旅游精准扶贫推进过程中，必须更加注重教育，立足于培养本地紧缺的种养业、农产品加工业、乡村旅游业、服务业等各种职业技能人才。此外，要处理好技术返贫问题。在旅游扶贫中，推进智能机器人、VR、AR等技术的应用，阻隔技术发展造成的返贫或持续致贫现象。

四　福建省旅游精准扶贫发展建议和对策

（一）做好旅游扶贫规划

实事求是地完善旅游扶贫规划，以“一村一规划”为目标，避免同质化竞争。旅游扶贫计划是实施旅游扶贫的基本保障和行动指南。地方政府应依靠农村人文科学和自然旅游资源，深入调查和分析专家学者，根据当地情况发展区域特色，丰富内容和提高吸引力。旅游资源和旅游产品在不同区县是不一样的，要根据当地旅游业发展的具体情况，以及辖区、旅游规划，确保各区县旅游扶贫开发领导具有重要意义。必须帮助重点旅游贫困村编制旅游发展规划，发展旅游业，实现旅游业扶贫。不同乡村之间应尽量避免出现同质化现象，要有各自的特色，以及各自的突出方面。

（二）健全群众参与机制

建立健全当地群众的参与机制，避免出现群众受益难现象。一是探索贫困地区的居民以旅游资源的形式入股参与旅游开发，PPP 等模式中的政府投资部分也应建立健全能够让当地群众受益分红的机制，从规章制度上保障旅游扶贫的受益群众的精准扶贫，使每个贫困居民都能够共享旅游发展带来的利益。二是对于技术含量低、只需短期培训的职位，地方政府在同投资商签订旅游开发协议时，必须保证贫困村群众具有优先就业的待遇，真正使旅游扶贫产业扮演贫困群众的造血产业的角色，让贫困人民持久受益。

（三）开拓多元旅游扶贫资金整合渠道

创新资金筹集机制，设立旅游扶贫专项基金，由各级财政保障并随财政增长逐年增加，县、镇两级按照比例配套。引导、鼓励各类企业、民间资本参与旅游扶贫，通过旅游项目合作、产权交易，形成互利互赢的局面。借鉴日本的故乡纳税税制解决乡村旅游扶贫的资金问题。利用“乡筹”，形成政府扶持、社会捐助投资和集体筹资相结合的多元资金体系，拓展资金来源渠道。

（四）创新旅游扶贫模式

旅游扶贫作为一项大扶贫事业，融合了政治、经济、文化、社会、生态等方方面面，为了更好地实现旅游精准扶贫，必须建立健全一个跨区域“多元参与、共同协作、互利共赢”的大扶贫格局，成为引导各参与主体依法依规、自愿联合、良性互动的“命运共同体”（见图1）。整合旅游扶贫相关资源，建立健全跨区域多元立体参与的旅游精准扶贫协调体系，将贫困人口、旅游企业、非政府组织以及社会公众纳入此体系，通过统一规范的旅游扶贫决策管理部门，使各参与主体实现相互合作、相互制约的动态平衡。

在扶贫模式中，以乡村旅游产业为核心，创造出不同旅游形式相结合，职业教育、扶贫项目一体化的新模式，并提出文化旅游等相关措施。在职业学校和技术职业学校设立实习基地，提高贫困家庭的旅游从业技能，培训和改善贫困人口的就业和创业精神。与此同时，成立扶贫产业基金，以重点帮助有特殊困难的人，同时覆盖所有的贫困家庭。

利用共享经济推动旅游扶贫。推广福鼎市赤溪村民宿经验，根据市场情况结合当地的传统文化和自身旅游资源的优势，请专业设计师改造建设特色服务业，以促进旅游业和地方经济的全面发展，通过共享住宿的模式，带动旅游业相关产业的发展和农村发展。

推行陪伴成长计划。遴选审核旅游扶贫的培根师和顾问师，建立相关专家库，依据专长分为政策法规、社区营造与农村规划、公共设施及环境整治、产业活化、文化保存、生态保育、其他综合等类别，配合旅游扶贫课程需求，深入农村授课协助发展愿景、规划及执行。

此外，建立旅游扶贫统一网络信息管理系统，对贫困户建档立卡，并以此作为旅游扶贫成效考核的主要依据和来源之一。通过动态监控旅游扶贫的措施和实施的效果，加强对贫困人口有进有退的实时管理。另外，还要完善对当地旅游扶贫实施过程的监管，抓好“水、电、路、游、产业、文、教、卫、房、网”十项关键任务，探索贫困但非旅游扶贫对象、旅游扶贫目标对象转化非贫困人口的机制，使之按照预定的旅游扶贫计划实现扶真贫、真脱贫。

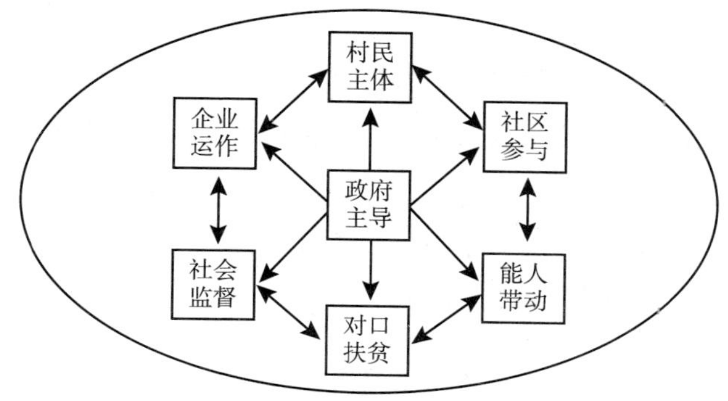

图1　旅游扶贫开发模式

（五）促进“+旅游”“旅游+”产业融合

以旅游主体产业为纽带，加快旅游业与其他产业生产要素的优化重组和整合集成，按照“旅游+”“+旅游”的产业融合思路，形成“旅游一业突破，引领多业融合”的全域旅游发展新模式和新格局，探索、丰富旅游发展新业态。重点打造农旅融合、工旅融合、康旅融合、体旅融合、文旅融合、交旅融合、教旅融合七大融合产业，构建旅游产业集群。

休闲农业产业集群。加快旅游业与第一、二产业生产要素的优化重组和整合集成，重点做大名特优农产品产业链，走“良种培育—质量保证—生态种植—精细加工—销售服务—观光休闲、养生服务”为一体的三次产业融合的道路。强化农旅融合，通过农业资源旅游商品化，特别是优秀农产品伴手礼开发、生产、销售，提高农民收入。依托丰富的农业资源及现有的品牌农产品，扩展产业链，培育一批休闲度假庄园。

健康养生产业集群。依托生态、温泉旅游资源，结合体育产业泛化的大环境，利用有利的基础条件，大力发展“体育+旅游”，积极拓展旅游新业态，融入养生、疗养、一条、体育运动、绿色有机等要素。构筑“康养+旅游”的康养旅游开发模式，使食、住、行、游、购、娱等各类旅游产品要素整合为一个整体，为游客提供更加全面、更加充实的复合型旅游产品与服务，打造健康养生产业集群。

文化旅游产业集群。整合、挖掘丰富的乡村文化旅游资源，开发有特色的文化休闲旅游、文化体验、文化演艺、文化创意、研学旅行路线，打造文化旅游精品，发展地方文化感知旅游，推进文化旅游新业态。

生态旅游产业集群。整合生态旅游资源，主推生态度假、生态体验、生态游学三大主题，共同开拓市场、联合营销，共同打造生态品牌。

（六）开展培根计划与多元增能培训计划

开展培根计划，培养新型职业农民，推进“新农人”。针对致贫原因，分类开展不同的增能培训课程，如开设沟通管理、经营、电脑文书能力等培训班，提升贫困户旅游服务技能。主要在贫困地区培育一批新的农业商业带头人，根据当地的主要作物和特产，围绕休闲农业、农村电子商务、新兴企业等新兴产业培养一批创新创业带头人，并围绕贫困地区扶贫需求，培养一批生产服务型骨干人才。

参考文献

[1] 陈秋华、纪金雄：《乡村旅游精准扶贫实现路径研究》，《福建论坛》（人文社会科学版）2016 年第 5 期。

[2] 邓小海、曾亮、肖洪磊：《旅游精准扶贫的概念、构成及运行机理探析》，《江苏农业科学》2017 年第 2 期。

[3] 丁焕峰：《国内旅游扶贫研究述评》，《旅游学刊》2004 年第 3 期。

[4] 何茜灵、宋亮凯：《旅游扶贫试点村背景下旅游精准扶贫调查研究——以葫芦岛市建昌县玉带湾村为例》，《国土与自然资源研究》2015 年第 6 期。

[5] 姜海涛：《乡村旅游精准扶贫的现实困境及破解路径》，《农业经济》2018 年第 2 期。

[6] 卡茜燕：《精准扶贫视野下的社区参与旅游扶贫研究——基于大理双廊村的调查》，《旅游研究》2017 年第 1 期。

[7] 李会琴、侯林春、杨树旺等：《国外旅游扶贫研究进展》，《人文地理》2015 年第 1 期。

[8] 李佳、钟林生、成升魁：《中国旅游扶贫研究进展》，《中国人口·资源与环境》2009 年第 3 期。
[9] 李金枝：《福建乡村旅游扶贫重“扶智”》，《中国旅游报》2017 年 7 月 24 日。
[10] 李金枝、吴健芳：《“清新福建”的乡村旅游扶贫之路》，《中国旅游报》2018 年 2 月 14 日。
[11] 卢玉平：《精准扶贫视角下福建省乡村生态旅游模式开发研究》，《农业经济》2018 年第 8 期。
[12] 毛峰：《乡村旅游扶贫模式创新与策略深化》，《中国农业资源与区划》2016 年第 10 期。
[13] 孙春雷、张明善：《精准扶贫背景下旅游扶贫效率研究——以湖北大别山区为例》，《中国软科学》2018 年第 4 期。
[14] 孙文婷、许玉红：《中国旅游精准扶贫研究综述》，《中国市场》2018 年第 4 期。
[15] 覃文静：《乡村旅游扶贫模式创新与策略深化》，《旅游纵览》（下半月）2018 年第 2 期。
[16] 吴靖南：《乡村旅游精准扶贫实现路径研究》，《农村经济》2017 年第 3 期。
[17] 邢慧斌：《国内旅游扶贫绩效评估理论及方法研究述评》，《经济问题探索》2017 年第 7 期。
[18] 薛定刚：《旅游精准扶贫路径研究》，《湖南城市学院学报》2016 年第 1 期。
[19] 曾本祥：《中国旅游扶贫研究综述》，《旅游学刊》2006 年第 2 期。
[20] 庄伟光、邹开敏：《乡村振兴战略背景下旅游精准扶贫共享发展研究——以粤东西北地区为例》，《广东经济》2018 年第 7 期。

B.16

福建省国家公园建设*

柯营营　林明水**

摘　要： 近年来，我国正式开始了国家公园发展建设的探索之路，国家公园由此成了旅游学界的关注热点。国家公园作为一种兼具保育、游憩、教育等多种功能的保护地，其发展建设对于丰富旅游业态、促进生态繁荣与可持续发展、建设美丽中国具有重要意义。本文通过分析相关文献，梳理国外和我国台湾地区国家公园的发展历程，总结其发展现状，从福建省自身实际出发，分析福建省国家公园发展当前所存在的问题和原因，认为国家公园建设需要处理好全局与局部的关系、处理好环境保护与旅游发展的关系、处理好借鉴与创新的关系。

关键词： 国家公园　自然资源保护　福建省

一　引言

国家公园指的是由国家批准设立并主导管理，边界清晰，以保护具有国家代表性的大面积自然生态系统为主要目的，实现自然资源科学保护和合理利用的特定陆地或海洋区域。可见，我国将国家公园的生态系统保护与资源利用价

---

* 基金项目：福建省社会科学研究基地重大项目（FJ2018JDZ004）。

** 柯营营，福建师范大学旅游学院硕士研究生；林明水，博士，福建师范大学旅游学院副教授、硕士生导师，中国科学院地理科学与资源研究所博士后。

值放置首位，即其“保育”价值。“国家公园”这一概念最初由美国艺术家乔治·卡特琳于1832年提出，世界上第一个国家公园——美国黄石国家公园于1872年建立，是世界上第一个以法律形式确立的真正意义上的国家公园。自此以后短短一个半世纪，各国纷纷建立了各自的国家公园，紧随美国步伐的是澳大利亚、加拿大、新西兰和日本。直至今日，全球范围内国家公园的数量已达3300多家，占地球表面积的比例为2.67%。这些国家公园起初设置的理念、法律基础、管理机制、经营模式等，无一不是参照了美国黄石国家公园。国家公园的大量建立，也引起了学术界的密切关注。有学者分别运用CitespaceⅢ与系统综述法①、条件价值评估②、国际经验对比③等方法，或从集体选择视角④、可持续发展理念⑤等角度出发，对我国国家公园发展现状⑥、发展障碍⑦、体制建设⑧等方面进行了研究，王灿等在归纳我国国家公园发展历史的基础上，分别从规划体系、规范标准和规划质量三个方面提出规划探讨和建议⑨。宋立中等从利益相关者视角出发，对欧美国家公园游憩利用与生态保育协调机制进行了分析。⑩ 总体来说，国内有关国家公园的研究主要分为以下三个领域：一是国外文献与经验总结；二是国家公园的开发与保护；三是中国

① 肖练练、钟林生、周睿、虞虎：《近30年来国外国家公园研究进展与启示》，《地理科学进展》2017年第2期。

② 刘静佳：《基于功能体系的国家公园多维价值研究——以普达措国家公园为例》，《学术探索》2017年第1期。

③ 田世政、杨桂华：《中国国家公园发展的路径选择：国际经验与案例研究》，《中国软科学》2011年第12期。

④ 闫水玉、孙梦琪、陈丹丹：《集体选择视角下国家公园社区参与制度研究》，《西部人居环境学刊》2016年第4期。

⑤ 林明太：《基于可持续发展的地质公园管理运营模式研究》，硕士学位论文，陕西师范大学，2006。

⑥ 窦亚权、李娅：《我国国家公园建设现状及发展理念探析》，《世界林业研究》2018年第1期。

⑦ 覃阳平：《国家公园发展障碍分析——以云南省普达措国家公园为例》，《林业建设》2015年第6期。

⑧ 桂小杰：《关于建立国家公园体制的思考》，《林业与生态》2014年第2期。

⑨ 王灿、王可安：《我国国家公园发展及规划的探讨》，《中南林业调查规划》2017年第3期。

⑩ 宋立中、卢雨、严国荣、张伟贤：《欧美国家公园游憩利用与生态保育协调机制研究及启示》，《福建论坛》（人文社会科学版）2017年第8期。

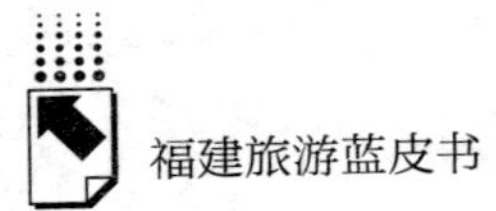

国家公园的体制建设与规划。国内的研究范围还停留在宏观层面，尚缺少对例如评选标准、社区参与、产权与资金制度、生态补偿机制等微观层面问题的研究。

本文着眼于全国，落脚于福建省，从资源保护、经营管理、资金投入、社区参与等方面入手，就福建省国家公园如何发展规划进行全面的探讨，通过总结概括国际与国内台湾地区的经验，进而为未来福建省乃至全国国家公园的发展方向提供参考。

二 福建省国家公园建设的背景

中国国家公园的发展建设起步较晚。早在1956年，我国就在云南西双版纳地区设立了第一批自然保护区，开始了对自然保护区道路的探索。我国台湾地区在国家公园方面的建设相对成熟，台湾第一家“国家公园”——垦丁“国家公园”于1984在屏东县设立，此后又相继设立了玉山、阳明山、太鲁阁、雪霸、金门、台江和东沙环礁7座“国家公园”。2007年，中国内地的第一个国家公园——普达措国家公园在云南省挂牌成立，但由于其是通过地方立法而建，因此该公园在当时并不被官方认可。2008年，由中国环保部与国家旅游局牵头，又相继在云南、黑龙江两个省份进行了国家公园试点建设。直至2015年5月18日，国务院颁布《发展改革委关于2015年深化经济体制改革重点工作意见》，并印发了《建立国家公园体制试点方案》，提出将在包括福建省在内的12个省份建立9处“国家公园体制试点区”。文件明确提出了建立国家公园的理念、定位、基本原则、主要目标、管理体制以及保护制度等，这意味着中国将在国家层面探索一种符合国情的保护地管理模式。《建立国家公园体制试点方案》颁发以后，福建省有关部门根据要求，选取武夷山作为建立国家公园体制试点区。至此，福建省拥有了武夷山国家公园这一所真正意义上的、由官方认可的国家公园。2015年，在中国城市规划年会上，有学者提出在福建省平潭岛规划“平潭滨海国家公园”的构思，探索“超越台湾、具有平潭特色的资源保护和社会经济发展之路”。

2017年9月，中共中央办公厅与国务院办公厅联合印发了《建立国家公园体制总体方案》，在 2015 年印发的《建立国家公园体制试点方案》的基础上，进一步明确了国家公园的首要功能是自然生态系统的原真性、完整性保护，同时兼具科研、教育、游憩等综合功能，并提出“到 2020 年，建立国家公园体制试点基本完成……到 2030 年，国家公园体制更加健全，分级统一的管理体制更加完善，保护管理效能明显提高”。至此，我国一共有三江源、神农架、武夷山、钱江源、南山、长城、香格里拉普达措、大熊猫、东北虎豹和祁连山 10 个国家公园体制试点区。

2017 年 11 月 24 日，福建省第十二届人大常委会第三十二次会议通过了《武夷山国家公园条例（试行）》，这标志着福建省目前唯一一座国家公园——武夷山国家公园将作为相关体制实施的先行者和试验对象，为后面其他国家公园的建设发展道路提供样本与参考（见表 1）。

表 1　福建省建设武夷山国家公园试点相关文件

类别	文件名称
规划规范类	《武夷山国家级自然保护区总体规划》 《武夷山世界遗产地总体规划》 《武夷山国家级风景名胜区总体规划》 《武夷山国家公园遗产资源保护与利用规范》 《武夷山国家公园建设规范》
管理制度类	《武夷山国家公园管理条例》 《武夷山国家公园特许经营管理办法》 《武夷山国家公园服务管理标准》 《武夷山国家公园游客投诉管理制度》 《武夷山国家公园社区发展引导办法》

三　福建省国家公园建设的现状分析

（一）武夷山国家公园试点区概况介绍

武夷山国家公园试点区位于福建省北部，范围涵盖武夷山国家级自然保护区、武夷山国家级风景名胜区和九曲溪上游保护地带，总面积达98259公顷（其中，武夷山国家级自然保护区面积56527公顷，武夷山国家级风景名胜区6400公顷，九曲溪上游保护地带35332公顷），面积广阔，动植物资源极其丰富，是世界闻名的动植物标本产地。同时，试点区也具有高价值的文化与旅游资源。武夷山风景名胜区以丹霞地貌著称，九曲溪的水景则是“一溪贯群山，清浅萦九曲”，大王峰、玉女峰等景观也别有特色。除此之外，武夷山也是著名的朱子文化的发源地，具有新石器时期的人们留下的历史文化遗迹以及数千年的历史文化景观，被誉为“闽邦邹鲁”。

在管理体制上，截至2017年中，试点区由武夷山风景名胜区管理委员会（以下简称“管委会”）和福建省武夷山国家级自然保护区管理局（以下简称“管理局”）进行联合管理。2017年，原有的武夷山风景名胜区管理委员会被撤销，取而代之的是武夷山风景名胜区旅游管理服务中心。其中，管委会由武夷山市政府派出，管理局则归属福建省林业厅，二者各司其职，具有不同的组织架构，具体如图1、图2所示。

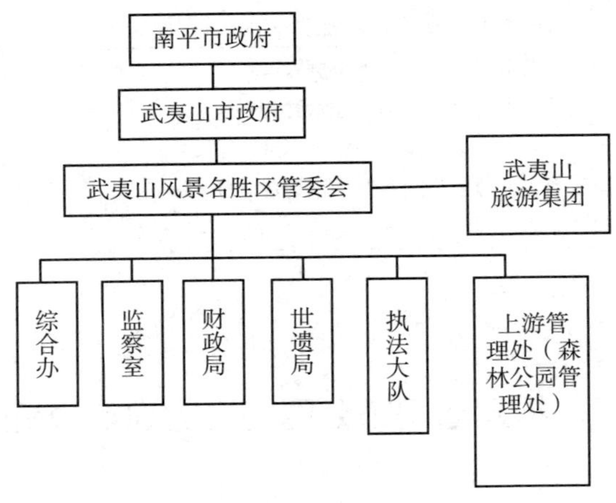

图1　武夷山风景名胜区管理委员会组织构架

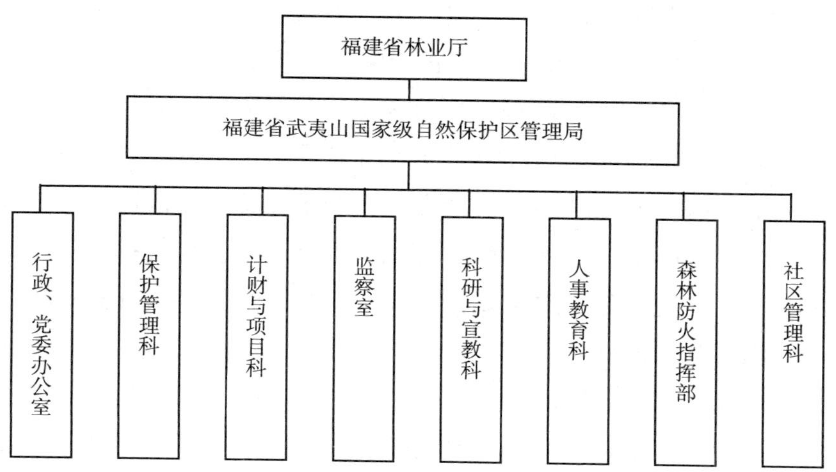

图 2　福建省武夷山国家级自然保护区管理局组织构架

（二）武夷山国家公园建设问题及原因分析

目前，武夷山国家公园是福建省唯一一家国家公园试点，处于发展初期，统一的规划、管理体制尚未建立完全，社区参与制度不完善，资金投入与专业人才的匮乏，等等，这些缺陷与不足都影响了武夷山国家公园未来的发展。纵观各国家与地区国家公园的发展历史，突出的问题不外乎是资源开发利用与保护的矛盾、管理体制建设与现状冲突的矛盾、人地关系的矛盾，以及由这些矛盾衍生出的诸如资源权属问题、自然资源的管理问题、产业经营和资金问题、社区参与问题等，我国的国家公园情况不例外，武夷山国家公园亦是如此。

究其原因，笔者总结有二。其一，由于武夷山国家公园是我国首批国家公园试点，也是目前福建省第一家国家公园，在对其进行规划时难免会缺乏成熟的经验。2015 年《建立国家公园体制试点方案》的发布，标志着我国正式首次开始国家公园体制建设的探索之路，一切建设工作都是首次，缺乏实践经验。在此之前虽大大小小成立过若干地质公园、森林公园、湿地公园等，但论其规模、资源种类、管理方式等，皆无法与综合性的国家公园相比。此外，武夷山国家公园是由国家所定，在制定总体发展方案时，必然会将各方面的因素都考虑进去，但在实际操作中难免会有所疏漏，影响了落实工作的质量。其二，相关部门和人员在制定发展规划时，借鉴了不合我国、福建省实际情况的他国、他区经验。在国家公园的建设方面，欧美各国具有丰富的经验，因此我国的学者在进行国家公园研究时，或是将中外国家公园的发展模式进行比较，或是参考国外学者的研究文献和学习国外国家公园的建设经验，并将其生搬硬套地运用到我国国家公园的建设中。殊不知，这样一味地照搬，并没有考虑到我国的实际国情，更没有考虑到福建省的具体"省情"。比如美国国家公园模式是建立在"处于国家利益，使自然资源免于受人类活动破坏"理念之上的"荒野路径模式"，实行自然与社会的隔离，造成人地关系的不和谐；又比如在英国，国家公园的建设实际上是乡村发展庄园经济的一个部分，国家公园的游憩功能被置于首位；等等。这些发展模式固然有其精华可供我们学习，但更多的是基于英美等具体国情、文化背景而制定的，并不完全适用于我国自身，也不适用于福建省。相比较而言，我国台湾地区已建有八所"国家公园"，在该方面具有丰富的经验与科学的模式，更加适合作为我国内地国家公园建设的参考样本。武夷山国家公园建设的具体问题如下。

1. 经营管理体制不够成熟

职能机构管理机制不尽统一。武夷山国家公园试点区涉及武夷山国家级自然保护区、武夷山国家级风景名胜区、九曲溪上游保护带三个区域，由福建省武夷山国家级自然保护管理局和武夷山风景名胜区旅游管理服务中心进行管理，除此之外还涉及地方政府、林业、水利、文化与旅游以及住建等部门管辖，不同部门分管试点区内不同的资源要素。这种管理体制会使试点区内的自然资源、生态系统乃至管理人员都被强制性地分割开来，形成碎片化管理的局面，不利于试点区的统一安排部署。另外，由于各个部门都有其自身的管理制度与政策，各部门在管理过程中容易出现意见相左，使自然资源难以实现公平、科学、合理的配置，从而衍生出资源保护经费分配不均、管理效率低下、权利重叠而义务遗漏等诸多弊病，难以形成协调统一的管理机制。

经营管理细节落实不够理想。福建省武夷山国家公园成立时间尚短，武夷山国家级风景名胜区的营业机制尚不够成熟，主要体现在游客管理、解说系统以及产业结构三个方面。

游客管理主要是游客量管理，旅游淡旺季的存在使景区内的游客接待设施不能满足旺季高峰期的需求，导致淡季设施过剩、浪费人力，旺季供不应求、人口拥挤；此外，武夷山国家级风景名胜区内的解说设施有待完善，在硬件上，总量不足、设施地点不尽合理、未能结合当地特色，以及解说教育人员的缺失等，都弱化了景区的环境教育功能。

当前，试点区内的九曲溪风景区以漂流为核心旅游项目，旅游项目单一，周围的居民参与其中也主要以餐饮、零售、出租道具为主，且受经营规模的限制，不是所有当地居民都能参与到景区的运营中，那些未能参与的当地居民，大多从事了务农工作，从而使当地形成了以“第一产业为主，第二产业为辅，第三产业为补充”的传统产业结构，产业结构不够优化，经济收益小。

2. 基础设施建设参差不齐

在武夷山国家公园试点区内，武夷山国家级风景名胜区的基础设施建设比较完善，在满足当地居民日常生活的前提下，已建成游客中心、停车场、标识系统、旅游公厕、解说系统，以及完整的游憩道，这些基础设施能够满足游客的各类需求，且遵循了可持续发展理念。相对而言，武夷山国家级自然保护区内的基础设施还不尽完善，当地居民日常生活所需的基础设施，如水、电、通信以及交通等都有待改进：至今尚未完全实现家家户户都能用电、自来水；在交通方面，道路硬化未全面覆盖，这会在一定程度上影响保护区的可进入性。九曲溪景区由于以漂流为主，旅游项目较为单一，同时受景区规模限制，基础设施建设也未能达到全面完善。

3. 社区参与机制亟待完善

在试点区内部，人地关系主要体现为社区参与，外部则体现为社会参与。试点区内目前有一定数量的旅游企业、社会组织以及当地居民参与区内的各类生产经营、志愿服务、科研教育、开发保护等活动，但当前的参与情况还未达到标准，主要问题是参与率低下、参与热情度不高、参与范围有限。就社区参与而言，试点区内可为当地居民提供的就业机会如为游客提供导览服务、景区巡护、护林等较少，社区参与机制未能真正建立；当地居民的日常生活导致区内环境受到一定程度的污染；同时，社区补偿制度的不完善，用于社区补偿和社区项目扶持的直接投入资金不足，从而导致社区参与热情度不高。另外，由于缺乏科学有效的社区参与管理机制，多数人仍依靠传统的农业为生，而很难、很少参与试点区的运行与管理，无法实现最大生态效益与经济效益。就社会参与而言，其所存在的主要问题是外界向试点区内投入的资金、人力（包括科研人员、志愿者等）以及相关参与机制的不足与不成熟。

4. 资金筹措力度显现不足

自试点方案文件颁布以来，福建省武夷山试点区内的自然、文化资源相关管理和保护部门已相继投入了相当数量的资金，用于试点区内的各项工作建设。但由于试点区面积广阔，建设规模庞大，随着知名度、影响力的日渐增大，福建省武夷山国家级风景名胜区未来势必会扩大营业规模，游客数量将迅速上涨，而就目前国家对国家公园发展方向的规划来看，国家公园将往公益性的方向发展，门票价格会逐渐降低。这样一来，即使游客增多也不会提高门票收入。此外，大量游客带来的空气污染、水土污染、噪声污染，导致环境受到破坏，由此增加景区保护与管理费用，也会增加试点区的资金压力。近年来，用于区内自然资源保护以及各项管理工作的资金开始出现不足，如：景区山林权属补偿资金压力逐年增大；武夷山国家级风景名胜区的管理运营费用、各项旅游基础设施的新增与维护费用逐年增加；银行还贷压力逐年增加；等等。

四　福建省国家公园建设的对策与建议

（一）处理好全局与局部的关系

武夷山国家公园尚处于建设发展初期阶段，区内的规划工作应充分结合国家的总体规划要求和自身特色。总体规划是国家公园对自然资源进行科学保护、合理利用，对管理体制进行统一规范、有效创新的前提与依据。应根据福建省以及武夷山国家公园的自身情况，因地制宜地制定有针对性的规划方案，通过科学的规划，实现对自然资源的有效管理，使试点区内的一切自然资源均不受人为破坏，能够维持长期的可持续发展，维护代际公平与和谐的人地关系。

2016 年底，国务院颁布了《关于全民所有自然资源资产有偿使用制度改革的指导意见》，明确了全民所有自然资源资产有偿使用制度改革的指导思想、基本原则、主要目标、重点任务和落实途径。根据该改革方案的思想，应对试点区的水流、森林等区域，以及树木、矿产等自然资源进行确权登记。通过土地流转、出租等方式，调整土地权属，明确土地用途，并明确区内国有和集体所有的资源产权。由于国家对珍惜自然资源具有更好的保护条件与能力，武夷山国家公园试点区内具有最高生态资源价值与旅游资源价值的区域，以及对试点区生态环境有重大影响的区域，例如试点区内的特别保护区和九曲溪上游的保护林地等，其归属权当属国家所有；此外，试点区内的文化遗产（包括物质文化遗产和非物质文化遗产），根据其具体价值，所有国家级、省级、市县级等各级文物保护单位和其他所有不可移动文物，都归国家所有。

（二）处理好环境保护与旅游发展的关系

就自然资源的管理保护而言，在具体落实上，要制定相应的政策法规，使试点区内的一切保护管理工作有章可循。在此之后，要安排相应人员从事区内的环境保护工作，上到负责环境质量检测的科研人员，下到环境清扫人员，都要一一安排落实。试点区内的不同功能区域应执行不同级别的保护力度，根据生态脆弱性以及生态价值的高低，试点区分为特别保护区、严格控制区、生态展示区和传统利用区。其中，武夷山国家级自然保护区和武夷山国家级风景名胜区内的特别保护区应实行封闭式管理。另外，要建立严格的监管制度，建立国家公园各级负责人责任追究制度、省国家公园专家委员会咨询与监督制度、重大事项公示制度，实行资源分级分类保护，对国家公园的资源保护、资源管理以及日常运行管理进行严格监督，做到依法监管、失职必究。

对于职能机构管理不顺的问题，应结合武夷山实际情况，对试点区内现有管理机制进行整合，要明确各机构职责，整合管理资源，实行统一高效的保护与管理。按照设立层级和保护目标，对区内各类保护地的交叉重叠和碎片化遗漏区域重新进行统一规范、归并、整合。撤销以往各部门各自制定的规章制度，制定统一的管理规范，并由各部门统一遵守实施。目前，武夷山风景名胜区管理委员会已被撤销，并成立了武夷山风景名胜区旅游管理服务中心，此举势在解决当前存在的管理体制不顺、管理模式碎片化等问题方面发挥了重要作用。

至于景区内的经营管理，根据上文提到的三个方面（游客管理、解说系统以及产业结构）的问题，应分别实行有针对性的措施。首先，通过调整门票价格机制、设置每日游客上限量、游客量实时监测系统等，制约旺季高峰期的客流量。其次，通过宣传教育、专人监管，约束游客的行为，使其做到环境友好、生态文明。借鉴其他发展成熟景区的做法，完善试点区内的解说系统，及时补充人员，增设各类设施，促使人们提高认识，共同保护生态环境。最后，就产业结构优化的问题而言，可发展丰富多样、具有当地民宿特色的旅游项目，提高原住民的就业率，丰富景区的业态结构，调整第一产业，限制第二产业，积极引导第三产业，使第一、二、三产业所占份额达到合理比例，从而实现最大效益。

（三）处理好借鉴与创新的关系

目前，界内学者已针对我国台湾地区“国家公园”建设的相关理论与实践做了大量研究。林辰松等通过对台湾地区“国家公园”体系的分析总结，提出了对我国内地建设国家公园的建议。[①] 黄跃雯结合自身实务经验与理论研究，从台湾“国家公园”的发展经验中，提出了完备法制、专业知识、环境教育等方面的十点启示。[②] 台湾八所“国家公园”的管理由“‘国家公园’计

① 林辰松、李雄、葛韵宇、邵明：《台湾地区“国家公园”建设与发展基本内容探析》，《工业建筑》2016 年第 5 期。

② 黄跃雯：《台湾地区“国家公园”的设置与经营理念：经验与启示》，《福建论坛》（人文社会科学版）2017 年第 3 期。

划委员会”统一负责，下设“‘国家公园’组”与“‘国家公园’警察大队”，“‘国家公园’组”下又设有八个“国家公园”管理处，分别管理台湾的八所“国家公园”，另外还有与管理处平级的三个“科”——保育解说科、工务建设科和企划经理科，这种垂直结构的权责划分细致明确而又高度统一，很好地实现了资源保护与利用的平衡：既保护了自然资源，维持了生态多样性，又实现了对外游憩、教育等，保障了游客的利益，值得我国内地学习。福建省是离台湾最近、交流最为密切的省份，在国家公园的建设上，也要虚心向台湾借鉴经验，更好地促进武夷山国家公园的发展。

具体而言，福建省武夷山国家公园在目前的建设基础上，还应向台湾学习的主要有五点。一是扩增国家公园外延，将更多有保育与游憩价值的地区纳入国家公园体系，例如湿地、森林、湖泊等。福建省自然资源丰富，若能将上述类型的地区纳入国家公园体系，进行全局开发，统一保护，将极大促进福建省的旅游发展。二是高度重视专业人才的配备。国家公园建设与发展的任何一个环节，譬如某一地区能否开发、开发过程中应如何处理与当地居民的关系以及如何能最大限度地降低污染等，都离不开专业人才的指导，因此应配备专业的队伍。应积极吸纳各界智库人才，成立专门的委员会、顾问团队等，为福建省国家公园的发展出谋献策。三是加入志愿者服务，完善区内解说体系。国家公园向游客开放的核心目的便是宣传环境保护理念，通过志愿者队伍的专业解说，让游客在游玩的同时了解相关知识与理念，达到寓教于乐的效果，这对于国家公园未来的长远发展具有重要的奠基意义。四是优化社区参与机制。具体做法有：积极号召试点区内的原住民参与各项管理保护工作，调整国家公园试点区内的产业结构和生产模式，提高生态效益和经济效益，推进产业升级；在人地关系上，可以通过生态移民、生态补偿、土地流转、社区共管等方式，最大限度地保护双方利益。对外则是完善社会参与机制，鼓励社会参与，具体做法有：建立与科研院校等机构的合作关系，邀请相关人员进行科学研究、环境保护，推进志愿服务，开展环境教育宣传工作，为区内的工作人员以及游客普及国家公园保护的有关理念，并为国家公园的发展模式建立理论基础。五是引导社会各界如国外政府、公益组织、个人、民营企业等进行投资或者捐赠，积极发展融资渠道，形成来源广泛的国家公园资金投入机制，如鼓励国内外企业对国家公园基础建设与公共服务项目进行各类资金投入；可成立武夷山国家公园发展基金会，并制定政策，成立专门的组织负责基金管理；还要制定专门的资金保护制度，成立资金监管小组，所花费的资金要用于与资源保护利用有关的事宜，对一切费用的使用都要做到公开、透明。

参考文献

［1］窦亚权、李娅：《我国国家公园建设现状及发展理念探析》，《世界林业研究》2018 年第 1 期。

［2］桂小杰：《关于建立国家公园体制的思考》，《林业与生态》2014 年第 2 期。

［3］黄跃雯：《台湾地区“国家公园”的设置与经营理念：经验与启示》，《福建论坛》（人文社会科学版）2017 年第 3 期。

［4］林辰松、李雄、葛韵宇、邵明：《台湾地区“国家公园”建设与发展基本内容探析》，《工业建筑》2016 年第 5 期。

［5］林明太：《基于可持续发展的地质公园管理运营模式研究》，硕士学位论文，陕西师范大学，2006。

［6］刘静佳：《基于功能体系的国家公园多维价值研究——以普达措国家公园为例》，《学术探索》2017 年第 1 期。

［7］宋立中、卢雨、严国荣、张伟贤：《欧美国家公园游憩利用与生态保育协调机制研究及启示》，《福建论坛》（人文社会科学版）2017 年第 8 期。

［8］覃阳平：《国家公园发展障碍分析——以云南省普达措国家公园为例》，《林业建设》2015 年第 6 期。

［9］田世政、杨桂华：《中国国家公园发展的路径选择：国际经验与案例研究》，《中国软科学》2011 年第 12 期。

［10］王灿、王可安：《我国国家公园发展及规划的探讨》，《中南林业调查规划》2017 年第 3 期。

［11］肖练练、钟林生、周睿、虞虎：《近 30 年来国外国家公园研究进展与启示》，《地理科学进展》2017 年第 2 期。

［12］闫水玉、孙梦琪、陈丹丹：《集体选择视角下国家公园社区参与制度研究》，《西部人居环境学刊》2016 年第 4 期。

B.17

2017~2018年福建省乡村旅游发展报告

陈贵松　陈曼琳*

摘　要： 2017~2018年，福建省积极推进乡村旅游发展，不管是在旅游精准扶贫还是在乡村振兴方面，都取得了良好成效。总体呈现以下几方面特点：乡村旅游持续火热，旅游市场不断扩张；出游目的相对明显，旅游信息来源多样；旅游扶贫持续深化，旅游脱贫成效显著。但在发展中也存在问题：弹性消费潜力待挖掘、乡村特性有所丢失、旅游产品特色不足、旅游配套相对滞后、网络营销仍需加强等。因此，要从改进交通停车建设、改善农村人居环境、丰富旅游产品内容、转变旅游营销模式、提升农户参与意愿、创新资本融资模式、狠抓乡村人才培养、打造田园综合体和积极推广共享农庄等方面持续推动福建省乡村旅游发展。

关键词： 乡村旅游　乡村振兴　福建省

近年来，福建省围绕“乡村旅游、全域旅游、四季旅游、全民旅游”全域发展战略部署，全力推动旅游精准扶贫，实现乡村振兴。党和国家对三农问题给予极大重视，不仅在中央一号文件上多次提及，而且在2018年推出了《乡村振兴战略规划（2018~2022）》，提出要“发展乡村旅游和特色

* 陈贵松，博士，福建农林大学管理学院（旅游学院）副院长、副教授、硕士生导师，研究方向为生态旅游、森林旅游与景区管理；陈曼琳，福建农林大学管理学院（旅游学院）硕士研究生，研究方向为乡村旅游。

产业，形成特色资源保护与村庄发展的良性互促机制”。因此，福建省将乡村旅游作为旅游产业发展的重要抓手，以旅游扶贫为重要方式，增强脱贫地区的“造血”功能，加快乡村振兴步伐，助推福建全域生态旅游省建设。

一 福建省乡村旅游发展状况分析

（一）乡村旅游持续火热，旅游市场不断扩张

1. 乡村旅游再创新高

近年来，随着《福建省乡村旅游扶贫工程实施方案（2016—2020 年）》《福建省乡村旅游“百镇千村”提质升级三年行动方案（2018—2020 年）》等乡村旅游各项利好政策的出台和乡村旅游扶贫工作的稳步推进，2017 年福建省接待乡村旅游人数 11954. 74 万人次，同比增长 24. 9%，增速同比提高 3. 6 个百分点，比全省接待国内旅游人数的增速高 3. 3 个百分点，占全省国内旅游人数的比重为 31. 9%，同比提高 0. 8 个百分点，实现乡村旅游收入 820. 90 亿元，同比增长 28. 3%，增速同比提高 5. 8 个百分点，占全省国内旅游收入的比重为 18. 0%，同比略微下降 0. 3 个百分点。整体来看，福建省乡村旅游收入与旅游人次实现了稳步增长（见表 1）。

表 1 乡村旅游经济主要指标（相比全省国内旅游）

	指标	人数	收入
乡村旅游	规模（万人次、亿元）	11954. 74	820. 90
	同比增速（%）	24. 9	28. 3
全省旅游（国内旅游）	规模（万人次、亿元）	37534. 06	4570. 77
	同比增速（%）	21. 6	30. 0

资料来源：根据《福建统计年鉴》和《国家统计年鉴》相关资料整理得到。

2. 旅游规模持续扩张

2017 年，各设区市中接待乡村旅游人数最多的是泉州，达 2057. 08 万人次，遥遥领先其他设区市 250 万人次以上；排在第二位和第三位的分别是

南平和龙岩，这两个市乡村旅游接待人数分别为1797.01万人次和1779.87万人次，均超过1700万人次；排在第四、五、六位的分别是漳州、宁德和福州，这三个地区的乡村旅游接待人数均在1300万人次以上。

在旅游接待人数增速上，2017年各设区市乡村旅游接待人数均实现16%以上的增长速度。平潭增速最快，达到28.8%；其次是泉州，增速为28.2%；第三名是莆田，增速为26.0%；龙岩、宁德和漳州乡村旅游人数增速在25%～26%，分列第四至第六位（见图1）。

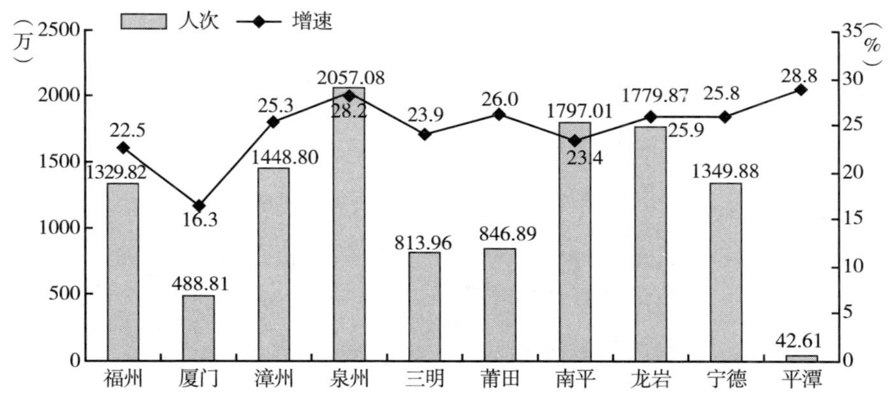

图1　2017年各设区市乡村旅游接待游客人数情况

资料来源：根据《福建统计年鉴》及相关资料整理得到。

3. 国家乡村旅游品牌不断创立

2017年，福建省寿宁县、尤溪县、福清市被列为全国休闲农业和乡村旅游示范县（市、区）；共9个小镇入选中国第二批“中国特色小镇”，比上年增加了4个；7个乡村获评“2017中国美丽休闲乡村”，比上年增加1个；9个村跻身“2017年中国名村影响力300佳”；11个村入选“2017第五批中国历史文化名村名镇”；4个村被评为2017年“全国生态文化村”；12个村入选2017年各省（区、市）改善农村人居环境示范村（见表2）。

表 2　2017 年福建省获评国家级乡村旅游品牌名单

国家级乡村旅游品牌		入选村镇
全国休闲农业和乡村旅游示范县(市、区)		福建省寿宁县、尤溪县、福清市
中国特色小镇		泉州市石狮市蚶江镇 泉州市晋江市金井镇 龙岩市永定区湖坑镇 漳州市南靖县书洋镇 宁德市福安市穆阳镇 福州市福清市龙田镇 莆田市涵江区三江口镇 宁德市福鼎市点头镇 南平市武夷山市五夫镇
中国美丽休闲乡村		漳州市南靖县书洋镇 泉州市惠安县下坑村 南平市政和县念山村 厦门市翔安区金柄村 漳州市漳浦县大埔村 福州市福清市牛宅村 厦门市海沧区青礁村
中国名村影响力 300 佳		厦门市东新圩镇马塘村 漳州市南靖县书洋镇田螺坑村 泉州市南安市梅山镇蓉中村 龙岩市新罗区溪南村 泉州市永春县岵山镇茂霞村 厦门市海沧区洪塘村 龙岩市新罗区西安村 泉州市永春县一都镇美岭村 宁德市福鼎市磻溪镇赤溪村
中国历史文化名村名镇		宁德市蕉城区霍童镇 南平市武夷山市五夫镇 龙岩市长汀县三洲乡三洲村 宁德市屏南县棠口乡漈头村 福州市长乐区航城街道琴江村 福州市马尾区亭江镇闽安村 漳州市平和县九峰镇 南平市顺昌县元坑镇 龙岩市新罗区适中镇中心村 龙岩市连城县庙前镇芷溪村 福州市泰宁县新桥乡大源村
全国生态文化村		龙岩市上杭县中都镇都康村 南平市政和县岭腰乡锦屏村 泉州市永春县南美回族村 南平市政和县星溪乡念山村
改善农村人居环境示范村	环境整治示范村	福州市永泰县嵩口镇大喜村 漳州市长泰县岩溪镇珪后村 宁德市福安市潭头镇南岩村 莆田市涵江区白沙镇坪盘村 南平市政和县石屯镇石圳村
	美丽乡村示范村	福州市晋安区寿山乡前洋村 泉州市安溪县尚卿乡黄岭村 漳州市南靖县书洋镇塔下村 宁德市霞浦县溪南镇半月里村 莆田市荔城区西天尾镇后黄村 泉州市晋江市深沪镇运伙村 南平市浦城县富岭镇双同村

资料来源：根据中华人民共和国农业部、住建部、中国生态文化协会等网站资料整理得到。

（二）出游目的相对明显，旅游信息来源多样

1. 观光度假为主要目的

2017年福建省以游览观光为游客出游主要目的，占比高达50.5%，较上年增长1.1个百分点；其次是休闲度假，占比35.6%，同比增长1.7个百分点。以医疗养生、探亲访友、公务出差、商务经商和宗教朝拜等为出游目的游客比例较少，占比均不足5%，相对来讲，宗教朝拜占比略有上升，探亲访友、公务出差和医疗养生占比同比略有所下降（见图2）。

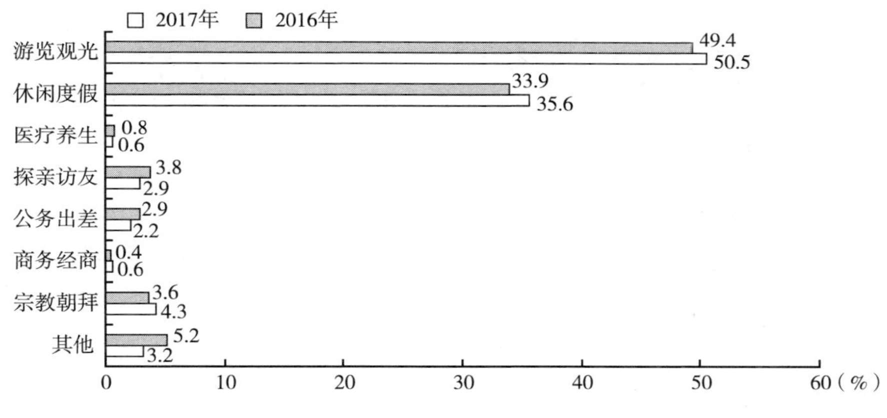

图2 游客出游目的情况

资料来源：根据福建省旅游发展委员会网站等相关资料整理得到。

2. 旅游信息来源渠道多样

游客通过亲朋好友介绍、微博/微信、专业旅游网站、门户网站和电视节目/广告等多样化渠道了解乡村旅游信息，其中通过亲朋好友介绍占比47.6%；其次是通过微博/微信这类互动性强的新媒体，占比达30.8%；专业旅游网站也是游客获取乡村旅游信息的重要方式，占比22.1%；另外通过门户网站、电视节目/广告和网上社区/论坛渠道了解乡村旅游信息的游客占比分别为19.0%、18.0%和17.2%，但电视节目/广告和门户网站占比较2016年分别下降3.2个百分点和3.4个百分点，网上社区/论坛占比提升

0.4 个百分点；通过旅行社介绍、报纸报道/广告、电台节目/广告和杂志介绍/广告等方式获取信息的游客比例均不足 8.0%，较去年均有所下降。可以看出，报纸、杂志和电台等传统媒体的使用率均出现不同程度下滑，微博/微信、网上社区/论坛等互动性强的新媒体使用比例提升明显，但游客对于门户网站这种仅以静态文字图片呈现内容的方式使用比例也逐渐下降（见图 3）。

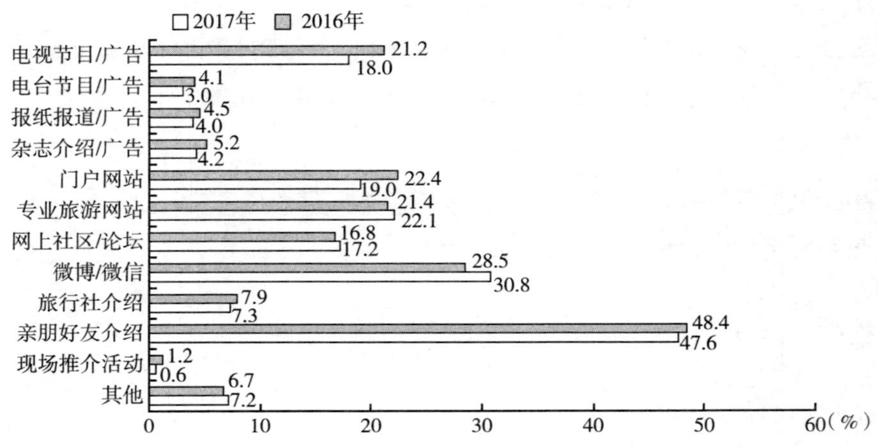

图 3　主要乡村旅游点接待游客获取信息的渠道

资料来源：根据福建省旅游发展委员会网站和《福建统计年鉴》等资料整理得到。

（三）旅游扶贫持续深化，旅游脱贫成效显著

1. 旅游扶贫深入推进

近年来，福建省旅发委持续推进“百镇千村”富民工程，指导各地市积极开展乡村旅游特色村、休闲集镇创建工作。福建省旅发委安排 3580 万元旅游扶贫专项资金，用于补助全国旅游扶贫重点村的旅游规划和旅游基础设施建设，并联合省发改委下发 5880 万元扶贫富民专项资金，用于补助 60 个全国旅游扶贫重点村旅游规划和旅游基础设施建设。各县市也积极配合，出台相关文件和政策推动旅游扶贫工作的开展。莆田市印发《2018 年莆田市旅游扶贫工作方案》，明确提出推进 15 个乡村旅游项目建设，以项目为

抓手，鼓励旅游重点村创建乡村旅游创客示范基地，大力推动开展旅游扶贫工作；罗源县旅游局积极帮助旅游贫困村申报创建工作，加大旅游资金扶贫力度，将部分旅游发展专项资金用于支持乡村旅游发展；厦门市出台《厦门市乡村旅游发展三年行动计划（2017～2019年）》，计划把乡村旅游培育成全市旅游产业的重要增长极、农业经济转型升级的动力产业和惠民富民的民生产业；三明大田县通过“三结对”的方式大力推进乡村旅游扶贫工作；泉州市举办旅游扶贫村企对接会，通过景区带村、安置就业、项目开发、定点采购和“互联网＋”等方式，切实提高帮扶的精准度和有效性。

2. 旅游扶贫效果显著

福建省各旅游部门围绕“精准扶贫”“脱贫攻坚战”进行一系列的部署，全面推进旅游扶贫工作，并取得一定成效。2017年，全省纳入监测调查的148个全国乡村旅游扶贫重点村和旅游扶贫试点村贫困人口转移就业约0.36万人，占监测旅游扶贫村贫困人口总数的51.4%，同比提高16.5%。从脱贫情况来看，全省纳入监测调查的148个全国乡村旅游扶贫重点村和旅游扶贫试点村脱贫人数约0.54万人，同比增长19.5%，其中旅游扶贫脱贫人数约1900人，增长32.8%，占监测旅游扶贫村脱贫总人数的32.7%。

二　福建乡村旅游发展存在的问题

（一）弹性消费潜力待挖掘

福建省主要的乡村旅游项目仍以观光游览、采摘体验游为主，缺乏有深度的娱乐项目及文化体验活动，尤其是夜间休闲娱乐活动严重缺乏，过夜游发展缓慢，游客消费空间受到很大限制。2017年，福建省乡村旅游游客在旅游方面的花费仍然以交通费和餐饮费为主，占比分别为27.9%和24.2%，住宿、游览和娱乐费用仅占比9.4%、8.5%和4.9%，乡村旅游游客在交通餐饮等刚性消费方面的费用较高，而在游览娱乐方面的人均花费水平仍偏低，弹性消费支出不足。以吃农家饭、干农活为主的体验原生态的一日游成为主要的乡村旅游模式之一。乡村旅游发展急需提高旅游产品的创意性和特色性，拓展过夜游游客的市场，从而提高弹性消费支出，挖掘游客的消费潜力。

（二）乡村特性有所丢失

原汁原味的乡村性是乡村旅游的最大卖点。当地淳朴民风、独特民俗节庆、清幽雅静环境及深厚文化底蕴等是促使城镇游客前来观光体验、修养度假的主要吸引物。然而，福建省乡村旅游在开发过程中，对当地乡村的特色资源、民风民俗等挖掘、开发不规范等导致开发过度，对很多传统古建筑、古民居进行颠覆性重组，使原有的乡村性景观遭到极大破坏，乡村小路水泥硬化，装饰风格时尚化，加上外来游客带来的文化冲击，淳朴民风逐渐丧失。

（三）旅游产品特色不足

随着乡村旅游不断发展，同质化成为普遍问题，某地方乡村旅游发展得很成功，就会引来各地区竞相模仿。福建省很多乡村地质地貌和建筑风格都较为相似，这就导致乡村旅游产品开发中时常出现同质化现象，对于当地的文化民俗资源挖掘深度不到位，模仿只停留在观光游览等表面，忽略了乡村旅游蕴含的深层文化。长此以往，容易给游客带来视觉疲劳，使游客感到厌烦，无法支撑其长久有效发展，这也是福建省乡村旅游今后发展的一个瓶颈。

（四）旅游配套相对滞后

一方面，乡村旅游的大多数乡村所处位置偏僻，如屏南县甘棠乡漈下村仍然存在缺导游，停车难，乡村拥堵，餐馆、旅馆少等配套设施缺乏的问题，以及闽侯的旗山、晋安区北峰的日溪乡皇帝洞和寿山乡等地的交通、食宿、通讯、卫生环境等硬件基础设施滞后，很多乡村旅游点从主干线到各乡村旅游景点的交通路况较差，直接影响游客体验；另一方面，乡村旅游服务水平也存在很大上升空间，由于乡村旅游的服务人员一般是本地村民，没有接受过专业培训，因此从业人员素质较低，服务意识淡薄，服务能力弱，直接导致服务质量低下，极易引发游客不满，降低重游率。

（五）网络营销仍需加强

乡村旅游的经营者多为本地农民企业家，受到自身文化水平及资金限制，往往将绝大部分资金投入前期开发生产，忽视了后期营销投入。随着计算机、互联网的普及以及智能手机移动终端的爆发式增长，游客更多通过智能化方式了解乡村旅游相关信息。然而，通过微博微信（28.5%）及专业的旅游网站（21.4%）这类新型智慧化方式进行营销仍然是福建乡村旅游营销方式的一大痛点，很多乡村旅游经营者对城镇游客旅游的心态把握不到位，忽视了对新型信息技术的利用，导致旅游市场辐射能力弱，营销效果不佳。

三　2019年福建乡村旅游发展建议

（一）改进交通停车建设，补齐基础设施短板

旅游基础设施的完备是乡村旅游发展的基础。一方面，推动乡村旅游道路建设，通过规划增加国道、省道、县道等交通网络，提高外部通达性，增强可进入性；另一方面，优化乡村内部交通格局，拓宽道路，加快乡镇、建制村硬化路“往返不畅”整治，保证双行道正常通行，并加大对乡村旅游公路建设的支持力度。要统筹布局乡村停车设施建设，以空间利用、生态保护为原则，综合规范乡镇及特色保护类村庄的停车设施，充分利用地下空间建设停车场。要创新住宿方式，除标准化酒店之外，还要开发系列主题民宿、农家乐等，尤其是在乡村旅游发展较好的地方，通过一村一品规划，使整个村庄统一建筑风格，形成以“村”为单位的民宿区，并制定相应服务标准进行规范。要完善餐饮服务，形成星级饭店与特色餐饮小吃店共同发展的模式，并打造美食街，挖掘当地特色农家菜，无论高档、中档还是低档餐饮，环境卫生、食品安全都是最重要的。

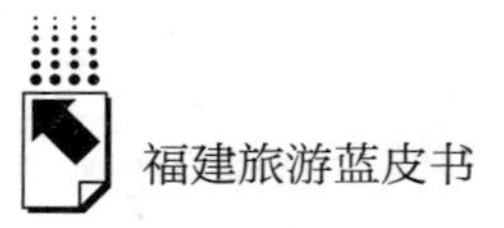

（二）改善农村人居环境，综合打造美丽乡村

加大对乡村生态环境的整治力度，增加环卫设施投入，并在乡村景区增设一定数量的垃圾桶，方便景区游客投放垃圾，景区应全天候不间断进行保洁工作，确保景区内干净整洁，全方位推进乡村绿化工作，打造极具乡村特色又富含文化意蕴的绿化景观。促进乡村旅游垃圾的再利用与可回收，对乡村旅游建设、经营过程中产生的垃圾应进行分类并就地处理，同时建设垃圾收集站、中转站等收转运基础设施，实行多样化生活垃圾收运处置体系。持续推进“厕所革命”，积极实施公厕生态化改造，在各个乡村旅游点、游客服务中心以及人流量较多的地方配备数量充足的厕所，重点解决厕所脏、乱、差的问题，满足旅游业的发展需要。

（三）创新旅游扶贫模式，丰富旅游产品内容

在立足实际的情况下，不断创新旅游扶贫模式，走出一条适合本地的兴村富民、摆脱贫困的绿色之路，是实现稳定脱贫的重要方式。以产业融合推进乡村扶贫，走出“生态 + 文化”“乡村 + 体验”“农庄 + 游购”“景区 + 农户”“能人 + 农户”“公司 + 农户”“合作社 + 农户”等扶贫新路子。因地制宜挖掘乡村自然及人文历史资源，融入文化创意，实现乡村旅游与其他产业的相互融合。“旅游 + 农业”“旅游 + 文化”“旅游 + 体育”“旅游 + 美食等催生了农业庄园、森林人家、民宿客栈、美食节、文化艺术节、体育节庆等乡村旅游新形式、新业态。办好节庆活动，尤其是农民丰收节，进而实现文旅融合，创造乡村独有的旅游产品，这是摆脱同质化的主要方式。一方面，丰富乡村游览路线，如乡村文化游、休闲度假游、山地运动游等，以满足不同人群的需求；另一方面，针对不同人群设计不同的娱乐活动，如亲子娱乐项目、情侣游等，也可按产品内容设置农家乐、渔家乐、游览观光等不同类型的旅游产品，尤其要把握夜间市场，开发灯光秀演出、篝火晚会等系列娱乐活动，配套打造美食购物一条街，让游客玩得开心、买得舒心、吃得安心。同时，形成以森林人家、水乡渔

家等为主题的乡村民宿，丰富乡村旅游产品，让游客留下来，以引爆夜间市场来推动福建乡村旅游的发展。

（四）转变旅游营销模式，迅速引爆网络热潮

旅游营销是乡村旅游产品在短时间内能够被广泛熟知的重要方式。随着互联网、云计算迅速崛起，短视频、短图文等成为重要的传播方式，利用新技术、新媒体进行营销推广成为新时代的主流营销工具。新媒体中以微博、微信等社交媒体为代表，此类 App 具有双向互动功能，深受年轻人的喜爱，普及率极高，且传播速度迅猛，覆盖范围广。一方面，可与微博大 V 合作，联合推广福建乡村旅游产品，使旅游市场符合“二八”定律，即 20% 的顾客会创造 80% 的价值，微博大 V 通常粉丝数量大、号召力强，可获得较好的反响。另一方面，微信公众号也不容忽视，福建各个乡村旅游地区政府公众号要发布相关旅游信息，并与相关旅游公众号合作推出福建乡村旅游信息活动。值得一提的是下载量名列前茅的“抖音”App，其用市场喜爱的形式内容来包装设计宣传资料，包括宣传用语、旅游画册、视频节目等，取得巨大成功。因此，福建省乡村旅游的发展，要充分利用这些新媒体进行宣传，重点创造机会与这些现实及潜在游客进行互动。

（五）加大资金扶持力度，提升农户参与意愿

乡村旅游的转型升级需要政府在资金及政策等方面给予一定帮助。在省政府层面，《福建省乡村旅游扶贫工程实施方案（2016～2020 年）》《福建省乡村旅游“百镇千村”提质升级三年（2018～2020 年）行动方案》等政策应持续发布，各地市政府也应加强政策保障，使乡村旅游朝着规范化方向发展。不断探索“政府引导＋行业支持＋社会带动＋农户经营”的乡村旅游农户小微企业式参与模式以及“政府扶持＋能人带动＋农户经营”的乡村旅游农户成长式参与模式，尤其要重视农户的参与性、积极性。农户是乡村旅游中不可或缺的一股力量，随着国务院第一个乡村振兴战略规划的颁布，国家对农民、农村的关注度达到了新高度。寻找以提高农户主动参与意

识、以农户主要生计技能为核心的多元化参与模式极为重要，一方面要完善“公司＋农户”“公司＋村集体＋农户”“村集体＋农户”等模式，另一方面还要探索农民参与的新模式，如乡村旅游合作社等，利用合作社形式，以群众集体主动参与带动个体参与，提高乡村贫困农户的参与积极，实现旅游扶贫、精准扶贫。

（六）创新资本融资模式，鼓励民间社会参与

社会资本参与乡村旅游的意愿直接影响乡村旅游融资规模，对于部分投资收益回报率高、建设周期短的乡村旅游产品、设施，要尽量带动社会资本参与，通过 PPP 模式、村企联营、公建民营等方式提高参与积极性。乡村旅游地的相关企业或组织可通过乡村旅游行业协会等非营利组织、行业互助组织以及由当地政府牵头、联合行业内上下游企业成立的专门运营公司开展合作等形式，形成有序统一的运营网络。对于乡村旅游经营主体的融资条件，要适当放宽，并给予一定优惠，如财政补贴、税收优惠。支持乡村旅游企业依法合规发行旅游产业专项债券、短期融资券和中期票据等非金融企业债券融资工具，进行直接融资，支持乡村旅游产业发展，满足乡村旅游的多样化资金需求，并探索建立乡村旅游产业投资基金，加大对乡村旅游贷款的支持力度。

（七）狠抓乡村人才培养，实行人才特派制度

乡村人才是乡村旅游发展的重要推动力。对于乡村地区来说，要开展全方位、分层次的教育培训，将乡镇分管领导、农村旅游单位管理者、营销人员等区分开来，根据各自特点和需求分别进行相应培训。在人才引进方面，要狠抓专业院校人才输送，通过从旅游院校及开设旅游专业课程的中专、大专、本科到硕士、博士毕业生中选拔合适人才，实施相应的激励机制和丰厚的福利待遇来吸引那些原本来自农村的毕业生回到乡村、服务农村。旅游企业和旅游院校要发挥品牌优势和经验优势，加强对从事农家乐、观光采摘、农事体验等经营户的教育培训和开发指导。要组好工作队，深入实施旅游人

才特派制度，选择高校实践能力强的教师，带领相应专业的学生对乡村旅游发展情况进行深入调研，包括旅游开发前期的规划制定，开发时的预期效果对比并加以调整，以及开发后的服务与建议，等等，为乡村旅游工作注入强大活力。

（八）打造田园综合体，积极推广共享农庄

休闲化农村是推进现代农业的新方式，乡村旅游未来的发展不能仅仅以农业景观为卖点，新农村、新农民和新农业结构模式才是乡村持续发展的根本所在。要集中开发田园综合体，田园综合体作为休闲农业与乡村游升级的高端发展模式，集田园体验度假、养老养生为一体，并将多种类型的农业园区、多个空间功能板块进行结合，促进农村第一、二、三产业融合，极大地带动区域经济发展，福建省政府应鼓励各地市乡村根据自身资源禀赋进行开发建设，创新乡村旅游发展模式。共享农庄能够在保留农民住宅所有权的前提下，将农村住宅根据市民需求改造成极具个性化的休闲度假养生基地，同时实现农民增收。通过在各地市基础条件好的村庄、农场先行试点，优先在自然资源条件较好的贫困村发展共享农庄，以资源共享为原则，打造产品定制型、休闲养生型、投资回报型、扶贫济困型以及文化创意型等不同类型的特色农庄，因地制宜实行整村综合开发、村庄农房改造升级及基地开发等开发模式，最终实现农民安心、乐心，游客放心、开心。

参考文献

[1]《2018 年莆田市旅游扶贫工作方案》，莆田市旅游发展委员会网站，http：//lfw. putian. gov. cn/xxgk/zfxxgkzl/zfxxgkml/gzdt/201809/t20180907_ 1210857. htm，2018 年 4 月 20 日。

[2]《促进乡村旅游发展提质升级行动方案（2018 年—2020 年）》，中华人民共和国国家发展和改革委员会网站，http：//bgt. ndrc. gov. cn/zcfb/201810/t20181015_ 916374. html，2018 年 10 月 10 日。

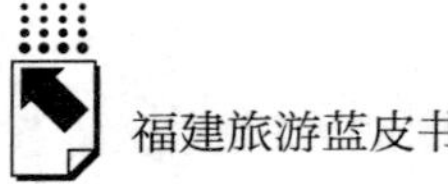

[3] 《大田县“三结对”推进乡村旅游扶贫工作》，三明市旅游发展委员会网站，http：//smta. sm. gov. cn/lyzw/lydt/xjdt/201705/t20170523_ 709016. htm，2017 年 5 月 23 日。

[4] 邓昭明：《“抖音短视频”对旅游营销的启示》，《中国旅游报》2018 年 5 月 22 日。

[5] 《福建开展全省乡村旅游扶贫“春季攻势”行动》，搜狐网，http：//www. sohu. com/a/131049685_ 114731，2017 年 3 月 30 日。

[6] 胡鞍钢：《乡村旅游：从农业到服务业的跨越之路》，《理论探索》2017 年第 4 期。

[7] 《罗源县积极推动旅游扶贫工作》，福州市旅游发展委员会网站，http：//lyj. fuzhou. gov. cn/zz/fzlyzn/lyzx/201711/t20171129_ 1895855. htm，2017 年 11 月 29 日。

[8] 骆培聪：《美丽乡村建设下福建乡村旅游发展问题与建议》，《泉州师范学院学报》2018 年第 35 期。

[9] 《泉州召开全市旅游扶贫村企对接会》，泉州市旅游发展委员会网站，http：//www. qztour. gov. cn/xwdt/gxzx/201704/t20170420_ 439112. htm，2017 年 4 月 20 日。

[10] 《我市推出首个乡村旅游发展三年行动计划》，厦门市人民政府网站，http：//www. xm. gov. cn/zfxxgk/xxgkznml/szhch/zsfzgh/201703/t20170327_ 1598251. htm，2017 年 3 月 23 日。

B.18 福建省旅游特色小镇建设*

高 玲 陈 亮**

摘 要： 城市的发展、现代交通工具的使用、第三产业比重的增加，导致空间大幅度扩张、人口高密度聚集和异质性的生活方式，再加上经济的原因，出现了许多具有一定产业优势的特色小镇，而特色小镇的建设关系到新时代新农村建设、城市经济转型发展、社会经济整体提升等诸多方面。其中，旅游特色小镇由于自身鲜明的产业特色而扮演着重要的角色，旅游产业的发展涉及的内容广泛、涵盖的领域多种多样，例如可以突出文化旅游、生态休闲、健康养老等产业特色，综合考虑旅游产业功能、文化功能及旅游功能等。本文在梳理旅游特色小镇概念、内容的基础上，着重从特征、原因等方面探讨福建省旅游特色小镇建设的理论与实践问题。

关键词： 旅游业 特色小镇 福建省

特色小镇和特色小城镇是新型城镇化与乡村振兴结合的成果，也是国家经济发展的重要组成部分。党中央、国务院高度重视，国家发展改革委等部门先后印发实施《关于加快美丽特色小（城）镇建设的指导意见》《关于规范推进特色小镇和特色小城镇建设的若干意见》，指导和建设特色小镇和特

---

* 本文得到福建省教育厅项目（JB121605）的支持。

** 高玲，博士，闽江学院经济与管理学院副教授；陈亮，硕士，闽江学院经济与管理学院讲师。

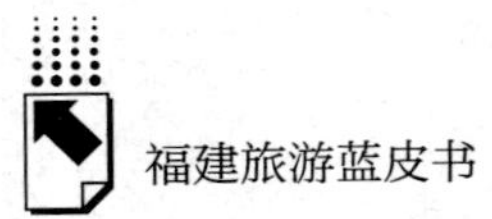

色小城镇的发展。无论是国家第一批特色小镇建设，还是浙江省等地方特色小镇建设，旅游类小镇都是数量最多、地方积极性最高的特色小镇类型。各地都在加快建立特色小镇和特色小城镇高质量发展机制，促进城乡融合发展和扩大内需，促进经济飞速发展。

随着城市的发展、现代交通工具的使用、第三产业比重的增加，我国小城镇发展的各个方面都发生了很多变化。资源优势、区位条件和经济社会环境影响都是促进城镇发展的必要因素。2015 年浙江特色小镇建设的兴起，为全国小城镇发展提供了新的概念和模式，国家总结经验并提出培育一批特色小城镇的想法。2016 年 12 月 31 日，中共中央、国务院颁发了《中共中央、国务院关于深入推进农业供给侧结构性改革加快培育农业农村发展新动能的若干意见》，文件提到：将大力培育宜居宜业特色村镇。围绕有基础、有特色、有潜力的产业，建设一批农业文化旅游“三位一体”、生产生活生态同步改善、一产二产三产深度融合的特色村镇。[①]

福建省旅游特色小镇整体发展形势良好。不仅数量逐年增多，而且旅游产业特色越来越明显，同时利用旅游产业优势并结合其他产业综合发展，增强旅游特色小镇的吸引力。

一　2017~2018年福建省旅游特色小镇发展总体形势、主要进展

旅游小镇是指把旅游发展与小城镇建设相结合的小城镇。旅游小镇作为连接都市和乡村的纽带，以及促进产业发展的重要载体，是国内外城镇化建设的路径。美国、法国、瑞士、英国等国家的旅游胜地是高品质旅游区和特色旅游要素集聚地，并将全域理念和模式运用到旅游小镇建设中，不仅体现

① 中共中央、国务院：《中共中央、国务院关于深入推进农业供给侧结构性改革加快培育农业农村发展新动能的若干意见》，2016 年 12 月 31 日。

在行政区域间，也体现在小镇的建设、管理理念方面。①

以浙江省为代表的许多地区在推进特色小城镇建设的过程中，依托丰富的文化资源和良好的生态环境，大力建设旅游特色小镇。旅游特色小镇是按照国家新型城镇化要求，围绕城乡发展一体化，结合城镇的旅游特色、文化特色、资源特色、环境特色等，积极争取各方面的投资资金，重点发展旅游产业。截至目前，全国范围内已审批通过的特色小镇有 403 个，其中与旅游投资项目相关的约占 70%。因此，旅游小镇（旅游特色小镇）投资几乎占据了特色小镇总投资的 50% 以上，其开发建设的好坏对全国建设 1000 个特色小镇的宏远目标有重要的影响。

（一）总体形势

旅游特色小镇值得学习的地方是其突出“特而强”，深挖旅游产业潜力，延伸旅游产业链条，激发旅游发展活力。主要内容包括以下几点。一是旅游产业发展方向。分析细分旅游产业发展趋势，突出培育壮大龙头企业，延伸健全旅游产业链条，提出小镇旅游产业的培育重点、转型升级方向和路线图。二是重点旅游产业项目。明确旅游产业重点建设项目，落实用地安排。三是双创平台建设。围绕小镇旅游产业发展，提出创新、创业载体建设的内容和布局。

到 2020 年，这批特色小镇的数量建设目标为达到 1000 个。这就坚定了人们大范围建设“特色小镇”的信心，促使福建省积极将一些具有旅游功能的“特色小镇”打造成“旅游特色小镇”。

福建省人民政府关于开展特色小镇规划建设的指导意见中提出了对特色小镇的总体要求，由此可以总结出福建省旅游特色小镇建设的总体要求。

第一，特色为本。旅游特色小镇是综合小镇的特色旅游产业、投资模式、综合类人才、各类服务等的综合型生态系统，是新型工业化、城镇化、

① 赵俊利：《全域旅游视角下旅游小镇发展模式研究——以乌镇为例》，硕士学位论文，上海师范大学，2017。

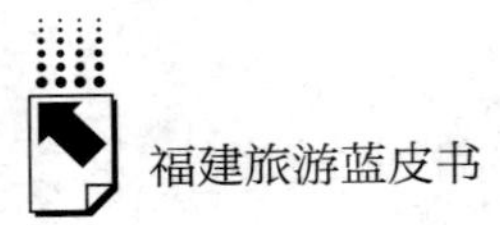

信息化和绿色化融合发展的新形式，要按照创协、协调、绿色、开放、共享的发展理念，结合自身的旅游特征和优势，重新进行旅游产业定位，制定各具特色的旅游发展规划，挖掘旅游产业特色、人文底蕴和生态禀赋，形成“产、城、人、文”四位一体有机结合的重要综合功能平台。

第二，旅游产业为根。旅游特色小镇应聚焦新一代信息技术、旅游、互联网经济、节能环保、新材料等，兼顾工艺美术、茶叶、食品等传统特色产业，找准具有当地特色和明显优势的旅游特色产业作为小镇的优势，力争重点发展可以实现特色小镇可持续发展的旅游产业。

第三，精致宜居。旅游特色小镇要实现精致且美丽，节约一切资源，充分利用小镇现有的环境优势和存量资源，合理规划其旅游发展、产业发展空间布局。旅游产业类特色小镇一般按5A级景区建设。

第四，双创载体。旅游特色小镇要把人才引进作为首要任务，不设专门机构，不新增人员编制，努力打造有利于创新创业的旅游营商环境，最大限度地集聚旅游人才、技术、资本等高端要素，助推旅游产业转型升级。

第五，项目带动。发挥旅游项目的带动支撑作用，强化旅游特色小镇的发展基础。

第六，企业主体。旅游特色小镇建设要坚持旅游企业主体、政府引导、市场化运作的模式，积极吸纳社会投资和资本。旅游特色小镇在建设过程中要认清投资建设主体，地方政府积极做好旅游规划引导、旅游基础设施配套、旅游资源要素保障、旅游文化内涵挖掘传承、生态环境保护、旅游投资环境改善等工作。

福建省力争通过3~5年的培育创建，建成一批旅游产业特色鲜明、体制机制灵活、人文气息浓厚、生态环境优美、多种功能融合的旅游特色小镇。

（二）主要进展

特色小镇不同于行政区划单元和产业园区，是以特色产业为核心，融合文化、旅游及社区功能的创新创业发展平台。随着我国城市化进程的快速推进，特色小镇成为“十三五”期间国家重大发展战略部署。目前，国内已有福建省、浙江省、江苏省等近30个省、市出台了特色小镇培育的指导性文件。

特色旅游小镇建设源于19世纪中期国外的乡村旅游。近些年来，乡村旅游在我国得到大力发展，是人们进行旅游的重要形式之一，也扩大了旅游消费市场，带动了旅游经济的飞速发展。旅游业在促进供给侧结构性改革、实施乡村振兴战略、决胜扶贫攻坚、推动区域协调发展、打造全面开放格局中有突出作用，旅游特色小镇作为旅游发展的新形态，其兴衰优劣往往牵动着很多地区的发展神经。①

为促进福建省旅游业的建设和发展，改变传统的旅游资源开发、规划、建设的理念，丰富福建省的旅游资源开发形式，创新旅游产品，促进福建旅游业的转型升级，福建省大力发展乡村旅游，注重将旅游产业与乡村振兴相结合，重点建设一批特色旅游小镇。旅游是应对供给侧结构改革的重要行业，旅游特色小镇的类型由传统旅游小镇（资源型旅游小镇、旅游服务型旅游小镇和综合型旅游小镇）转变为“旅游+”的产业类型，旅游小镇建设的特点是以“特色”为要点，以“泛旅游产业”为核心。

从福建省特色小镇名单可以看出，大多数的特色小镇都可以进一步建成福建省旅游特色小镇，现有的小镇有些着重发展旅游产业，有些发展美食、茶叶、渔业等其他产业。其中，国家级的特色小镇很多已经成为福建特色旅游小镇。② 例如：福州市永泰县嵩口镇，是中国历史文化名镇，也是福建省第三、福州市唯一的国家级历史文化名镇；厦门市同安区汀溪镇，是集温泉疗养、休闲度假、商务会议于一体的生态型小城镇；泉州市安溪县湖头镇，是中国历史文化名镇、“福建首批历史文化名镇”，是安溪县北部中心城镇，历史悠久，人杰地灵，文化底蕴深厚，素有“小泉州”之称；南平市邵武市和平镇，和平古镇有悠久的历史和深厚的文化积淀，

① 厉新建：《旅游特色小镇的内生发展与路径》，《旅游学刊》2018年第6期。

② 参见福建特色小镇网，http：//dctowns. cn/，2018年11月7日。

古镇区建筑格局为全国罕见的古城堡式大村镇；龙岩市上杭县古田镇，著名的“古田会议”会址所在地，是梅花山4A级自然保护区所在地，是中国历史文化名镇（第一批）。其他一些福建省级特色小镇也已经成为旅游特色小镇（见表1、图1）。

表1　福建省特色小镇名单

地区	首批中国特色小镇	第二批中国特色小镇	省首批特色小镇	省第二批特色小镇
福州	永泰县嵩口镇	福清市龙田镇	长乐东湖VR小镇、永泰嵩口休闲旅游小镇	鼓楼金牛“互联网+”小镇、闽侯海丝时尚居艺小镇、长乐网龙智能教育小镇、福清东壁渔乐文旅小镇
宁德		福鼎市点头镇、福安市穆阳镇	屏南药膳小镇、霞浦三沙光影小镇、蕉城三都澳大黄鱼小镇	宁德锂电新能源小镇、福安湾坞不锈钢新材料小镇、寿宁廊桥文旅小镇、周宁人鱼小镇
莆田		涵江区三江口镇	仙游仙作工艺小镇、城厢华林鞋艺小镇、秀屿上塘银饰小镇、湄洲妈祖文化小镇	莆田妈祖国际医疗健康小镇、仙游艺雕小镇、荔城北高黄金珠宝小镇、涵江雪津啤酒小镇
泉州	安溪县湖头镇	石狮市蚶江镇、晋江市金井镇	永春达埔香都小镇、德化三班瓷都茶具小镇、安溪藤云小镇、晋江人才梦想小镇、晋江深沪体育小镇	晋江“芯”小镇
漳州		南靖县书洋镇	南靖山城兰谷小镇、长泰古琴小镇、东山海洋运动小镇、诏安四都渔乡休闲小镇	龙文时间小镇、漳浦海峡花木小镇、平和琯溪蜜柚小镇、芗城天宝香蕉小镇
龙岩	上杭县古田镇	永定区湖坑镇	上杭古田红色小镇、漳平永福花香小镇、连城培田草药小镇	长汀河田鸡美食小镇、武平岩前新显小镇
三明			明溪药谷小镇、永安石墨小镇	建宁贡莲小镇、宁化石壁客家文化小镇、清流林舍桂花小镇
南平	邵武市和平镇	武夷山市五夫镇	光泽圣农小镇、武夷山五夫朱子文化休闲小镇、政和石圳白茶小镇、建瓯徐墩根艺小镇	延平王台百合小镇、建阳麻沙建本小镇、政和东平酿造小镇

资料来源：福建特色小镇网，http：//dctowns.cn/，2018年11月7日。

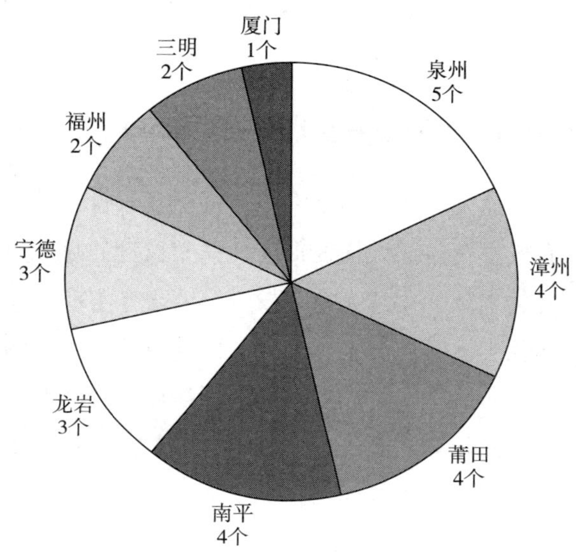

图1　福建省级首批特色小镇分布情况

二　福建省旅游特色小镇发展的突出特点

（一）加快旅游产业转型升级的步伐

旅游特色小镇结合新产业、新业态、新资源及新环境，同时融入互联网、电商等新业态及新理念，开发和拓展市场营销、公关宣传渠道。如鼓楼金牛“互联网+”小镇、长乐东湖VR小镇、霞浦三沙光影小镇、仙游艺雕小镇等，有些开发了专门用于网络销售的App，通过互联网技术、计算机软件等，大大提升了旅游产品的销售量。网络销售员、微信群、QQ拍卖群，还有专门的淘宝门店，每月销售、拍卖额逐渐增多。另外，旅游特色小镇已成为经济与社会发展的新动能。在旅游特色小镇建设的过程中，原有的传统产业经过新技术改造并被赋予新功能，发生了翻天覆地的变化。如武夷山市五夫镇，以前其传统产业是以农业为主导的产业，现在大力挖掘古镇旅游文化，大范围种植荷花，并丰富产业链，已成为重点旅游区。[①]

（二）增加地方项目建设并拉动经济增长

首先，投资增长速度加快。福建省固定资产有效投资额大幅度增多，其中旅游特色产业有效投资占比大幅度提高，民间投资的吸纳速度增快，投资额增加。投资结构越来越优化和完整，投资进度也在不断加快。其次，旅游市场主体多样。特色小镇的建设主体多样，而旅游特色小镇的建设涉及内容广泛，项目类型繁多，能吸引更多的创业创新群体，且能够有效地解决就业问题。如妈祖文化小镇以打造经济升级版为主线，全面实施“一地三岛”战略，着力推动旅游产业优化升级。

（三）成为推动供给侧结构性改革的新实践

特色小镇建设需要综合第一、二、三产业的综合功能，在有限的地理空间范围内发挥最大的优势，满足各类消费群体的不同需求，使该区域的产业链更加丰富和完整。如上杭古田红色小镇，在上杭特色农产品生产和加工的基础上，还增加了古田会议遗址、红色旅游产品展示体验、红色文化的讲解宣传等环节内容。旅游特色小镇建设能够推动传统产业转型升级，通过增加和集聚科技、资金、人力等要素，使传统的产品转型升级。如政和石圳白茶小镇，以前房屋脏乱、垃圾乱堆、村民贫困，现在大力开发休闲观光农业、草莓采摘、观光自行车骑行、白茶文化体验，一系列旅游项目吸引了来自周边县市的游客，已经成为“福建省重点巾帼示范基地”，并被国家旅游局评为扶贫示范项目。

（四）充分展示福建省社会经济的发展

福建省各方主体非常重视旅游特色小镇的建设，不仅有完善的政策支

---

① 福建省旅游局：《福建省“十三五”旅游业发展专项规划》，2016。

持，而且加大资金投入力度，取得了良好的经济效益。尤其是对于如武平、清流等一些贫困区域，不仅将其现有资源与旅游产业紧密结合，而且大大提升了它们的知名度和美誉度，提高了其经济效益、环境效益。如嵩口镇于2008年10月14日被国家文物局、住房和城乡建设部正式命名为“中国历史文化名镇”，成为福建省第三、福州市唯一的国家级历史文化名镇。①

三　福建省旅游特色小镇发展存在的问题分析

（一）旅游特色小镇“特色”不显著且传统文化缺失

旅游特色小镇在建设过程中必须突出小镇的“特色”，不仅是旅游产业及其他产业，还要考虑相互间的融合和升级。很多旅游特色小镇在建设时往往盲目照搬，出现低质杂乱的现象，而且相信现代事物优于历史事物，从而破坏了原本的具有历史特色的城镇原貌。例如，福建省南部地区的一些小镇，剔除原有的南部地区的建筑，照搬北方民居的样式；有些特色传统古民居的小镇，按照西方建筑设计风格进行改造，且设计粗糙、细节失真，从而导致另类和怪异。再如福建省永安燕西街道吉山村、永泰县嵩口镇等。

同时，福建省旅游特色小镇的建设还要注重特色经济、特色产业。因为特色小镇的建设重点突出特色产业，而旅游特色小镇重点突出旅游产业的开发和旅游经济的发展，并以此带动相关的餐饮、服务、工艺品加工等产业发展。但是，目前很多小镇存在旅游特色不明显、产业化程度不高的问题，对福建省当地经济发展的带动作用发挥得不够。

（二）旅游特色小镇规划缺乏完整性

特色小镇建设是国家重要的发展战略之一，而开发和建设需要科学的规

① 展鑫：《海岛地区特色旅游小镇打造策略研究——以舟山为例》，硕士学位论文，浙江海洋大学，2018。

划和可持续的指导理念。旅游特色小镇是特色小镇的重要一员，特别要强调旅游产业的功能。旅游产业的发展需要丰富的旅游资源、特色旅游产品、完善的旅游交通、雄厚的资金支持等，在发展的同时要结合小镇其他诸如农业、工业等特色资源，发挥旅游特色小镇各种优势的集聚效应，从而集聚出真正的“特色”，支撑小镇的核心主题，使其有别于其他小镇，做到主题鲜明，特色各异。关于福建省的旅游特色小镇规划，虽然有突出旅游产业的情况，但较为单一，没有很好地将第一、二、三产业与旅游资源融合，形成特色的旅游产业、旅游项目，有的甚至是为了完成上级规划的任务或争取某些资金支持，只是应付建设，没有真正做到将特色小镇建设与旅游产业转型升级有机结合，忽视了旅游特色小镇规划的完整性，规划只是停留在表面，流于形式，没有真正落地建设，更没有形成整体的、系统性的旅游特色小镇规划。①

（三）旅游特色小镇产品开发层次较低

福建省在建设特色小镇的同时特别注重对旅游特色的挖掘，但是由于起步较晚、资金不足且人力缺乏等，开发层次还较低，不乏出现旅游产品过于单一、产品老化、同质化等问题。大部分旅游特色小镇仍以为游客提供简单的观光、休闲、度假、海滨、采摘、农家乐为主，这些旅游项目一般缺乏真正意义上的旅游 IP，很容易被模仿，从而导致旅游企业的价格竞争激烈，缺乏持续吸引力，也与旅游特色小镇景观设施的缺失有较大的关系。如明溪药谷小镇、永安石墨小镇等，虽然产品各具不同，但产品内涵没有得到深入的挖掘和提升。

同时，旅游特色小镇基础设施建设欠缺也会影响旅游产品开发的层次。旅游特色小镇不同于小城镇或农村，虽然有些旅游特色小镇的地理区域范围不大，但是为了能够更好地使旅游产业转型升级，必须有完整的配套设施，包括基础设施和服务设施等，且等级和层次往往不亚于城市。虽然福建省内大多数小镇的整体环境得到改善，如建筑改造、公共设施增加等，但仍然存

① 福建省旅游局：《福建省“十三五”旅游业发展专项规划》，2016。

在环境污染、网络覆盖范围有限、可进入性差等现象，不能满足日益增多的消费者需求。还有一些乡镇房屋建设无序，还存在大量土房、危房未进行升级和改造，人员流失在外，资金严重短缺，基础设施水平较低，旅游功能不完善，更谈不上进行产业融合和升级。如南平市邵武市和平镇，虽历史文化悠久，但基础设施建设较落后。

（四）信息化建设滞后

作为对信息和信息技术依靠性很强的旅游产业来说，以信息为生存和运站的产业，信息贯穿了旅游活动的全过程。如旅游产品的销售、旅游产业经营管理、智慧产业等，互联网和信息技术向传统旅游产业融入，大大促进了旅游特色小镇的要素流动与创新旅游产业的功能。但是，一些旅游特色小镇信息化建设比较滞后，如基础设施应用差、网络信息更新慢、旅游企业电子商务系统匮乏、信息服务水平低下等，使旅游者无法及时获取旅游企业及旅游资源的相关信息。有些小镇的信息化建设仍停留在表面，没有触及旅游特色小镇较深层次的内容，如旅游文化等，有些甚至制约了信息化的进一步发展和效率的提高。信息化建设能够促使资本、市场、创新、人才和社会流动性变化，不仅有助于福建省旅游特色小镇形成富有创新力和多元化发展的社会网络，也可以全面提升旅游特色小镇的运行效率，包括流动性的社会服务模式、高效的社会运行管理及高度集聚的生产性服务经济，提升特色小镇的社会经济活力①，如龙岩市上杭县古田镇等。

（五）旅游特色小镇资源开发程度低

福建省旅游资源虽然丰富，独特性强，但是受交通条件的影响，许多景区不集中，在开发利用上很难形成规模和产业“集聚效应”，而且旅游资源的开发及利用需要多方条件的支持和配套，一旦条件缺乏就会阻碍其发展。例如，漳浦海峡花木小镇、武平岩前新显小镇、清流林舍桂花小镇等地的基

① 尚佐方：《旅游特色小镇电子商务应用研究》，硕士学位论文，广西师范大学，2016。

础设施落后，且缺乏相应的配套设施，景点的核心吸引物竞争力有限；同时，由于其所在的区域位置不好，没有办法将它们融合发展，串联旅游线路，形成完整的旅游网络线路；旅游开发规划更多地偏重于对各个景区景点的规划，没有完整的统筹规划，从而使开发建设没有高度和特色，没有能够延长顾客逗留时间的特色项目和产品，再加上旅游基础设施及配套设施相对滞后，导致游客数量不多，缺乏核心竞争力，造成了恶性循环，从而延缓了旅游特色小镇建设的时间。

（六）各类体制制约旅游特色小镇全面发展

首先，管理体制不顺，行业管理难以到位。有些旅游特色小镇的景区已经设置了管委会，但是政府、旅发委、旅游投资公司等同样有管理权限，导致工作难以协调、管理难以到位、资源难以整合、合力难以开成等，对小镇旅游业的科学管理极为不利。

其次，对于没有行政级别的旅游特色小镇，资金和土地成为制约其发展的关键要素。旅游特色小镇的基础设施相对较薄弱，并且由于建设周期长、收益低等特征，市场资金落实较难。同时，旅游特色小镇建设区位多位于郊区或农业地区，多数是集体土地，土地权属和用途是重要影响因素之一。这些都会影响旅游特色小镇的建设。

最后，投融资体制不完善。福建省部分旅游特色小镇地处偏远地区，基础设施相对比较落后，交通、医疗、网络等跟不上旅游业发展的步伐，尤其是交通设施的建设，建设成本高，建设周期长，更多地依靠政府的投资，而民间资本和企业投资较少，没有充足的资金根本满足不了旅游特色小镇发展的需求。如长汀河田鸡美食小镇、武平岩前新显小镇等。同时，在现行财政体制下，不少城镇缺乏支撑经济发展的产业，而旅游产业的发展需要较长的周期，从而导致财政收支平衡缺口较大。因此，最大化地发挥投融资平台的作用，政府和社会资本合作的 PPP 模式还有待加强。①

---

① 厉新建：《旅游特色小镇的内生发展与路径》，《旅游学刊》2018 年第 6 期。

四　福建省旅游特色小镇发展的建议和对策

（一）探索“旅游+”的多元化发展模式

福建省旅游特色小镇的发展核心是旅游产业，但不能孤立旅游产业，应该将旅游产业和其他产业、资源进行融合，发挥“1+1>2”的效应，让旅游业态更加多元化、旅游产品供给更加丰富化，进一步促进旅游业的全面发展。逐步加强旅游健康、旅游演艺、观光农业、养老养生度假旅游等新业态的大胆尝试、创新，从而使旅游新业态层出不穷，并得到不同程度的发展。随着旅游新业态格局的形成，丰富多彩的旅游新产品在特色小镇中不断被开发并呈现，特色商业街区、主题公园、文化创意园区、精品民宿群、VR旅游体验产品等高品质休闲度假旅游产品吸引了众多旅游者。这种多元化建设模式大大提升了旅游特色小镇的核心竞争力，激发了旅游市场活力和社会的创造力，促使其不断进行旅游产品创新，扩大旅游产业集聚效应。

（二）科学制定规划

福建省特色旅游小镇的建设应注重各项规划，如旅游发展规划、旅游产业规划、旅游项目规划、旅游营销规划等。要充分认识旅游规划的重要性，特别要让更多的旅游开发投资主体增强规划理念，切实强化“做特色旅游，要优质规划”的意识。要继续完善旅游特色小镇的旅游规划体系，最好能够建立旅游相关规划的评估机制，且切实抓好规划实施。旅游规划的内容必须建立在旅游特色小镇的区域旅游发展背景、旅游发展阶段和旅游产业结构等基础上，并充分利用本地区资源、环境、市场、人力和文化等优势，积极与城建、土地、文化、交通、林业、农业等相关规划融合。同时，利用良好的生态环境吸引金融科技服务、信息服务业和文化创意产业，积极运用多种方式，宣传引导投资开发主体认真执行旅游规划。①

① 周雨濛：《旅游特色小镇景观规划与实践研究——以苏州望亭老镇区为例》，硕士学位论文，苏州大学，2017。

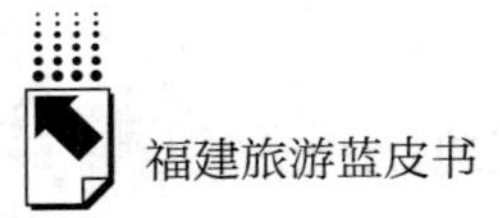

（三）完善制度体系建设

生产要素的充分流动是福建省特色旅游小镇产业集聚的必要条件。积极推动城镇等级化行政管理体制的改革，通过改革赋予小城镇在土地、财政、税收、融资等方面更为普适的自主权，激发旅游特色小镇的发展潜力。首先，加强顶层设计，跨部门沟通与协作旅游特色小镇的发展，同时协调各职能部门，创新行政审批模式，明确部门职责边界和交接节点，调动社会各方积极性。其次，促使旅游特色小镇实现统筹发展，杜绝旅游产业结构趋同，需要完善的制度体系统筹安排，从而实现资源的共享与整合利用。

（四）多方协同参与

政府的科学引导和扶持对福建省特色旅游小镇的发展能起到重要作用。首先，旅游特色小镇的建设离不开交通、能源、电讯、环保、教育等各项生产和生活服务性基础设施的规划建设，需要多方协作形成完善的规划；其次，旅游特色小镇的建设需要多方主体积极参与，也会涉及多个利益相关者的切身利益，要形成合力，协调各方的利益，切实实现旅游产业的升级转型，丰富投融资渠道，加大对旅游特色小镇的支持力度。同时，推进利用特色小镇治理主体多元化、信息化，实现小镇运行机制平台化、网络化。

（五）加大资金投入

福建省旅游特色小镇的规划、设计和建设都需要大量的资金，而旅游产业所涉及的内容广泛、旅游项目复杂、旅游投资主体多样等问题都给资金的筹措带来一定的难度。同时，旅游投资多、旅游回收期长、利益相关者多样，因此，若要全面发展福建省旅游产业，将旅游产业与其他产业、资源融合发展，就必须吸纳大量资金。通过政府拨款、企业融资等方法都可以获得资金，支持旅游特色小镇的建设。只有强大的经济支撑，才能为旅游特色小镇的建设提供更多的财力资源，尤其是基础设施建设和服务设施建设的资金支撑。①

福建省旅游特色小镇的建设具有明确的产业定位与文化内涵，以及生产、生活、旅游、居住等功能的叠加和融合，从而具有明确的空间边界。在创建和发展过程中，需要第一、二、三产业的融合和提升。新时代语境下的旅游特色小镇能够推动福建省新型城镇化的发展，促进各类产业转型和升级，尤其是传统产业。有助于解决旅游产业结构单一、资金来源狭窄、旅游人才匮乏、生态环境恶化等问题，深入挖掘福建省旅游特色小镇的旅游产业IP、旅游文化IP等，对其实现可持续发展具有重要意义。通过旅游产业的发展，结合旅游小镇的各类资源和旅游特色产业，对于提升旅游特色小镇的竞争力具有现实意义。

① 邓爱民：《旅游特色小镇开发与运营管理》，中国旅游出版社，2017。

重大课题研究篇

Study of Major Issues for the Development

B.19
福建省旅游大数据的挖掘与应用

林宝民　伍世代*

摘　要： 随着大众旅游时代的到来和文旅融合的行业大趋势，中国旅游业迎来了智慧旅游发展的高峰期，国家、地方对于鼓励智慧旅游发展的政策和激励手段不断出台，行业内对智慧旅游发展的理论体系、方法途径、实际应用的研究也如火如荼。福建省作为中国重要的旅游目的地，凭借自身特有的自然、人文旅游资源，很早就成为中国旅游行业发展中的佼佼者。在新时期，福建省也积极响应国家政策号召和行业发展要求，在智慧旅游的建设方面初试身手，取得了一定的成绩，但这远远还不能满足旅游大省发展的需求。因此，本文从大数据

* 林宝民，硕士，福建师范大学旅游学院讲师，主要研究方向为智慧旅游、旅游大数据、旅游规划与开发；伍世代，福建师范大学旅游学院院长，教授，博士生导师，主要研究方向为城市与区域规划、人文地理学、旅游地理、土地利用规划和土地资源管理等。

在智慧旅游发展中的应用角度出发，通过大数据技术的优势和应用的研究，以科学态度、专业素养和客观判断来探讨利用大数据技术进行福建省旅游大数据的挖掘和应用，从而达到助推福建省智慧旅游发展的目的，实现福建省旅游经济、旅游服务和旅游形象的全面提升。

关键词： 大数据 智慧旅游 福建省

一 研究现状分析

目前，智慧旅游概念在国外并没有明确的定义，在国内也主要是学术领域的研究，并没有很好的阐述和统一。自 2011 年以来，专家学者们开始结合各自领域的发展实际对智慧旅游的建设、发展展开探索与研究，但行业壁垒、技术手段和科技发展等客观原因，使学者对于智慧旅游的研究虽然在基础理论研究方面取得了一定的进展，但总体上仍未形成一个成熟的、统一的、全面的理论研究框架，尚处于研究的初始阶段，基础理论研究争议颇多。从国内外研究来看，大数据已在网络通信、医疗卫生、农业研究、金融市场、气象预报、交通管理、新闻报道等方面广泛应用，从国外知名的《华尔街日报》、*Nature*、*Science* 讨论大数据所带来的挑战和大数据科学研究的重要性，到我国《“十二五”国家战略性新兴产业发展规划》[①] 和《国家中长期科学和技术发展规划纲要（2006—2020 年）》[②] 提出支持海量数据存储、处理技术的研发和产业化，国内外对于大数据的研究进行得如火如荼。但是，大数据在旅游行业的应用和研究都还是起步阶段，随着大众旅游时代

① 中华人民共和国国务院：《“十二五”国家战略性新兴产业发展规划》（国发〔2012〕28 号），http：//www. gov. cn/zwgk/2012 -07/20/content_ 2187770. htm，2012 年 7 月 9 日。

② 中华人民共和国国务院：《国家中长期科学和技术发展规划纲要（2006—2020 年）》（国发〔2006〕6 号），http：//www. gov. cn/zhengce/content/2008 -03/28/content_ 5296. htm，2006 年 2 月 7 日。

的到来，全域旅游理念深入人心，旅游大数据时代正在开启序幕。在“大数据”及“全域旅游”的背景下，智慧旅游的概念需要拓展，大数据的内涵需要挖掘，以更好地找到两者的契合点。

（一）相关政策研究现状

1. 国家大数据相关政策

我国大数据产业自“十二五”以来经历了一个从无到有、行业应用快速推广、市场规模高速增长的过程，全国各地对大数据的发展、投入的积极性不断提高。2015 年，党的十八届五中全会提出了“实施国家大数据战略”，随后由国务院印发的《促进大数据发展行动纲要》成为我国大数据共享事业的里程碑，从而吹响了建设大数据强国、全面推进大数据发展的号角。2017 年 1 月，工信部发布了《大数据产业发展规划 2016—2020年》，对“十三五”期间大数据产业的发展工作进行了全面的部署，提出了发展目标，明确了主要任务、重大工程及保障措施，并将酝酿开启万亿元级别市场规模，其间，我国将建设完成 10 ~ 15 个大数据综合试验区，创建一批大数据产业集聚区，形成若干大数据新型工业化产业示范基地。[①] 接连出台的国家政策为大数据产业的快速健康成长营造了良好的环境。

2. 旅游信息化相关政策

自 2015 年以来，国家在智慧旅游方面相继颁布《关于促进智慧旅游发展的指导意见》《国家旅游局关于促进旅游业与信息化融合发展的若干意见》《国务院关于积极推进“互联网 + ”行动的指导意见》《国家旅游局关于实施“旅游 + 互联网”行动计划的通知》《旅游大数据“十三五”专项规划》等文件，将旅游的智能化、信息化和大数据应用作为未来旅游发展的重要方向，旨在提高旅游业的信息化水平，使信息

① 工业和信息化部：《大数据产业发展规划（2016—2020 年）》（工信部规〔2016〕412 号），http：//www. miit. gov. cn/n1146295/n1146592/n3917132/n4061512/c5464943/content. html，2017 年 1 月 17 日。

技术更好地服务于市场，满足游客日益增长的信息化需求，助力旅游业的繁荣发展。由国家旅游局于2017年3月7日公布的《“十三五”全国旅游信息化规划》，则进一步明确了“十三五”期间旅游信息化所面临的形势、发展目标、主攻方向、重点工程、优先行动和体制机制保障，确定了旅游信息化规划的主要内容，加快推进新一代信息技术在旅游业中的应用，为创新旅游新模式、扩大旅游新供给、拓展旅游新领域、打造旅游新引擎、提高旅游公共信息服务水平、增强旅游在线营销能力、加大旅游行业监管力度、提升旅游行业现代化治理水平①提供了强有力的政策支撑。

（二）大数据在国内旅游行业的应用现状

1. 大数据技术与智慧旅游的关系

智慧旅游与大数据技术息息相关。两者的关系可以用图1来表示。

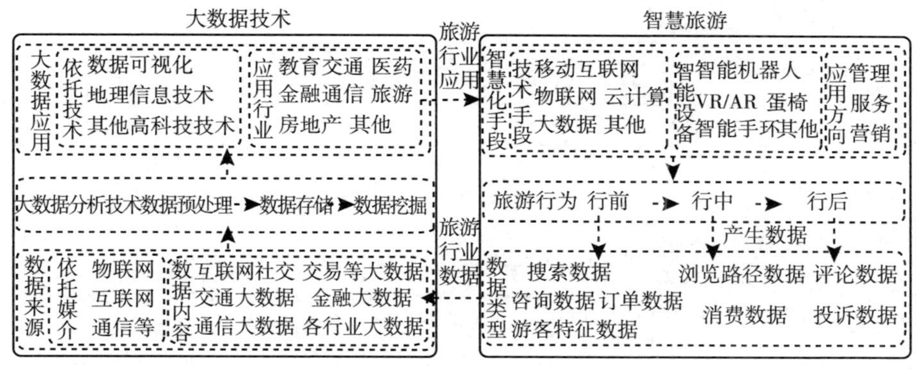

图1　大数据技术与智慧旅游的关系

首先，数据来源方面。在全域旅游背景下，旅游与各行各业的紧密度更加深入，即旅游的范围变得更加广阔。对于智慧旅游而言，这意味着其

① 文化和旅游部：《“十三五”旅游业发展规划》（旅办发〔2016〕346号），http：//zwgk.mct.gov.cn/auto255/201703/t20170307_832410.html？keywords=，2017年3月7日。

所依赖的数据源更加多元化，与各行各业的交叉性将更强。游客旅游行为中将产生大量的旅游相关数据，如行前（搜索数据、咨询数据、订单数据、游客特征数据等）、行中（游客游览路径数据、消费数据等）、行后（评论数据、投诉数据等）。[①] 这些数据是大数据在旅游行业中应用的重要基础数据源。

其次，数据应用方面。把旅游行为产生的数据与其他涉旅数据相关联，通过数据预处理、数据存储、数据挖掘等大数据分析技术，形成面向旅游行业的大数据应用，即将大数据分析的分析挖掘结果应用于旅游管理、旅游服务、旅游营销，形成全面的能够服务政府、涉旅企业和游客的智慧化管理、营销与决策。

2. 大数据在智慧旅游的应用

（1）智慧旅游管理方面。现阶段，在国家的引领下，各省大多数市县将旅游行业作为大数据战略的重点应用领域，纷纷出台了相关的政策文件，部分省份的情况如表 1 所示。

表 1　大数据在智慧旅游中的应用

区域	文件名称	具体内容
国务院	《国务院关于印发促进大数据发展行动纲要的通知》国发〔2015〕50 号	建设社会治理大数据应用体系。到 2018 年，围绕实施区域协调发展、新型城镇化等重大战略和主体功能区规划，在旅游服务等领域探索开展一批应用试点。打通政府部门、企事业单位之间的数据壁垒，实现合作开发和综合利用。 重点开展交通旅游大数据，建立旅游投诉及评价全媒体交互中心，实现对旅游城市、重点景区游客流量的监控、预警和及时分流疏导，为规范市场秩序、方便游客出行、提升旅游服务水平、促进旅游消费和旅游产业转型升级提供有力支撑。
北京市	《北京市人民政府关于印发〈北京市大数据和云计算发展行动计划（2016—2020 年）〉的通知》（京政发〔2016〕32 号）	发展旅游文化大数据。建立旅游投诉及评价全媒体交互中心，规范旅游市场秩序，提升服务质量。开展游客、旅游资源智能统计分析，实现重点景区游客流量的监控、预警和分流疏导。加大数字图书馆、数字档案馆、数字博物馆等公益设施的建设力度，构建文化传播大数据综合服务平台，开展个性化文化服务。

① 梁昌勇、马银超、路彩红：《大数据挖掘：智慧旅游的核心》，《开发研究》2015 年第 5 期。

续表

区域	文件名称	具体内容
浙江省	《浙江省促进大数据发展实施计划》(浙政发〔2016〕6号)	促进旅游服务大数据应用发展。推进全省旅游信息资源共享,实现各相关政府部门涉及旅游数据资源的整合应用,与主要网络搜索引擎以及在线旅游服务商合作,建立旅游大数据资源库。建设基于游客评价、行业自律及市场监管等信息为主的全省旅游景点、服务人员的征信体系,有效促进旅游诚信服务、放心消费。开展对旅游客源地和游客消费偏好数据的收集、积累和分析,探索建立旅游投诉及评价全媒体交互中心,加强旅游服务资源的优化配置,实现对旅游城市、重点景区游客流量的监控、预警和及时分流疏导,提升旅游公共突发事件预防预警、快速响应和及时处理能力,为规范市场秩序、方便游客出行、提升旅游服务水平、促进旅游消费和旅游产业转型升级提供有力支撑。
福建省	《福建省人民政府关于印发福建省促进大数据发展实施方案(2016—2020年)的通知》(闽政〔2016〕27号)	以旅游大数据应用工程为重点工程。建立旅游投诉及评价全媒体交互中心,实现对旅游城市、重点景区游客流量的监控、预警和及时分流疏导,为规范市场秩序、方便游客出行、提升旅游服务水平、促进旅游消费和旅游产业转型升级提供有力支撑。
山东省	《山东省人民政府关于促进大数据发展的意见》(鲁政发〔2016〕25号)	促进旅游大数据发展应用。推动旅游、公安、交通、铁路民航、文化等部门和单位的数据资源共享,建设全省统一的旅游大数据应用平台。加强旅游信息系统和数据安全保护,确保数据来源渠道稳定性和连续性。加强旅游大数据在旅游产业宏观监管、客流监测、公共服务等领域的应用。建设旅游目的地游客评价数据采集分析系统,开展游客满意度调查分析。加强旅游市场网络营销监测,围绕游客需求开展精准网络营销。加强景区游客预警分析和安全管理,将全省5A级景区视频监控图像接入大数据平台。加强旅游经济运行情况信息收集、传递、分析处理和使用
广东省	《广东省人民政府办公厅关于印发广东省促进大数据发展行动计划(2016—2020年)的通知》(粤府办〔2016〕29号)	旅游领域:基本形成以旅游大数据为核心的智慧旅游公共服务体系。 优化大数据产业布局。支持粤东地区发挥海缆资源优势,运用大数据重点发展智能电网、智慧旅游和智能制造。支持粤北地区依托生态型新区建设,运用大数据重点发展智慧农业和智慧旅游。
河南省	《关于印发〈河南省大数据产业发展引导目录(2017年本试行)〉的通知》(豫发改高技〔2017〕169号)	涵盖益民服务大数据创新应用。智慧旅游与智慧景区建设;旅游大数据挖掘与个性化精准营销。

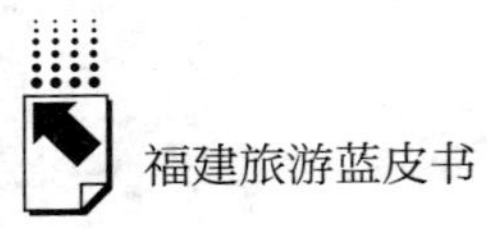

续表

区域	文件名称	具体内容
贵州省	《省人民政府印发〈关于加快大数据产业发展应用若干政策的意见〉、〈贵州省大数据产业发展应用规划纲要(2014—2020年)〉的通知》(黔府发〔2014〕5号)	挖掘“智慧贵州”大数据潜力。依托市(州)开展以“智慧交通”、“智慧旅游”、民生服务等为主要内容的“智慧城市”试点,整合信息资源,实现软硬件资源的共建共享。 建设智慧旅游云工程。面向日益增长的旅游行业管理、旅游景区信息化发展需求及自驾、自助游爆发式增长的趋势,建立智慧旅游云服务平台。整合旅游、建设、文化、交通、公安等部门和旅游景区、旅行社、酒店等单位的数据资源以及公路、铁路、机场等交通数据资源,建立全省统一的跨地区、跨景区的旅游数据资源交换体系。提供游客、旅游景区和旅行社等旅游企业的管理信息服务,提升景点旅游信息、建设、地貌、民族文化等信息整合程度和创新业态服务水平,提升具有民族特色的个性化旅游体验。
重庆市	《重庆市人民政府关于印发重庆市大数据行动计划的通知》(渝府发〔2013〕62号)	开展大数据示范应用。多渠道采集食品药品安全、医疗卫生、社会保障、教育文化、旅游休闲、就业等方面的数据,推动数据的整合、共享和开放。

大数据技术实现了旅游管理的变革，主要是以政府为代表的变革，但目前主要集中在大数据中心的建设以及旅游产业运行监测与应急指挥平台的搭建上，还停留在“看”的层面，并没有真正做到大数据在智慧旅游中的深入应用。虽然部分政府投入了大量的资金，进行了旅游大数据的全面汇聚，但实际应用效果甚微。未来智慧旅游该如何发展，如何利用大数据技术加速智慧旅游管理的变革进程，都需要我们进行研究。

（2）智慧旅游服务方面。“大数据”与“旅游服务”的实践结合可以追溯到十多年前。涉旅企业为游客提供服务的方式主要包括：基于其本身的现有数据提供旅游大数据报告；提供基于大数据分析的旅游产品。如途牛、旅妈妈、蚂蜂窝等 OTA 时常发布的旅游分市场的大数据分析报告，供游客了解旅游市场和游客出行行为。预测性报告能够让游客提前做好旅游准备（见表 2）。

表 2 近期部分旅游大数据报告

发布者	报告名称	发布时间	备注
中国旅游研究院	《中国出境旅游发展年度报告 2017》	2017 年 10 月	—
途牛	《2017 爸妈游市场分析报告》	2017 年 10 月	—
	《2017 国庆后错峰游意愿报告》	2017 年 10 月	—
	《动物主题游消费分析 2017》	2017 年 10 月	—
	《2017 国庆酒店消费报告》	2017 年 10 月	—
	《2017“十一”黄金周旅游消费报告》	2017 年 10 月	—
	《2017 国庆中秋签证报告》	2017 年 9 月	—
	《德国旅游消费分析 2017》	2017 年 9 月	—
驴妈妈	《2017 国庆中秋出游趋势报告》	2017 年 9 月	—
	《影视旅游热门目的地人气榜》	2017 年 9 月	—
蚂蜂窝	《全球旅游目的地分析报告》	2017 年 10 月	联合中国旅游院
	《2017 国庆出游趋势报告》	2017 年 9 月	联合今日头条
	《中国上班族旅行方式研究报告》	2017 年 9 月	联合领英
木鸟短租	《国庆中秋出游住宿数据报告》	2017 年 9 月	—
艺龙 + 腾讯	《2017 国庆出游趋势报告》	2017 年 9 月	—

（3）智慧旅游营销方面。智慧营销是大数据应用于智慧旅游行业并产生价值的最直接的体现。大数据能够分析客户特征、偏好、历史搜索及路径轨迹等信息，从中挖掘出旅游市场的潜在用户并针对细分市场制定适合其偏好的营销推广策略。目前，多个省市已在智慧营销方面展开了尝试，需要对此进行总结，以更好地实现大数据在智慧营销中的应用。涉旅企业在智慧营销方面的产品主要包括以下几类：智慧旅游营销监测类系统、智慧旅游分销管理系统、智慧营销信息推送（见表 3）。

表 3 部分涉旅企业在智慧旅游营销方面的探索

企业类型	名称	旅游大数据在智慧营销应用的举措	合作应用
互联网企业	腾讯	通过腾讯大数据对微信公众号、QQ 空间、腾讯新闻及评论、腾讯微博等多个公开场景进行大数据分析，基于地区、行为、兴趣等多个维度丰富的用户标签，结合覆盖用户全场景的内容分发平台和多样化的互动方式，为商家带来精准、高效且便捷易用的营销解决方案	国家旅游局、浙江省杭州市、山东省潍坊市、洛阳市旅游发展委员会等

续表

企业类型	名称	旅游大数据在智慧营销应用的举措	合作应用
互联网企业	去哪儿	2016年成立“智慧旅游”营销中心，与五洲传播中心、二外旅游管理学院达成合作，创建智慧旅游5大服务标准，打造线上+线下营销服务闭环。主要依托去哪儿平台自有数据以及其现有的平台营销、短信营销等方式	千岛湖风景旅游委员会、雅安市旅游局、八达岭智慧旅游公司、蜗牛（北京）景区管理有限公司、南京智杰物联科技股份有限公司等
	携程	2015年，成立携程智慧旅游公司，并重磅推出以大数据为核心的4大产品：智慧目的地与景区解决方案、目的地白皮书、携程大数据及携程目的地旗舰店。同时，每年召开智慧旅游与营销年会，开启了与多个旅游目的地的智慧旅游营销合作	加拿大BC省旅游局、南京报业传媒集团、浙报传媒、洛阳市旅游发展委员会等
	百度	百度以其丰富的搜索数据、路径数据为依托，进行智慧旅游大数据的探索，并且将其应用于千岛湖、峨眉山等多个智慧景区，同时每年召开百度目的地旅游峰会，探讨大数据在智慧旅游营销方面的应用	大同市政府、洛阳市旅游发展委员会、千岛湖风景旅游委员会、四川省崇州市政府签等
	途记	通过打造旅游商圈以及新媒体运营的方式，以景区为中心获得商业资源（餐饮、住宿、购物等），将流量作为商圈运营的核心，构建O2O智慧商圈管理模式，帮助政府等部门实现智慧营销	乌镇商圈、茅台商圈、武林商圈、英山商圈等
系统集成商	中科大旗	通过云平台为旅游企业提供全球分销系统，打通线上线下渠道，有效整合供应商和分销商，打造“旅游电子商务生态链”，快速提升旅游企业的电子商务水平。产品包括：旅游全球分销系统、微营销（云平台）、全域旅游目的地营销服务平台	四川省乐山市等
	中智云游	提供智慧营销综合服务平台以及目的地营销系统，为游客提供景区景点导游导览、周边景区推荐、周边餐饮、住宿、特产购物等信息，同时提供门票预订、餐饮、特产、酒店在线购买预订服务，满足游客从查看信息到下单、支付到实际消费的需求，并为游客提供摇红包、优惠券、等在线互动福利，实现O2O微信营销功能	天津、宁波、贵州、盘锦等智慧旅游营销建设项目

二 福建省智慧旅游现阶段建设成果

作为旅游大省，福建省积极响应国家加快智慧旅游建设的号召，并不断加快发展“旅游+互联网”的新兴业态，借力互联网移动端平台加强营销推广，追求全国人群的精准化覆盖，最大限度地实现旅游消费的转化，在全国打响了“清新福建”的品牌。截至目前，福建在智慧旅游发展中主要有以下建设成果。

（一）福建省智慧旅游云集群项目

全省合作成立了“福建智慧旅游有限公司”，并在国内旅游业首创采用“PPP”模式，负责全省智慧旅游平台的建设、运营及发展。目前已建设完成省旅游产业大数据平台、云应用平台、旅游营销平台、公共信息服务平台及娱乐融合5个平台，并配套建设了虚拟旅游平台及手机客户端。项目具备以下四大特点。一是权威性，省旅游局将协调工商、税务、公安、法院、交通、水利、气象、卫生等部门，共享他们的数据，为消费者提供最权威的认证。二是全面性，省旅游局将用利益杠杆辅以行政手段吸引和动员旅游要素入场，使平台成为交易平台、宣传营销平台和监管平台。三是开放性，除建设5个云平台外，还将不断增加新的平台，如质量认证平台和电商平台。四是共同成长性，项目公司将采用与入驻平台的旅游要素合作而非交易的方式，共同激发需求，做大“蛋糕”，实现共赢。

（二）福建海峡旅游网上超市

网上超市采用淘宝商城模式，具备线上电子交易、线下支付验证及互联互通的分销三大功能。至今，已有上百家星级饭店、50多家知名景区及包括福建省中国旅行社和福建省旅游公司等多家大型旅行社在内的企业入驻网上超市。

（三）福建省旅游大数据智慧网评系统

在全省九市一区旅游主管部门进行大数据网评系统建设部署，系统将通过携程、去哪儿、艺龙、同程等主流旅游电商的成交顾客的实时反馈，将分散于互联网各个角落的用户评价、体验信息全部集聚至系统平台，并根据景区、酒店、旅行社的管理进行分类，细化到一个景区或一家酒店的门票及收费高低、交通条件、卫生状况、服务态度、餐食口味、购物环境等各项服务品质上，该系统上线运行后将开展辖区内旅游景区、旅游企业等口碑及运营情况监测。

（四）“清新福建”智慧旅行社云

“清新福建”智慧旅行社云由旅行社云端服务监管平台、旅行社云节点构成。

旅行社云节点部署于各旅行社，提供智能组接团及内部管理等服务功能，并将相应监管数据上传云端服务监管平台，其最大特点是开放性，凡是市场上符合技术规范的旅行社资源管理系统，均可接入智慧旅行社云。

“清新福建”智慧旅行社云节点可帮助旅行社快速实施内部信息化统一管理，以及建立自主批发分销体系，实现“后端采购 + 内部业务操作 + 前端销售”一体化的智慧管理，现建设范围已涵盖出境游、赴台游组团社以及 A 级旅行社 302 家。

三　福建省智慧旅游建设存在的问题

（一）各县市松散发展缺乏统一管理

在智慧旅游的建设方面，虽然福建省省级、市级、县级分别出台了相关的规划、协议、措施，智慧旅游建设似乎顺风顺水，但从整体发展和长远考虑来看，目前的状况略显杂乱，并没有出现一个明确的智慧旅游建设协调和管理机构，缺少相应的监管平台来快速获取各县市的旅游发展动态并及时提出相应措施。

（二）信息化程度有待提高

福建省A级景区总体的信息化程度不高，5A级景区仍未全部建成智慧旅游景区运营管理平台，其他A级景区的信息化水平更低。酒店、旅行社的智慧化覆盖率偏低，缺乏信息共享、互利共赢的意识，难以形成一体化的行业智慧平台，其他要素的智慧化平台建设也相对滞后。

（三）智慧旅游发展停留在初级阶段

虽然福建省智慧旅游的建设看似已经成绩突出，甚至在国内处于领先阵营，但是现阶段福建省乃至整个中国的智慧旅游建设仍处在基础阶段。虽然硬件、软件投入力度巨大，各平台建设如火如荼，但是在如何使用智慧旅游让我们的游客获得便捷、安全、真实、个性化的旅游体验，如何使用智慧旅游帮助旅游企业进行精准的市场定位、产品研发、企业运营，如何使用智慧旅游为旅游监管部门和国家政府机构在灾害预警、行业监管、政策制定时提供切实可行、行之有效的具体措施和建议，等等，还停留在起步阶段。

四　大数据在福建智慧旅游中的具体应用和挖掘

（一）建立福建省旅游大数据中心

针对福建省智慧旅游发展的现状和存在的问题，基于大数据在智慧旅游发展中的优势，为满足福建省旅游行业监管、旅游市场开拓、旅游形象提升、旅游商品营销等综合能力提升的需求，建议利用先进的大数据技术、资源云化技术、大数据接入分享服务、大数据挖掘服务、大数据检索服务等，通过多维度的支撑，构建融合省、市、县（区）、景区四个层级的福建省旅游大数据中心。该中心的建设可以实现对福建省旅游投诉、旅游市场秩序、

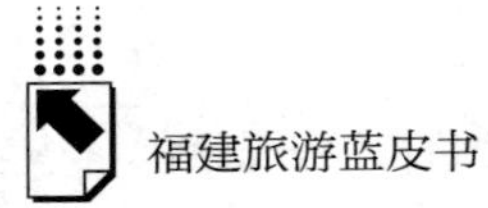

导游数据、旅游团队的监测与分析，可以对福建省的重点景区进行运行监测，对来闽游客的满意度进行监测。

1. 总体架构

基于大数据技术，建立福建省新型旅游服务系统框架设计。具体按层次化、模块化的原则进行设计，主要包括设备感知、网络传输、基础数据库、SaaS 服务平台、基础支撑、业务应用和展现层，如图 2 所示。

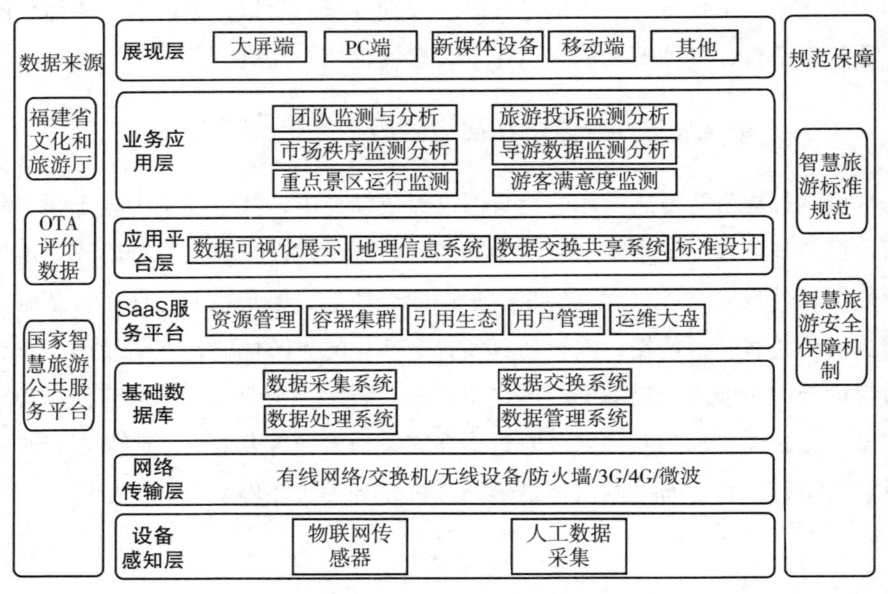

图 2　福建省大数据中心总体框架

设备感知层包括物联网传感器层及人工数据采集两方面，是软件系统主要数据的产生层。物联网传感器层主要包括景区电子票务设备、视频监测设备、客流量监测设备、停车场设备等。人工数据采集主要是旅游基础业态数据，包括酒店、旅行社、餐饮、客栈、民宿、新业态数据及其他。

网络传输层是软件架构系统的网络设备支撑层，包括有线网络、交换机、无线设备、防火墙、3G/4G/微波等。

基础数据库为项目提供旅游基础数据、地理信息数据、涉旅企业、旅游评价、旅游市场秩序等数据资源的汇聚、交换、清洗、处理和分析服务。

SaaS 服务平台主要为旅游局的各项业务应用提供云计算资源，为应用的运行提供资源分配、运维保障、在线升级、租户管理等服务。

应用平台层是软件系统核心技术服务支撑层，主要包括 SSO 统一身份认证、GIS 引擎、工作流引擎、流式计算引擎、离线计算引擎、算法模型驱动、智能搜索服务、分布式协调服务以及在此基础之上的旅委综合业务平台及智慧旅游大数据平台。

业务应用层在平台层之上，对子系统进行业务梳理和数据抽取后，通过平台大数据分析处理技术形成业务应用服务，包括旅游投诉监测与分析、出境旅游团队监测与分析、旅游市场秩序监测与分析、福建省导游数据监测与分析、假日综合监测、游客满意度监测、重点景区运行监测、综合视频监控管理系统、基于 GIS 的高速公路旅游标识管理系统等。

展现层是软件系统用户界面的展现窗口，主要包括大屏端、电脑端、移动端、新媒体端等终端。

2. 省市县互通体系架构

省市县大数据中心互联互通体系架构如图 3 所示。

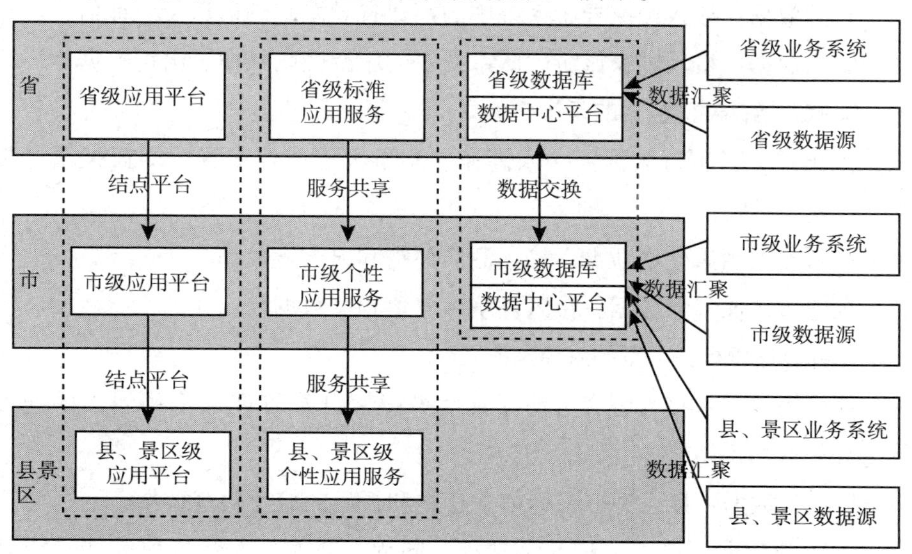

图 3　省市县大数据中心互联互通体系架构

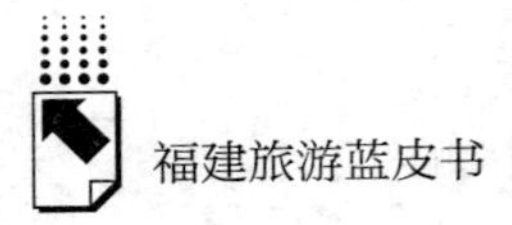

（二）进行福建省旅游大数据的系统采集与挖掘

福建省旅游大数据中心建设需要采集的相关数据应包括以下几方面。

1. 旅游现场监管数据的采集与挖掘

福建省重点景区闸机数据：接入各类电子票和纸质票系统运行数据。

来闽游客流量监测数据：接入门禁、红外、视频识别以及运营商数据等。

福建省各重点景区及大型游客集散中心停车场数据：接入停车场实时流量及不同类型车辆来源信息。

重点景区视频监控数据：接入各类视频监控数据。

2. 旅游主管部门数据的采集与挖掘

旅游投诉数据：接入 12301 及福建省、市、县各级平台不同系统的旅游投诉信息。

旅游咨询数据：接入 12301 及福建省、市、县各级平台不同系统的旅游咨询信息。

旅游评价数据：接入 OTA 及各级平台不同来源的对福建旅游评价的信息。

导游数据：接入国家导游系统中的福建省导游基础信息及考证信息。

团队数据：接入国家旅游团队系统等的旅游团队数据、出行数据。

3. 旅游相关部门数据的采集与挖掘

福建省交通出行数据：接入高速、旅游大巴、停车场、交通拥堵、铁路、民航等数据。

全省重点酒店住宿数据：接入酒店住宿和出入境数据。

福建省环保气象数据：接入环境、气象相关数据。

4. 社会各界相关数据的采集与挖掘

搜索类数据：接入游客行前在百度等搜索引擎和 OTA 等平台上的搜索行为分析数据。

LBS 类数据：接入游客在行前、行中和行后的旅行轨迹数据。

OTA 类数据：接入去哪儿、携程、同程、艺龙、大众点评等部分或其他主流 OTA 订单、评论等数据。

评价类数据：接入 OTA 评价，以及区域平台上对服务要素的评价。

消费类数据：接入银联、支付宝、微信支付等部分或其他支付渠道数据。

运营商类数据：接入采用运营商数据探索客流量、客流分布、游客结构和行为等旅游运行规律。

其他互联网数据：如百度、腾讯、阿里数据等。

（三）大数据在福建旅游业中的具体应用

只有通过“旅游行为产生数据—大数据技术实现数据处理、分析与挖掘—旅游行业智慧化应用”形成一条完整的智慧旅游建设链条，才能实现大数据在旅游行业的深入应用。大数据技术是智慧旅游最重要的技术之一，只有充分挖掘大数据在智慧旅游方面的价值，才能更好地实现智慧旅游的建设，才能在旅游管理、旅游服务、旅游营销中发挥实际效用。

1. 大数据在旅游管理中的应用

通过对大数据的科学利用，以建立大数据中心的方式加强对福建旅游行业的监管能力，数据中心平台可以通过旅游产业运行监管，接入和获取景区旅游景点、自然灾害、游客行为、旅游从业人员、旅游企业运行情况等数据，并进行全面、透彻、及时的信息获取，动态实时监督涉旅企业向游客提供旅游服务的过程，从而健全旅游元素，完善旅游服务功能，提高旅游服务质量，改善旅游发展环境。具体操作可以通过旅游产业运行监管下设景区视频监控、客流量实时监测、车流量监测、旅游投诉分析、网络评价分析、团队监测等模块对景区、酒店、旅行社等涉旅企事业单位进行全面、实时、高效的管理。

2. 大数据在旅游服务中的应用

主要针对团队及自由行游客，以满足和提升他们的旅游体验需求为目标，通过对福建旅游基础信息数据的收集、整理，大数据平台将为游客搭建集融旅游资讯查询、旅游线路推荐及行程规划、旅游产品组合及优惠促销活动、景区门票预订购买、景区智慧导览、旅游地图导航服务、虚拟旅游、酒店预订、互动点评于一体的全程优质化公共服务体系，不断改善提升旅游公共服务质量水平。具体可以依托大数据中心平台建立游客公共服务平台，以信息发布、应急预警、手绘地图、智能导游以及大屏、PC、手机多终端应用等模块的应用实现福建省的智慧化旅游服务，游客可以通过一部手机获得对旅游目的地深入、全面、个性化的游览体验，旅游管理部门可以通过平台对游客进行紧急事件处理、安全信息发布等操作，从而提升福建旅游服务的整体水平。

3. 大数据在旅游营销中的应用

旅游营销是加快福建旅游产业发展的重要工作，从旅游大数据的角度来看，可以从维护福建旅游形象、制定针对性营销策略、选取精准化营销渠道等方面提高福建的旅游营销能力。可以通过游客满意度分析、投诉情况分析、旅游服务质量分析，对福建旅游发展现状进行自省自查，以维护福建旅游整体形象；通过旅游产品结构分析、游客画像分析、游客偏好分析、营销效果分析来制定旅游营销策略并选取正确的渠道进行广告宣传。

五　福建省旅游大数据挖掘建议使用的创新技术

（一）大数据技术

大数据技术是一种处理“规模大到在获取、存储、管理、分析方面大大超出了传统数据库软件工具能力范围的数据集合”的技术。利用大数据技术，可以对精准、海量、多维、异构的旅游数据进行建模、挖掘、分析和深度学习，可广泛应用于旅游目的地、旅游企业的旅游客源市场的调查、旅游者行为分析、市场细分、精准营销、客流量监测、景区承载力等方面，为旅游管理机构、旅游从业机构、旅游研究机构、旅游消费人群提供多维度的旅游数据服务和数据分析服务，从而提高旅游管理水平，改善旅游环境和旅游秩序，提升旅游体验，让游客在大众旅游时代感受到大数据为旅游带来的便利、准确、高效、实惠。图 4 为数据挖掘的一般流程。

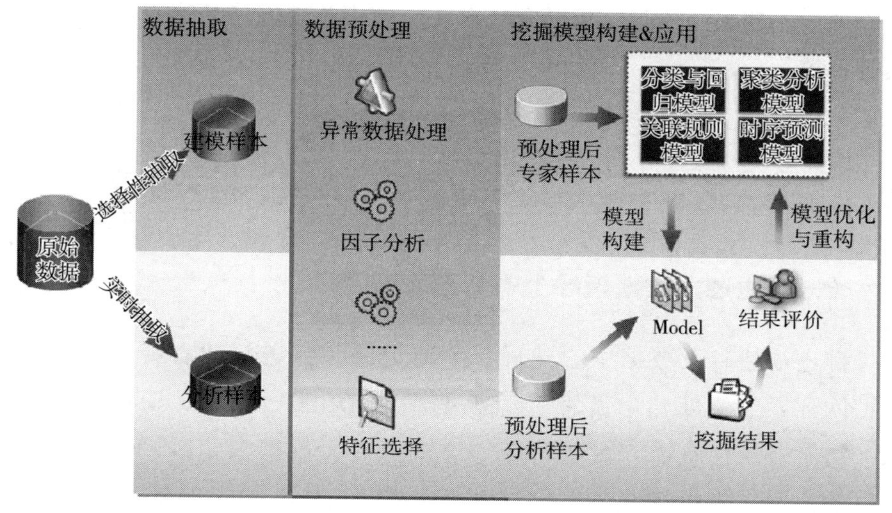

图 4　数据挖掘的一般流程

（二）云计算

云计算是继大型计算机到客户端 - 服务器的大转变之后的又一种巨变，是分布式计算、并行计算、效用计算、网络存储、虚拟化、负载均衡、热备份冗余等传统计算机和网络技术融合发展的产物。一般由基础架构即服务（IaaS）、平台即服务（PaaS）、软件即服务（SaaS）三个服务层面构成。可广泛应用于各种旅游数据库、资料库、管理服务、决策指挥等大型平台的开发、建设和运营，是旅游信息化平台建设的基础性工作。

（三）人工智能

人工智能是一种新的能以与人类智能相似的方式做出反应的智能机器，如机器人、语言识别、图像识别、自然语言处理等，包括机器视觉、指纹识别、人脸识别、视网膜识别、虹膜识别、掌纹识别、专家系统、智能搜索、自动程序设计、智能控制、语言和图像理解等。可实现景区无人驾驶环保汽车、无人驾驶游艇、景区机器人导游、机器人景点解说、景区危险地段机器人清洁工、景区门禁系统、酒店智能客房钥匙和 VIP 客户关系管理等。

六　大数据助推福建智慧旅游发展的相关建议

（一）通过大数据指导全省智慧旅游建设

推进福建省大数据中心建设。不断提升和完善福建省智慧旅游的大数据网评系统，新建由游客资源数据库、3DGIS 数据库、历史文化数据库、旅游资源信息库、旅游行业综合信息库、旅游营销活动信息库、旅游诚信数据库等组成的统一的“福建省全域化旅游基础资源数据库”。同时，与福州、厦门、武夷山市在智慧城市建设中所建立的数据平台进行数据对接，实现信息联动；与福建省交通运输局、公安局等部门的数据库进行数据共享，以海量、多源的旅游大数据指导福建全省的智慧旅游建设。

（二）省、市、县、景区智慧旅游建设思路

1. 一体化智慧旅游平台建设思路

全面布局智慧旅游，打通与国家局平台及国家局的数据对接，在全省内进行统一布局，建立一套规则、一套标准，编制《省市县及重点景区智慧旅游平台建设指导意见》，以一体化的思想、指导意见对全省智慧旅游建设进行统一指导，实现“国家—省—市—县（区）—景区”智慧旅游建设，全面打造“上连下通”的智慧旅游建设模式，实现信息共享、互联互通。

2. 上连下通的智慧旅游平台建设试点

遵循“国家—省—市—县（区）—景区”智慧旅游建设模式，在福建省内，选取某一个市进行试点，纵向实现省级平台与该市、县（区）、景区智慧旅游平台的对接，并将其作为模式的试点，进行全省范围内的推广，在省内乃至全国层面树立智慧旅游建设的标杆形象。

（三）搭建旅游综合数据管理平台，深化涉旅数据交换共享

搭建福建旅游综合数据管理平台，构建福建涉旅数据交换共享机制，提升福建省智慧旅游的深度和广度，强化产业监测监管职能，提升智慧旅游的管理和服务水平，用大数据的思维和手段进一步解决旅游产业运行监测、旅游应急指挥、旅游营销、旅游投资管理等问题，从而有效夯实福建智慧旅游平台和大数据基础，落实产业监测和应急指挥职能，助推旅游业战略性支柱产业的建设，有效发挥旅游业在扩内需、稳增长、增就业、减贫困、惠民生方面的积极作用。

（四）重视大数据基础建设，推进物联网政策，与数据相连

大数据的获取与传输依赖于覆盖广泛、速度快捷的互联网络，因此互联网基础设施的铺盖与升级是智慧旅游乃至智慧城市建设的必要环节。

免费无线网络也成为网络基础设施的建设重点。比如，伦敦 2016 年与英国五大移动网络运营商之一的 O2 公司合作建设欧洲最大的免费无线网络，铺设在画廊、博物馆及全市 150 个地铁站；纽约计划在富尔顿街（Fulton Street）、BAM 文化区等十余处街区提供免费无线网络；旧金山试点在主要街道市场街（Market Street）提供免费无线网络；阿姆斯特丹试点在艾瑟尔堡（I. J. burg）港口提供免费无线网络；等等。

在 2017 年中国通信行业物联网大会上，工信部提出将从构建产业生态、促进产业聚集、完善标准体系、运行安全四个方面推进我国物联网产业的发展，进一步完善技术创新体系，构建完善标准体系，推动物联网规模应用，完善公共服务体系，提升安全保障能力，将物联网纳入智慧旅游建设体系，以旅游线上数据分析为依据，通过线上线下活动联动，将个人和行为分析相结合，打通数据之间的关联性，促进旅游大数据的全面应用。

参考文献

[1] 蔡蓉蓉、张维亚：《基于结构方程的智慧旅游满意度实证研究》，《资源开发与市场》2015 年第 3 期。

[2] 邓贤峰、张晓海：《南京市“智慧旅游”总体架构研究》，《旅游论坛》2012 年第 5 期。

[3] 丁风芹：《我国智慧旅游及其发展对策研究》，《中国城市经济》2012 年第 1 期。

[4] 杜鹏、杨蕾：《智慧旅游系统建设体系与发展策略研究》，《科技管理研究》2013 年第 23 期。

[5] 李云鹏、胡中州、黄超、段莉琼：《旅游信息服务视阈下的智慧旅游概念探讨》，《旅游学刊》2014 年第 5 期。

[6] 姚国章：《“智慧旅游”的建设框架探析》，《南京邮电大学学报》（社会科学版）2012 年第 2 期。

[7] 张凌云、黎巎、刘敏：《智慧旅游的基本概念与理论体系》，《旅游学刊》2012 年第 5 期。

B.20

福建省旅游投融资问题与对策分析

周春梅　徐晨　董青*

摘　要：　旅游产业是一项综合性产业，也是现代服务业的重要组成部分和国民经济战略性支柱产业。“清新福建”品牌已享誉全国、走向世界，大力推进全域生态旅游和优质旅游，搭建旅游投融资对接平台，已然成为福建省旅游业发展中需要解决的重要问题。近年来，福建省旅游产业呈现旅游产业投融资市场活跃、旅游投融资规模持续扩大、旅游综合体项目投融资大量涌现、旅游投融资政策陆续出台的良性发展态势，但仍然存在投融资市场结构不合理，旅游企业融资需求大、成本高，投融资模式单一，融资担保平台缺失，旅游部门投融资管理职能偏弱等问题，应采取完善旅游产业投融资体系、金融支持中小民营企业、创新旅游产业投融资模式、建设旅游投融资担保平台、制定旅游业投融资市场中长期发展规划等改进措施，以促进福建省旅游产业持续健康发展。

关键词：　福建省　旅游产业　投融资

近年来，我国大多数行业投资增速减缓，旅游产业投资却逆势增长，吸引了政府投融资平台、民营企业、非旅游企业的跨界投资和大规模进入，

* 周春梅，华侨大学旅游学院教授，硕士生导师，研究方向为旅游企业财务管理；徐晨，华侨大学旅游学院硕士研究生；董青，华侨大学旅游学院硕士研究生。

2017 年旅游产业投资超过 1.5 万亿元，同比增长 15.4%，旅游业已成为社会投资热点和综合性开发的引擎性产业。福建省作为 21 世纪海上丝绸之路核心区，拥有丰富的旅游资源，核心旅游资源可概括为“429”，包括 4 处世界遗产、2 处世界地质公园和 9 个“独特资源”，这都将成为支撑福建旅游产业发展的顶梁柱。同时，福建省是国家政策红利最多、最集中的省份之一，国家大力扶持当地旅游业的发展，出台诸多优惠政策营造良好投资经营环境，其旅游投资发展氛围浓厚，因此加强对旅游产业投融资市场的建设也是必然选择。[①] 福建省委、省政府加快旅游供给侧结构性改革，下好旅游产品开发“先手棋”，充分挖掘当地优势旅游资源，寻找合适的市场机遇，努力搭建旅游项目投融资对接平台，促进福建旅游投融资，真正实现旅游开发项目与资本的完美对接。福建省大力推进全域生态旅游和优质旅游的投融资，提升旅游投融资效益，更好、更快地打造在全国乃至世界上有较大影响的旅游吸引物、新的旅游目的地，推动旅游产业转型升级，塑造福建省的旅游形象，提升“清新福建”这一品牌的竞争力和影响力，进一步推动福建省旅游业的国际化进程，以良好的环境及包容的心态欢迎海内外各界投资机构到福建省投资兴业，为福建省的旅游产业发展添砖加瓦。

一　福建省旅游投融资发展总体形势

福建省旅游产业整体呈现快速、高效、健康的发展态势，并且不断加大对旅游产业的统筹力度，在提升存量和做大增量方面，均有重大突破，可谓投资兴业的一方热土。

（一）旅游产业投融资市场活跃

近年来，福建省旅游投资呈现持续增长态势，为深化旅游产业供给侧结

① 廖丽萍：《“清新福建”旅游投融资合作与重大项目推介专场举行》，福建省人民政府，http://www.fujian.gov.cn/xw/fjyw/201809/t20180908_4487937.htm，2018 年 9 月 8 日。

构性改革注入了新活力，让“旅游名片”不断叫响。据统计，福建省“十二五”旅游业发展期间，全省旅游项目累计完成投资超过1000亿元，福建省“十三五”旅游发展专项规划提出要扩大旅游业融资渠道，重点加强资本运作，推动一批旅游企业在境内外资本市场上市融资。2018年1月至9月，福建省共完成旅游投资511.92亿元，超出年度计划6.06%。福建省各个市（平潭）、县（市、区）都在加快旅游项目投资建设，如武夷山推进集游览、度假、休闲和考古功能于一体的朱子文化园项目，使得朱子文化成为武夷山文化旅游的金字招牌；龙岩市依托冠豸山旅游品牌，推出连城赖源溶洞、九龙湖垂钓水上木屋、九龙湖水上高尔夫等项目；莆田市湄洲岛依托妈祖文化和滨海风光，开展系列旅游活动；三明市泰宁旅游资源有金湖、古城、乡村，主要以山水见长，正在树立“清新福建，静心泰宁”旅游形象；平潭综合实验区发挥资源优势，开发以民宿和海为主题的特色鲜明的旅游线路，形成了“石厝人家”“石头会唱歌”等一批民宿品牌和以滨海雅丹地貌、优质沙滩等为核心吸引力的精品旅游项目。以上旅游项目投资反映了当前福建省旅游业投资市场蓬勃发展的势头，是通过资本支持福建旅游产业、进行旅游富民兴业的良好时机。除此以外，2015年福建省旅游发展集团有限责任公司成立，是福建省国资委监管的省属大型企业集团，2018年福建省旅游发展集团凭借在旅游产业资本运营、旅游服务、旅游目的地建设、旅游地产开发等领域的综合性的突出优势，入围“2018年度中国旅游集团二十强”名单。

（二）旅游产业投融资规模不断扩大

福建省把旅游重点项目作为投资的主攻方向，培育领先龙头项目，不断扩大旅游产业的投资规模。2015年以来的三年间，福建省入选全国优选旅游项目名录的项目共计71个。为促进项目投资顺利进行，福建省政府于2017年6月批准组建福建省旅游产业发展基金，由省旅游发展集团负责组织筹建。该基金总规模将达100亿元，省财政厅和省旅游集团各出资15%、5%，其余80%向社会募资，省级重大旅游项目优先列入考察调研计划。近年来推出了福州鼓岭创建的国家旅游度假区项目、厦门近海游轮休闲度假旅游项目、刺桐古港和泉州古城海丝文化旅游区、莆田“荔林水乡”（绿心）湿地公园等首批 15 个区域标志性旅游重点项目。[①] 根据福建省旅游业发展“十二五”规划和旅游业发展“十三五”规划的对比，旅游精品项目建设及大型旅游企业的数量增长，都表现为福建旅游投资规模不断扩大的新趋势。“十三五”期间重点项目共计 244 个，计划总投资约 2937.72 亿元，推出“百强旅游企业”计划，用以支撑全省重大旅游项目投资。2016 年重点推介 180 个重大旅游项目，总投资达 2650.49 亿元。2017 年重点推进建设 300 个旅游重大项目，总投资 3280.35 亿元，年度计划投资 482.67 亿元。2018 年 9 月 8 日，在厦门举办的“清新福建”旅游投融资合作与重大项目推介专场对 208 个优选旅游项目进行推介，现场集中签约项目 34 个，投资总额达到 809.62 亿元。项目平均投资额为 23.81 亿元，投资额 30 亿元以上的项目占比达 35.3%。现场签约项目中，投资额最高的是中国莲峰海岸旅游区，投资额为 100 亿元，武夷山佳龙文旅项目次之，投资额为 80 亿元。以上旅游项目的投资，将推动福建省旅游产业进一步走向国际化、高端化。[②]

（三）旅游综合体项目投融资不断涌现

随着中国社会全面进入新时代，人们对于品质旅游的需求日益显现，而目前以传统的观光型旅游产品为主的旅游体验模式，使得旅游供给侧结构性改革势在必行。福建省以创建全域生态旅游省为契机，创新打造养生、文化、生态、体育、乡村、红色旅游产品，积极培育工业旅游、研学旅游、老年旅游、低空飞行、邮轮游艇等特色产品和旅游项目，统筹政府、企业、社会公众等各类主体的力量，整合优质旅游资源，通过项目引领，策划和培育一批高端旅游休闲度假产品，形成全产业的“清新福建”旅游产品体系，如福州上下杭历史文化街区项目、厦门海上世界项目、漳州福建土楼（华安）旅游区提升工程项目、

---

① 李金枝、吴健芳：《福建：“项目马车”拉动全域生态旅游省建设》，《中国旅游报》2017 年 11 月 29 日，第 12 版。

② 廖丽萍：《“清新福建”旅游投融资合作与重大项目推介专场举行》，福建省人民政府网站，http：//www.fujian.gov.cn/xw/fjyw/201809/t20180908_4487937.htm，2018 年 9 月 8 日。

泉州刺桐古港海丝文化旅游综合体项目、三明沙溪百里画廊旅游综合开发项目、莆田土海康养小镇项目等。在2018年厦门九八投洽会中，旅游综合体、特色小镇类项目共11个，投资总额达328.89亿元，如福建中欧温泉康养特色小镇、大田灵动济阳·马力小镇项目、冰雪小镇体育休闲旅游项目、华安香樟乡创小镇项目、斗米基金港LOHAS小镇项目。福建省对特色小镇、乡村振兴及田园综合体、康养旅游项目的投资逐渐重视，聚焦在产业融合、休闲度假等领域，尤其是休闲康养等当下热门、投资规模大、落地性强的综合项目。

（四）旅游业投融资政策陆续出台

福建省旅发委为促进旅游投融资，积极创新建立正向激励机制，完善工作评价与项目资金挂钩制度。尤其是新修订的《福建省省级旅游专项资金管理办法》，采取竞争性获取的方式在全省范围内遴选优质、重大旅游项目，以每项3000万元予以重点支持。此外，近年来，福建省旅发委还与国开行等多家银行签订战略合作框架协议，支持福建省旅游重大项目建设，搭建政、企、银三方交流平台，大力拓宽旅游投融资渠道，积极争取国家基础设施专项建设基金扶持，将区域标志性重大项目纳入旅游投融资优选项目，大大增强了项目的影响力和辐射力。旅游行政部门推动相关政策的出台，深化项目，搭建投融资平台，构建旅游项目投融资平台和管理平台，推动了福建省旅游产业的健康发展。除此之外，为解决旅游用地问题，福建省旅发委在原有相关政策基础上，联合国土资源、住房和城乡建设等部门出台了《关于福建省支持旅游业发展用地政策的意见》。新的旅游用地政策出台之后，旅游景区办理建设用地的相关手续大大简化，旅游项目投资数量持续增加。

二　福建省旅游产业投融资市场存在的问题

福建省通过各项政策和改革措施，形成了以国家投资为主、社会资本为辅的投融资市场格局。但当前，福建省旅游业投融资市场的建设仍存在一系列亟待解决的问题。

（一）投融资市场结构不合理

在旅游业投资方面，其投资的市场结构存在不合理之处，资金重点用于景点景区的建设，而忽略打造配套的旅游基础设施，并且过分追求短期效益而不顾长远发展，这一系列问题均造成福建省旅游业难以健康、可持续发展。[①] 如图 1 所示，2017 年福建省全年旅游业用于基础设施建设的资金仅占投资总额的 8. 83%，而旅游景区项目所用资金高达 73. 12%。福建省应当充分评估省内旅游产业各部门，合理配置资金，适当照顾基础薄弱领域，更好地推进旅游业的高质量发展。

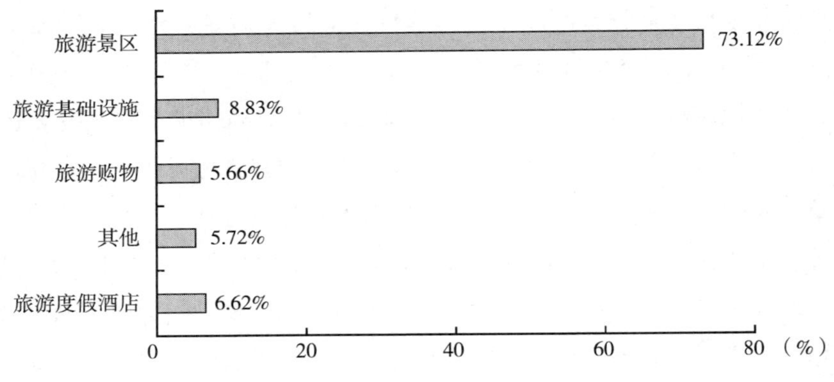

图 1　2017 年福建省旅游投资资金流向

资料来源：福建省旅发委提供的《2017 年 1 ~ 12 月省旅游重点推进项目一览表》。

（二）旅游企业融资需求大、成本高

2015 年，中国 GDP 年增长率为 6. 9%，自 2009 年以来首次跌破 7%。[②] 在整体宏观经济下行压力持续加大的情况下，服务业在中国 GDP 中的比重却首

① 赵桓伯：《我国旅游投资存在的问题及对策研究》，《江西社会科学》2014 年第 12 期。

② 参见国家统计局官网，www. stats. gov. cn。

次超过制造业，其中的旅游服务业因其稳增长、调结构、惠民生的特点，成为发展“新常态”下引领经济转型的重要引擎。《2017 年中国旅游业统计公报》显示，2017 年全年国内旅游、入境旅游收入同比均有增长，增长率分别为 15.9% 和 2.9%，旅游业对 GDP 的综合贡献高达 9.13 万亿元，占 GDP 总量的 11.04%。在旅游业成为经济发展新引擎的大背景下，福建省旅游业也呈现蓬勃生机，乡村旅游和全域旅游以及道路交通等基础设施的建设使得旅游产业产生了较大的融资需求。大众旅游时代不断释放的旅游需求极大地促进了福建省旅游开发项目的增加。事实上，融资难一直是旅游业快速发展过程中的热点议题。对于固定资产占比较高的旅游业态如旅游景区来讲，可以借鉴甘肃张掖国家地质公园七彩丹霞景区的做法，采取项目特许权、景区经营权质押和景区建设用地、林权、景区在建工程等不动产抵押等方式进行多渠道融资，实现旅游资源的资本化。但从企业规模来看，福建省内中小旅游企业居多，可供申请银行抵押贷款的固定资产非常少，加之这些企业的风险评估机制不健全、信用制度也不尽完善，抵押贷款和信用贷款等传统银行信贷方式几乎行不通。此种情况下，在法律上处于灰色地带的民间借贷就成为正规金融的重要替代品。随着以民营资本为主的担保公司频繁介入民间高利贷，福建省中小旅游企业的融资成本大幅增加。

（三）投融资模式单一、缺乏创新

自建设“清新福建”的目标提出以来，福建省不断尝试探索新的旅游产业融资模式。但总体来说，福建省旅游产业发展主要依赖于政府财政与企业自有资金，缺乏对社会资本的有效利用。2018 年福建省发布的总投资 3196 亿元的 PPP 项目库清单显示，267 个 PPP 项目主要集中于市政工程和交通运输，旅游行业仅有福州市马尾区琅岐红光湖景观综合工程项目（30082 万元）、永泰文化温泉产业园项目（61428 万元）、福建省福州市永泰大樟溪文创园 PPP 项目（30116 万元）、福建省漳州市东山县羊角山生态公园（33900 万元）、福建省漳州古城保护开发（一期）启动工程 PPP 项目（294000 万元）、福建省泉州市南安市成功文化产业园及通海路 PPP 项目（281039 万元）、福建省武夷山市武夷山“清水盛典”演艺剧场建设项目（31000 万元）、福建省顺昌县富金湖休闲旅游基础设施建设 PPP 项目（90000 万元）、武平县中山河湿地公园生态休闲旅游开发项目（82500 万元）等九个项目，不到总投资额的 3%。[①] 此外，虽然中国目前已建立了包含主板、中小板、创业板、新三板等在内的多层次的资本市场，但至今福建省内还未有一家旅游上市公司，成为制约福建省旅游产业发展的一大短板，也与“清新福建”在全国范围内的品牌影响力不相符。

（四）旅游企业融资担保平台缺失

从整体上看，福建省旅游企业规模偏小，自有资金不足。加之企业内部管理体系、财务制度不甚健全，且诚信意识淡薄，加大了传统银行信贷的难度。因此，中小旅游企业在融资时对信用担保机构的适度借力就显得尤为必要。但当前，福建省旅游产业信用担保产品体系不够完善，抵质押贷款产品推广力度不够，同时政府对直接设立或参股设立旅游担保公司的意愿不够强烈，缺少各级政府政策性担保公司的增信作用，而中小型企业互助确立担保基金缺乏政府的有效引导，因此，融资担保平台在推动中小旅游企业与银行合作的桥梁作用尚未充分发挥。2016 年对福建省 484 家企业的调查结果显示，中、小企业申请贷款时缺乏担保机构担保的比例远大于大型企业，分别高出 13.5% 和 13.2%。[②] 一个重要原因在于，大部分担保机构均制定了较为苛刻的担保条款，如晋江中小企业担保公司规定，拟申请担保贷款的企业注册资本必须在 800 万元以上，向银行申请贷款的金额不得低于 300 万元，这一规定基本将拟申请担保贷款的中小旅游企业拒之门外。此外，以民营资本为主的担保机构受自身资金实力所限，主要对流动资金贷款进行担保，无法满足固定资产密集型的旅游业态如主题公园、旅游综合体、旅游度假村、旅游特色小镇等对固定资产和设施设备等的融资需求。

① 福建广播电视新闻中心：《总投资 3196 亿元！福建省发布 PPP 项目库清单，共 267 个项目》，新浪网，http://k.sina.com.cn/article_2815224714_a7cceb8a0190067s5.html，2018 年 5 月 2 日。

② 于正光：《福建中小企业融资难的原因及对策建议》，《企业科技与发展》2016 年第 2 期。

（五）旅游部门投融资管理职能偏弱

在当前时代背景下，旅游市场投资活动越来越热，而政府部门的服务与监管始终不能很好地与之匹配。旅游业的综合性决定了在发展旅游业的过程中会涉及各个部门和各个利益群体的利益，在安排项目、资金申报等方面会出现归口不清、责权不明的现象，从而影响旅游项目的审批和立项效果。实践中，与旅游投融资有关的工作基本交由银行等金融机构，由各金融机构按照既定政策并结合旅游项目的实际情况做出贷款安排，未能建立起一套完善的旅游投融资管理机制和市场引导机制，缺乏前瞻性、超前性的旅游产业投融资整体规划，难以保证福建省旅游业投资规模总量的持续增长、旅游投资结构的持续优化以及旅游公共服务基础设施建设的推进。

三　福建省旅游投融资市场发展的突出特点

福建省近几年来根据中央最新下达的政策和方针，对旅游产业的发展给予大力帮扶。在此背景下，旅游产业的投融资市场进一步发展壮大，旅游投资规模逐渐呈现大型化的特点，新兴旅游业态投资快速增加以及民间资本也积极参与到旅游项目的发展建设中。

一是遴选了一大批优选重大旅游项目。根据表 1 可以看出福建省对引进重大旅游项目的重视程度，总投资额在 50 亿元以上的投资项目占 40% 以上，投资总额在百亿元以上的占 20% 左右。福建省这一举措符合十三五规划中提出集中精力抓旅游重大项目的精神，完善了全省旅游项目库，并分类、分级、分期指引重点旅游项目建设，加强了对重大项目的资金投入和管理，保持旅游业中高速、可持续发展，使旅游产业投资规模呈现大型化的趋势。在旅游市场竞争日趋激烈的情况下，旅游企业集团化经营是推进福建省旅游产业发展壮大的重要途径。旅游企业集团化经营可以通过垂直一体化或水平一体化优化资源配置、实现规模效益，并进而增强企业的融资功能，提升综合竞争力。

表1　福建优选重大旅游项目名录

项目名称	总投资额(亿元)	项目定位
福州上下杭历史文化街区	55	构建历史、文化、商务、休闲、创意、购物、夜生活多位一体的文化休闲空间
厦门海上世界	160	打造“前港－中区－后城”PPC模式下厦门最大城市综合体
漳州福建土楼(华安)旅游区提升工程	10	建设游客集散中心、旅游观光道、红色文化体验区、国学文化体验区
泉州刺桐古港海丝文化旅游综合体	100	打造成为海上丝绸之路的国际交往平台、中华海洋文明的集中体验区
三明沙溪百里画廊旅游综合体	12	建设十八个各具特色的风情水寨和瑞云风情小镇
莆田土海康养小镇	23.9	建设国内最具活力的医疗养生研发生产基地和最具吸引力的土海湿地文化旅游区
南平邵武市邵南片区旅游综合体	30	提升和平古镇、天成奇峡景区，建设太极康养旅游度假区、金坑红色旅游景区
龙岩永定龙湖旅游休闲度假	50	打造具有各地民居水乡特征、民俗风格的世界民居文化主题区
宁德福鼎太姥山旅游度假区滨海	13	建设海滨渔乡海钓公园，发展休闲海钓渔村和美食渔村，建设户外运动探险基地
平潭综合实验区海洋世界主题公园	30	打造海洋观光游览乐园、海洋主题酒店为一体的海洋乐园

资料来源：根据2016全国优选旅游项目名录及其相关网站整理得到。

二是旅游投资项目呈现多业态发展趋势。福建省旅游投资签约项目覆盖面广、种类多样。福建省旅游资源丰富，近些年旅游项目呈现“新、多、优”的特点，但仍有许多待开发的旅游项目，这为投资者创造了巨大的空间。此外，福建省旅发委努力打造福建万亿旅游项目库，举办“清新福建”为主题的旅游项目推介会，致力于为福建包装众多旅游项目。据不完全统计，此次大会对数个重点旅游项目进行推介，如福州市五虎山国家森林公园南阳景区、漳州市漳浦“五里三城”文化旅游项目等，投资总额达到809.62亿元，特色小镇、乡村振新及田园综合体、康养旅游项目等热点、落地性强的项目占多数（如表2所示）。

表2 “清新福建”优质旅游项目统计

项目分类	项目名称
综合开发项目	福州市　宏琳厝生态文化旅游区;福州市　竹岐天台山生态大观园;福州市　五虎山国家森林公园南阳景区;福州市　长乐下沙海滨度假村项目;福州市　东壁岛滨海旅游度假区;厦门市　红树林度假世界项目;厦门市　闽南古镇;厦门市　海峡新岸;漳州市　漳浦“五里三城”文化旅游项目;漳州市　漳州漳浦白鹭森林公园生态旅游区;漳州市　常山天窗坪暗夜公园项目;漳州市　漳浦海月岩旅游度假区;漳州市　东山县海湾公园三期;漳州市　东山西屿岛开发项目;三明市　三明千堡之城综合旅游开发项目;三明市　沙溪百里画廊旅游综合开发项目;莆田市　仙游大济洋坑生态农业文化观光田园综合体;南平市　彭祖养生基地;南平市　松溪县百丈崖省级水利风景区项目;等等
区域标志性项目	福州市　鼓岭旅游度假区;福州市　上下杭历史文化街区;三明市“静心泰宁”旅居康养小镇开发项目;南平市　武夷山五朱夫子文化休闲小镇项目;龙岩市　永定客家古镇项目;龙岩市　上杭步云国家生态旅游示范区提升工程项目;龙岩市　武平狮子山旅游开发项目;等等
乡村片区综合开发	福州市　罗源井水旅游度假村;福州市　琴江满族村;三明市　乡村休闲旅游开发项目;莆田市　仙游赖店古玩禅意小镇;龙岩市　丁屋岭乡旅游开发项目;龙岩市　湖洋观音井乡村旅游综合提升3A景区创建项目;等等
单项项目	福州市　晋安区卧龙谷风景区轻奢露营主题公园;福州市　黄湾屿无居民海岛旅游开发项目;厦门市　同安大唐酒店;厦门市　浦头风情商业街;厦门市　特房波特曼七星湾酒店;厦门市　厦门国际游艇汇;厦门市　厦门大唐景澜酒店;三明市　健康养生旅游开发项目;南平市　攀天岩风景名胜区建设项目;等等
重大专项	福州市　葛岭方广岩提升招商项目;福州市　永泰高盖山景区提升项目;福州市　十八重溪国家重点风景名胜区;厦门市　同安丙洲岛地块;厦门市　联发集美大社文旅街区;厦门市　马銮湾片区;漳州市　东山游客集散中心;等等
“+旅游”项目	厦门市　灵玲马戏团;厦门市　集美研学基地总部大楼;厦门市　厦门海上世界度假项目;漳州市　两帝师文化产业园项目;等等
特色小镇项目	厦门市　台贸小镇;厦门市　澳头渔港小镇;漳州市　常山东南亚风情小镇项目;漳州市　梅岭滨海文化休闲特色小镇项目;三明市　清流冷泉避暑度假山庄项目;莆田市　仙游创作工艺小镇;莆田市　秀屿土海康养小镇;南平市　洋口红色旅游鲜花小镇;等等

资料来源：福建省旅发委编著《福建2018旅游投融资优选项目》。

除此以外，福建省旅游投资紧扣民众个性化需求，大力推动旅游供给侧结构性改革，2018 年《福建省优选旅游招商项目》共包含九大旅游创新产业集群，涉及文创旅游、红色旅游、会展旅游、酒文化旅游、医养旅游、旅游场景产品、旅游硅谷创新等多个旅游新兴业态，招商规模近 7000 亿元，成为投资大会上关注的热点；“清新福建”优质旅游项目分类统计，如图 2 所示，从数量上来看，除了综合类开发项目最多以外，项目间数量差距不明显，总体呈现多业态齐头并进、共存共荣的局面。

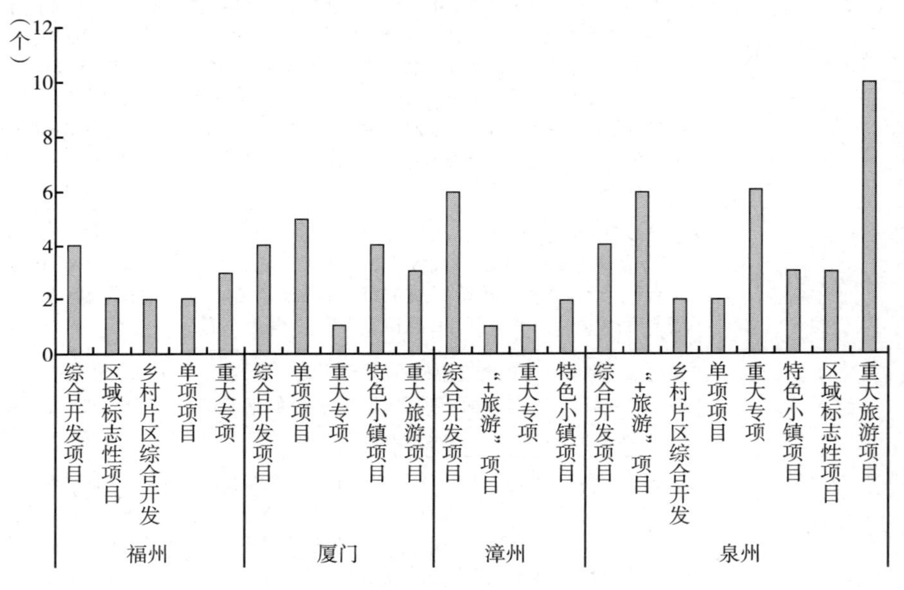

图 2　“清新福建”优质旅游项目分类统计

资料来源：福建省旅发委编著的《福建 2018 旅游投融资优选项目》。

三是民间资本参与旅游市场异常活跃。近些年福建省民间资本积极参与旅游市场，省政府也积极鼓励民间资本参与开发、经营、托管国有或集体经营的旅游景区，以入股或者农家乐的形式参与其中，民间资本已成为旅游业发展的重要组成部分。《2017 年 1 ~ 12 月省旅游重点推进项目一览表》对 2017 年福建省旅游投资主体结构进行分类，如图 3 所示，福建省旅游投资呈现以民营资本为主，政府投资和国有企业投资为辅的多元主体投资格局。其中，民营资本投资总额为297.88亿元，投资比重高达43%，政府投资和国有企业投资分别占旅游投资总额的28%和26%，而股份制企业投资比重仅为3%。2018年全国旅游工作会提出，2018年将以项目建设为载体，推动和引导政府资金、国有资本投入旅游项目，鼓励民间资本向旅游市场集聚，形成旅游发展新格局。此外，福建省针对之前旅游招商引资力度欠缺的现状，加大社会资金的投入，积极吸引民间资本的投入，通过引进颇具影响力的旅游开发集团，凭借其运营优势和品牌知名度，在一定程度上扩大了福建省旅游的影响力。

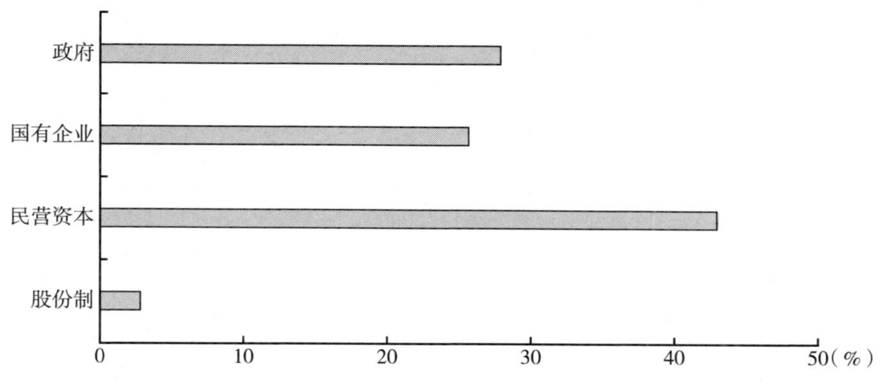

图3　2017年福建省旅游投资主体结构

资料来源：福建省旅发委提供的《2017年1～12月省旅游重点推进项目一览表》。

2016年以来，福建省内掀起了一股众筹景区建设的热潮，中、小股民间资本以“聚少成多”的态势加入福建省旅游产业的投资大军当中，形成了旅游产业投融资体系中不可或缺的一个环节。泉州市虹山瀑布生态园是较为突出的一个众筹景区案例，它是由泉州当地民营企业家众筹集资打造的集自驾游和户外旅行、家庭养生度假、生态农场为一体的综合时尚体验式度假景区。除此以外，还有一大批正在招投标阶段的众筹景区筹建计划，如龙岩市永定区的金石旅游度假山庄、厦门市的香山乡苑田园水乡等。

四是投资新兴旅游业态成为趋势潮流。福建省加大对新兴旅游业态的投资，通过对旅游产品的创新，研发具有特色的产品，并建设文创旅游、特色乡村游、邮轮游艇港、户外运动基地、文化旅游产业园等，对具有发展前景的新兴产业进行大力的资金扶持，创新培育类新业态项目逐渐成为投资建设的重点。由表3可以发现，文化旅游、景区发展、生态旅游、海洋旅游等领域的投资依然是投资热点。此外，福建省旅发委精选蓝色生态、绿色生态和文化旅游项目，项目周期长、内涵丰富，对推动福建省旅游产业转型升级、加快旅游业供给侧结构性改革具有重要意义。[①] 尤其是首次推出的20个无居民海岛、25个景区提升项目，如连江黄湾屿、东门屿整岛开发、武夷大历溪度假区、九龙漈风景区、牛姆林生态旅游、云灵山旅游景区等，代表了“清新福建”旅游精彩的多样之美，引领未来旅游投资的风向标，更是吸引了众多投资者的目光。

表3　2017年福建省旅游投资类别占比情况

单位：%

投资类别	2017年	投资类别	2017年
文化旅游	39.2	海洋旅游	9.9
生态旅游	11.4	基础设施	7.3
乡村旅游	3.3	景区发展	16.5
温泉旅游	4.5	红色旅游	1.4
智慧旅游	0.4	酒店发展	4.4
全域旅游	1.6		

资料来源：福建省旅发委提供的《2017年1~12月省旅游重点推进项目一览表》。

四　影响福建省旅游投融资市场发展的主要因素

（一）金融市场的完善程度

福建省金融改革试点工作仍处于起步阶段，面临制度不够完善的局面，现有的政策制度不利于中小企业的发展，金融产品和金融服务机构供给不足。中国的资本市场是一个由主板市场（服务于大型、骨干型企业）、中小

① 夏杰长、齐飞：《旅游业投融资现状与发展》，《中国金融》2018年第7期。

板、创业板市场（服务于处于成长期中后阶段、具有自主创新能力的企业）、新三板市场（服务于成长初期的小微企业的股权转让系统）和四板市场（地方股权交易中心）等构成的多层次资本市场。目前，创业板市场和新三板市场仍处于起步阶段，四板市场规模小且制度建设尚不完善，无法满足福建省内数量庞大的中小旅游企业的融资需求，一部分中小旅游企业被迫进行高利率的民间借贷或者在 P2P 等互联网金融平台进行高息贷款。2018 年 11 月，在首届中国国际进口博览会开幕式上，习近平总书记提到将在上海证券交易所设立科创板并试点资本市场注册制，促进企业转型升级。① 福建省内的智慧旅游等新兴科技型旅游企业（如“任我游”、欣欣旅游网），可以抓住科创板成立的契机，利用资本市场的助推力量，优化自身资本结构，为福建省新兴旅游产业的发展壮大树立标杆。

（二）旅游企业的核心竞争力

福建省旅游企业数量众多，在谋求发展过程中需要筹措大量资金。但整体来看，大部分旅游企业普遍存在规模较小、盈利模式单一、股权结构不合理、品牌意识缺乏等问题，成为融资的短板。随着福建省旅游新型业态的不断兴起，经理人的管理知识和能力、企业家的经营决策以及员工的劳动等人力资本相较于物质资本的重要性也显现出来。虽然在相当长时间内，员工劳动因依附主体的相对不稀缺而市价低廉，但其本质上与前两种人力资本一样都共同具备人力资本的产权特性。“员工是企业的最大资产”，只有满意的员工才会有满意的顾客，“员工第一，顾客第二”理念的树立是旅游服务性企业获取核心竞争力的重要途径。

（三）旅游业融资方式的创新程度

目前，福建省旅游资源开发融资除政府对基础设施建设的财政投资外，主要集中于股权融资和债权融资两大融资渠道。首先，股权融资方式。福建

① 徐枫、姚云：《设立科创板并试点注册制正当其时》，《经济日报》2018 年 11 月 13 日。

省至今还没有一家上市旅游企业，即便是知名度最大的武夷山也未上市，这就意味着福建省内的旅游企业均不可能通过公开发行股票的方式大量募集资金。其次，债权融资方式。债权融资方式包括发行债券、银行贷款等，银行贷款多采用保证、抵押、质押等担保贷款方式，对企业资质要求较高。2012年6月推出的私募债，其发行采取备案制，对企业净资产和盈利能力未做要求，旅游中小企业可以尝试通过发行私募债走出融资困境。陕西旅游集团公司、句容市茅山湖康体养生旅游度假有限公司、镇远县名城旅游开发经营有限责任公司在这方面进行过有益的探索，其经验可供福建省中小旅游企业借鉴。此外，具备稳定现金流的旅游景区、主题公园等在开发过程中融资可采取资产证券化（ABS）方式，除以门票进行证券化外，演出票，缆车和观光车、船票等都可以进行证券化。①

（四）旅游业与资本市场的紧密度

福建省旅游业同资本市场结合较为松散，主要表现为：其一，旅游业的资金来源。福建省旅游业的发展，主要依托财政拨款和信贷资金，没有借力中国多层次资本市场，可考虑以武夷山为核心吸引物并融合五夫镇朱子文化破冰上市。其二，投资者的收益模式。福建省旅游业投资者获取收益的模式仍停留在增加营收的初级层面，没有参与到新一轮的资本市场造富运动中。随着旅游项目越来越大型化和区域化，仅仅依靠政府财政拨款和传统银行信贷很难实现福建省旅游投资的规模化、高端化和精品化。

五　福建省旅游投融资政策建议

（一）完善旅游产业投融资体系

在宏观调控经济的背景下，政府作为旅游投融资的引导主体，在保证财

---

① 彭喆：《福建省平潭旅游产业投融资问题研究》，硕士学位论文，福州大学，2016。

政资金投入的基础上，投资的重点要有所转变，福建省应从投资主题上侧重于21世纪海上丝绸之路旅游、重点旅游项目的建设、大型旅游基础设施的建设、旅游文创产品和旅游民宿等的投资，加大旅游营销、旅游信息化和人才培训等方面的财政投入，实现投资主体的多元化，全方位地促进福建旅游业的繁荣发展。具体措施就是搭建福建省投融资平台，建设“间接融资 + 直接融资 + 全要素招商引资”三位一体的旅游投融资平台构架，如图4所示。

将银行信贷作为福建旅游融资的主要渠道，在充分发挥商业银行融资作为主渠道功能的基础上，福建省应大力支持符合条件的旅游企业发行短期融资券、企业债券和中期票据。融资机制上要创新，渠道上要创新，金融服务商业要创新，通过创新的手段，拓宽旅游业发展的投融资渠道，充实旅游业发展资金。

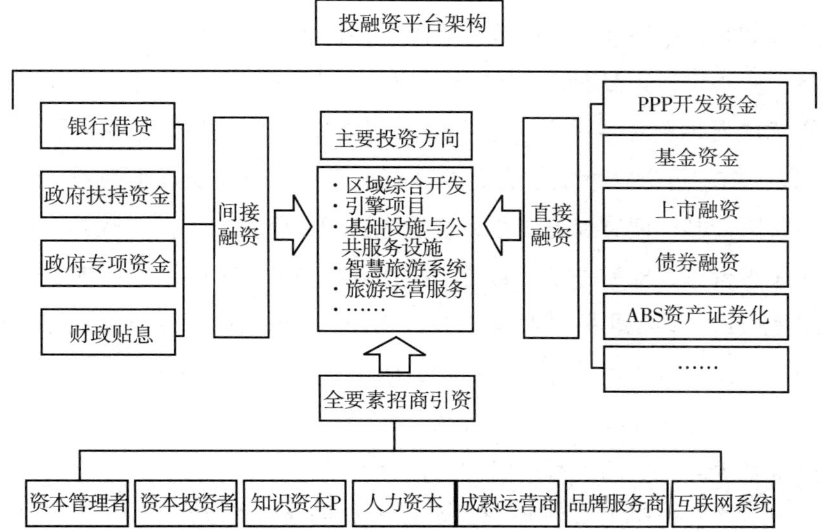

图4　福建省旅游投融资平台构架

资料来源：《政府旅游投资集团的平台化运营创新》，搜狐网，https：//www. sohu. com/a/197738450_ 463894，2017年10月12日。

除此以外，福建省政府部门还应积极鼓励符合条件的中小型旅游企业采用直接融资的方式，例如使用 PPP 模式，设立基金，鼓励在中小板、新三板和科创板发行债券等方式合理适度地创新融资渠道融资。同时，加大对中小型企业融资的扶持力度和对其融资授信支持，对上述企业可提供贷款优惠政策，金融机构应积极给予信贷支持，在政策上支持积极申请中小企业发展专项资金。由于旅游业是一个关联性较强的行业，旅行社、酒店、旅游目的地等可以通过共担风险与责任的方式组建融资联盟。在建立合作型融资联盟的过程中，特别需要明确各参与方的责任、权利和义务，以避免出现问题时联盟成员受到牵连，实现企业全要素引资。

（二）金融支持中小型民营旅游企业

福建省加大对中小型民营旅游企业的金融支持，最重要的是解决其融资难与融资贵的问题。2018 年，福建省出台了进一步支持中小企业发展的十条措施，如督促银行业、保险业等金融机构向中小企业和小微企业倾斜，开展科技型中小企业无抵押贷款试点，盘活中小企业和小微企业应收账款之外，继续加强政府财政对中小企业的支持力度，设立中小企业发展专项基金。[①] 以上措施可以在一定程度上缓解中小型旅游企业融资难问题，除此之外，还可以借鉴江西省促进中小企业投融资增量降费的一揽子政策，比如福建省人民银行可以安排一定的常备借贷便利（SLF）额度，打通支小再贷款政策支持通道，强化再贴现政策的导向作用，向中小型民营旅游企业倾斜。为进一步降低中小型民营旅游企业融资成本，福建省相关部门还可以落实银行对企业续贷“无缝对接”政策，建立转贷基金与银行合作机制，推出创业担保贷款等有特色的、有针对性的信贷产品。[②]

当前经济下行压力有所加大，给民营旅游企业的发展造成了一定的影响，一些民营企业出现利润下降，甚至破产倒闭的情况，遇到了“三座大

---

① 董建国：《福建多举措支持中小企业发展》，搜狐网，http：//www.sohu.com/a/257560760_267106，2018 年 10 月 3 日。

② 刘佳惠子：《江西打出组合拳破解民营企业融资难题》，《江西日报》2018 年 11 月 23 日。

山”——“市场的冰山”“融资的高山”“转型的火山”。对于这一点，建议福建省设立纾困基金和纾困专项债，用于帮助有困难的民营旅游企业，避免企业在融资过程中发生所有权转移。[①]

（三）创新旅游产业投融资模式

旅游产业投融资呈现三方面的趋势：以现金流为核心的资本参与、与旅游消费相结合的资产证券化、混合所有制下的 PPP 模式创新。旅游产业开发项目贷款、PPP、并购基金、PE、产业基金等融资模式，将成为当前及未来旅游融资的主流模式。[②] 另外，随着淘宝、京东等知名网购平台推出众筹网页，众筹慢慢得到普及。创意发布者通过“互联网 + 旅游”平台获得有创意的知识产权并发布自己的创意，景区开发者从平台上购买创意，由投资者对创意进行募资，如果募资成功，则建设景区，在景区运营后根据协议支付众筹者想要的报酬，同时景区可以通过平台宣传自己的旅游产品。建议福建省通过搭建线上线下旅游投融资平台，举办旅游投资大会，吸引境内外大型投资集团、金融机构投资重大旅游项目，加快旅游投融资创新步伐。同时，还可以建立政府和金融机构之间的联动机制，引导银行和非银行金融机构加大中长期资金投入力度，推动省内旅游资源优化整合。

近年来，福建省努力创新发展投融资机制，自上而下推广 PPP 模式。在 PPP 模式中，政府部门主要承担监管责任，设计、建设、运营等工作主要由社会资本承担并据此获得合理的投资回报。建议福建省在厦门、泉州、漳州等旅游产业较为成熟的地市开展投融资模式创新试点，在旅游投融资领域进行一场深入的供给侧结构性改革。在试点建设中，需要处理好依法行政和改革创新、简政放权和放管结合、制度设计和基层首创三大关系，先行先试，重点探索，并逐步推广至省内其他地市。

---

① 谢艺观：《地方“真金白银”支持民企　10 余省份设纾困基金》，新华网，http：//www.xinhuanet.com//2018－11/21/c_ 1123743393.htm，2018 年 11 月 21 日。

② 江晓晗、任晓璐：《旅游业投融资：现状、问题、模式及对策》，《中国商贸》2013 年第 13 期。

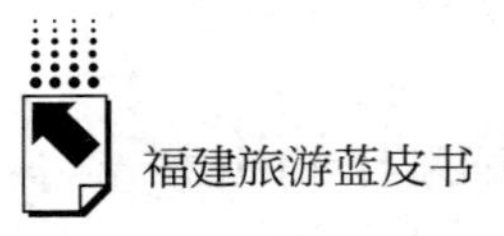

（四）建设旅游投融资担保平台

1. 丰富旅游业抵质押担保模式

福建省各金融机构应当为旅游市场经营主体提供针对性金融服务，对现金流和客流稳定的旅游景区，鼓励开办景区经营权质押、门票收入质押和游艇（船）等特别动产抵押贷款业务。对拥有海域使用权的滨海旅游项目，鼓励发放海域使用权抵押贷款。对经营模式稳定、经济效益好的旅游酒店，探索发放经营性物业抵押贷款。对具有优质商标权、专利权的旅游装备制造企业和旅游服务企业，探索开展知识产权质押贷款，并积极为旅游装备生产企业提供订单融资、应收账款融资等特色融资服务。对需要购置游艇、电缆车、房车等大型旅游设施的企业，鼓励发放融资租赁贷款。对取得温泉地热矿产采矿权的温泉旅游开发项目，鼓励发放采矿权质押贷款。

2. 建立旅游信贷中介平台

考虑到福建省旅游企业物权抵质押担保难的现状，建议政府牵头筹建中小旅游企业贷款担保公司，加大对符合市场准入条件的旅游企业的授信额度，研究探索适合旅游企业的融资授信形式，合理规划金融布局，为福建省旅游产业发展打造一个诚信、安全、和谐的金融环境。

（五）制定旅游业投融资市场中长期发展规划

福建省旅游业的长期发展必然离不会国家政策的支持，这就需要政府制定政策对旅游投融资进行合理的中长期规划，在规划中应加大对旅游发展的投入，合理规划和安排旅游项目建设，优化旅游要素，对旅游重点项目和薄弱环节进行重点扶持，出台配套政策，引导投资方向。政府中长期规划的指导，实际为一种政府宏观调控下的市场（分散）投资模式。推进社会投资和各类外商投资，推动福建省旅游业的蓬勃发展，使得旅游成为福建省新的经济增长点。

为加快促进福建省旅游产业投融资市场发展，福建省旅发委与国开行福建分行、农发行福建分行、中信银行、中信旅游集团、海峡股权交易中心等金融机构，与中国旅游产业基金、中电建（北京）基金、昆吾九鼎基金、中信产业基金、福建省现代服务业产业发展基金、深圳野马基金等产业基金现场签订支持福建旅游中长期战略合作框架协议，搭建共享共赢的发展平台，促成各方交流合作。

六 福建省旅游业投融资市场发展趋势展望

（一）“旅游 + 互联网”方向将成为未来的投资重点

以“旅游 + 互联网”的融合为主旋律，大数据、云计算、移动互联网的发展，使得产业融合必将逐渐深化。在旅游投资增长中，在线旅游企业尤为受资本青睐。Analysis 监测数据显示，2008 ~ 2017 年中国在线旅游交易规模逐年递增，2017 年全年交易规模为 8923. 3 亿元，是 2008 年在线旅游交易额的 18. 32 倍。[①] 随着 Pay Pal、Apple Pay、支付宝等移动支付方式在全球范围内的高度普及，OTA 企业依然是未来的投资热点。未来，资金撬动旅游行业线上和线下的融合将更加突出：一方面，传统旅游上市公司纷纷加强线上线下整合，打造自己的线上平台和渠道直面消费者，抢占在线旅游市场份额；另一方面，线上旅游格局定型、竞争激烈，导致了在线旅游线下扩张步伐加快。不难看出，线上企业的线下扩张和线下企业的线上突破，对资源端和客户端的整合将成为未来一段时间的投资重点。

（二）民营类企业对旅游业战略性投资仍将继续上升

《国务院办公厅关于进一步促进旅游投资和消费的若干意见》明确指出，鼓励社会资本积极参与旅游投资开发，推动旅游市场向社会资本全面开放。目前，以民营资本为主，以政府投资、国企投资和外商投资为辅的旅游投资格局，具有鲜明的新时代发展特色。在新的时代背景下，国家的各种

---

① 黄天悦：《2018 年在线旅游行业规模与 2019 年在线旅游发展前景分析》，前瞻经济学人，https：//www. qianzhan. com/analyst/detail/220/181212 – 6dc3ac93. html，2018 年 12 月 12 日。

传统产业逐步进入转型升级的阵痛期，势必会导致很多传统产业面临被淘汰的命运，随之而来的大量的民间资本需要新的投资方向。旅游产业作为经济发展新常态下的重要经济引擎和绿色环保的内在需求，政策优势明显，对民营资本具备一定的吸引力。民间资本最看重的是投资回报率与投资的安全性，导致旅游从业者不会简单延续过去传统的经营方式和运作模式，而是通过导入新兴的文化创意元素、科技因素，不断刷新旅游市场上的各种特色旅游产品，产生丰厚的经营效益，进一步增加对各类投资人的吸引力。

（三）PPP 模式将成为旅游业开发建设的主要合作模式

2017 年 12 月，国家发展和改革委员会发布的《关于开展政府和社会资本合作的指导意见》指出，PPP 模式的适用范围中包含旅游、健康养老等公共服务项目。近年来，从中央到地方政府都在积极推进政府和社会资本的合作投资旅游行业，参与投资和运营，以此来解决景区建设和基础配套设施对资金的巨大需求，从而推动各类资本相互融合、优势互补。旅游智慧化建设与旅游产品结构转型产生了巨额的融资需求，传统的融资方式难以满足这一新的需求，由此产生的融资瓶颈严重阻碍了福建省旅游业的规模扩张和可持续发展。可见，旅游资源开发建设过程中的资金筹措问题能否有效解决，是旅游业能否良性发展的关键环节。旅游产品具有公益性和市场性的双重特征决定了旅游业自身具有运用 PPP 模式的先天优势，随着相关法律法规的不断健全，以及权责分配、监督监管等方面的不断完善，PPP 模式将成为经济发展新常态下未来旅游项目开发建设的主要运作模式。

（四）旅游业与其他产业深度融合、集群发展趋势明显

未来的旅游业发展将会是产业的集群化发展，以休闲度假为主导的新型旅游业态将会进入地域广阔的城市远郊地带和乡村，原有的乡村农业依托旅游业形成特色型的乡村旅游和休闲农业，这是未来乡村产业发展的必然趋势。与此同时，文化产业、体育产业、航空产业等与旅游业关系密切的产业

都将会和旅游产业深度融合，形成大旅游集群化发展的产业集群，相互助力发展。这些产业目前都是国家政策大力扶持的产业，在多项政策的交互支持下，必然会引导资本进入以大旅游为基础的产业集群。

参考文献

[1] 董建国：《福建多举措支持中小企业发展》，搜狐网，http：//www. sohu. com/a/257560760_ 267106，2018 年 10 月 3 日。

[2] 福建广播电视新闻中心：《总投资 3196 亿元！福建省发布 PPP 项目库清单，共 267 个项目》，新浪网，http：//k. sina. com. cn/article_ 2815224714_ a7cceb8a0190067s5. html，2018 年 5 月 2 日。

[3] 黄天悦：《2018 年在线旅游行业规模与 2019 年在线旅游发展前景分析》，前瞻经济学人，https：//www. qianzhan. com/analyst/detail/220/181212 – 6dc3ac93. html，2018 年 12 月 12 日。

[4] 江晓晗、任晓璐：《旅游业投融资：现状、问题、模式及对策》，《中国商贸》2013 年第 13 期。

[5] 李金枝、吴健芳：《福建："项目马车" 拉动全域生态旅游省建设》，《中国旅游报》2017 年 11 月 29 日，第 12 版。

[6] 廖丽萍：《"清新福建" 旅游投融资合作与重大项目推介专场举行》，福建省人民政府网站，http：//www. fujian. gov. cn/xw/fjyw/201809/t20180908_ 4487937. htm，2018 年 9 月8 日。

[7] 刘佳惠子：《江西打出组合拳破解民营企业融资难题》，《江西日报》2018 年 11 月 23 日。

[8] 彭喆：《福建省平潭旅游产业投融资问题研究》，硕士学位论文，福州大学，2016。

[9] 夏杰长、齐飞：《旅游业投融资现状与发展》，《中国金融》2018 年第 7 期。

[10] 谢艺观：《地方 "真金白银" 支持民企 10 余省份设纾困基金》，新华网，http：//www. xinhuanet. com//2018 – 11/21/c _ 1123743393. htm，2018 年 11 月 21 日。

[11] 徐枫、姚云：《设立科创板并试点注册制正当其时》，《经济日报》2018 年 11 月 13 日。

[12] 于正光：《福建中小企业融资难的原因及对策建议》，《企业科技与发展》2016 年第 2 期。

[13] 赵桓伯：《我国旅游投资存在的问题及对策研究》，《江西社会科学》2014 年第 12 期。

B.21
“一带一路”倡议下福建省入境旅游增长策略研究

张明椿　罗发金　池丽平*

摘　要： “一带一路”倡议为福建入境旅游开发带来巨大机遇。本文分析了福建入境旅游的发展现状与问题，探讨了福建入境旅游开发的优势、劣势、机遇与挑战；针对“一带一路”倡议背景下福建入境旅游开发，提出了围绕建设“国际知名特色旅游目的地”，巩固提升港、澳、台及海外基础市场，做大和精准开发东南亚海丝沿线国家及欧、美、日、韩、俄重点市场，高效拓展中东国家等发展市场的定位策略，以及打造海丝旅游品牌等八大产品品牌开发策略和优化“清新福建”形象等六大市场营销策略。

关键词： “一带一路”　福建省　入境旅游

一　“一带一路”倡议与旅游开发

（一）“一带一路”倡议

2013 年 9 月和 10 月，习近平总书记先后提出共建“丝绸之路经济带”

---

* 张明椿，旅游规划师，福建省海峡旅游文化研究院执行院长，福建省旅游协会乡村旅游分会副会长兼秘书长，福建美途旅游文化发展有限公司总经理，长期专注于乡村文化旅游产业发展研究和运营推广工作；罗发金，福州市规划勘测设计研究总院风景园林设计工程师，旅游规划师；池丽平，华侨大学旅游学院研究生。

和“21世纪海上丝绸之路”的重大倡议（下称“一带一路”），倡议提出后立即得到了国际社会高度关注和积极响应。2015年3月，国家发展和改革委员会、外交部和商务部联合发布了《推动共建丝绸之路经济带和21世纪海上丝绸之路的愿景与行动》（下称《愿景与行动》），推动实施“一带一路”倡议。“一带一路”以共商、共建、共享为原则，以政策沟通、设施联通、贸易畅通、资金融通、民心相通为主要内容，旨在借用古代丝绸之路的历史符号，积极发展与沿线国家和地区的经济合作伙伴关系，共同打造政治互信、经济融合、文化包容的利益共同体、命运共同体和责任共同体。①

五年来，“一带一路”取得了许多成就。截至2018年10月，中国与“一带一路”沿线的105个国家和29个国际组织签署了149份政府间合作文件，设立了81个境外办学机构和35个文化中心，在7个“一带一路”沿线国家和地区建立了人民币清算安排，人民币跨境支付系统覆盖了41个沿线国家和地区。②

（二）“一带一路”国家和地区经济社会及旅游业发展概况

中国已与69个沿线国家和国际组织签署共建“一带一路”合作协议，其中主要涵盖65个国家，包括中国在内，2017年年底“一带一路”国家和地区的总人口达到46.41亿，占世界总人口的62.35%，其中人口排名在世界前十位的国家有：中国、印度、印度尼西亚、巴基斯坦、孟加拉国、俄罗斯、埃及、越南、伊朗。“一带一路”国家和地区总面积达5047万平方公里，约占世界陆地总面积的33.87%；“一带一路”国家和地区2017年产值达到24.93万亿美元，约占世界总产值的1/3，其中中国、印度、俄罗斯为

① 国家发展改革委、外交部、商务部：《推动共建丝绸之路经济带和21世纪海上丝绸之路的愿景与行动》，新华社，http://ydyl.people.com.cn/n1/2017/0425/c411837-29235511.html，2017年4月25日。

② 中国旅游研究院（文化和旅游部数据中心）：《“一带一路”旅游大数据专题报告》，http://www.ctaweb.org/html/2018-9/2018-9-28-14-19-26557.html，2018年9月28日。

万亿美元俱乐部国家。“一带一路”沿线多为发展中国家，人均 GDP 为 5372.2 美元，为世界平均水平的 54.04%。2017 年国际旅游人次约为 5.82 亿人次，占世界国际旅游人次的 44.02%，较该区域 GDP 占比高出约 10 个百分点，为全球重要的国际游客净流入地。①

（三）“一带一路”倡议与旅游开发

1. 旅游合作是“一带一路”倡议的重要推手

旅游合作是“一带一路”倡议的重要组成部分。旅游者的跨国流动和互动交往促使旅游成为沿线国家和地区民心相通的纽带和桥梁，为跨文明、跨民族、跨国家合作提供重要合作契机。旅游业拥有兼容性高、带动性强、综合性强等特点，其快速发展对“五通”提出了更高的要求，为沿线各国在经济、政治、文化各方面不断凝聚力量，丰富合作机制、优化发展环境增添新动力，为“一带一路”倡议实施构建了重要的国际交流平台。

2. “一带一路”倡议为我国入境旅游开发带来巨大机遇

一是市场机遇。“一带一路”人口规模庞大，人口红利优势凸显，市场广阔。据国家文旅部统计数据，“一带一路”沿线国家和地区赴中国旅游的游客保持稳定增长，由 2013 年的 903 万人次，发展到 2017 年的 1064 万人次。2017 年中国入境旅游收入 1234 亿美元，其中由“一带一路”国家和地区创造的份额约为 208 亿美元，占中国国际旅游收入的 16.88%，未来成长空间较大。预计“十三五”期间，“一带一路”沿线国家和地区赴中国旅游的人数将达到 8500 万人次，将拉动约 1100 亿美元的旅游消费收入。②

二是政策机遇。国家高度重视“一带一路”旅游发展，《愿景与行动》中明确提出了要“加强旅游合作”，不断释放政策红利，其中签证手续的简

① 中国旅游研究院（文化和旅游部数据中心）：《“一带一路”旅游大数据专题报告》，http：//www.ctaweb.org/html/2018－9/2018－9－28－14－19－26557.html，2018 年 9 月 28 日。

② 《“十三五”期间我国将吸引“一带一路”沿线国家旅游人数 8500 万人次》，央广网，http：//travel.cnr.cn/list/20170914/t20170914_ 523948349.shtml，2017 年 9 月 14 日。

化极大促进了入境旅游的发展。截至 2018 年 10 月，中国与沿线 20 多个国家签署了免签和落地签协议，与近 10 个国家签订了有条件免签、电子签证等协定。①

三是设施联通和贸易畅通的机遇。丝路基金和亚投行的设立，极大促进了机场、港口、铁路、公路等基础设施的建设完善，为旅游者扫清出行障碍。同时，基础设施的完善和经贸交流的繁荣将扩大沿线各国人民互访规模，提高互访频率，为我国入境旅游带来新的市场机遇。截至 2017 年 5 月，中国已成为 25 个沿线国家的最大贸易伙伴，与沿线国家签署了 130 多个涉及铁路、公路、水运、民航、邮政领域的双边和区域运输协定。②

二　“一带一路”倡议背景下福建省入境旅游开发分析

（一）“一带一路”倡议下福建省入境旅游发展现状与问题

1. 发展现状

2017 年，福建省接待入境游客 775.41 万人次，同比增长 13.9%，实现旅游外汇收入 75.88 亿美元，同比增长 14.5%。其中，接待外国游客 292.87 万人次，同比增长 15.3%，占入境旅游市场比重的 37.8%（见图 1）；接待台湾同胞 313.27 万人次，同比增长 17.2%，占比 40.4%；接待港澳同胞 169.26 万人次，同比增长 6.1%。③

全省前十大入境客源国依次为马来西亚、日本、美国、新加坡、韩国、菲律宾、印度尼西亚、澳大利亚、加拿大和英国，其中菲律宾、日本、印度

① 中国旅游研究院（文化和旅游部数据中心）：《“一带一路”旅游大数据专题报告》，http://www.ctaweb.org/html/2018-9/2018-9-28-14-19-26557.html，2018 年 9 月 28 日。

② 中国旅游研究院（文化和旅游部数据中心）：《“一带一路”旅游大数据专题报告》，http://www.ctaweb.org/html/2018-9/2018-9-28-14-19-26557.html，2018 年 9 月 28 日。

③ 福建省统计局：《福建统计年鉴 2017》，中国统计出版社，2017。

尼西亚和新加坡等主要客源国入闽旅游人数同比增长20%以上。[①] 如图1所示，2013~2017年全省入境游客人数和外国游客入境人数总体呈上升趋势，2015年后上升速度显著加快。

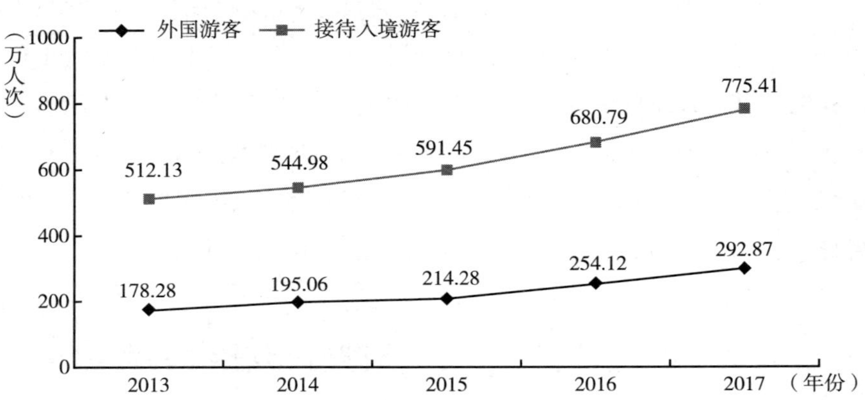

图1 福建省2013~2017年接待入境游客人数和外国游客人数情况

资料来源：福建省旅游发展委员会政府网统计数据。

2. 存在的问题

（1）外国游客入闽规模相对较小。2016年福建全省接待外国游客254.12万人次，与北京（354.8万人次）、上海（659.8万人次）、浙江（731.6万人次）、广东（825.3万人次）等地区相比仍有较大差距。从入境旅游的外国游客占比来看，2016年福建入境旅游的外国游客占37.7%，远低于北京（85.2%）、上海（77.2%）和浙江（65.3%）。

（2）客源市场较单一。福建省入境旅游客源市场主要集中于港澳台市场和亚洲市场。2017年全省累计接待台湾同胞313.27万人次，占入境接待总人数的40.4%；全省累计接待亚洲游客184.82万人次，占外国人入境旅游市场的63.1%，前六名客源国中除美国外，皆是亚洲国家或地区。[②]

（3）旅游收入相对偏低。相较于一线省市，福建入境过夜游客较少，

① 福建省统计局：《福建统计年鉴2017》，中国统计出版社，2017。

② 福建省统计局：《福建统计年鉴2017》，中国统计出版社，2017。

旅游外汇收入较低。2017 年福建全年接待入境过夜游客 691.74 万人次，仅为广东省（3647.56 万人次）的 19%；旅游外汇收入 75.88 亿美元，仅为广东省（196.50 亿美元）的 38.6%。由图 2 可知，2000～2016 年，虽然福建旅游外汇收入逐年增长，但和广东相比，还存在较大差距。

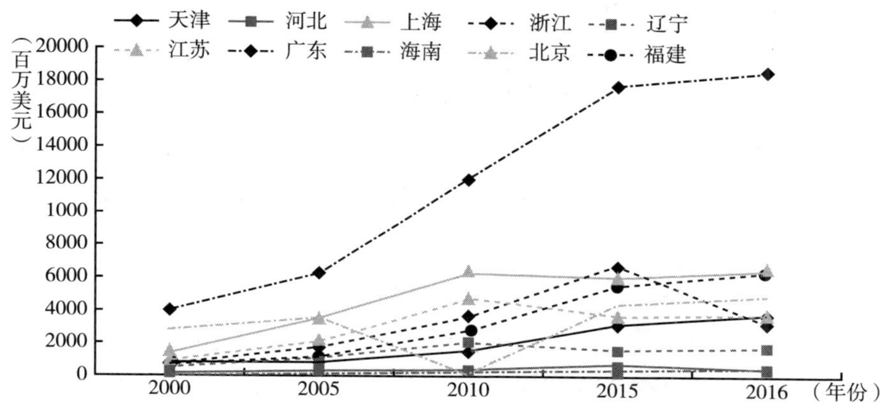

图 2　福建省与东部沿海省市 2000～2016 年国际旅游外汇收入情况

资料来源：《"一带一路" 旅游大数据专题报告》，http：//www.ctaweb.org/html/2018-9/2018-9-28-14-19-26557.html，2018 年 9 月 28 日。

（二）"一带一路"倡议下福建省入境旅游发展 SWOT 分析

1. 优势

（1）地理区位优势。福建地处东海之滨，北连长三角，南接珠三角，是太平洋西岸南北通衢的必经之地，也是海上丝绸之路的重要起点。尤其与台湾一衣带水，地缘相近、血缘相亲、文缘相连、商缘相通、法缘相系，往来便捷，关系密切。

（2）侨乡资源优势。闽籍华人华侨人数众多，分布广泛。福建省拥有 1512 万华侨华人，分布在世界 176 个国家和地区。此外，福建闽籍海外侨胞实力雄厚、人才辈出，且念祖恋乡，助闽发展。

（3）特色文化优势。福建省文化资源丰富，其中佛教文化、妈祖文化、

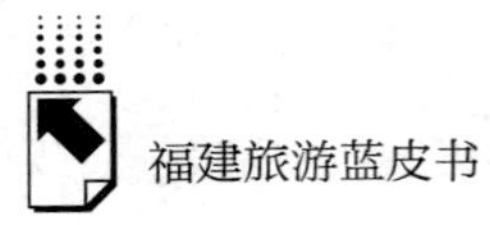

闽南文化、客家文化、船政文化等都与海丝文化紧密相连。尤其妈祖文化是福建省独特的旅游资源，妈祖有两亿多信徒，遍布世界二十多个国家和地区。在福建海丝文化资源与文化遗存上，不仅数量可观，而且人文底蕴深厚，极具文化保护与文化传播价值。

（4）政策优势。近年来，中央高度重视福建发展，政策叠加效应明显。策划并大力支持建设21世纪海上丝绸之路核心区、福建海峡蓝色经济试验区、福建自由贸易试验区、国家生态文明试验区、福厦泉国家自主创新示范区、福州高新区、平潭综合实验区、平潭国际旅游岛、福厦泉三地城市港口建设。政策红利显著，使福建成为当前中国优惠政策最多、最集中的省份之一。

（5）特色经济优势。福建省特色产业经济发达，特色产业名扬海内外。例如福建省作为乌龙茶的故乡，与海上丝绸之路沿线国家和地区的茶叶经贸发展迅猛，2017年茶出口达2万吨，出口额2.4亿美元。泉州德化盛产白瓷，是全国最大的西洋工艺瓷生产和出口基地。南安水头镇是亚太地区规模最大、档次最高，以石材为龙头的大型建材批发市场。莆田仙游县是全国“工艺美术之乡”“中国古典工艺家具之都”，也是全国最重要的红木集散地之一。福建还是中国食用菌的主要产地，宁德古田县被誉为“中国食用菌之都”，食用菌主要出口东南亚地区、日本、韩国、欧盟、美国及中国香港、中国台湾等地。

（6）生态环境优势。福建依山傍海，是全国首个生态文明试验区，森林覆盖率达65.95%，居全国第一。2017年，全省九个设区城市空气质量平均达标天数比例为96.2%，PM 2.5平均浓度为27μg/m^3，12条主要河流水质总体优。

2. 劣势

（1）区域经济辐射力劣势。福建人口基数小，城市化水平不高，综合经济实力、科研创新能力、国际竞争力相对较低，中心城市集聚、辐射和带动能力较弱，区域竞争力不强。截至2017年年末，福建省常住人口3911万人，明显少于广东（11169万）、山东（10005万）、江苏（8029万）等其他沿海省份。2017 年，福建 GDP 为 32298.28 亿元，全国排名第十，仅占第一名广东省的 36%，与“长三角”、“珠三角”、京津唐、中部经济区等相比较低，与海西经济区在人口基数、经济规模、主要城市群经济联动能力等方面相比较弱。

（2）国际交通枢纽能力劣势。福建省没有一线城市，也无国际交通枢纽城市。拥有三个国际机场（福州长乐国际机场、厦门高崎国际机场、泉州晋江国际机场）和六个港口（福州港、厦门港、泉州港、宁德港、湄洲湾港、漳州港）。但港口的吞吐量和国际出入境旅客规模不大。三个国际机场除厦门高崎国际机场，其他机场的国际出入境旅客规模不大。截至 2017 年 9 月，全省国际航线仅 46 条，港澳台航线仅 17 条。

（3）品牌形象与产品劣势。从品牌形象看，经过三年的精心培育，“清新福建”品牌在国内得到较高认可，并成功注册商标，但在海外知名度不高，吸引力不够。从旅游产品看，福建旅游产品创新能力不足，以传统观光型旅游产品为主，新型旅游业态发展速度较慢，旅游资源优势未完全发挥出来。例如：福建海滨资源丰富，但缺乏具有国际吸引力的海洋旅游产品；武夷山是世界文化与自然双重遗产，但在海外知名度低于黄山、泰山。

（4）市场主体劣势。福建省旅游业发展起步较晚，规模企业数量少，在全国有影响力的旅游领军企业和跨产业集团中屈指可数。经营跨国业务的大型旅行社偏少，旅游开发总体实力不够强，在国际旅游开发中参与度较低。除了“欣欣”旅游网之外，在线旅游企业发展速度和水平都相对落后于北京、上海、浙江等其他省市。①

（5）人才劣势。福建省地处“长三角”与“珠三角”的中间地带，在二者快速发展和激烈竞争中，对高层次创新型人才的吸引力相对不足，人才聚集能力较弱。

---

① 福建省发展和改革委员会：《福建省发展和改革委员会关于印发实施福建省中长期铁路规划的通知》，http：//www.fjdpc.gov.cn/zfxxgkzl/zfxxgkml/ghjh/201711/t20171122_1609898.htm，2017 年 11 月 22 日。

3. 机遇

（1）文旅融合环境机遇。近年，文旅产业融合受到国家的高度重视，持续颁布政策助推文旅融合。福建文化资源丰富且独具特色，文游融合将为福建旅游业态创新和转型升级带来巨大的机遇。

（2）交通提升机遇。随着福建省“三纵六横”铁路网格局的全面形成，福建省将整体构建起高速、快速、城际、普速、货运等多层次、便捷化的铁路运输体系，将为入境旅游发展注入新的活力。①

（3）“金砖”五国会议影响机遇。“金砖”国家领导人第九次会晤的成功举办不仅提升了厦门软硬件实力，也提高了福建省的知名度。随着福建与“金砖”国家进出口贸易的广泛合作，以印度、巴西、俄罗斯为代表的“金砖”国家将成为福建未来重要的入境客源地，进一步优化入境旅游结构。

（4）海洋旅游机遇。近年来，海洋旅游成为新的消费热点，在全球范围内不断升温，市场持续扩大。目前滨海旅游发展较为成熟，海上、深海、远海旅游发展还处于初级阶段，而海峡西岸滨海旅游带海洋旅游资源丰富，有很大的发挥空间。

4. 挑战

（1）国际环境复杂严峻。政治上，中美博弈、中东局势、朝鲜半岛局势、恐怖主义势力、宗教极端势力等导致的国家与国家间的不稳定因素仍然存在。经济上，全球经济依旧面临保护主义升温、全球金融条件收紧等下行风险，同时中美贸易战持续升级，给国际环境带来更多的不确定性。

（2）市场竞争激烈。一方面，世界各国愈发重视旅游业，纷纷出台促进政策。周边各国在签证、购物、航空、营销等方面纷纷出台措施，争夺外国入境旅游市场。另一方面，旅游业成为拉动经济的重要抓手，各省纷纷开发新产品，完善服务来吸引境外游客，进一步加剧福建省入境旅游市场竞争。

① 福建省发展和改革委员会：《福建省发展和改革委员会关于印发实施福建省中长期铁路规划的通知》，http：//www.fjdpc.gov.cn/zfxxgkzl/zfxxgkml/ghjh/201711/t20171122_1609898.htm，2017年11月22日。

三 "一带一路"倡议下入境旅游开发战略

（一）总体思路

贯彻党的十九大会议精神，紧抓"一带一路"倡议的机遇，围绕建设21世纪海上丝绸之路引领示范区和国际知名特色旅游目的地的目标，针对境外旅游市场需求，优化"清新福建"品牌形象，培育具有国际竞争力的旅游产品品牌，打造精品线路，创新营销手段，大力实施精准营销、高效营销，提升福建旅游境外知名度，扩大福建入境旅游规模，提高质量。

（二）入境旅游市场定位策略

结合福建省的资源特征、区位特征、社会经济特点以及各客源国赴中国旅游特点，福建入境旅游基础市场定位为港澳台及海外；重点开发市场定位为韩国、日本、美国、俄罗斯、马来西亚、菲律宾、加拿大、印度、泰国、澳大利亚、印度尼西亚、德国、英国等优势旅游市场；潜在发展市场定位为越南等其他东南亚国家，法国、意大利等其他欧美国家，以及沙特阿拉伯、伊朗、埃及等中东国家（见表1）。应根据各市场的特征，整合资源，创新营销方式，促进福建入境旅游跨越式增长。

表1　福建省入境旅游市场定位

市场类型	市场范围	市场策略
基础市场	港澳台及海外	巩固提升
重点开发市场	韩国、日本、马来西亚、菲律宾、印度、印度尼西亚、泰国等亚洲国家 美国、俄罗斯、澳大利亚、加拿大、德国、英国等欧美国家	精准开发、着力做大
潜在发展市场	越南等其他东南亚国家 法国、意大利等其他欧美国家 沙特阿拉伯、伊朗、埃及等中东国家	高效拓展

资料来源：自绘。

1. 进一步巩固提升港澳台及海外市场

港澳台及华侨是福建入境旅游的基础市场，目前占福建入境旅游市场的60%以上，对该市场应采取巩固提升开发策略。应充分发挥福建与港澳台及海外同胞地缘近、血缘亲、人缘广的优势，提升开发传统节庆品牌产品，精心策划培育寻根旅游产品、游学旅游产品，强化宗教、经贸、文化交流，进一步巩固和夯实这一市场。

2. 着力做大东南亚海丝沿线国家市场

东南亚海丝沿线国家是福建入境旅游重点市场，目前马来西亚、新加坡、菲律宾和印度尼西亚皆属于福建入境十大客源国，这些地区与福建地理相近，海丝渊源深，自古交流频繁，应充分利用“一带一路”倡议机遇，强化福建“世界侨乡”“海丝文化”“东亚文化之都”“妈祖圣境”“世界茶文化”等文化旅游产品开发与推介，加大市场推广力度，着力做大做强。

3. 精准开发日、韩、美、俄、澳、加、德、英市场

韩国、日本、美国、俄罗斯、澳大利亚、加拿大、德国、英国等国家也是福建省重点开发的市场。这些国家居民出游意愿高且消费能力强，每年来华游客规模比较大，是我国入境旅游主要市场。对于这些市场宜采取精准开发策略，以拓展福建三大国际机场交通航线为基础，针对不同市场需求，推介不同旅游产品。针对俄罗斯，重点推介冬季旅游产品；针对韩国、日本，重点推介特色文化旅游产品、温泉旅游产品；针对美国、澳大利亚、加拿大、德国、英国等重点推出海洋旅游产品和特色文化旅游产品。

4. 高效拓展中东国家等潜在发展市场

中东国家市场以及其他欧美市场是福建入境旅游发展市场。这些国家目前虽然在福建省入境旅游市场所占比例较低，但有发展潜力。福建有较多的伊斯兰文化资源，海丝文化也很丰富，特色经贸产品等对沙阿拉伯、伊朗等中东国家有较强的吸引力，可采用引导企业参与、实施网络营销等方式，逐步拓展。

（三）入境旅游产品开发策略

依托福建省旅游资源优势，针对国际市场需求，大力发展八类旅游

产品。

1. 打响海丝旅游品牌

推进21世纪海上丝绸之路引领示范区建设，依托海丝起点地优势，申报世界文化遗产，重点打造福、泉、漳海丝起点特色旅游地，打响海丝旅游品牌。凸显福州国家级新区、自贸区和海丝核心区优势，挖掘马尾船政文化和郑成功文化，举办海丝进出口贸易博览会，开发海丝主题休闲产品。发挥泉州"宗教博物馆"优势，建设海丝主题公园，举办"海上丝绸之路国际艺术节"，做大做强海丝起点文化品牌。依托漳州丰富的海丝文化遗址，以遗址为基点建设海丝主题旅游项目，打造集海丝溯源与海丝探险于一体的滨海休闲度假旅游名城。①

2. 培育海洋旅游品牌

充分发挥海洋资源优势，串联东部沿海城市，完善和创新海洋旅游产品，重点支持邮轮旅游、游艇旅游、海洋运动、海洋节庆文化旅游产品开发，建设一批综合性、高水平的滨海休闲度假旅游区，推动厦门国际滨海花园旅游名城、平潭国际旅游岛建设，加快厦门国际邮轮母港建设，推动平潭邮轮停靠码头建设，做强帆船、冲浪、游艇运动等海洋运动旅游。

3. 深化宗教民俗旅游品牌

深入挖掘妈祖文化、世界宗教文化，开展湄洲岛妈祖庆典、莆田世界佛教大会、泉州世界宗教文化活动，打造一批宗教活动旅游品牌，开发一批宗教旅游线路。

4. 做强寻根旅游品牌

构建以寻根文化为主题的旅游产品体系，支持修撰族谱，保护宗祠，打造宁化石壁、南靖土楼、闽王祠等重点祖地文化旅游项目，举办系列寻根谒祖的文化活动，开发杨、李、陈、王等重点姓氏特色寻根旅游线路。

5. 做精文化旅游品牌

利用闽南文化、莆仙文化、客家文化、畲族文化等地域传统文化，开发

---

① 《福建省"十三五"旅游业发展专项规划》，福建省人民政府网站，http：//www.fujian.gov.cn/，2016年4月6日。

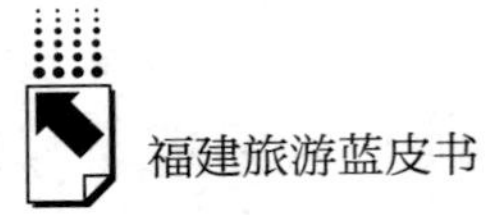

特色文化旅游产品，重点推进船政文化、客家文化、东亚文化之都旅游特色精品线路的打造，加强文化体验感与参与度，提升旅游体验。

6. 做大游学旅游品牌

针对海外市场，充分发挥福建观光工厂优势，利用华侨大学、厦门大学、集美大学等高校侨生资源，打造以观光工厂为中心的游学旅游线路，着力推动游学旅游产品开发。

7. 发展冬季旅游品牌

立足福建冬季气候优势，以及福建温泉旅游资源优势，针对俄罗斯、韩国、日本等旅游市场，大力发展冬季滨海休闲度假、温泉养生旅游产品。

8. 推动海丝经贸旅游品牌

以海丝为纽带，整合武夷山岩茶、安溪铁观音、德化白瓷、永春香醋、南安石材、晋江鞋帽、仙游红木、莆田银器、宁德食用菌等特色优势产业资源，培育国际知名会展产品、工业旅游产品，建立一批特色产品购物街区，主打特色产业经贸旅游。充分发挥厦门金砖会议会后效应，打造国际购物旅游城市和国际会展旅游城市；利用平潭国际旅游岛政策优势，打造国际购物旅游名片。

（四）“一带一路”入境旅游市场营销策略

1. 优化“清新福建”旅游品牌形象

“清新福建”品牌形象对国内旅游市场来说，具有较强的辨识度和吸引力，但对于境外市场，特别是东南亚和欧美市场来说，吸引力不够。针对海外旅游市场，在“清新福建”品牌形象基础上，优化品牌形象，突出“海丝文化集聚地”“东亚文化之都”“魅力厦门”“世界茶乡”“妈祖圣地”“世界侨乡”等在国际市场具有吸引力的元素，塑造清新与文化相互彰显的形象。

2. 创新营销理念与模式

从政府主办向政府主导、企业运作转变，充分发挥市场在资源配置中的决定性作用。改变政府单一部门独自营销思维，充分调动公共媒体、自媒体、海外华侨社团、高校以及各类旅游企业的力量，构建立体多元化的对外营销网络。统筹省内营销资源，整合福建省各地市力量，实施统一营销。从“以我为主”的传统工作模式向“以客为主”的工作模式转变，用全球视野把握旅游市场的发展趋势和阶段特征。[①] 加强对主要客源市场和潜在客源市场的相关研究，明确客源地市场需求，把握市场趋势。

3. 构建立体化的营销体系

充分利用现代信息与多媒体技术，从依靠产品交易会、组团考察、主流媒体宣传、举办推介会等传统方法向线上线下并行、传统媒体和新兴媒体同步的新方法转变，构建起现场推介、主流媒体营销、新兴媒体营销等组成的立体营销网络。营销效率上，从依靠推介宣讲、合约签订等成果展示型活动逐渐向市场深入调研、产品体验反馈、实时数据追踪等信息互动性活动过渡。[②]

4. 大力推进精准营销

针对不同市场，推出不同的形象、不同的产品，采用不同的营销策略与手段。利用国家文旅部国际宣传官网、福建省境外官网、社交媒体官方账号等平台实施精准营销，同时加强与欧、美、日、韩大型 OTA 平台和新闻媒体的合作，实现海外营销广告的精准投放，提升广告效率。同时升级现有的福建海外旅游合作推广中心，选取部分国家首都开设一批旅游体验店，利用 VR 等新兴技术实现异地体验的功能。

5. 培育国际知名的品牌展会和节庆活动

培育海峡两岸茶业博览会、世界石材博览会、海峡两岸旅游博览会等品牌展会，打造福州海上丝绸之路（福州）国际旅游节、莆田妈祖文化节、泉州海上丝绸之路国际艺术节、平潭国际海洋节等一批品牌节庆活动。

---

① 戴斌：《以全球视野谋划入境旅游发展的新思路》，百度文库，https：//wenku. baidu. com/view/76c8b0a9aa00b52acfc7ca70. html，2014 年 10 月 20 日。

② 汤治：《发展入境旅游要坚持“四轮驱动”系统推进》，《中国旅游报》（数字报），http：//www. ctnews. com. cn/art/2018/6/5/art_ 125_ 20342. html，2018 年 6 月 5 日。

6. 实施高效整合营销

重视营销效果，实施高效营销。启动地方旅游国际知名度动态监测和品牌评估项目，着手构建入境旅游推广绩效综合考评机制。[①] 充分利用大数据，强化对福建海外客源地的需求研究，强化对福建海外旅游形象动态监测，强化对福建旅游营销渠道系统评估，不断创新营销手段，提高营销效果，构建高效的营销系统。

实施整合营销，推进旅游产品整合、经典线路整合、全省营销渠道整合。重点推出海丝旅游、海洋旅游等旅游产品品牌，重点推介海丝经贸、茶韵飘香，海丝宗教、福泽天下，海丝度假、蓝色之旅，海丝人文、文化之旅等经典线路。

四　“一带一路”倡议下福建入境旅游相关保障策略

（一）人才保障

重视省内高校对旅游人才的培养工作，建设一批具有高素质并精通外语的优质人才。支持各高校开展旅游专业基础研究，主办或者承办各种国际旅游业相关的学术会议与论坛，与世界各地的学者共同交流，共同进步。重视对旅游业在岗人员知识与技能的培训，保障服务团队质量。

（二）资金保障

加大对旅游产业发展的支持力度，尤其是海丝旅游项目、入境旅游项目的支持力度，提高旅游发展专项资金使用效率，重点用于加强“一带一路”倡议下旅游产品开发、旅游市场营销、旅游人才培养、旅游项目实施等方面，同时丰富政府与金融机构、社会资本的合作模式，不断促进投融资创新，保障市场主体资金安全。

① 戴斌：《以全球视野谋划入境旅游发展的新思路》，百度文库，https：//wenku. baidu. com/view/76c8b0a9aa00b52acfc7ca70. html，2014 年 10 月 20 日。

（三）制度保障

优化出入境便利化政策和免税退税政策。加强与各国的友好合作，逐步优化出入境免签政策和邮轮出入境政策，同步提升各口岸出入境服务水平。完善离岛或者离境免税退税政策，进一步推进福州、厦门、平潭三大口岸免税购物区建设，不断优化产品结构，丰富产品类型。

（四）机制保障

建立丝绸之路沿线各国和各地区协调合作机制与各省市之间协商沟通机制。加强与“一带一路”沿线国家和地区的旅游合作，建立福建东盟国家之间的常态交流机制，争取在重大议题、重点领域方面达成共识，共谋合作，共谋发展。推进泛珠“9+2”旅游合作，主动参与国家东部（浙、皖、闽、赣）生态文明旅游区建设，形成常态化交流磋商平台与机制。

参考文献

[1]《“十三五”期间我国将吸引“一带一路”沿线国家旅游人数8500万人次》，央广网，http://travel.cnr.cn/list/20170914/t20170914_523948349.shtml，2017年9月14日。

[2]《福建省“十三五”旅游业发展专项规划》，福建省人民政府网站，http://www.fujian.gov.cn/，2016年4月6日。

[3] 戴斌：《以全球视野谋划入境旅游发展的新思路》，百度文库，https://wenku.baidu.com/view/76c8b0a9aa00b52acfc7ca70.html，2014年10月20日。

[4] 福建省发展和改革委员会：《福建省发展和改革委员会关于印发实施福建省中长期铁路规划的通知》，http://www.fjdpc.gov.cn/zfxxgkzl/zfxxgkml/ghjh/201711/t20171122_1609898.htm，2017年11月22日。

[5] 福建省统计局：《福建统计年鉴2017》，中国统计出版社，2017。

[6] 国家发改委、外交部、商务部：《推动共建丝绸之路经济带和21世纪海上丝绸之路的愿景与行动》，新华社，http://ydyl.people.com.cn/n1/2017/0425/c411837-29235511.html，2017年4月25日。

[7] 黄秀娟等:《2016~2017 年福建省入境旅游发展分析与展望》,《福建省旅游产业发展现状研究（2016~2017)》,社会科学文献出版社,2017。

[8] 汤治:《发展入境旅游要坚持“四轮驱动”系统推进》,《中国旅游报》（数字报）,http://www.ctnews.com.cn/art/2018/6/5/art_125_20342.html,2018 年 6 月 5 日。

[9] 中国旅游研究院（文化和旅游部数据中心）:《“一带一路”旅游大数据专题报告》,http://www.ctaweb.org/html/2018-9/2018-9-28-14-19-26557.html,2018 年 9 月 28 日。

B.22

福建省优质旅游发展中公共服务供给现状与政策保障

叶新才　王小花*

摘　要： 福建迈入全域生态旅游和优质旅游时代，旅游公共服务迎来新的机遇与挑战。近年来，福建省积极推进旅游公共服务体系建设，多措并举确保了旅游信息服务、旅游交通服务、旅游安全生产、旅游行政管理、旅游便民服务等方面实现量的突破和质的提升。但因多种原因影响，福建省旅游公共服务与优质旅游要求还存在不小差距，主要表现为旅游公共服务结构失衡、旅游公共服务水平不高、旅游公共服务氛围不佳、旅游公共服务地域不均、旅游市场监管机制不畅。根据全域生态旅游和旅游市场发展预判，2019年福建省旅游公共服务仍将面临需求快速增长与有效供给不足之间的矛盾，补齐旅游公共服务供给与政策保障短板任务十分艰巨。针对福建省旅游公共服务供给现状问题，提出加快完善公共服务监管机制、改善旅游公共服务环境、优化旅游公共服务体系、提高旅游公共服务效率、建立旅游公共服务平台、强化旅游公共服务政策保障等对策举措，以扩大旅游公共服务有效供给，优化旅游公共服务内容，全面提升旅游公共服务品质，助力福建全域生态旅游发展。

* 叶新才，博士，华侨大学旅游学院旅游管理系主任，副教授，主要研究方向为旅游目的地规划与管理、旅游项目策划与评估；王小花，华侨大学旅游学院硕士研究生，主要研究方向为旅游目的地管理。

关键词： 优质旅游　公共服务供给　政策保障　福建省

国家旅游局统计显示，2017年旅游业综合贡献8.77万亿元，对国民经济的综合贡献达11.04%，对住宿、餐饮、民航、铁路客运业的贡献超过80%，旅游直接就业2825万人，旅游直接和间接就业8000万人，对社会就业综合贡献达10.28%。[①] 但是我国旅游业发展依旧面临诸多挑战，如旅游管理体制机制改革严重落后、旅游市场乱象丛生、欺客宰客事件时常发生等现象，严重影响旅游业的发展。同时，党的十九大指出我国社会主要矛盾已经转化为人民日益增长的美好生活需要和不平衡不充分的发展之间的矛盾。[②] 人民越来越渴望高质量的旅游产品和旅游服务。因此，无论是从宏观发展的需求，还是从自身发展的要求来看，旅游业正逐渐从高速旅游增长阶段迈入优质旅游发展阶段。

优质旅游的概念在2018年全国旅游工作会议上首次提出，作为一种新的发展观，要求我国旅游业从过去长期偏重数量的增长转变为更多关注质量的提升，而优质旅游的发展离不开旅游公共服务质量的提升。旅游公共服务是指由政府或其他社会组织提供的，以满足旅游者共同需求为核心，不以营利为目的，具有明显公共性的产品和服务的总称[③]，包含旅游信息服务、旅游交通服务、旅游安全服务、旅游行政管理服务、旅游惠民服务五个方面。

在全域旅游的背景下，福建省致力于打造“清新福建”的旅游品牌，确立“放心游福建”的旅游承诺。福建省政府着力构建与市场发展相适应的高水平的旅游公共服务体系。从“十二五”开始，提出运用新技术、新

---

① 李金早：《2018年全国旅游工作报告》，搜狐网，https://www.sohu.com/a/215451714_785796，2018年11月16日。

② 秦金月：《中共十九大开幕，习近平代表十八届中央委员会作报告》，中国网，http://www.china.com.cn/cppcc/2017-10/18/content_41752399.htm，2018年11月16日。

③ 李爽、黄福才、李建中：《旅游公共服务：内涵、特征与分类框架》，《旅游学刊》2010年第4期，第20~26页。

模式，按照规范标准、功能完善、布局合理、便利惠民、服务优质的要求，建设旅游公共服务体系；在“十三五”旅游发展规划中也提出了完善旅游公共服务，实现优质旅游的发展。强化政府主导、分级负责、市场参与、社会协同，大力推行旅游标准化建设，积极推广 PPP 融资模式，全面推进旅游公共服务建设，促进“清新福建”优质旅游的发展，为福建省的旅游业发展提供了有力保障。全域旅游和优质旅游背景下，加强和完善旅游公共服务已经成为各级旅游管理部门一项迫切而重要的任务。本文分析了福建省旅游公共服务供给现状与问题，提出发展策略和政策保障举措，为加快提升全省旅游公共服务水平提供指导。

一　福建省旅游公共服务供给总体情况与主要进展

（一）总体情况

“十二五”以来，福建省积极推进旅游公共服务体系建设，多措并举确保了旅游信息服务、旅游交通服务、旅游安全生产、旅游行政管理、旅游便民服务等方面实现量的突破和质的提升。福建省“十二五”“十三五”旅游发展规划中，都涉及旅游公共服务的建设和发展。在“十二五”之后，旅游公共服务成为旅游发展的一个重要组成部分。福建省旅游公共服务处于一个快速发展的阶段，旅游公共服务设施包括旅游厕所、集散服务中心、标识牌等数量不断上升；旅游保障体系不断完善，形成 12315 旅游投诉体系，深化以“放心游福建”为核心的旅游市场综合监管机制。从表 1 可以看出，旅游公共服务建设的侧重点也发生了变化，从宏观政策逐渐向微观建设方面转移，在“十三五”期间，不断推进五大工程建设，大力推进全域旅游，着力打响“清新福建”品牌，提供高质量和高水平的旅游公共服务，促进旅游业的发展和建设。

表1　福建省“十二五”与“十三五”旅游规划公共服务建设对比

规划	公共服务类型	公共服务建设内容
福建省“十二五”旅游业发展专项规划	加强公共基础设施建设	完善旅游公共服务设施 设立旅游咨询服务中心 完善自驾车服务系统 完善配套服务
	完善旅游公共信息服务	健全假日旅游协调机制 利用各类媒体加大旅游公共信息发布力度 加强旅游指标体系的统计调查
	健全旅游安全保障体系	加强旅游安全保障体系建设 提高应对突发危急事件的能力
	大力发展智能旅游	以海峡旅游网上超市、12301呼叫中心、海峡旅游卡工程为先导发展并支持各地建设智能旅游平台 依托企业建设智能旅游实验室
	推进旅游标准化建设	成立旅游业标准化分技术委员会 推进旅游景区、旅行社标准化建设 推行地方标准 加大旅游国家标准、行业标准和地方标准的执行力度，加强标准实施的监督检查
	加强诚信旅游建设	强化市场监管，加大旅游市场联合执法监督力度 全面推动旅游诚信体系建设 广泛开展诚信活动，强化行业自律
	提升从业人员素质	强化旅游人才培养 完善人才激励机制
福建省“十三五”旅游业发展专项规划	重点推进智慧旅游	建设智慧旅游系统平台 推进智慧旅游项目实施 创新“互联网+”旅游服务
	优化旅游交通	健全立体大交通体系 完善景区交通网络
	持续推进五大工程	推进旅游厕所革命工程 推进旅游集散服务体系工程 推进“清新福建”旅游直通车工程 推进旅居全挂车营地和露营地工程 推进旅游安全保障工程

资料来源：《福建省人民政府关于印发福建省“十二五”旅游业发展专项规划的通知》（闽政〔2011〕50号），https：//wenku. baidu. com/，2018年11月25日；《福建省人民政府办公厅关于印发福建省“十三五”旅游业发展专项规划的通知》（闽政办〔2016〕34号），http：//www. fujian. gov. cn/，2018年11月28日。

（二）主要进展

1. 旅游信息服务质量持续提高

一是福建省智慧旅游平台建设初具规模。福建省现已初步建成基础数据云、景区云、旅行社云等云数据中心、服务监管平台、多语种旅游门户网站、大数据网评、旅游运行监测、入闽旅游奖励、旅游项目管理、双随机一公开等智慧旅游设施建设；整合闸机、视频汇聚系统、旅游客车定位系统、游客的住宿数据、电子合同、ERP、100 家景区语音导览、12301 与 12315 投诉系统以及执法系统、气象、地图、美团等感知系统，初步形成“数据 + 内容 + 平台 + 应用终端 + 物联网（智能感知）节点”的福建智慧旅游体系。

二是不断完善景区和交通的旅游标识系统和解说信息系统，完成省市内主要交通要道老旧旅游标识牌的更换和景区示意图的维修等方面的行动，同时对朱子故里、蟳埔文化村等景区建设旅游导视系统，提供电子语音解说服务。

三是建设城市旅游集散服务中心和旅游咨询服务中心。2014 年以来，福建省旅游发展委员会牵头在省内高铁沿线中心城市以及旅游品牌县、旅游强县，布局建设旅游集散服务中心。采取网上系统填报、实地督查指导、拨付项目补助资金等措施，加快推进旅游集散服务中心项目建设。截至 2017 年年底，全省已建成 45 家旅游集散服务中心，并且不断在机场、火车站推进集散中心的建设，为游客提供高质量、高水平的旅游服务。

2. 旅游交通服务体系持续完善

福建省大力推进全域旅游交通体系的构建，实现旅游交通快速发展，提高福建省旅游交通的可达性。在铁路方面，继续推进闽西闽北铁路建设，力争到 2020 年基本建成“三纵六横”铁路网主框架。福建省人民政府网站公布的重点项目显示，2018 年福建省重大在建铁路项目就有 6 个。[①] 在公路方

① 《2018 福建交通建设大爆发！6 条重点在建铁路，你最期待哪条?》，快资讯，http：//sh. qihoo. com/pc/9e9081857d86bd508? sign =360_ e39369d1，2018 年 6 月 22 日。

面，福建省启动实施 9 条、700 余公里旅游公路建设，将沿线自然环境、风景名胜、乡土文化等融入公路设计，大力推进旅游风景道建设。支持“交通 + 特色产业”的农村旅游路、资源路、产业路建设，全省建设改造农村公路 2885 公里。[①] 除了全省的铁路和公路建设之外，着力解决景区最后一公里的问题，完善福建省旅游交通体系。厦门旅游集散服务中心建设环岛路旅游直通车，福州市仓山区于 2018 年 5 月 26 日推出“仓山文创旅游线路”旅游直通车，让游客尽览苍山旅游景区。

3. 旅游安全生产秩序趋向规范

福建省为了践行“放心游福建”附加的承诺，与其他地级市联合推动安全大检查。福建省出台的《关于加快建设旅游强省的意见》提到要构建防控并重旅游安全体系。从行业方面，要加强旅游安全服务标准与规范，对景区进行安全监测，提升对突发事件的应急处理能力；从旅游者方面，提升旅游者自身的旅游安全意识，避免以身试险的情况。在此背景下，福州晋安区率先推出酒店安全实践课程，并且组织辖区内的所有星级酒店及民宿从业者在酒店进行实地演练，从而学习安全技能，提升从业人员安全服务理念。厦门市旅游发展委员会主办“2018 年新设立旅行社业务培训班”，目的是全面强化安全服务意识，不断提高业务规范水平。厦门胡里山炮台落实了一系列安全服务举措。如开通避雨及应急疏散通道，加强提示疏导（运用景区广播、特色提示牌及专岗安全疏导员等措施），做好景区栏杆防护、低陷地面整修及更换和新增警示标识，加强安全提示语音播报等。

4. 行政管理服务效率明显提升

福建省政府部门越来越重视旅游公共服务体系建设，加强旅游执法、旅游投诉、市场监管等方面的行政管理。一是在旅游执法方面，加大对旅游行业如交通、旅行社、酒店等行业的执法力度。2016 年至今，福建省交通运输部门立案查处违法道路运输 27.4 万件。其中，查处旅游“黑车”2211

① 《福建交通持续完善旅游公共服务体系》，人民交通网，http://www.rmjtxw.com/news/jt/52104.html，2018 年 9 月 18 日。

辆、违法旅游包车1542辆、非法出租汽车（含网约车）8151辆，为群众“放心游福建”创造良好的交通条件。[①] 2017年全省共实施旅游行政处罚78起，其中，厦门34起，福州14起，南平26起，宁德2起，泉州2起，共处罚旅行社23家，吊销旅行社1家，处罚旅行社直接责任人16人、违规导游15人、无证导游23人，共计没收违法所得8732.05元，罚款922070元。二是在旅游投诉方面，加快12301与12315投诉系统的升级改造工作，形成高效便捷的投诉处理机制，推动福建12315旅游投诉平台与12301国家智慧旅游公共服务平台对接。如推行“放心游福建”服务承诺，实现旅游投诉“一口受理”“快速办结”“先行赔付”。三是在市场监管方面，持续深化以“放心游福建”为核心，建立健全旅游综合协调、旅游案件联合查办、旅游联合执法的市场综合监管机制。2017年福建省利用福建省旅游团队服务监管平台上报旅游团队271387个，被检查的旅游团队15821个，检查率5.8%，检查通过团队15812个，通过率99.9%。各县市区将旅游市场秩序和服务质量提升纳入绩效考核中，让主要领导参与到旅游市场综合监管工作中去。

5. 旅游惠民服务平台初步建成

福建省在城市旅游集散服务中心、景区触摸屏、旅游厕所、自驾车营地等项目建设方面投入大量资金。“十三五”期间，在旅游设施建设方面，景区提升项目20个，投资额361.81亿元；设施提升项目6个，投资额187.38亿元，充分保障旅游者出行的便利性。到目前为止，已建成45家旅游集散服务中心，新建和改扩建旅游厕所2061座，启动4条风景道的试点工作，不断推进旅居全挂车营地和露营地工程建设，现已经建成自驾车营地57个，并且处在不断推进自驾车营地的建设过程中。福建多个地市先后推出旅游卡、旅游消费券、旅游年票等便民惠民举措。南平市政务平台与全国旅游监管服务平台已经实现实时对接，提高为民办事效率，努力实现“一窗受理”“最多跑一趟”的改革目标。

---

① 《福建交通持续完善旅游公共服务体系》，人民交通网，http://www.rmjtxw.com/news/jt/52104.html，2018年9月18日。

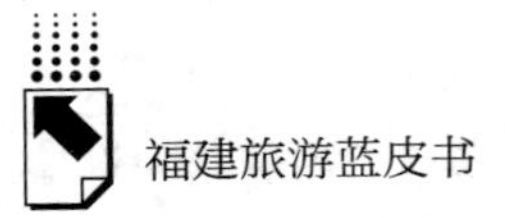

二　福建省旅游公共服务发展中存在的问题

（一）旅游公共服务结构失衡

福建省旅游公共服务设施建设主要依赖于政府建设，能够提供的公共服务滞后于现有旅游者在旅游过程中的需求，导致现存的旅游公共设施不足。游客大多对停车场、景区的休憩设施、旅游景区的最后一公里所需的旅游专线、自驾车营地、民宿等旅游公共服务设施满意度较低，这主要是由于自驾游、自助游的游客数量上升，现有的基础设施供给不足，不能满足旅游者的需求。尤其是在“清明”“端午”“十一”等节假日期间，景区厕所爆满、公路拥挤等现象屡见不鲜。一些偏远地区的旅游特色村镇拥有良好的旅游资源，但由于交通、住宿等旅游基础设施问题，只能让游客望而却步。种种原因降低了旅游者的满意度，影响旅游目的地形象。因而，旅游公共服务设施建设亟待提高。

（二）旅游公共服务水平不高

旅游服务质量堪忧，正在建设如观光工厂、旅游特色村、旅游特色街区、文化旅游示范基地、自驾车露营地、邮轮旅游等旅游新业态类型的旅游产品，还未形成完整的旅游服务体系；一些成熟的小型非知名旅游景区内的旅游标识制作不规范、翻译有误，有些旅游标识牌已经破损需要更换，景区的游客咨询服务中心、警务室等处于空缺状态，不能满足旅游者的咨询需求，提供安全保障；旅游商品价格标识不明，商品质量与价格严重不符；旅游景区、商品店铺的服务人员服务意识淡薄，不能够提供较好的旅游服务，难以满足旅游者的咨询、购物等方面的需求；各大城市现有营运车辆如出租车、私家车、网约车管理不严，存在不按距离收费、私自宰客等现象，也存在安全隐患。这些都直接影响了目的地的旅游形象。

（三）旅游公共服务氛围不佳

对于旅游者而言，旅游资源只是吸引旅游者来此的一部分，要想真正吸引游客将心动转为行动，还需要打造良好的旅游大环境，其中，旅游公共服务氛围是旅游大环境的重要影响要素。福建省拥有全国首位的森林覆盖率，自然和人文资源十分丰厚。但实际上，旅游资源环境和卫生条件较差。在生态环境良好的旅游目的地，旅游资源得不到有效的高质量的开发，建设过程中没有严格遵循可持续发展原则，破坏了当地的生态环境，或者在旅游目的地存在使用非节能交通工具、垃圾桶数量不足、文明宣传标识缺乏、旅游地垃圾清扫不及时等问题，导致景区存在空气污染、堆积垃圾的现象，影响游客游览过程中的心情，营造了脏乱差的旅游形象。此外，旅游从业人员素质较低，没有良好的文化素养和较高的服务意识，不能为旅游者提供满意的服务。

（四）旅游市场监管机制不畅

福建省目前旅游公共服务的管理和监督机制不畅，缺乏对现有的运行状况的有效评价。旅游公共服务体系中的各种服务设施分属交通、林业、卫生等不同的部门，对于旅游公共服务的管理和监督，不同部门之间容易存在矛盾和冲突，难以统一意见进行管理。对于已建成的公共服务设施的后续维护和保障管理不足，福州市已建成的两个集散中心功能单一，不能很好地发挥游客集散作用。[①] 这主要是因为选址不当、游客组织不善或游客集散功能缺失等，造成旅游集散中心论为摆设，不能真正起到为游客服务的作用。旅游企业的经营管理机制较为落后，不能根据游客需求开发特色旅游产品，缺乏有能力、有影响力的旅游企业。旅游人才较少，尤其缺乏高层次的旅游管理人才。除了管理制度之外，也缺乏对市场的有效监督。在过去的 2017 年中，

---

① 《福州旅游集散中心亟待建立　建议从五方面规划》，人民交通网，http：//district. ce. cn/newarea/roll/201605/30/t20160530_ 12210020. shtml，2018 年 11 月 16 日。

全省各市县区对于旅游团队的检查率偏低；在旅游质检过程中，执法人员较少，团队力量薄弱，对市场的监督和管理不到位，不能让游客有尊严地、高质量地旅游，这与优质旅游的理念相悖。

（五）旅游公共服务地域不平衡

福建省的旅游公共服务供给在不同地区之间存在比较明显的差异，主要表现为不同城市和城乡之间的差异。由于经济和旅游业发展不平衡，经济和旅游发展较好的城市，如厦门、福州等地旅游公共服务设施基础相对较好，这主要是由于旅游公共服务体系建设往往依托于城市公共服务设施，这些旅游公共服务发展较好的旅游城市，得到了广大旅游者的认可。但是在其他旅游发展一般的城市，旅游公共服务建设过程较为缓慢，此外，各城市中心与乡镇、村落旅游公共服务建设业存在较大的差距，尤其是一些资源良好的特色乡镇、村庄的公共服务设施的问题，如偏远景区景点的旅游道路建设较为滞后，导致游客在旅游过程中怨声载道，从而影响旅游目的地的形象。所以福建省现有的旅游公共服务发展水平不均衡，与全域旅游和优质旅游新时代要求不相符。

三　福建省旅游公共服务供给形势与对策

（一）旅游公共服务供给趋势

1. 全域旅游推进设施完善

近几年，福建省全域旅游工作不断推进，力争打造国家级的全域旅游示范区。福建省于2018年6月12日出台《关于加快推进全域生态旅游的实施方案》，其中提到促进旅游公共服务全面提升，通过推进“厕所革命”、构建立体交通体系、推进智慧旅游、建设旅游集散服务中心、规范旅游引导标识系统五项举措完善旅游公共服务体系；提出全省联动进行旅游市场治理，从而践行“放心游福建”承诺、加强旅游市场综合监管、强化旅游安全保障、加快旅游服务标准化建设、提升导游服务质量，营造优质旅游环境。[①]这反映了旅游公共服务的完善对全域旅游的发展具有重要意义。因此，必须抓紧完善旅游公共配套设施，优化旅游设施结构，营造良好的旅游服务环境，扩大旅游交通、集散中心、智慧旅游、旅游厕所等配套设施的有效供给，满足旅游需求，实现供求的积极平衡，从而实现全域旅游的纵深推进。

2. 优质旅游诉求品质提升

优质旅游是指更加便利、更加安全、更加文明、更加放心的旅游；国家旅游局局长李金早表示，优质旅游是能够很好满足人民日益增长的美好生活需要的旅游。[②] 优质旅游要求我们提高旅游业在服务质量监管、监督、评价等方面的标准。要想打造“清新福建”旅游品牌优质形象，福建省政府、企业经营单位必须在现有基础上不断反思旅游公共服务中存在的问题和短板，促进各地不断推进旅游公共服务提质增效。

3. 部门联动推进统筹建设

现有的政府部门、企业、景区之间各自为政，未能形成良好的联动效应，在工作过程中存在矛盾，难以调解。福建省实施政府统筹、企业配合、整体联动，统筹推进公共服务设施的建设。对于一些旅游直通车等项目，可以由政府牵线组织，各企业之间合理竞争，而后由企业实施和建成项目，并收取合理的费用。在项目建设过程中，政府要给予支持和帮助，并在项目运营过程中给予监督。各部门企业之间统筹推进公共服务设施的建设和质量的提升。

（二）旅游公共服务供给对策

随着我国迈入优质旅游和全域旅游新时代，福建省在未来几年的发展过

---

① 《福建省人民政府办公厅转发省旅发委关于加快推进全域生态旅游实施方案的通知》（闽政办〔2018〕52 号），搜狐网，http：//www. sohu. com/a/234955932_ 673427，2019 年 2 月 27 日。

② 《人民美好生活向往引领旅游优质发展新时代》，搜狐网，http：//www. sohu. com/a/234955932_ 673427，2019 年 2 月 27 日。

程中，必须有针对地引导旅游公共服务设施的建设，为游客提供一个更加舒适、便捷、安全的旅游环境，满足旅游者的需求，提高游客旅游过程中的满意度。对此，提出以下对策建议。

1. 完善公共服务建管机制

政府在建立旅游公共服务的过程中起着主导作用，因此必须完善旅游公共服务体系。这其中包括旅游公共服务供给机制与方式、安全制度的建设和保障、景区及购物点旅游者的投诉管理体系等方面。一是在旅游公共服务供给方面，学习英国等发达国家和地区的经验，采用政府主导、市场运作的机制或者采取 PPP 的合作机制，将旅游公共服务事项如城市设置的“旅游直通车”委托给私营机构①，允许其建设公共设施并合理运营。在解决旅游投诉和安全保障管理方面，政府通过适当赋权，充分发挥旅游行业协会及其他非营利性组织在规范旅游行业纪律、促进交流等方面的作用。二是建立人才引进机制。引进高素质、高水平的旅游专业相关人员为旅游业的建设出谋划策，由更专业的人来管理和从事旅游业。三是提高我国旅游业在服务质量监管、监督、评价等方面的标准。目前，我国旅游行业的标准大都是定性的规范，在已经出台的旅游规范如《旅行社国内旅游服务规范》中，表述较为模糊抽象，不能给旅游经营者和消费者提供衡量的标准和依靠，因此，应出示更加详细的标准和规划。四是采用政府为主、公众参与的监督管理机制，充分发挥政府的主要功能，引导居民和旅游者监督当地旅游企业的服务质量和诚信管理，确保行业能够高质量地发展。

2. 改善旅游公共服务环境

自觉维护旅游目的地形象、声誉，用优质服务引来八方游客，是实现旅游品质升级的关键。福建省必须改善现有的资源环境和卫生环境。在旅游产品开发和建设过程中，必须实地调研，实行规划先行和可持续发展的原则，不破坏当地的自然和生态环境，打造“清新福建”的旅游品牌。针对旅游

---

① 张萌、张宁、朱秀秀等：《旅游公共服务：国际经验与启示》，《商业研究》2010 年第 3 期，第 120 ~ 124 页。

卫生问题，在景区设置数量合理的垃圾桶，并且及时清理垃圾，做到日产日清，在高峰旅游时期要增加清理的频次；在显眼处设置文明标语，景区工作人员要用实际行动引导旅游者的文明旅游行为，并且积极处理公共区域的垃圾污水，积极构建绿色安全的健康环境。在优质旅游和共建共享的理念下，借鉴福建省鼓山森林栈道、泉州大坪山森林公园栈道、厦门空中自行车道等优秀案例的经验，打造特色与休闲兼备的旅游公共服务设施，既改善当地居民的居住环境，也构建游客的休闲娱乐空间。除了自然环境的改善之外，也要注重旅游安全环境的改善，创造“放心游福建”的良好环境。采取严格的安全管理制度，定期组织旅游企业进行安全事故演练，完善应急预案和突发事件处理制度，营造良好的环境。

3. 优化旅游公共服务体系

有针对性地引导旅游公共服务的建设，包括旅游交通环境改善体系，旅游咨询服务体系，智慧旅游服务体系，旅游安全保障、旅游厕所等旅游公共服务设施的建设。为游客提供一个更加便捷、更为安全、更加舒适的旅游消费环境，是满足大部分旅游者服务需求的关键，也能够有效提高消费者对于旅游的满意度和重游率。一是改善立体旅游交通条件。在原有基础上继续推进交通设施建设，力争到 2020 年建成三纵六横的铁路网主框架，加快旅游特色村、特色街区的道路和停车场建设，满足自驾游客的需求；通过完善旅游景区交通道路标识系统，建立旅游景区交通道路指引标识牌，开通多个景区“旅游直通车”，设置共享单车等解决景区的最后一公里问题。二是完善旅游集散服务体系。重点推动福建省各地市、平潭综合实验区及县级旅游集散服务中心建设，完善旅游集散服务功能配套，并在各集散中心、游客中心放置“清新福建”“放心游福建”系列宣传资料①；提供酒店、餐饮、购物、文化娱乐活动、旅游交通和其他赛事等方面的信息服务；此外，还应提供预订酒店、景区门票、地铁公交卡、纪念

① 储雪勤：《浦东新区旅游公共服务建设的思考与举措》，《科学发展》2017 年第 6 期，第 68 ~ 71 页。

品等方面的服务，充分发挥旅游集散中心的集散作用。三是推进智慧旅游建设。加快现代信息技术在旅游公共服务行业的引用，利用笨游 App、微博、微信等公众旅游平台，共建共享旅游公共服务信息。推进旅游行业与相关部门之间的数据共享，实现旅游产业与其他产业的有效联动，推动旅游大数据发展。[①] 四是推进旅游厕所建设和养护。大力实施“旅游厕所革命”，在现有的基础上继续深入“厕所革命”，持续落实《福建省旅游厕所建设管理新三年行动计划（2018～2020）实施方案》，把厕所提升作为服务游客的民心工程、促进文明旅游的重要举措来抓。同时旅游厕所要设置专人定时清洁和养护，并配备专门的管理人员，避免重建设、轻养护的现象出现。

4. 提高旅游公共服务效率

加快构建“公平”指标体系，为旅游公共服务供给提供科学决策依据，同时构建“效率”指标体系，全面评估旅游公共服务供给过程，进而建立旅游公共服务供给保障的长效机制。

5. 构建旅游公共服务平台

结合“互联网＋旅游”思维，在做好“线下”资源整合的同时，开拓“线上”联络和对接工作，使其真正成为“线上＋线下”兼顾，政府、旅行社、社会组织、游客四方共赢的立体化旅游服务平台。

6. 强化旅游公共服务政策

旅游公共服务体系建设是一个系统工程，需要组织领导、规制、投资、人才、技术等方面统筹协调。一是要树立“大旅游”观念，建立健全发展旅游公共服务的领导机构和工作机构，推动各级政府及相关部门各负其责，按照统一规划、分类管理、分级负责、属地为主的原则，利用各自资源、资金共同推进旅游公共服务体系建设。二是建立健全旅游公共服务的政策制度、标准体系、绩效评估机制及公众参与机制，全域保障旅游公共服务供给数量与品质和现代旅游发展需求相适应。三是通过规划促进、投融资改革和

---

① 金卫东：《智慧旅游与旅游公共服务体系建设》，《旅游学刊》2012 年第 2 期，第 5～6 页。

土地制度创新，加大旅游公共服务设施在用地、投资、税费等多方面的政策扶持，汇聚更加广泛的力量共建、共享旅游公共服务。四是通过人才培养、研究团队（智库）培育、志愿者队伍建设等举措，夯实福建旅游公共服务人才保障，进一步提升旅游公共服务品质。五是推进旅游公共服务技术改造升级，增强旅游公共服务效率和水平的现代技术支撑，同时加强旅游安全风险的监测、评估和预警系统建设，提高安全监控和应急处置能力，完善游客信息反馈分析机制，实现客观、动态评价。

参考文献

[1] 储雪勤：《浦东新区旅游公共服务建设的思考与举措》，《科学发展》2017 年第 6 期。
[2] 金卫东：《智慧旅游与旅游公共服务体系建设》，《旅游学刊》2012 年第 2 期。
[3] 李爽、黄福才、李建中：《旅游公共服务：内涵、特征与分类框架》，《旅游学刊》2010 年第 4 期。
[4] 李翔：《基于游客需求的福建省旅游公共服务研究》，硕士学位论文，福建师范大学，2013。
[5] 张萌、张宁、朱秀秀等：《旅游公共服务：国际经验与启示》，《商业研究》2010 年第 3 期。

B.23
福建省乡村旅游产业融合发展现状、难点与对策

陈秋华　陈贵松　林菲菲*

摘　要： 乡村旅游以其强大的市场优势、突出的带动效果、巨大的发展潜力，逐步成为农村产业融合的重点产业、农村经济发展的新动能。福建省通过陆续出台产业融合政策、加大项目支持力度、开展示范引导、培育融合主体等逐步构建乡村旅游产业融合发展体系，在"+乡村旅游"融合发展实践中取得了一定成效。目前，仍然存在融合联动性较差、规划可操作性不强、旅游产品核心竞争力不强、服务管理缺乏规范、融合主体带动不足、产业融合型人才缺乏等发展难点与问题。在此基础上，提出应从夯实产业基础、完善融合机制、培育多元主体、重视人才培育、创新创业驱动、开展示范引领及优化公共服务等方面推进福建省乡村旅游产业融合。

关键词： 乡村旅游　产业融合　福建省

引　言

推进旅游业与一、二、三产业融合发展，是贯彻落实习近平新时代中国

* 陈秋华，福建农林大学管理学院（旅游学院）院长、教授、博士生导师，研究方向为乡村旅游；陈贵松，博士、福建农林大学管理学院（旅游学院）副院长、副教授、硕士生导师，研究方向为乡村旅游；林菲菲，福建农林大学管理学院（旅游学院）硕士研究生，研究方向为旅游管理。如无特别说明，文中数据除特别注明外均来自福建省旅游发展委员会，特此致谢！

特色社会主义思想的具体体现，是落实新发展理念、推动高质量发展的生动实践。乡村旅游以其强大的市场优势、突出的带动效果、巨大的发展潜力，逐步成为农村产业融合的重点产业、农村经济发展的新动能。乡村旅游产业融合是随着社会经济和乡村旅游业不断发展而出现的一种现象，得到了国家层面的高度重视。2015 年中央一号文件首次提及要加快推进农村一、二、三产业融合发展①，乡村旅游进入产业融合的升级阶段。2018 年中央一号文件和《乡村振兴战略规划》进一步强调产业兴旺是乡村振兴的重点，要推动乡村旅游与其他产业深度融合发展。要坚持以习近平新时代中国特色社会主义思想为指导，充分发挥旅游业的拉动力、整合力和提升力，通过乡村旅游与相关产业的资源型融合、生产型融合、服务型融合，有力助推乡村振兴。

乡村旅游产业融合是农业供给侧结构性改革的重要内容，有利于创新农业生产经营方式，拓展农业发展空间，促进乡村旅游提质升级，进一步满足人民日益增长的美好生活需要。近年来，福建省大力发展乡村旅游，2017 年全省乡村旅游共接待游客 1.19 亿人次，同比增长 24.9%，占全省游客量比重约为 35.2%，乡村旅游收入 820.90 亿元，同比增长 28.3%，占全省旅游收入比重约为 16.1%。② 据统计，2016 年全省 52 个乡村旅游扶贫试点村中，旅游扶贫、脱贫人数约 582 人，占脱贫总人数的 39%。③ 虽然福建省乡村旅游提质升级方面取得了显著成效，但持续推动乡村旅游产业融合发展仍面临较多制约，突出表现在部分地区乡村旅游产业融合资源整合难度大，乡村旅游产业融合保障机制不完善，当地农民、能人参与乡村旅游产业融合发展意愿不强、能力较差等方面。基于乡村振兴背景，如何

① 中华人民共和国中央人民政府：《国务院关于加大改革创新力度加快农业现代化建设的若干意见》，http://www.gov.cn/zhengce/2015-02/01/content_2813034.htm，2015 年 2 月 1 日。

② 福建省旅游宣传中心：《“清新福建”的乡村旅游扶贫之路》，http://lfw.fujian.gov.cn/zwgk/lydt/mtzx/201802/t20180214_2120097.htm，2018 年 2 月 14 日。

③ 《福建全省乡村旅游扶贫推进现场会召开百村学习“泰宁模式”》，人民网，http://fj.people.com.cn/n2/2017/0712/c181466-30461329.html，2017 年 7 月 12 日。

解决乡村旅游产业融合面临的问题，如何加深乡村旅游产业融合的深度，已成为亟待解决的问题。

一　福建省乡村旅游产业融合发展现状

按照乡村振兴战略总要求，福建省深入贯彻“百姓富、生态美”的战略目标，完成“百镇千村”三年行动计划，促进乡村旅游产业融合发展，推进乡村旅游创客、乡村旅游扶贫等一系列行动，打造一批乡村旅游精品，通过政策引领开展“+乡村旅游”产业融合发展实践。

（一）逐步构建乡村旅游产业融合发展体系

近年来，福建省积极响应关于乡村旅游产业融合的国家政策，探索创新做法，依托生态优势和文化优势，充分发挥“+乡村旅游”跨界融合作用，把乡村旅游和农业、加工业、文化创意、养老等产业作为融合的重点产业，把创业创新作为融合的强大动能，逐步构建乡村旅游产业融合发展体系。

1. 陆续出台产业融合政策

福建省深入贯彻落实《中共中央　国务院关于实施乡村振兴战略的意见》、《国务院办公厅关于支持返乡下乡人员创业创新促进农村一二三产业融合发展的意见》、《国务院办公厅关于进一步促进农产品加工业发展的意见》、《关于大力发展休闲农业的指导意见》以及《“十三五”全国农产品加工业与农村一二三产业融合发展规划》等四个意见和一个规划。以上一系列文件的出台，对于乡村旅游产业融合政策环境起到了很好的作用，在福建省的“十三五”旅游业发展专项规划中，都强调了上述利好。基于此，福建省先后出台《福建省人民政府办公厅关于支持农民工等人员返乡创业十二条措施的通知》《福建省人民政府办公厅关于推进农村一二三产业融合发展的实施意见》《2017 年福建省农村一二三产业融合发展项目实施方案》《福建省农业厅关于开展2018 年农村一二三产业融合发展补助项目建设需求摸底调查工作的通知》《福建省新型职业农民认定和扶持办法》等一系列支持创业创新、促进农村产业融合以及农业与乡村旅游融合发展的政策文件。

2. 加大项目支持

2017年福建省下达农村一、二、三产业融合发展项目资金8811万元[①]，在仙游县、南靖县、建瓯市及长汀县等35个主要农业县（市）实施补助，重点探索全产业链融合、农业多功能拓展融合和农村新产业新业态融合三种模式，带动了休闲农业和乡村旅游、创意农业、农产品电子商务、会展农业等新业态、新模式的发展。另外，福建省银监局进一步加大信贷支农，围绕产业融合主体，积极支持农村、农业与乡村旅游产业深度融合，带动农民参与乡村旅游。

3. 开展示范引导

目前，福建已获评2个全国农产品加工业“一县一业”类发展典型（福鼎市白茶产业、建宁县莲子产业）、6个“一企一业”类发展典型（福建八马茶业有限公司、福建光阳蛋业股份有限公司、福建省圣农实业有限公司、福建仙芝楼生物科技有限公司、厦门银祥集团、福建安井食品股份有限公司）。截至2017年11月，全省共有33个全国休闲农业与乡村旅游示范县（点）、5个全国乡村旅游创客示范基地、5个闽台乡村旅游试验基地等乡村旅游经营单位、2项全球重要农业文化遗产、14个中国美丽休闲乡村。为促进新时代乡村旅游发展，实现特色主导产业与乡村旅游融合发展，在全省实施乡村旅游“百镇千村”建设工程和特色小镇创建工作，已创建82个休闲集镇、584个旅游村和28个特色小镇，发挥其示范引领作用。[②]

4. 培育融合主体

2013年，福建省长汀、永定、漳平三个县（市、区）被纳入全国首批100个新型职业农民培育工作试点县。为进一步落实新型职业农民培育工

① 福建省农业农村厅：《福建省财政厅　福建省农业厅关于下达2017年农村一二三产业融合发展项目补助资金的通知》，http：//nyt. fujian. gov. cn/xxgk/tzgg/tw/201802/t20180206_2735140. htm，2018年2月6日。

② 福建省旅游发展委员会：《关于省十三届人大一次会议第1165号建议的协办意见》，http：//lfw. fujian. gov. cn/zwgk/zfxxgkzl/zfxxgkml/30qtxx/201804/t20180412_3446710. htm，2018年4月12日。

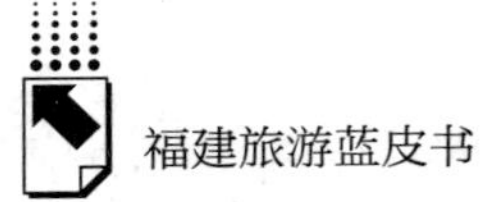

作，由省农业厅、林业厅牵头，依托以福建农林大学、广播农业学校及农民合作社为主的培训机构和基地，实施新型职业农民培育、新型职业农民素质提升及农村实用技术远程培训等三大培训工程。目前，共培育新型职业农民37万人，覆盖全省70个主要农业县。

为加大乡村旅游产业人才培训，福建省实施“乡村旅游人才赴台培训计划”。2013～2015年共组织近800名县、乡、村的乡村旅游业主（主要是乡村旅游经营户、能工巧匠传承人、乡村旅游创客、乡村旅游导游、乡土文化讲解员）分32批次赴台实地学习乡村旅游发展创意理念和先进经验，省级财政资金共拨付培训费用约411万元。

此外，今年福建省还举办了乡村旅游提升标准培训班、全省新进旅游行政管理人员培训班、福建省乡村振兴和脱贫攻坚工作专题培训班等。培训对象主要是省内各设区市旅发委分管乡村旅游相关负责人、休闲集镇与旅游村的镇村主管，将乡村旅游产业融合作为重要培训学习内容之一。福建省加大融合主体培育力度，不断提升乡村旅游主体的产业融合能力。

（二）福建省现有的乡村旅游产业融合实践

福建是全国著名的旅游省份，山海交融、历史悠久、人文荟萃，水、空气、生态环境多年保持全优，拥有丰富的自然资源和深厚的文化底蕴。为进一步打响“清新福建”品牌，促进旅游产业和服务品质的提质增效，大力实施“+乡村旅游”融合发展战略。

1. “农业+乡村旅游”融合发展

福建省依托茶叶、蔬菜、水果、畜禽、水产、林竹、花卉苗木七大优势产业，加强产业链横向拓展和纵向延伸，推进农业与乡村旅游等产业深度融合。鼓励支持创建农家乐、休闲农庄、森林人家、水乡渔村等农、林、渔各类休闲农业示范；依托重要农业文化遗产，大力发展创意农业，开发具有地方特色的创意农产品、农事景观、民间手工艺品等项目；利用现有农业资源建设农业科教、中小学社会实践和研学旅游示范基地，保护和传承农业文化遗产，发扬优秀农耕文化；鼓励各地建设农业主题公园、森林景区、乡村旅游点等，提高产业融合综合效益。通过以农业为基，以文化为核，以乡村旅游为衣，进一步拓展二、三产来推动产业融合发展。

2. “文化 + 乡村旅游”融合发展

一是海洋文化与乡村旅游融合。福建省抓住国家“一带一路”倡议的机遇，提炼福建省海丝文化、妈祖文化、船政文化等海洋文化内涵，将建设“海丝”旅游品牌作为全省海洋旅游品牌，牵头建立了“21 世纪海上丝绸之路旅游推广联盟”。联合省海洋渔业厅共同打造“水乡渔村”、妈祖文化旅游精品项目，推动湄洲岛“闽台风情”旅游工程建设等。

二是茶文化与乡村旅游融合。以安溪铁观音、武夷山大红袍、坦洋工夫茶、福鼎白茶、福州花茶等为核心吸引，重点培育八马茶业、魏荫名茶等本省茶文化旅游企业集团，大力推进茶贸易博览、茶文化体验、茶主题度假、茶养生休闲、茶教育科研、茶文化旅游节等产业链的延伸发展，培育形成一批福建海丝文化、茶文化等特色旅游产业集群，积极打造武夷山印象大红袍、天福茶博园、新坦洋天湖茶庄园、安溪国心绿谷茶庄园、武夷山香江茗苑等一批茶文化旅游产品。全省深入挖掘茶文化优势旅游资源，将当地旅游产品与茶文化、茶产业旅游景区进行有机整合，重点整合全省茶文化旅游线路，打造泉州 - 武夷山 - 福鼎 - 福州的“一程多站”茶文化乡村旅游精品线路；积极开发茶文化主题乡村旅游等休闲度假产品，做好茶旅融合的文章。

三是朱子文化与乡村旅游融合。为深入挖掘朱子理学文化内涵，促进朱子文化和旅游产业融合发展，福建省旅发委编制了《福建省朱子文化旅游发展规划》，将朱子文化中的田园思想融入乡村旅游发展，在福建省武夷山五夫镇、建阳区、尤溪县等地积极探索乡村旅游、朱子文化旅游相结合的田园综合体。

四是客家文化与乡村旅游融合。福建省根据本土特色，开发具有客家特色的乡村旅游产品体系，将永定土楼、南靖土楼、华安土楼、冠豸山、梅花山和培田古镇等系列旅游产品串联，积极打造客家文化主题的全域旅游线路。通过《土楼神韵》和《梦幻土楼》等大型歌舞演出，

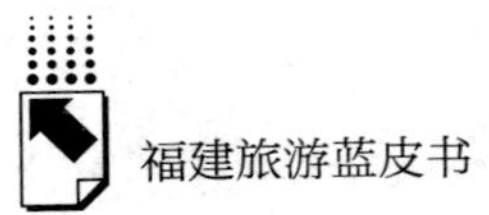

不断挖掘客家民俗文化内涵，创造新的旅游消费点，增强乡村旅游吸引力。

总之，福建省重点发展一批特色乡村文化旅游精品，充分运用海丝文化、朱子文化、客家文化、船政文化、红色文化、闽南文化等特色文化资源，结合南音、木偶、妈祖信俗等特色文化形式，提高福建乡村文化旅游的保护与传承；注重将科技融入乡村文化旅游中，大力发展文化创意产业，加大乡村文化旅游创意商品的孵化力度，促进传统文化消费升级。

3. “工业＋乡村旅游”融合发展

近年来，福建省充分发挥传统工业和现代制造业的优势，大力推进乡村旅游供给侧结构性改革，借鉴台湾“观光工厂”发展经验，精准推进工业与乡村旅游融合发展，把工业资源和特色文化融入乡村旅游体验项目，如厦门古龙酱文化园有世界上最大的传统酱油酿造晒场和最大的红烧肉罐头生产车间，游客在古朴风韵中感知中国文化之深厚、酱文化之渊博。同时，把工业产品转化为旅游商品，进行乡村本土特色旅游商品研发，如泉州市积极挖掘开发具有地域特色的工业旅游商品，形成了茶产品、雕刻工艺、服装鞋帽、老醋香道等一系列工业旅游商品。此外，为深化工业与乡村旅游融合发展，整合营销资源，拓展观光工厂客源市场，漳州市漳浦天福茶观光工厂不断推出“天福茶文化之旅一日游”“天福茶文化之旅两日游”参观路线，并推出“亲子采茶乐”“手绘青花瓷”“采茶制茶”“亲子泡茶”“曲水流觞”等特色茶体验项目和活动。

2016 年各设区市上报的 14 家省内大型观光工厂《工业旅游点统计表》显示，接待游客人数和旅游收入分别达 129 万人次、1.2 亿元。[①] 福建省注重观光工厂在乡村旅游业的拉动作用和融合能力，不断延伸产业链，构建“大旅游、大市场、大产业”格局，推动观光工厂标准化建设和品牌塑造，

① 福建省旅游发展委员会：《关于省十三届人大一次会议第 1184 号建议的答复》，http://lfw.fujian.gov.cn/zwgk/zfxxgkzl/zfxxgkml/30qtxx/201805/t20180509_3446720.htm，2018 年 5 月 9 日。

重点支持省内特色工业企业创建观光工厂，打造一批富有创意并具有地域特色的工业旅游项目。截至2017年，全省已评出观光工厂71家，既包括片仔癀、永春老醋、古龙等福建老字号，又有七匹狼、安踏、仙游红木、八马茶叶等代表性龙头企业，又包括漆线艺术、珠宝艺术、油画艺术、陶瓷艺术和雕刻艺术等特色产业的企业。其中，漳州片仔癀中药工业园被评为“国家工业旅游示范基地”。

二　福建省乡村旅游产业融合发展的难点

（一）如何整合融合资源

福建乡村旅游资源十分丰富，用基于产业融合的旅游化发展来带动乡村和山区经济的发展，为下一步破解福建发展的难题奠定一个很好的基础。但是，乡村旅游资源整合力度有待加大，旅游产品在全国的影响力和吸引力还不够强，特别是缺乏像厦门鼓浪屿、南平武夷山、福建土楼等地标式的乡村旅游品牌。可依托产业、资源基础，不断整合、创新和集聚生产要素，实现特色主导产业与乡村旅游融合发展。特色主导产业既有传统产业，如七大超千亿优势特色产业，陶瓷、根雕、藤铁等文化旅游历史经典产业，也有信息经济、体育、文创等新兴产业，形成各具特色的产业布局，为打造乡村旅游融合发展构筑了产业支撑。与此同时，可围绕“清新福建”总品牌，聚焦乡村“生态、海丝、红色”旅游等核心元素，依托日趋完善的高速铁路干线、高速公路网、主要机场和口岸以及大景区，融合全域旅游发展理念，强化规划整合，发挥福州、厦门、武夷山三大旅游集散中心城市带动作用，加强旅游交流与合作，串联全省“蓝、绿、红”三带乡村旅游产品。

（二）如何吸引当地农民、能人参与

随着乡村旅游蓬勃发展，乡村旅游投资力度不断加大，有的地方出现外

来资本把农民“挤出去”的现象。与单纯的景区建设不同，乡村旅游的吸引力在于乡村性，房屋、耕地、生产活动等都是农民日常生产生活的重要组成部分，发展乡村旅游要立足于农业，惠之于农民，保留乡风民俗，吸引当地农民、能人参与。当前农民参与乡村旅游发展的层次较低，产业融合能力较差，处在价值链条的底端。一是农民因能力有限，大多从事农家乐等功能单一的业态，或者通过资源入股，竞争力不强，参与性较低。二是部分新型经营主体没有与农民建立利益联结机制。因此，要探索多方参与、互惠互赢的机制，让农民分享乡村旅游发展红利，真正发挥乡村旅游扶贫的作用。

（三）如何创新业态、产品

福建省部分乡村旅游产业融合处于初级阶段，古村落、古民居、乡风民俗、特色物产利用方式较为粗放，农村生产、生活、生态未有效融合，缺乏内涵式发展理念，一些产品特色、创意不足，业态单一，无法对接日益升级的乡村旅游消费需求。有的乡村旅游建设照搬城市模式，存在建大公园、大广场、大牌坊等脱离乡村实际的行为。因此，应创新乡村旅游产业融合产品，整治乡村旅游非生态建设和负面建设行为，丰富乡村旅游产品业态，促进其向精品化迈进，促进乡村宜居、宜业、宜游发展。

（四）如何构建融合发展机制

福建省印发了《关于推进农村一二三产业融合发展的实施意见》，提供了有力的政策支撑，有效地避免了一些破坏资源、重复性建设的融合行为。然而，目前专门针对乡村旅游产业融合的建设标准、融合目标、融合思路、融合路径与保障措施的政策文件较少。加之，福建省乡村旅游产业融合发展处于起步阶段，由于产业融合涉及多部门、多行业，面临多头监管，协调相融主体的利益冲突和协调互动需多部门联动的状况。有效发挥政府的主导作用，健全政府促进乡村旅游产业融合发展的保障机制已十分迫切。

三 福建省乡村旅游产业融合发展存在的问题

（一）融合联动性较差

乡村旅游产业融合是新兴产业形态，有一个探索和发展的过程。目前，部分地方融合发展思路不明确，还未达成产业融合发展的共识，体现在部分乡村虽有产业融合发展意识，但是不知如何将乡村旅游与其他产业融合落地。同时，存在投入资金问题、信息吸纳问题、人才稀缺问题、发展机遇问题等制约性因素，导致产业融合的联动性差。

（二）规划可操作性不强

首先，在乡村旅游规划过程中，存在较多复合式的应付性规划，缺少全域旅游发展理念，开发建设的项目多停留在观光或采摘体验层面，缺少对乡村性的挖掘，产业链延伸不够，价值链没有进行升级；其次，缺少运营主体和持续投入机制，导致规划的操作性、落地性、特色性不高，规划与乡村旅游实际情况脱节，规划编制团队与乡村旅游建设缺乏跟踪管理，直接制约了乡村旅游产业融合的发展；最后，乡村旅游融合发展规划体现了当地农民主体地位、社区参与作用不明显。

（三）旅游产品核心竞争力不强

部分乡村地区发展乡村旅游是以资源为基础，没有以市场为导向，不重视乡村特色产业发展，忽略乡村旅游形象设计，缺乏全域旅游发展和文创思维，导致产业融合形成的新业态雷同，最终形成的旅游产品同质化严重、模式单一，无法形成具有地域特色的产品和核心竞争力。目前，观光型的乡村旅游产品占大多数，体验式的消费产品较少，产品吸引力不足，市场竞争力薄弱。同时，乡村旅游发展与乡村特色产业发展结合不紧密，使得乡村旅游辐射作用不明显，农民参与性降低。

（四）服务管理缺乏规范

乡村旅游与其他产业的融合，加大了跨行业性和管理难度。由于乡村旅游经营主体缺乏跨产业的管理理念，系统化管理的缺乏容易造成责任不明，加之缺乏专业的管理团队和相关法律法规的支撑，导致服务管理缺乏规范，成为制约乡村旅游融合发展的重要因素。目前，部分乡村旅游点缺乏有效的运营管理团队和专业的乡村旅游管理人才，不能很好地适应新业态发展和对接中高端市场需求。

（五）融合主体带动不足

农业龙头企业是推动农村一、二、三产业融合的主要力量。从总体上看，目前福建省产业融合的领军企业发展基础较好，但总体规模偏小，产业辐射能力不强，带动农民增收不明显。① 同时，地区间发展不平衡，大部分沿海经济发达区的涉农、涉旅企业的数量、规模及产业效应明显高于闽西北山区。此外，新型经营主体发育迟缓，促进融合作用不强。农民合作社、家庭农场、特色农业园区发展基本处于初级阶段，创新能力较差，不具备推动产业融合的能力，农产品多处于简单的种养、加工、销售状况，没有延伸农业的多功能，不具备开发新业态、新产品、新模式的能力。

（六）产业融合型人才缺乏

福建省有历史文化、有生态、有资源、有产业，而如何将文化融入当地乡村旅游，如何将当地的生态资源变成资本，如何推动特色产业与乡村旅游融合发展，成为乡村实现全面振兴的难题，此时，就离不开人才这个根本。发展离不开人，乡村发展更是如此。目前，大部分的福建农村留守老人、儿童较多，青壮年劳动力流失，这成为制约农村发展的瓶颈之一。农户对乡村

① 何钦：《福建农村三次产业融合的调查与思考》，《当代农村财经》2015 年第 12 期，第 45～48 页。

旅游、农村电商认识等新业态认识不够，一定程度上抑制了先进技术要素的融合渗透，影响了产业融合的发展进程。乡村振兴的关键是人才振兴，福建省应改变现有产业融合型人才较为匮乏的现状，进一步提高人才服务乡村发展的意愿。

四　福建省乡村旅游产业融合发展的建议

（一）夯实产业基础

产业兴旺是乡村振兴的基础。有基础产业作为支撑，产业融合才有生命力。要在优化第一产业的基础上，深化第二产业、强化第三产业，推动乡村旅游与一、二、三产融合发展。福建省农业产业发展应进一步转变农业发展方式，突破传统农、林、牧、渔的发展格局，向注重农产品深加工的第二产业和延伸做强农业产业链的第三产业延伸。同时，要实施“+乡村旅游”发展战略，创新产业融合点。依托产业、资源基础，不断整合、创新和集聚生产要素，将乡村旅游产品与第三产业的产业环节进行衔接，形成一个较为完整的乡村旅游产业链，以此实现特色主导产业与乡村旅游融合发展。

推进乡村旅游与第一产业融合。发挥茶叶、蔬菜、水果、畜禽、水产、林竹、花卉苗木等七大特色产业优势，加快发展生态茶叶、有机蔬菜、高品质水果种植等，推动农业适度规模经营与精品化并进。依托农业生产基地，挖掘乡村生态休闲、旅游观光、文化教育价值，因地制宜将农业生产方式、农民生活方式、乡村元素与乡村旅游融合，拓展农业发展空间，打造有机农业、休闲农业、农场农庄、手工作坊、乡村民宿、特色餐饮等近郊乡村旅游业态和产品。

推进乡村旅游与第二产业融合。依托七个特色优势产业，实施农产品加工业转型升级，或鼓励各个乡村旅游经营单位与工厂合作，大力发展旅游休闲食品产业，推出特色乡村旅游土特产、伴手礼，把农产品变成旅游商品，满足游客“购”的需求，提供农产品的附加值。同时，注重观光工厂在旅游业的拉动作用和融合能力，将片仔癀、永春老醋、古龙等福建老字号，七匹狼、安踏、仙游红木、八马茶叶等代表性龙头企业，以及漆线艺术、陶瓷艺术和雕刻艺术等特色产业的企业基地打造成为全国著名的工业旅游品牌，并结合乡村旅游开展传统工艺体验式旅游项目，促进福建地域特色传统工艺的宣传和推广，引导工艺品企业推出福建乡村旅游特色工艺产品和旅游商品。

推动乡村旅游与第三产业融合。要加强乡村旅游与文创、养老、科技、教育、体育等融合发展。通过乡村文化旅游化的保护与传承，注重乡村文化的历史地位和时代价值，以文化创意的方式，创新产品供给，将古村落、古民居等福建乡村文化资源向乡村文化经济转化，提炼海丝、茶文化、华侨文化等乡村文化旅游精品线路；依托福建丰富的茶、泉、中医药等养生资源，推动养生产业与乡村旅游互通互融，做好特色医疗、中医保健、温泉养生、禅茶养生、运动休闲等一批特色旅游产品，打造乡村养生旅游基地；大数据为新时代的乡村振兴之路注入新动能，基于“数字福建”建设，搭建乡村旅游大数据公共平台，加大乡村旅游公共服务与品牌营销力度。此外，依托美丽乡村、特色小镇、生态旅游示范区以及乡村体育运动场所和闲置的空间等，与省乡村生态旅游协会、省体育高校合作，加快建设乡村研学旅游基地、自驾车房车旅游营地，展现乡村活力和魅力，结合体育赛事、节庆活动进行推介，提升乡村旅游整体吸引力。

（二）完善融合机制

首先，构建乡村旅游产业融合的政策框架。将乡村旅游产业融合发展纳入全省发展规划，将产业融合发展理念融入福建省社会经济发展全局，明确其发展的重点领域、行业、区域和层次，构建推进产业融合的体制和工作格局。其次，提供更有针对性的优惠政策。围绕全产业链，在土地、项目、品牌培育、金融贷款、人才引进等方面研究出台具有本地特色、符合乡村旅游产业融合发展要求的政策措施，以此促进技术、业态、内容、模式和管理创新，推进乡村旅游产业融合品牌化发展，积极为乡村旅游创造融合条件，包括生态变资源、资源变资产、农民变股东等方面的支撑和保障。最后，完善乡村旅游产业融合利益联结机制。鼓励有条件的地区开展农村集体资产股份制改革，引导新型经营主体之间形成稳定的购销关系，通过订单农业、土地流转、基地就业、承包管理、超产分成、风险防范、参股经营等利益联结方式，让农民分享到乡村旅游产业融合释放的红利。另外，推行官产学研多元利益机制，建立乡村旅游产业融合战略联盟；强化农旅商合作对接，利用互联网金融建立利益共同体。

（三）培育多元主体

福建省应围绕主导产业加快培育农业龙头企业、农民合作社、种养大户、家庭农场和乡村旅游经营单位，大力培育和发展新型经营主体；鼓励和支持农户、家庭农场、农民合作社、龙头企业以及乡村旅游协会，推动多种形式的乡村旅游产业融合发展，探索融合模式；要充分发挥涉农企业、涉旅企业的人才、技术等优势，激活要素，激活主体，培育乡村旅游产业融合品牌。为提高融合主体主动参与乡村旅游产业融合的积极性和增强融合主体的带动能力，应营造良好的市场环境，打破要素瓶颈和机制障碍，补齐基础设施供给短板，在工商登记、土地利用、人才和技术支持、信贷、税收等方面给予一定的政策倾斜。

（四）重视人才培养

首先，继续培育新型职业农民和乡土人才。由省农林厅牵头，以省农业高校为主阵地，依托新型职业农民培训机构和基地，将培育工作扩展到全省主要农业县。因地制宜地体现农民主体作用，结合乡村旅游扶贫，将乡村现有劳动力资源，特别是乡村能人调动起来，通过长期实地培训，培育一支爱农业、懂技术、善经营的乡土人才队伍。通过校企合作、政策扶持等方式，引导大中专毕业生、务工人员返乡就业创业，支持大学生参加国家乡村旅游扶贫重点村培训。其次，培养乡村旅游产业融合人才。由省旅发委牵头，对乡村旅游经营户、能工巧匠传承人、乡村旅游创客、乡村旅游导游、乡土文化讲解员进行定期培训，并组织前往浙江等地调研，学习乡村旅游产业融合发展先进经验。最后，提高农户参与乡村旅游适应性。鼓励当地农户，通过资源型融合、生产型融合、服务型融合，参与到乡村旅游产业融合中，实现农户生计与乡村旅游发展的共容、共融与共荣。

（五）创新创业驱动

鼓励依托农村主导产业开展乡村旅游产业融合创新，加快研究、制定、出台乡村旅游融合景区、企业、产业等相关标准；进一步提高产业融合的技术创新能力，加大创新成果保护力度，鼓励和支持农业龙头企业与省高校、科研机构、乡村旅游研究基地等加强资源、技术、配合、信息等方面的产业融合技术协作①，共建共享乡村旅游产业融合研究中心，依托科技和智力双向发力，提升乡村旅游产业融合的自主创新能力；鼓励各区市依托乡村旅游创客示范基地，制定吸引文化、艺术、科技专业人员落户乡村旅游创业就业的优惠政策，形成乡村人才集聚区，带动乡村农民创业就业；通过创新乡村旅游产业融合模式、创新农业生产经营方式，开发业态更丰富、功能更齐、品质更优的乡村旅游产品，不仅推动乡村旅游从高速增长转向优质发展，而且为解决当前农产品供过于求与优质产品供给不足的结构性矛盾提供思路。

（六）开展示范引导

推动乡村旅游产业融合发展重点项目建设和试点示范。在福建省发展基础较好、产业化水平较高、带动辐射能力较强的特色产业中，推荐一批乡村旅游产业融合重点项目，以省、市、县三级政府联动引导，新型经营主体实施，整合资源要素，做强产业融合品牌。根据国家农村产业融合发展意见，结合福建省乡村旅游发展的业态和特点，制订乡村旅游产业融合发展实施细则，鼓励福建省各区市积极开展适应乡村旅游新产品、新业态、新模式发展

---

① 谷建全：《新趋势下产业融合发展研究——以河南为例》，《中州学刊》2014 年第 11 期，第 44～48 页。

的政策创新和实践探索，鼓励申报和评选“乡村旅游产业融合发展示范点”，形成具有本省特色的乡村旅游产业融合发展的好经验、好做法。

（七）优化公共服务

以各区市为基础，建立乡村旅游产业融合服务平台，完善已有的“三农”综合信息化服务平台，提供涉农政策、电子商务、乡村旅游、智慧农业、融合营销、供销信息等服务。优化创业孵化平台，建立在线技术支持体系。加强乡村旅游公共服务供给的市场化与社会化，构建政府主导、多方参与的乡村旅游公共服务体系。

B.24

福建省旅游与文化产业融合发展的实践模式与路径

骆培聪　唐艺烜　赵雪祥*

摘　要： 文化是旅游的灵魂，旅游是文化的载体。福建省文化资源丰富、旅游业发展水平高。推动福建省旅游产业与文化产业融合发展，既是福建产业发展的必然趋势，也是实现福建社会主义文化大发展、大繁荣的现实需要，是塑造福建旅游品牌、实现文化经济价值的重要途径。福建省文化与旅游融合发展主要成就表现在文化资源丰富、文化与旅游融合基础扎实，政策出台，文化与旅游融合认识不断提高，文化与旅游融合得到初步发展，文化旅游品牌影响不断扩大等方面，其融合发展主要体现在自然景观承载、文化景观传承、主题文化创意、民俗风情演艺、文博科教展现等模式，体现在资源、技术、功能、企业、空间、市场、人才等路径。最后提出系统研究，深入挖掘文化旅游资源；科学规划，切实强化规划引领作用；项目引领，增强文化旅游发展动力；做大做强，发展一批文化旅游企业；强化保障，进一步优化发展环境等福建省文化与旅游融合发展对策。

---

* 骆培聪，福建师范大学旅游学院副院长、教授、博士，研究方向为区域旅游开发与规划；唐艺烜，福建师范大学旅游学院城市与区域规划专业硕士研究生，研究方向为区域旅游开发与规划；赵雪祥，福建师范大学旅游学院旅游管理专业硕士研究生，研究方向为区域旅游开发规划与管理。

关键词： 旅游产业　文化产业　融合发展　福建省

文化产业与旅游产业同为第三产业。文化是旅游的灵魂，旅游是文化的载体。旅游是一种经济活动，也是一种文化活动。在旅游业发展过程中要用先进文化引领旅游业的可持续发展。因此，两大产业如何实现融合发展将是一个具有现实意义的课题。文化产业融入增加了旅游产品的数量和种类，丰富了旅游者的体验，提升了旅游产品的文化内涵，旅游产业融入促进了文化资源的开发保护、传播，提升了文化价值，扩大了文化产业的市场空间。福建省文化资源丰富，旅游业发展水平高。推动福建省旅游产业与文化产业融合发展，既是福建产业发展的必然趋势，也是实现福建社会主义文化大发展、大繁荣的现实需要，是塑造福建旅游品牌、实现文化经济价值的重要途径。

一　福建省旅游与文化产业融合发展的主要成就

（一）文化资源丰富，文化与旅游融合基础扎实

福建省文化资源丰富，底蕴深厚且形态多样，为旅游发展提供了得天独厚的条件，部分文化资源已融入各地旅游发展过程当中，文化与旅游融合基础扎实。

1. 文化资源类型多样，资源禀赋深厚

福建地处我国东南沿海，西部横亘武夷山脉，北与浙南山地相连，东、南面临大海，因其特殊的地理区位与全国其他地区相对分离，形成相对独立的地理单元，在交通条件落后的古代，则极大地限制了八闽与中原、北方的交流；而南面向大海敞开，则使得本地区又处于海船运枢纽位置之上，促进了古越人与海外交流的发展。在其内部，东、北、西三面为山区，地势高，中部和南部为河流冲积地带，地势低，地表被分隔得支离破碎，地貌类型多

样，山区内部山地、丘陵、盆地、河谷、平原相错分布。这样一个相对封闭和开放的地理区位条件，极有利于区域文化的形成和保留。而魏晋南北朝以来中原汉族不断南迁，加速了八闽地域文化的空间分异和形成，形成全省六大民系及多元文化的态势，并一直保留和发展到今天。如今，全省文化中不仅具有中华民族优秀文化中的共性部分，而且具有鲜明省域特色的区域文化，突出表现为民俗文化底蕴深厚，特别是族群文化中的六大民系文化的多样性明显，涉及节令习俗、宗教信仰、海派文化及各类历史遗迹和遗址等。全省文化旅游资源十分丰富，海丝文化、闽南文化、客家文化、妈祖文化、船政文化、三坊七巷、祖地文化、畲族文化、朱子文化、闽茶文化等内涵深刻、特色鲜明，不仅拥有世界级的武夷山自然和文化双遗产、福建土楼世界文化遗产、厦门鼓浪屿文化遗产及闽南闽越文化遗风，而且拥有数量众多的非物质文化遗产，如福建南音、妈祖信俗、中国传统木结构建筑营造技艺（闽南传统民居营造技艺、客家土楼营造技艺）、中国剪纸等；福州马尾船政和三坊七巷及仓山使馆区等亦是国内近代文化的先驱，泉州街坊文化则保留了宋元时期“东方第一大港”带来的阿拉伯文化和东亚之都的遗风。截至2018年10月底，福建省拥有福州、泉州、漳州和长汀等国家级历史文化名城4个，国家级历史文化名镇13个，国家级历史文化名村29个，国家级历史文化街区4个，国家风景名胜区19处，全国重点文物保护单位137处，省级历史文化名城4个，省级历史文化名镇28个、省级历史文化名村47个，省级历史文化街区31个，省级风景名胜区33处，省级文物保护单位649处；全省较大的博物馆有近百座，还有多彩的历史街区和文化景观现象。

从全省文化资源分布情况来分析，福建省文化资源不仅类型多样且分布广。综观福建省发展历程，其文化及资源具有鲜明的历史脉络和地域文化特色，呈现多元性、开放性，并与民系相结合，体现了闽台区域乡土文化特色。福建省文化资源是其在长期历史发展过程中逐渐形成的，融汇了不同时期中原南迁汉人文化与当地闽越人文化，呈现多元特征。既有中华汉文化的共性，又有当地闽越人乡土文化遗风特征；既有国家级历史文化的传承和发展，又有闽越人民间传统文化的保留和承继；既有分布于城市文化街坊之中，亦有隐藏于民间乡土文化之土壤中。从城市到乡野，从沿海到内地，从北方山区中原汉人南迁集聚区到南方滨海闽南退守生活空间，无不充满着丰富多彩的中华文化和闽越乡土文化。

2. 文化资源保护较好，并已得到初步开发

改革开放以来，我国沿海地区经济社会得到了长足发展，特别是长江三角洲、珠江三角洲、京津地区城市群跻身于发达地区行列。由于地理位置和历史因素，海峡西岸经济发展起步比较晚，而这恰恰使得福建全省文化及其资源得到保护和保留，目前各地文化及资源保护较好。为了加强全省及其资源的保护和开发，福建省 2004 年 9 月 24 日通过《福建省民间文化保护条例》，2006 年 7 月 17 日通过《福建省“福建土楼”文化遗产保护管理办法》，2009 年 8 月 2 日修订通过《福建省文物保护管理条例》，此外，《福建省非物质文化遗产项目代表性传承人认定与管理暂行办法》和《福建省非物质文化遗产名录申报评审管理暂行办法》等从制度上保障了全省各级各类文化及其资源的开发。在经济建设大潮中，全省部分代表性文化资源得到初步开发，特别是随着旅游业的进一步发展，具有特色的地域文化已被当作旅游资源得以开发和利用，并凸显了其经济效益和社会文化效益。

（二）政策出台，文化与旅游融合认识不断提高

2002 年，党的十六大确定了我国改革发展的新战略，明确提出“深化文化体制改革”的时代使命。2005 年年底，《中共中央　国务院关于深化文化体制改革的若干意见》出台，是我国深化文化体制改革的重要纲领性文件，标志着我国文化体制改革形成了比较完备的理论形态，极大地解放和发展了文化生产力。2009 年，为落实中央扩大内需的战略部署，推进文化与旅游协调发展，满足人民群众日益增长的文化消费需求，原文化部和原国家旅游局联合出台《关于促进文化与旅游结合发展的指导意见》，明确要求“高度重视文化与旅游的结合发展”，并提出“推进文化与旅游结合发展的主要措施”，以此来加快文化及其产业发展，促进旅游产业转型升级，满足人民群众的消费需求，并以“树形象、提品质、增效益”为目标，加强文

化与旅游的结合，切实推动社会主义文化大发展大繁荣。

近几年来，福建省委、省政府高度重视文化体制改革工作，认真贯彻落实中央有关深化体制改革的部署，积极协调解决文化体制改革中的重点难点问题，出台相应符合本省和地区的政策和规定。2009 年福建省委办公厅、福建省人民政府办公厅发布《关于加快文化产业发展的意见》（闽委办发〔2009〕3 号），明确“发展文化产业的指导思想、发展目标和基本原则”，并把发展文化旅游业作为一项重要任务来抓。2011 年福建省委出台《关于贯彻落实党的十七届全会精神推动文化大发展大繁荣的实施意见》（闽委发〔2011〕7 号），明确全省和各地区文化及其资源开发类别和制度保障及财政支持。此后，出台一系列管理政策和行业政策，从土地、财税、金融、人才等专项层面保护文化旅游业融合的有序推进。2010 年《福建省文化旅游业 2010～2012 年发展规划》拉开了福建文化旅游大发展的序幕；2013 年福建省文化改革领导小组办公室出台了《福建省加快推进文化和旅游融合发展的实施意见》（闽文改办〔2013〕4 号），进一步推进以文化促旅游发展工作，福建正走上文化旅游快速发展通道。2016 年《福建省“十三五”旅游业发展专项规划》“推进文化和旅游融合八大示范工程”；2018 年福建省人民政府办公厅转发福建省旅游发展委员会制定的《关于加快推进全域生态旅游实施方案的通知》（闽政办〔2018〕52 号），明确将通过多种举措促进福建文化旅游深度融合。

（三）文化与旅游融合得到初步发展，文化旅游产品开发成效显现

近年来，福建省充分发挥文化旅游资源优势，以加快建设“我国重要的自然和文化旅游中心、国际知名的旅游目的地”为奋斗目标，加快推进“文化产业化”和“产业文化化”，着力打造特色鲜明的文化旅游产品，努力培育特色文化旅游品牌。在文化旅游的发展推动下，2017 年福建省旅游业保持高位增长，接待国内外游客 3.83 亿人次，同比增长 21.4%；旅游总收入 5083.10 亿元，同比增长 29.2%。文化创意旅游产品开发成效显现，

文化旅游融合开发成为旅游项目投资的热点领域。项目建设进度较快，文化旅游融合工程的数量、建设规模和投资额度都较其他类型项目更加突出。

整合全省特色文化资源，重点突出海丝文化、闽都文化、船政文化、闽南文化、朱子文化、客家文化、妈祖文化、红色文化等，打造一批主题突出、特色鲜明的文化旅游项目，重点建设完善武夷山“双世遗”、福建土楼、厦门鼓浪屿、泉州“海上丝绸之路”、福州三坊七巷、福州船政文化、湄洲妈祖、上杭古田会址等对中外旅游者有较大吸引力的特色文化旅游产品，提升旅游产业竞争力。打造红色文化旅游，弘扬“古田会议精神”“宁德下党乡扶贫精神”，发展一批集文化体验、乡村休闲、爱国教育于一体的红色旅游经典景区和红色旅游线路；拓展文物旅游，利用传统村落、文物遗迹、博物馆、纪念馆、历史街区、非物质文化遗产展示馆等场所开展文化、文物旅游。福州三坊七巷获得“中国十大历史文化名街区”称号，提升了福州城市名气；升级新型文化消费，大力发展动漫游戏、网络文化、数字内容等新兴文化消费，进一步推进演艺、剧场、动漫等产业融入旅游业，开发新型的旅游产品。大型山水实景剧目《印象大红袍》《武夷水秀》提升了武夷山市的文化品位；开发传统文化艺术，提高旅游的文化品位，南音、高甲戏、木偶戏、闽剧等民间戏曲，茶文化、厦门音乐文化和畲族民俗风情等传统文化与旅游业结合越来越紧密；开发旅游创意产品，弘扬传统技艺，提升文化旅游创意，开发富有福建特色的旅游文化纪念品，包装雕艺美术、陶瓷工艺等旅游商品成为“福建好礼”系列伴手礼。福州漆器、寿山石雕、惠安石雕、德化陶瓷、漳州剪纸等民间工艺与旅游业的结合越来越紧密，为文化旅游不断注入新活力。

二 福建省旅游与文化产业融合发展存在的主要问题

（一）文化与旅游融合深度和广度不够

一是文化与旅游融合深度不够，旅游开发建设存在重资源轻内涵的现象，远没有充分发挥地区厚重的历史、族群、生态、宗教等文化。首先，相当一部分文化旅游业发展对文化资源挖掘利用不够，品种少，层次低，多停留在表面开发，难以对游客产生持续吸引力，甚至某些文化景区景点开发者以短期内回收投资成本为目的，忽视了对其文化内涵的深度挖掘，如闽南文化的主体是中原文化，也吸收融合了阿拉伯、西方等各种外来文化，内涵十分丰富，但在相关区域旅游产业发展中没有很好地挖掘闽南文化资源；其次，观光旅游产品开发没有深入挖掘本地的历史文化资源，使得自然景观中隐含的文化元素没有得到很好展示；再次，旅游主体文化特色不明显，主题性、差异性表现不够，旅游的参与性、娱乐性、体验性项目不多，缺乏轰动市场和带动市场的旅游产品，如世界遗产福建土楼永定景区的开发，现在旅游仍只停留在对土楼建设格局和风格等表面层次的观赏，缺乏对土楼所蕴含的客家文化的挖掘，更谈不上每一座土楼的每一个主题的创意性挖掘。二是文化与旅游融合的广度不够，文化和旅游行业内部涉及行业部门和类型多、面广，产业链条长，此类问题尚未解决。

（二）实施品牌化战略不到位，多数产品社会影响较小

虽然全省文化或旅游资源相对丰富，但在文化旅游融合发展的开发定位和品牌化战略层面，缺乏顶层设计，使得其产品在全国竞争力不强，知名度低。如应重新定位开发马尾船政文化资源，将马尾船政文化提升至福建乃至全国的高度，进行顶层设计，在修旧如旧原则的指导下，进行联合开发，修复和完善造船区、海战区和博物馆区，展现福州近代造船业的繁荣场景和海军发展历程，着力塑造中国福州近代造船和海军迅速崛起，以此抢占中国船政文化的第一品牌。另外，一些地市举办的节事活动由于定位不准、投入不足，加之后续跟进工作不到位，变为短期行为，没有形成叠加品牌效应。总体来看，福建省多数文化旅游产品在全国缺少知名度。

（三）文化与旅游复合型人才不足，创意发展不够

目前，福建省在文化产业和旅游产业方面都有一批专业人才，在文化和

旅游两个领域中发挥着重要的作用。文化与旅游的融合发展不是两个领域简单的叠加，更需要既精通文化又懂得旅游的复合型人才。当前，文化旅游创意不足是福建省文化旅游融合发展的短板。福建省在旅游文化创意、经营等方面人才比较缺乏，尤其是既精通历史文化，又懂得文化创意、市场营销的复合型人才更是缺少。

三 福建省旅游与文化产业融合发展的实践模式

旅游产业与文化产业的融合发展涉及的行业及门类众多，产业链复杂。福建省要根据旅游产业和文化产业发展现状，从资源特点、运作模式、运营机制等方面对两大产业进行融合创新，实现旅游与文化两个产业的共同发展。综合福建省文化与旅游融合发展的实际情况，其融合模式主要有自然景观承载、文化景观传承、主题文化创意、民俗风情演艺、文博科教展现等模式。

（一）自然景观承载模式

自然景观承载模式主要指依托自然景观注入当地文化元素而形成的文化与旅游融合的模式。福建省自然景观丰富多样，山岳景观种类齐全，森林旅游资源充足，温泉旅游资源丰富。武夷山、太姥山、鼓浪屿、万石岩、鼓山、清源山、玉华洞、鳞隐石林、龙崆洞、金湖、桃源洞、冠豸山、归宗岩、青云山、鸳鸯溪、支提山、十八重溪、灵通岩、茫荡山、瑞云山等在全国有一定的代表性。福建森林茂密，森林覆盖率65.95%，居全国首位。武夷山被誉为“天然植物园”，梅花山被誉为“生物物种基因库”，南靖乐土雨林被誉为“珍贵稀有的亚热带雨林”，三明格氏栲林是世界上面积最大的天然栲树林。正是这些自然景观与当地历史遗存、文化元素相互交织，形成了旅游与文化融合的自然景观承载模式。

（二）文化景观传承模式

文化景观传承模式主要指以文化遗产旅游资源为核心，将文化资源集中整合与开发的模式，包括文化遗产、历史文化街区、历史文化名村名镇等。一是通过对文化遗产进行旅游开发和保护，并将文化遗产传承下去；二是对历史文化街区、民俗村镇进行保护开发，并将旅游融入历史文化街区、民俗村镇发展中。福建省文化遗产丰富，世界文化遗产有武夷山、福建土楼、厦门鼓浪屿、南音、妈祖信俗、中国传统木结构营造技艺（闽南民居）、中国剪纸（漳浦、柘荣）、中国（闽东）木拱廊桥传统营造技艺、水密隔舱福船制造技艺（泉州、闽东）、木偶（泉州、漳州），还有众多的各级文化遗产和文物保护单位。在对各级文化遗产和文物保护单位保护的前提下，进行旅游开发，在旅游开发中进行保护。福州三坊七巷、厦门鼓浪屿、泉州中山路、漳州台湾路－香港路四个街区获评中国历史文化街区，这些街区都与旅游开发紧密结合，其中福州三坊七巷被评为5A级景区；福建国家级历史文化名镇上杭县古田镇、邵武市和平镇、永泰县嵩口镇，国家级历史文化名村南靖县书洋镇田螺坑村、连城县宣和乡培田村、武夷山市武夷镇下梅村、晋江市金井镇福全村、武夷山市兴田镇城村、尤溪县洋中镇桂峰村以及其他历史文化名镇名村也通过旅游开发推动了当地经济的发展。这些体现了文化与旅游融合的文化景观传承模式。

（三）主题文化创意模式

主题文化创意模式主要包括主题娱乐公园、文化创意街区等。主题娱乐公园以主题文化创意、现代科学技术、特色文化要素为核心吸引力，创造一个旅游体验的人造旅游场所。如同安方特欢乐世界、武夷山极地海洋公园、罗源湾海洋世界、永泰欧乐堡海洋世界等，这些主题娱乐公园强调与游客的互动，注重产品的知识性、娱乐性与旅游体验的结合。泉州源和1916创意产业园、福州金山大榕树文化创意园等体现了文化创意和旅游的融合。

（四）民俗风情演艺模式

民俗风情演艺模式主要将传统文化通过节庆、山水表演的形式表现出来，创新旅游产品，带动旅游发展，如《印象大红袍》《武夷水秀》《闽南传奇》体现了民族性、艺术性、视觉性，将地方传统文化、民俗风情与自然山水景观等融为一体。这样的文化旅游品牌增加了旅游景区娱乐项目，延长了游客的逗留时间，提升了文化资源在旅游市场中的价值。福建省每年举办的中国国际投资贸易洽谈会、中国海峡项目成果交易会、海峡旅游博览会、海峡两岸经贸交易会等展会吸引了大量的游客，增加了旅游市场的活力。

（五）文博科教展现模式

文博科教展现模式注重以教育为目的，以旅游的方式，将文化、科技通过实物、智能陈列等方式展现给游客，展现了中国文化的魅力。如中国船政文化博物馆、中国闽台缘博物馆、福州昙石山文化博物馆、古田会议纪念馆、福建闽越王城博物馆等都是游客经常光顾的地方。厦门大学是中国最美的大学之一，近两年也受到了众多赴厦游客的青睐。当前在全省各地如火如荼开展起来的中小学生研学旅行，打破了教育“围墙”，将教育与旅行融合起来，引导学生从学校走向社会，从课堂走向自然，践行“探究创新”的教育新模式。

四　福建省旅游与文化产业融合发展路径

（一）资源融合路径

资源融合路径指文化产业以资源的形式融入旅游产业，比如生态文化、民俗文化、历史文化等方式的旅游。旅游资源可以因为文化融合而得到延伸，丰富了旅游资源类型，旅游产业的融入使得文化产品得以扩散。如将海上丝绸之路文物与遗址遗存融入旅游业，将促进海上丝绸之路旅游业的发展，反过来也将推动海上丝绸之路文化产品的扩散。

（二）技术融合路径

旅游创新必须以一定的技术手段为依托，因此，技术融合路径是将其他产业的技术融入旅游业，形成旅游新业态的融合路径。一是开发旅游山水实景演艺产品，这是旅游、文化创意与相关技术融合产生的旅游创新产品，比如《印象大红袍》《武夷水秀》等实景演艺产品。二是通过构建大数据信息平台分析游客消费偏好。当前是一个大数据时代，可以通过大数据技术分析游客需求、消费偏好，提升扩展二次消费的能力，促进产品升级，促进文旅产业融合。

（三）功能融合路径

功能融合路径主要是指通过创新产业发展方式，使旅游的某项功能得到强化和有效发挥，实现融合产业发展的路径，使关联的产品能够为各自带来更大市场份额，培育出更符合市场需要的产品和服务，如研学旅行、奖励旅游、医疗旅游。这是文化产业与旅游产业融合较为常见的表现形式。

（四）企业融合路径

文化旅游产业融合导致大量企业和行业出现，比如文化创意产业、文化会展业、动漫业等，结果是企业组织内部结构因为融合而创新，因为企业的不断融合而逐渐形成整体结构方面的融合。

（五）空间融合路径

空间融合路径是指在相对发达的旅游城市中，旅游和文化产业聚集程度高，标志性的景观和文化融合在一起，形成独特的地理、文化、生活空间。像福州、厦门这样经济发达、文化独特的旅游城市，文化产业和旅游产业聚集程度较高，很多标志性的景观和文化空间得到了融合，因为这两个城市有着较为鲜明的特点和丰厚的文化内涵，越来越多的旅游者选择来这里旅游，因此福州、厦门成为区域旅游重要的目的地、集散地与中心地。因此，未来可以在一定地理空间中，融入文化空间、生活空间，创造出新的文化与旅游产业融合的中心地。

（六）市场融合路径

市场融合路径是指市场竞争的日益激烈导致文化等相关产业和企业通过在旅游市场寻找发展契机，增强企业核心竞争力形成的路径，如会展旅游、旅游地产和商务旅游等形式，是细分市场为融合路径的旅游业态。

（七）人才融合路径

在旅游和文化产业融合发展过程中，人才的融合即复合型人才是最急迫的需求。人才问题制约产业发展，推动复合型人才教育和产业融合发展是必由之路。例如惠安石雕、安溪茶叶、德化陶瓷，作为传统优势产业，发展水平可以说是走在全国前列，但在与旅游产业的结合中，就缺乏既懂生产又懂信息技术和旅游营销的复合型人才。所以说，在文化产业和旅游产业融合发展的过程中，应该要重视解决两大行业之间人才的融合问题。

五　福建省旅游与文化产业融合发展对策

（一）系统研究，深入挖掘文化旅游资源

首先，组成研究队伍，系统整理、研究文化资源。组成一支文化和旅游两个领域专家的研究队伍，对福建省历史文化脉络，特别是对三坊七巷、船政文化、闽南文化、客家文化、妈祖文化、祖地文化、畲族文化、朱子文化、闽茶文化等文化和众多历史名人、文物古迹、非物质文化、民俗文化等资源进行深入研究挖掘。其次，找准融合基础，做好策划和市场营销研究。选择具有市场价值的文化资源，找准与具体旅游景点、项目的结合点，并且做好旅游文化融合的项目策划以及旅游产品市场营销的研究，为推动自然景观与文化内涵的深层次融合做好基础性工作。

（二）科学规划，切实强化规划引领作用

首先，深刻领会国家的有关方针政策，结合本省旅游发展的新形势、新阶段和新要求，根据独特的自然资源与文化禀赋，科学制定福建省旅游与文化融合发展总体规划，为旅游与文化的融合发展提供科学依据；其次，进一步加强福建省旅游与文化融合发展总体规划的宣传和落实，确保规划能够真正发挥作用，特别是对一些保护性规划，对旅游景区原生态环境、历史风貌保护要加大力度，禁止破坏生态环境和历史文脉，禁止乱拆乱建，以最大的努力保护优美的自然环境和珍贵的文化遗产。

（三）项目引领，增强文化旅游发展动力

1. 重点培育一批具有地标意义的文化旅游开发示范基地

深入挖掘特色文化资源，提升旅游开发的文化品位，依托特色文化资源打造具有一定影响力的影视、戏剧、歌曲、实景演出和出版物等精品力作，建设传播和展示当地特色文化的场馆，培育特色文化市场，进一步扩大品牌旅游景区影响力，实现文化和旅游互补互促融合发展。短期内可依托地区现有文化资源优势（见表1），筹建一批具有地方特色或价值的文化基地建设。

表1　福建省典型性文化资源类型

文化资源名称	开发类型	所属市地
中国(福建)船政文化	功能性文化资源	福州市
三坊七巷名人历史文化	地域性文化资源	福州市
闽江两岸仓山使馆区和上下杭历史商业街文化	地域性文化资源	福州市
鼓浪屿风貌文化	地域性文化资源	厦门市
东亚文化之都文化	地域性文化资源	泉州市
客家文化	地域性文化资源	龙岩市和漳州市
闽南文化	地域性文化资源	厦、漳、泉三市
红色文化	功能性文化资源	龙岩市
妈祖文化	功能性文化资源	莆田市
畲族文化	民族性文化资源	宁德市

资料来源：课题组整理。

在文化及其资源的基础上，加快其地区典型性或龙头文化及其资源的修缮和历史街区及文化空间环境的整治工作，通过现代技术手段，在修旧如旧原则指导下，尽量恢复文化及其资源原有风貌或工艺技能，如全省历史文化名城、名镇和名村街区等；加大扶持典型性或龙头文化及其资源综合性开发力度，支持其品牌打造。

福州近代文明文化旅游综合示范基地。包括鼓楼三坊七巷、马尾船政文化功能区、仓山使馆区和台江上下杭历史街区等，以展现近代福州文明与世界的联系和中国福建船政文化等，以此提升福州文化和旅游综合开发深度。特别是注重名人文化和中国近代革命思想的先行地开发，突出近代福州在全国的重要地位。马尾船政文化应如本文前面所述将其提升至福建乃至全国的高度进行顶层设计和开发；闽江两岸仓山使馆区和上下杭商业文化区应在修复原貌的基础上，重点营造近代中国通商口岸异域文化及由此带来的商业文化发展风貌，福州应重塑中国第一外滩的繁荣景象和品牌印象。

厦门鼓浪屿名胜风景区文化遗产示范基地。以保护世界文化遗产为抓手，以文化引领鼓浪屿旅游提升为出发点，根据鼓浪屿深厚的历史积淀、多元文化交融的特色以及文化多样性和现代生活品质的国际社区特点，在摸清鼓浪屿资源的基础上，统一规划，加强保护管理，区分功能，打造集历史建筑保护开发、休闲度假、艺术创作基地为一体的，环境优美、产品丰富、文化品位高的文化遗产旅游示范基地和有国际影响力的文化休闲旅游岛，以此带动厦门城市文化旅游的综合发展。

南平三明朱子文化旅游融合示范区。包括南平武夷山、建阳、三明尤溪等地。推动南平和三明整合朱子文化资源，推动朱子文化与旅游融合发展。南平市大力保护和挖掘朱熹文化遗产，严格按照世界文化遗产的标准，修复朱子定居地文化遗存，建设武夷山五夫镇、建阳考亭村等文化创意村镇，开展以朱子文化为主题的研学旅行活动，创建全国性甚至世界性的研学旅行基地，建成集文化、朝圣、研学、休闲、餐饮购物、度假为一体的文化旅游融合基地；三明尤溪重点建设朱子文化城；联合打造中国朱子文化旅游节庆品牌。

龙岩客家文化旅游主题公园。按照“一楼一主题”“一楼一品牌”的要求，塑造永定客家土楼深厚的乡土文化，并以展示弘扬客家文化为基础，打造大型土楼文化旅游，特别是对福建土楼博物馆、民俗展演、客家土楼书画院、客家姓氏和书法碑廊、中原汉人南迁纪念场地、客家艺术小镇等文化旅游综合体的开发建设，成为探索客家历史文化、感悟客家文明真谛、体验客家民俗风情的精神圣地和旅游标志性园区，实现永定旅游质的提升。

泉州东亚之都文化旅游示范基地。以建设21世纪海上丝绸之路先行区为出发点，依托泉州历史文化名城优势和闽南文化重要源地，努力营造宋元以来“东方第一大港”的繁荣景观和与西亚阿拉伯人文化交流景观，以展现泉州多元文化景观，着力打造主要包括老港区、泉州西街和中山路等的历史街区以及当地多处闽南文化风格的建筑物等世界性文化展示和交流平台的泉州东亚之都文化旅游示范基地。通过对泉州古港古城的保护、开发和利用，充分发挥古海丝绸之路的历史文化底蕴作用，把洛阳桥至断桥沿江两岸打造成亲水平台外滩，以江滨水景扮靓晋江、洛阳江沿岸，推动古港繁荣，形成“海上丝绸之路”文化旅游业态。特别是将闽南文化、阿拉伯文化和华侨文化融合进行综合开发，并结合当下泉州服饰文化大发展的潮流，着力将泉州打造成东亚文化之都、多元文化融汇之都、商业繁荣之都的文化旅游目的地品牌。

长汀红色文化旅游主题公园。主要包括红军长征第一村、红军街和其他历史革命遗址及遗物。依托现有红色文化资源，在修旧如旧的基础上，努力恢复革命历史遗址、遗物的文化价值；积极规划建设红军园（包括野战、训练、生活及其工作区）项目，特别是展现当时红军及老一辈革命家生活、工作场景，以此为基础打造长汀红色文化旅游、教育、培训、实训基地，并与长汀历史街区和客家文化进行整合。

2. 大力建设一批文创精品工程

借助相关技术和媒介，加快扶持各典型或龙头文化及其资源的文创工程建设，着力打造以下创意产业精品工程。

福州鼓楼三坊七巷和仓山使馆区文化文创精品。依托鼓楼三坊七巷和仓山使馆区现有历史文化街区和遗存使馆文化空间，发挥其文化场景文化价值和精神，借助文创、传媒、影视和动漫等展示和宣传效应，努力推动其文化创意产业发展，并通过旅游业的带动，实现文化旅游较好地融合发展。特别是发挥文创功能，努力打造一批展现福州近代名人生活、工作和革命思想，异族文化侵入与福州当地市民文化相互往来，以及官民抵御外侵的文艺作品，并通过传媒（电视、电视剧和动漫）给以展示，以此提高福州文化旅游知名度，塑造旅游品牌。例如通过三坊七巷名人工作和生活影视剧，展现近代福州生活文化和近代启蒙者的先进思想，并着力塑造中国东南近代名门望族相联结的空间文化；通过船政文化影视剧或动漫展现中国近代海军迅速发展的历程和保家卫国的精神；外国使馆文化和上下杭商业文化剧则反映了近代中国通商口岸之屈辱史和不平等的商业文化交易下的繁荣景象等。

泉州“海上丝绸之路”和多元文化文创精品。依托泉州历史文化名城，充分挖掘其历史遗存和多元文化现象及闽南文化景观，主要展现宋元以来泉州海外贸易的繁荣景象和华侨不畏险阻“下南洋”的冒险精神，以及泉州作为东亚之都繁荣的城市商业文化和多元文化交融景象。应在修复原貌的基础上，展现宋元以来泉州作为“东方第一大港”的繁华景观，并结合现有服饰生产和发展的影响，打造和再现昔日商业都市的繁荣。

客家文化文创精品。客家文化应在世界文化遗产福建土楼的基础上，通过综合开发，打造北方汉人南迁所形成的中原与当地环境相结合的典型性汉民系山地文化。特别是在重点打造“梦幻永定”动漫演出的基础上，大力挖掘客家各类文化事件和人物，通过影视剧展现当年北方汉人南迁的历程和建设家园的艰辛历程等。

“泰宁神韵”文创精品。依托泰宁“水墨丹霞”世界遗产和金湖景区及古城深厚的人文底蕴，应进一步重点抓好古城旅游文化综合开发、尚书第古建筑群、明清园、数字影院等重点文化旅游建设。完善东方圣城书画苑、红旗书画院泰宁分院等文化创作基地建设，重点培育梅林戏剧团、状元红木艺城等一批文化实体。深入发掘尚书第古建筑群、状元街、尚书巷等历史街巷文化，以及红军总部旧址、泰宁保卫战遗址和当年红军留下的标语和文告等文化，丰富旅游文化内涵，打造民俗风情、街巷探

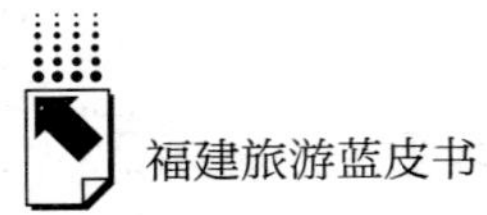

奇、文化旅游等精品线路；以个性化的诠释形式，凝固与张扬泰宁的文化积淀，提升泰宁旅游文化；建设泰宁古民居城博物馆，完善杉溪河生态景观，展现古韵生辉的灵秀泰宁，并通过文艺创作和传媒展演等形式，展现“泰宁神韵”景观。

3. 科学规划研学旅行基地和精品线路

首先，为了促进学生全面发展，培养符合时代要求的高素质人才。根据教育、实践、安全等原则，福建省要在未来3~5年建设一批具有良好示范带动作用的研学旅行基（营）地；围绕“红色之旅”“生态之旅”“文化之旅”“乡村之旅”，规划一批示范性研学旅行精品线路，逐步形成布局合理、互联互通的研学旅行网络。其次，选择一些地方，如武夷山、厦门等地，建设全国性甚至世界级的研学旅行基地。

4. 着力打造特色文创商品销售和数字传媒展示平台

依托全省或地区优越的旅游资源禀赋条件和丰富的商贸资源、广阔的消费市场和巨大的消费潜力，加快完善各文化旅游示范区的商贸体系，着力发展多样化商业业态，打造各具特色的专业市场、购物中心和商业街区，构建以旅游为主体的现代商贸综合体。依托文化旅游示范基础建设，发挥现代互联网优势，以特色文化基础地理和旅游专题数据库为核心，建立智慧文化旅游信息系统，为信息查询、服务推介、遥感定位、全景浏览、电子商务等旅游综合服务提供技术支撑。

5. 努力打造一批文化旅游节庆品牌

深入挖掘节庆文化的内涵，提高文化旅游节庆市场化运作水平，做大做强一批有影响力的文化旅游节庆品牌。举办具有海峡文化特色的文化旅游节庆活动，重点支持海峡旅游博览会、妈祖文化旅游节等全国性文化旅游节庆活动；引导开展区域性文化旅游节庆活动，办好武夷山山水茶文化旅游节、福州国际温泉旅游节、东山关帝文化旅游节、云霄开漳圣王文化节和三平祖师文化节、福建土楼文化旅游节、海峡两岸元宵民俗文化节、海峡两岸（平潭）沙滩文化旅游节、中国（泰宁）丹霞文化旅游节、中国（福建）朱子文化旅游节、宁德世界地质公园文化旅游节、南平和宁德茶博会、漳州花博会、福安“三月三”畲族歌会等节庆活动；促进地方文化活动与自驾游等现代旅游方式的有机结合，形成“一市一节庆，一市一特色”的文化旅游品牌。

6. 积极开发特色文化旅游商品

依托福建省物产资源，融入本地的文化元素，加强旅游纪念品、旅游工艺品、旅游食品、旅游用品等品牌化、系列化、规模化的创意与开发；开发一系列工艺美术品、海鲜干制品、茶品以及各种风景图片、明信片、邮品、小饰品等旅游纪念品等；尽快建设特色文化旅游商品购物中心或利用现有资源开发特色购物街区，进一步丰富游览内容，提升旅游品质。发展特色文化旅游商品，不仅可以提升福建省旅游形象，而且能够增加旅游业的附加值。

（四）做大做强，发展一批文化旅游企业

首先，实施政府主导、市场运作的旅游管理机制，着力培育若干个龙头文化旅游企业；其次，开展经营性文化事业单位改制，探索文化资源所有权与经营权分离机制，鼓励国内外战略投资者和知名的文化旅游企业通过参股、控股、购并等多种途径进入本省文化旅游资源开发经营；第三，鼓励各地重点旅游景点景区和旅游企业开展纵向、横向联合，提高产业集中度和市场竞争力。

（五）强化保障，进一步优化发展环境

一是理顺管理体制。建立相关职能部门参加的文化旅游合作发展领导小组。建立文化与旅游融合发展联席会议制度，促进文化与旅游在规划编制、政策支持、标准制定、市场监管、宣传推广、产品创新等方面的紧密结合。二是建立市场化运作模式。如由政府相关部门注入资产作为抵押再向银行贷款，滚动推进保护工程和旅游项目开发。三是更新产业扶持政策。在财政支持、金融支持、旅游项目招商引资等方面，进一步加大政策引导和激励力度，特别是对新型旅游业态，营造有利的政策环境。四

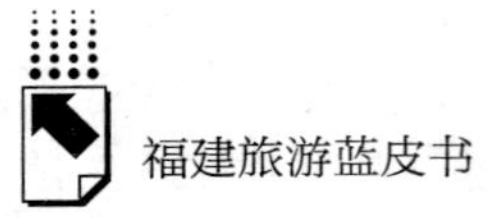

是加强专业人才建设。积极引进一批文化与旅游融合发展的策划、营销、经营人才；鼓励和支持福建省旅游职业教育、旅游培训中心和高等院校加强对专业人才的培养。

参考文献

[1] 刘芙蓉、朱强：《国内文化与旅游融合的八种模式》，《广西广播电视大学学报》2018 年第 1 期。
[2] 桑彬彬：《旅游产业与文化产业融合发展的途径》，《旅游研究》2016 年第 5 期。
[3] 辛欣：《文化产业与旅游产业融合研究：机理、路径与模式》，硕士学位论文，河南大学，2013。
[4] 曾志兰：《福建文化旅游业发展的特点与新思维》，《发展研究》2011 年第 11 期。

B.25
福建省康养旅游消费行为特征及发展对策

宋立中　王东林　林心瑶　熊琳英*

摘　要： 随着大众旅游和体验经济时代的来临，国民健康养生、休闲度假需求呈持续增长态势，由此推动旅游产业供给侧结构性改革，“康养旅游”异军突起。在原国家旅游局的大力推动下，福建省积极响应，迅速出台了若干政策法规和专项规划，有力地促进全省各地市康养旅游的发展。尽管福建省康养旅游资源丰度较高、种类齐全，但存在开发深度不够、品牌知名度不高、资源整合度不足、市场竞争力较弱、产品体系不够完备等结构性问题。本课题从国内外康养旅游概念、分类入手，基于问卷调查和观察访谈等方法，分析福建省康养旅游者行为所呈现的若干特征。基于此，本报告提出：整合康养旅游资源，开发复合型旅游产品；融合地域文化元素，丰富康养旅游产品内涵；营销渠道多措并举，塑造闽式康养品牌；努力营造口碑效应，加强康养旅游人才培养；完善旅游基础设施，提高康养旅游服务质量；制定康养旅游行业标准，确保旅游市场健康发展等福建省康养旅游发展的若干对策。

---

* 宋立中，福建师范大学旅游学院教授、南京大学历史学博士、英国杜伦大学高级访问学者，研究方向为文化遗产保护与旅游开发研究；王东林，福建师范大学地理科学学院 2016 级硕士研究生，研究方向为文化产业与旅游地理；林心瑶、熊琳英，福建师范大学旅游学院 2016 级硕士研究生，研究方向为旅游管理。注：研究生陈翠翠（2016 级）、钟姚越（2017 级）、杨秀成、涂丹吟（2018 级）等参与了本课题文献搜集和问卷调查等工作，特此致谢！

关键词： 福建省 康养旅游 消费行为

大众旅游时代，消费观念的变化和消费需求的升级是旅游业态创新的内在驱动力，康养旅游便是旅游与康体养生两大产业融合发展的新业态。所谓“康养旅游”（health and wellness tourism），是指通过养颜健体、营养膳食、修身养性、关爱环境等各种手段，使人在身体、心智和精神上都能达到自然和谐的优良状态的各种旅游活动的总和。[①]“追求身体、心智和精神层面的健康”是消费者选择康养旅游的心理动机。由此可见，康养旅游是一项以追求幸福为目的的实践活动[②]，也是一种健康幸福的生活方式和社会文明的重要标志。因此，大力发展康养旅游是实现“人民对美好生活期待”的时代目标的重要抓手之一。

一 引言

“康养旅游”的发展已经成为一项民生工程和国家战略，国务院在《“健康中国2030”规划纲要》中强调，积极促进健康与养老、旅游、互联网、健身休闲、食品融合，催生健康新产业、新业态和新模式，打造具有国际竞争力的健康医疗旅游目的地。2016年1月，国家旅游局发布了旅游行业标准《国家康养旅游示范基地》（LB/T051—2016），为各地积极发展康养旅游树立了行业标杆。此外，国家卫计委等五部门在《关于促进健康旅游发展的指导意见》中倡导各地方应积极培育一批特色健康旅游基地、形成一批特色品牌、推广一批成功经验、打造一批国际健康旅游目的地。

为此，福建省积极响应党中央和国务院号召，出台了一系列政策法规。福建省人民政府办公厅在《福建省“十三五”旅游业发展专项规划》

① 中华人民共和国国家旅游局：《国家康养旅游示范基地》（LB/T051—2016），第2页。

② 任宣羽：《康养旅游：内涵解析与发展路径》，《旅游学刊》2016年第11期，第1~4页。

（2016）中强调，重点依托温泉、森林、禅修、中医药、膳食、武术等本省优势资源，培育康养旅游等新业态及其旅游产品，促进“旅游＋康养”产业融合发展。2017 年 8 月福建省人民政府办公厅出台了《关于进一步扩大旅游文化体育健康养老教育培训等领域消费的实施意见》，提出要充分利用山海优势和特色中医药资源，打造一批以健康、养生和休闲为核心的度假示范基地和康养特色旅游线路。由此可见，无论是旅游产业政策的出台还是新一轮消费升级的推动，康养旅游市场注定会迎来新的发展机遇。虽然福建康养旅游资源较为丰富，但康养旅游产业发展相对滞后，消费者行为特征模糊，缺乏针对性的发展战略。本报告基于问卷调查和观察访谈等方法，统计分析康养旅游者行为特征，在此基础上拟从需求侧和供给侧两个方面对福建省康养旅游发展提出若干对策建议，以期为有关部门提供决策参考。

二　福建省康养旅游资源分布特征及发展现状

（一）空间分布特征

国外学者对康养旅游资源的分类归结起来主要有温泉（酒店或度假村）、特殊饮食（素食、养生食品）、森林疗法（疗养、康复计划）、水疗（桑拿、泥浴、桉树浴、深水疗等）、草药（如土耳其药包）、美容健身（注射、脱皮、抽脂）、精神疗法以及健康－休闲－文化综合主题项目等。① 本文通过网络、年鉴、规划文本等搜集有关文献，并参照上述分类，将福建省康养旅游资源分为森林、温泉、海滨、茶品、康养小镇、中医药、宗教和武术等八个类别，归纳分析福建省康养旅游资源赋存状况及其空间分布特征如下。

① Goodrich, J. N., “Health-care Tourism—An Exploratory Study,” *Tourism Management*, 1987 (3): 217－222; Han, J. S., Lee, T. J. and Ryu, K., “The Promotion of Health Tourism Products for Domestic Tourists,” *International Journal of Tourism Research*, 2017 (20): 137－146.

1. 资源整体分散，带状分布明显

总体而言，福建省康养旅游资源分布范围较广，呈现“整体分散、局部集中”的特点。宁德中部至漳州中部的沿海带状区域是康养旅游资源相对集中区域。在中西部内陆地区还形成了多个分散聚集中心，其中大型聚集中心主要有武夷山地区、三明中部地区、建宁－泰宁两县区、宁化县、清流－连城片区、龙岩市东南部地区、上杭－武平片区及永春－大田片区；较小的聚集中心有光泽－邵武片区、建瓯－建阳片区、松溪县等。此外，其他地区的康养旅游资源分布略显分散，或者不具有明显的聚集特征。

2. 地区分布不均，区域差异较大

九个设区市康养旅游资源分布状况呈现地区间分布不均衡的特点（见图1，平潭归入福州市统计）。福州市资源数量居全省九地市之首，约多于排名第二位的三明市总数的1/3，其中永泰县更是高居全省县区之首；排名第三、四位的宁德市和泉州市在总量上与三明市总体持平；第五至第八位依次是漳州市、南平市、厦门市和莆田市，四市之间的差异较小，但是与排名前列的市区相比差距仍然较大；龙岩市的康养旅游资源分布较少。从县区层面来看，康养资源分布广泛，几乎涉及省内所有县区，其中占有数量较多的主要有永泰县、蕉城区、福清市、同安区、安溪县等。

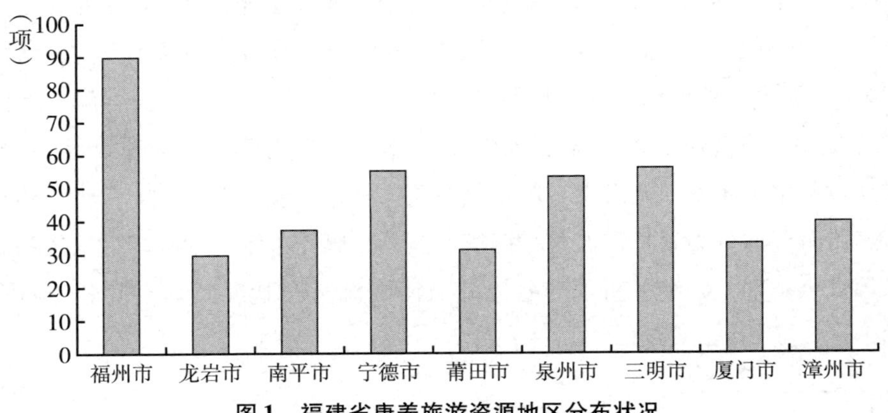

图1　福建省康养旅游资源地区分布状况

资料来源：课题组从政府、旅游企业以及媒体资讯等门户网站搜集康养旅游所涉及的森林类、海滨类、温泉类、茶品类、宗教类、运动类以及中医药膳食类等文献资料整理获得。

3. 类型较为齐全，结构差异明显

从资源类型结构来看，福建省康养旅游资源类型齐全，结构差异明显。森林类占比最高，为21%；温泉和宗教禅修类占比次高，均为16%；海滨、中医药、茶品类和康养小镇类资源占比大致相当；武术类资源占比最少，仅为5%（见图2）。

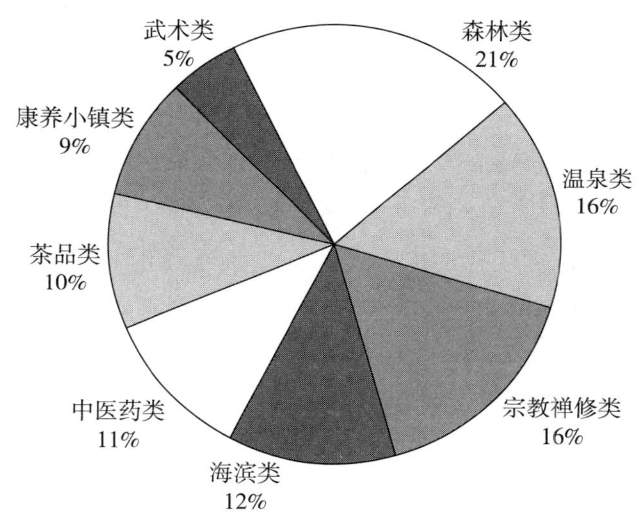

图2　福建省康养旅游资源类型结构特征分布

资料来源：课题组从政府、旅游企业以及媒体资讯等门户网站搜集康养旅游所涉及的森林类、海滨类、温泉类、茶品类、宗教类、运动类以及中医药膳食类等文献资料整理获得。

（二）发展现状与问题诊断

山海兼备的自然地理环境使得福建省拥有类型齐全的康养旅游资源，森林生态环境优良，温泉度假资源独具特色，海滨沙滩资源得天独厚，传统体育与中医药、茶文化等康养类非物质文化遗产资源优势明显，休闲农业独树一帜，康养休闲产业初具规模。

1. 产业发展潜力大，但开发深度不够

福建省康养旅游发展虽处于起步阶段，但是凭借资源优势，相关产业发展潜力巨大。一方面，积极发挥已有的优势康养产品特色；另一方面，借助政策的“东风”，积极打造一批具有福建特色的康养产品，如将福建厦门青礁慈济宫景区和福建漳州片仔癀产业博览园两家单位列入国家中医药康养旅游示范基地名单。总体来看，福建康养旅游产业开发深度明显不够。如福建独特的茶文化、海丝文化、宗教文化、民间信仰、中医药文化等的丰富内涵并没有充分挖掘出来，导致许多优秀的文化资源闲置与浪费。如温泉资源虽然开发程度较高，但是同质化程度严重；海滨与茶品类资源极为普遍，同时也并未突出其独特的康养功效；森林旅游产品较为单一化，旅游内容单薄；中医药和传统武术类康养旅游资源产品开发单一，市场和目标群体受限等。同时，福建大部分的康养旅游资源的主要康养功能和用途的挖掘、开发、研究、利用的力度还不够，大多数康养旅游产业项目的市场经济转化效率较低，难以激起当地居民的产业投入和游客的体验兴趣。

2. 康养旅游资源独特，但品牌知名度不高

福建省康养旅游资源特色鲜明，自然和人文类型康养资源兼具。从自然资源来看，福建省属亚热带海洋性季风气候，年平均气温 17 ~21℃[①]，光照充足，空气质量极佳，人体舒适感较好，四季皆可出游。全省森林面积约为 1.15 亿亩，森林覆盖率达 65.95%，位居全国第一。[②] 全省温泉资源丰富、类型多样，现有水热异常区域总面积 77 平方千米，平均温度 51℃，泉水富含硅、氟、氡等数十种对人体有益的矿物质和微量元素。[③] 近岸海水品质总体优良，优良水质（一、二类水）的海域面积占 88.9%。[④] 从人文资源来看，福建中医药、康养小镇、宗教和武术类资源独特。三明市红豆杉、草珊瑚和雷公藤的种植面积为全国最大，其他闽产地道药材（如黄精、虎杖、

① 福建省旅游发展委员会：《旅游资讯》，http://lfw.fujian.gov.cn/。

② 福建省林业厅：《林业概况信息》，http://lyt.fujian.gov.cn/gkxx/201802/t20180227_546214.htm。

③ 福建省旅游局：《福建省温泉旅游发展总体规划（2011—2020）》，第 5 ~6 页。

④ 福建省海洋与渔业厅：《2017 年福建省海洋环境状况公报》，第 1 ~3 页。

金线莲等）众多，其中明溪县、三元区、梅列区、宁化县和永安市分别被冠以“中国红豆杉之乡”、“中国草珊瑚之乡”、“中国黄精之乡”、“中国虎杖之乡”和“中国金线莲之乡”的美称，多地都成立了专门的中草药种植合作社，部分地区还依赖中草药开发更多产品，延长了产业链，增加了产品的附加值；厦门市汀溪镇已建成为全国首个康养特色小镇；莆田湄洲岛妈祖信俗已被列为世界非物质文化遗产，该地成了广大信众的朝圣目的地；咏春拳、虎尊拳、白鹤拳和南少林武术等传统武术资源也独具特色。尽管如此，目前福建省康养旅游产业结构还不够完善，尚缺乏全国知名品牌，康养旅游宣传力度不到位，营销手段较为传统。较之国内先进省区康养旅游目的地，福建康养品牌的知名度还有较大的提升空间。

3. 资源种类齐全，但整合度不高

福建省康养旅游资源基础较好，森林、温泉、茶品、海滨等自然类资源和康养小镇、中医药、宗教、武术等人文资源类型十分齐全。全省森林公园数量达 90 余个，国家级森林公园约占四成，其中三明市森林公园数占全省 1/5 左右。温泉资源分布广泛，近八成主要分布在闽清 - 永定以东的沿海地区，产品同质化，粗放经营，知名度不高。茶品类资源尤其以南平武夷山地区和泉州安溪两地最为集中，此外福州、福鼎等地也呈现聚集现象，这些地区单纯的茶叶生产在全国具有较高知名度，但立足于茶文化的康养功能没有充分挖掘，尚未形成茶旅游产业链。近岸地区的海滨资源沿海岸线南北延伸，其中霞浦、平潭、厦门、东山等地以较优的质量而闻名全国，但海滨度假产品阙如，仅东山等少数地区有一定的产业规模。中医药资源主要集中于闽北宁德畲族聚居区、三明市中西部地区、龙岩西部客家地区和闽南漳州等地，除片仔癀等，这些地区中医药资源深加工不够，与旅游产业融合发展尚待加强。传统武术资源分布较为分散或不具有明显的聚集特征。总体来看，福建省康养旅游资源分布分散，资源整合程度较为欠缺，对于中长距离游客的吸引力不足，康养产业以单纯服务本地游客的休闲游憩为主，其康养的深层次功能和疗效并未得到充分挖掘和利用。

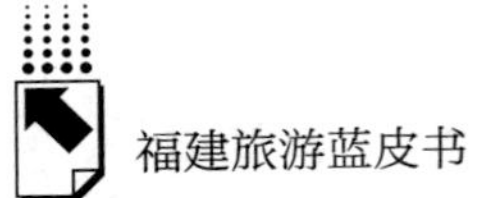

4. 闽式康养品牌可塑性强，但市场竞争力较弱

旅游产品差异化一向是旅游产业发展的制胜法宝。康养产业发展超前的省份大多是依托自身的资源优势发展自己的康养产业的。福建省当然也不例外，完全有条件营造闽式康养旅游品牌。比如独具特色的海水温泉、畲族医药、茶文化、特色小镇等，只有形成独具特色的闽式康养旅游品牌，才能成为吸引外地游客来闽参与康养旅游体验的重要因素。如福建温泉资源位于云南、广东之后，位列全国第三，资源不可谓不丰富，但温泉旅游始终落后于广东，除经济发达程度、人口密度差异外，产品雷同、粗放经营、缺乏特色是重要原因，广东、云南为内陆温泉，而福建温泉多滨海，这就是特色；福建特色小镇建设如火如荼，一批康养小镇正在建设，如定海湾山海运动小镇、五夫理学小镇、候鸟旅居小镇、畲家寨特色小镇、生态医养小镇、睡养小镇、龙栖山深呼吸康养小镇、梅园夜雨小镇等。特色小镇贵在“特”字，完全有条件塑造“闽式”康养品牌，但目前不少小镇打造多克隆先进省区“版本”，有失去“特色”的危险。再如森林康养方面，虽然福建近年来森林覆盖率暂居全国第一，但是邻省江西的森林覆盖率也高居全国第二，仅低 2.85 个百分点，福建森林康养产业发展面临严峻挑战。

5. 康养旅游市场广阔，但产品体系不够完备

根据全国老龄办的测算，从康养旅游的有效需求来看，我国老年人口消费规模将从 2010 年的 1 万亿元激增到 2040 年预期的 17.5 万亿元，如果仅从康养旅游的理论规模来看，康养旅游的市场需求大致与人口数量一致。[①]福建省旅游基础设施相对完善，交通条件便捷，贯通全境的杭福深高铁客运专线、沈海高速连接了长三角和珠三角两大重要客源市场和祖国内陆纵深。由此看来，福建康养旅游市场前景十分广阔。但就康养旅游产品来看，福建省康养类产品内容较为单薄，还是以观光和短期的休闲游憩度假为主，产品内涵较为单调，不够深入，互动性较差，产品之间的雷同化程度也较高。大

① 蔡家成：《康养旅游的重大意义和性质特征》，《中国旅游报》2017 年 1 月 31 日。

多数康养旅游产品单纯地依靠自然资源，尚未融入文化元素和创意元素，缺乏具有娱乐性、趣味性和参与度的特色项目支撑。服务体系的完善度欠缺导致对游客的吸引力较弱，重游率较低，游客的滞留时间也较短。

三　福建省康养旅游者行为特征分析

如果说供给侧视角的分析能够让人一目了然，那需求侧分析就需要深入细致的调查摸底和数理统计分析。作为特殊兴趣旅游群体的康养旅游者群体具有明显的类型特征，不同于一般的大众游客。本文将对福建省部分康养旅游目的地受访者的人口统计学特征及其消费行为特征进行数据统计与归纳总结，主要从出游意向、旅游行为偏好及旅游消费行为偏好等方面展开。对上述内容的研究与分析将有助于针对性地开发区别于其他游客群体而又适应康养旅游者自身需求与偏好的各类旅游产品，并有计划地进行公关宣传和营销策划，从而拓展福建省康养旅游市场。

（一）数据收集

为了使本次研究的样本选取更具有代表性，研究小组于 2018 年 10 月 1 日至 2018 年 10 月 10 赴福建省内具有一定代表性的康养旅游目的地发放调查问卷搜集数据，选取六大类康养旅游目的地：宗教类——莆田湄洲岛、温泉类——福州旗山温泉度假村、康养小镇类——厦门汀溪镇、海滨类——平潭龙凤头海滨浴场、森林类——福州森林公园与旗山国家森林公园、茶品类——武夷山风景旅游区等，同时，前往福建省内武术类和中医药类康养旅游目的地，通过访谈的方式收集相关资料，如漳州片仔癀生产基地等。为提高问卷质量，调查实行现场面谈与问卷调查相结合的方法，年龄较大或文化程度较低的康养旅游者由调查员当面访谈并现场记录，对问卷填写过程中产生的疑问则当场给予解释。而针对中医药类与武术类的访谈回收相关信息共 35 份。问卷发放数达 900 份，在回收问卷中删除部分存在漏选题项、错选题项的问卷后，调查问卷的平均有效率约为 89. 35% 。

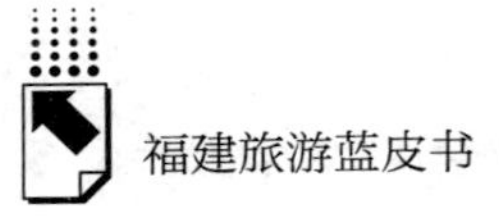

（二）调查样本人口统计学特征分析

本研究对福建省康养旅游者的调查样本从性别、年龄、学历、职业、收入等方面进行频数统计，分析其人口统计学特征与相关变量特征。

1. 性别特征

调查样本中男女比例相当，女性参与者稍多于男性参与者，其比重分别为 51.46% 和 49.54%，这可能是在调查过程中，女性康养旅游者比男性旅游者更加愿意配合调查工作的缘故。

2. 年龄特征

调查显示，30～50 岁这一年龄阶段的康养旅游者数量最多，占样本总数的 55.90%；而 30 岁以下（不含 30 岁）这一年龄阶段人数占比约为 31.67%；50 岁及以上这一年龄阶段所占比例相对较小，仅仅占样本总数的 12.45%。这一现象的出现可能是由于在十一黄金周期间，中青年人群相对有充裕时间前往进行康养旅游，而中老年人则选择避开这一高峰期出游。

3. 学历特征

前往康养旅游目的地游客的文化程度多处于高等水平，样本的学历主要集中于本科，占总调研人数的 41.6%；而大专与中专、中职、高中两个学历的群体人数相当，分别占总调研人数的 22.4% 和 20.0%；初中及以下与研究生及以上这两个学历阶段占总调查人数比例较少，分别为 10.60% 与 5.44%。研究所受调查样本受教育程度的分化，既符合旅游者学历的基本组成情况，也体现福建省康养旅游者的鲜明特点，即既有别于经济欠发达地区观光类旅游目的地游客文化水平较低的状况，又有别于其他更发达地区旅游目的地游客高学历者居多的情况。

4. 职业特征

调查结果表明，前往康养旅游目的地的游客中在企事业单位工作的占最大比重，占比约为 47.68%，其中包含政府公职人员、企事业单位人员、企事业单位一般员工；其次是学生与私营业主，占比分别为 17.62% 和

14.43%；由此也说明福建省康养旅游者的职业大多是企事业单位工作人员，这类人群在旅游目的地的选择上，不单单只满足于观光与游览，消费需求受到其工作性质、学历等因素影响，更倾向于体验式旅游。

5. 居住地特征

福建省康养旅游者客源地主要为省内，尤其是厦门、福州、泉州等经济较发达地区。福建省内游客（660 人）占样本总数的 87.41%。其中，来自福州、厦门、泉州的游客人数为 507 人，占比 67.15%。这一点在温泉小镇类的康养旅游目的地中显得更为突出，在厦门汀溪镇所取得的抽样调查显示，福建省内游客占比为 94%，其中厦门、福州、泉州的消费者占比为 74%。

6. 收入特征

前往福建康养旅游目的地的消费者的收入水平大多集中在 3001～5000 元与 5001～8000 元，两者共占比 62.78%，其中前者占 35.10%，后者占比 27.68%。另外，3000 元以下和 8000 元以上收入分别占比 25.16% 和 12.19%。此项抽样调查也表明，福建省康养旅游者并非完全是高收入者，从侧面反映出康养旅游作为一种新型旅游类型已经日益被大众所接受和喜爱，收入高低已经不是影响消费者选择康养旅游的唯一因素了。

（三）福建省康养旅游者出游意向分析

1. 旅游态度

调查结果显示，相对于宗教类康养旅游目的地，旅游者更加青睐海滨类和温泉小镇类康养旅游目的地。总体而言，“非常想去”的游客平均占比 9.0%；“想去”和“一般”选项的游客平均占比分别为 51.0% 和 36.7%，“不想去”和“讨厌去”共占比 3.2%。由表 1 可知，在森林类、海滨类、温泉类旅游者的意愿中，“讨厌去”均占比为 0；在宗教类旅游者中，“讨厌去”占比为 3.6%，“不想去”占比为 9.5%；在康养小镇类旅游者中，“讨厌去”占比为 1.4%，“不想去”占比为 0。

针对中医药类康养旅游者的访谈表明，大部分游客（尤其是中老年游客）对康养类旅游产品非常感兴趣，而且旅游热情非常高，尤其是在医疗、卫生、美容、健身、疗养、中医、中药等方面。在武术类访谈过程中发现，虽然大部分游客并未专门消费过运动武术类的康养旅游产品，但他们的消费意愿较高，表示未来若有机会愿意体验该类康养旅游产品。

访谈过程中发现，医药类康养旅游已逐渐被大众所接受，尤其是对衰老美容、身体排毒、瑜伽冥想、禅修朝拜等旅游项目了解颇多，特别是东南亚地区康养旅游项目。针对运动类，游客对福建武术都有所耳闻，特别是来自闽南地区的游客，他们对闽南地区传统武术具有一定程度的了解；其他地区的游客也表示愿意了解福建运动类康养旅游的相关知识。由此可见，消费者对康养旅游有较为强烈的获知欲望。而选择不想去和讨厌去的消费者仅占一小部分，这种消费者的心理偏好特征对福建省康养旅游市场的进一步发展颇有启发意义。

表1　福建省康养旅游者旅游态度

单位：%

旅游态度选项	森林类	海滨类	温泉类	康养小镇类	宗教类	均值
非常想去	10.8	10.7	3.5	14.0	14.3	9.0
想去	48.5	49.3	54.8	63.3	31.0	51.0
一般	40.0	35.7	41.7	21.3	41.7	36.7
不想去	0.7	4.3	0	0	9.5	2.5
讨厌去	0	0	0	1.4	3.6	0.7
合 计	100	100	100	100	100	100

资料来源：课题组问卷调查数据。

2. 旅游动机

本课题“康养旅游者旅游动机的调查”采用多项选择的方式，包括休闲度假、慢性疾病治疗、保健疗养、了解康养知识、环境与氛围等选项

（见表2）。总体而言，休闲度假、保健疗养、环境与氛围等成为康养旅游者旅游的主要动机，平均占比分别是65.5%、36.4%、35.2%；针对不同的康养旅游目的地类型，旅游者的旅游动机又各有其特点。比如“慢性疾病治疗”选项，其中选择森林类、温泉类与宗教类的游客占比都较低，占比仅为0.8%、1.7%与9.5%，而在这一选项中，选择海滨类和康养小镇类游客数占比较高，分别为为20%与44.6%。在调查后的访谈中，这些消费者均表示海滨类与康养小镇类较适合长期居住，有利于慢性疾病的治疗，而“环境与氛围”选项，森林类占比较高，其次是康养小镇类与宗教类，“保健疗养”动机各个类别占比均衡，大约有五分之一的消费者参与康养旅游的动机是“保健与疗养”。针对武术运动类康养旅游的访谈的归纳，总结得出旅游者的出游动机与问卷选项相对应的主要为保健疗养、环境与氛围。游客普遍认为运动类康养旅游产品具有健身、防身的作用，也对中国传统武术文化起到传承与发扬的作用。一些亲子游的游客表示，他们愿意让孩童参与到运动、武术相关的康养旅游中，让他们进行有安全保障的运动，学习传统武术，甚至体验古人拜师学艺的过程，这样不仅能够锻炼孩子的身体素质，同时也能让他们感受到传统文化的魅力。而年龄较大的游客表示愿意接受较为柔和的、不太激烈的该类康养旅游产品，若太需要体力，与他们的体能条件不贴合，他们则不会考虑。也有游客表示，武术类康养旅游集旅游、运动、健康为一体，很有新意，但他们希望能在此基础上与福建其他特色资源相结合，比如膳食、温泉等，丰富产品内容，让他们在旅游过程中不仅身体得到锻炼还能有度假的感觉，享受到更多的体验。对中医药类康养旅游的访谈结果显示，游客的出游多为了解康养知识、保健疗养、慢性疾病治疗等，而且中老年游客主要对漳州片仔癀、三明红豆杉、柘荣的太子参、武夷药博园等旅游资源的兴趣更浓厚。他们表示，康养旅游不仅顺应了人们旅游观念的转变和对健康的追求，还拓展了旅游形式，丰富了旅游的内涵，成为人们时尚的追求。在这个过程中，他们也更关注康养旅游产品中医疗、卫生、美容、健身、疗养、中医、中药等的价值，从而能使部分慢性疾病得到有效治疗，身体得以保健，康养知识可以更丰富。

表 2　福建省康养旅游者旅游动机（多选）

单位：%

旅游态度选项	森林类	海滨类	温泉类	康养小镇类	宗教类	均值
休闲度假	66.9	54.3	83.5	73.3	64.3	65.5
慢性疾病治疗	0.8	20.0	1.7	44.6	9.5	11.8
保健疗养	20.8	25.0	28.7	29.4	25.0	36.4
了解康养知识	32.2	21.4	13.9	12.7	25.0	21.9
环境与氛围	70.8	15.7	37.4	40.0	42.9	35.2
其他	6.2	11.3	7.8	2.7	12.0	7.7

资料来源：课题组问卷调查数据。

由上可知，目前福建省康养旅游者的旅游动机呈多样化趋势，因而各旅游企业与旅游目的地在设计旅游产品时，可适当考虑各类型康养旅游目的地特征，从而设计真正迎合消费者旅游需求的产品。

（四）福建省康养旅游行为偏好分析

1. 信息获取来源

由表 3 可知，不同类别的康养旅游者其旅游信息获取途径各有不同，但也存在一些共性，比如通过网络、亲友介绍获取信息的游客数占比较高且相当，平均占比分别是 33.6%、29.8%，而通过旅行社获取信息的占比均值反而最小，只有 5.2%，这反映了信息社会游客获取旅游信息的新变化，即不再依赖传统渠道。从单个选项来看，这一趋势也很明显。森林、海滨、温泉、康养小镇等类型的康养旅游者获取信息来源占各自类型的比例分别是 38.5%、31.4%、38.3%、34.0%。同样，亲友介绍的口碑传播也很重要，五大类型康养旅游者选择亲友介绍的占比分别是 22.3%、21.4%、37.4%、43.3%、28.6%。我国是一个讲究“熟人社会”的国度，亲友介绍的信息具有安全性、可靠性和防欺骗性等特点，因而成为康养旅游者的重要考量维度；值得注意的是，传统旅行者的信息获取来源占比已经降低到最低水平，因此，在选择福建省康养旅游产品宣传渠道和方式的时候，要充分注意大众旅游时代和网络时代的消费特征。

表 3　福建省康养旅游者信息获取来源

单位：%

信息获取来源选项	森林类	海滨类	温泉类	康养小镇类	宗教类	均值
旅行社推荐	2.3	5.7	2.6	1.3	8.3	5.2
网 络	38.5	31.4	38.3	34.0	23.8	33.6
报纸杂志	9.2	14.3	2.6	0.7	21.4	8.1
亲友介绍	22.3	21.4	37.4	43.3	28.6	29.8
宣传资料	22.3	10.0	8.7	12.7	7.1	14.4
其他	5.4	17.1	10.4	8.0	10.7	8.9
合计	100	100	100	100	100	100

资料来源：课题组问卷调查数据。

2. 出游方式

由表 4 可知，福建省康养旅游者在选择出游方式时，选择朋友一起、家庭组织的在五类康养旅游者中占比较高且相当，有一定的规律性，占比分别是 42.4% 和 38.1%，家庭组织方式符合强调人与人之间相互联系和相互依附的东方文化特征，传统家庭观念与友情观念较为浓厚，旅游作为其维系和增进感情的特殊纽带，越来越受到推崇，这一方面有利于康养旅游者在外出旅游时得到亲朋好友照顾，另一方面也可以使其在游览过程中更加放松心情。“与朋友一起”选项占比较高，说明调查样本中旅游者群体大多数为 30 岁以下的中青年；选择跟团与单独出游的调查样本也占有一定比例，分别为

表 4　福建省康养旅游者出游方式

单位：%

出游方式选项	森林类	海滨类	温泉类	康养小镇类	宗教类	均值
家庭组织	43.8	42.1	49.6	4.0	11.9	38.1
跟团旅游	0.8	7.9	0.9	13.3	35.7	10.1
朋友一起	42.3	38.6	44.3	77.3	40.5	42.4
单独出游	12.3	3.6	3.5	4.0	9.5	6.8
其他	0.8	7.9	1.7	1.3	2.4	2.4
合计	100	100	100	100	100	100

资料来源：课题组问卷调查数据。

10.1%与6.8%；此外还有2.4%左右的小部分消费者选择其他方式出游。这可能由于自身旅游经验不足，部分旅游者偏好通过选择一些信誉较好、收费合理的旅行社参团出游，一来可以省去旅游线路、交通、住宿等方面的自主安排，既经济又省心，二则有较高的安全保障。

（五）福建省康养旅游消费行为偏好分析

1. 饮食意愿

调查结果显示，大约有70.6%的旅游者表示愿意在旅游目的地用餐，约有29.4%的旅游者表示不愿意在目的地用餐。近年来，全国各地旅游食品安全事故时有发生，对游客的身心健康及旅游目的地的旅游环境和旅游形象造成了严重的影响，尤其是对于康养旅游者而言，饮食消费成为值得关注的重点。因此有大约三分之一的游客对于在目的地用餐表示担忧。

2. 住宿意愿与要求

根据抽样调查结果，游客旅游住宿的偏好差异较大。一方面，消费者倾向于选择在康养旅游目的地住宿占比约为58.94%，选择不在目的地住宿的比例为41.06%；另一方面，旅游者对旅游住宿类型选择也显示出多样化的特点。

本课题旅游者住宿偏好的调查采取多项选择的方式。如表5所示，五类康养旅游者选择经济型品牌酒店的数量较多，平均占比53.3%以上，其他类型均值相当。这说明经济型品牌酒店满足了中低端客户群体基本需求，为其提供了基本服务项目的住宿设施，在国外已有较为成熟的运作模式并广受欢迎，近年来在福建省也呈现出良好的发展态势，有着巨大的发展空间，因其价格相对低廉，环境设施和服务质量较好而颇受旅游者喜爱；而选择住在星级酒店的旅游者数量相对较少，这可能是由于星级酒店服务设施一流、住宿质量较高，但被旅游者认为价格偏高；值得注意的是，在温泉类的康养旅游者的抽样调查中，其选择星级酒店的占比高达57.4%。随机访谈中发现，选择温泉类的消费者一方面收入较高，比较倾向于选择住在质量高的酒店，另一方面，温泉类旅游目的地周围星级酒店较多；调查中还发现，喜欢住在亲戚或朋友家里以及住在农家旅社的农村居民也占有一定的比例；还有少数受访者选择其他住宿设施。

表 5　福建省康养旅游消费者住宿偏好

单位：%

住宿偏好类型	森林类	海滨类	温泉类	康养小镇类	宗教类	均值
星级酒店	12.3	23.6	57.4	20.0	17.9	22.7
经济型品牌酒店	47.7	68.5	53.9	46.7	45.3	53.3
一般旅馆、招待所	39.2	17.8	13.8	4.7	41.7	24.8
农家旅馆	8.4	6.4	9.5	54.0	9.6	21.7
亲戚朋友家	21.5	15.8	8.7	6.7	9.6	14.6
其他	6.9	12.1	3.5	12.5	6.0	17.5

资料来源：课题组问卷调查数据。

3. 交通工具选择

抽样调查结果显示，汽车自驾已经成为福建省康养旅游者的首选交通方式，该比例为 34.2%；其次是选择火车（动车）出行的受访者（占比为 33.8%）；飞机也是可能选择的交通工具，但该比例仅为 14.8%，这可能是由于大多为省内游客，而出游距离较近，无须坐飞机出行；此外，选择拼车或其他方式出游均不是大众化的旅游方式，其分别占较小比重。

随着旅游者家庭汽车保有量的增加，越来越多的旅游者有条件采取自驾作为旅游方式，有理由预测福建省康养旅游者的自驾车旅游规模必定会不断扩大。交通工具的选择与出游距离、收入水平、地区交通状况、思维习惯等因素相关，福建省康养旅游者的出游距离多集中在省内，而消费者普遍收入一般，且福建省陆路交通网络密度较大，汽车自驾相对火车舒适性较好，因此汽车成为其最主要的旅游交通工具。此外，受限于传统的思维习惯，大部分康养旅游者暂未能接受拼车等其他各类新鲜出游方式。

4. 旅游支出额

调查结果如表6所示，五类康养旅游者旅游支出在201～300元与101～200元的比重较大，分别为34.8%和30.6%；其次是301～400元的消费者，比重为17.4%；比重相当的为支出在100元及以下和400元以上的两类，分别为8.6%和8.5%。总体来讲，福建省康养旅游者的实际支出额较大。森林类康养旅游者消费在100元及以下占比较其他类型较多，主要是因为森林类的康养旅游资源中大多是公益性而非收费性质项目。

表6　福建省康养旅游者旅游支出额占比

单位：%

消费支出额	森林类	海滨类	温泉类	康养小镇类	宗教类	均值
100元及以下	24.6	2.9	3.5	6.0	5.0	8.6
101～200元	37.7	15.0	12.2	44.0	27.4	30.6
201～300元	22.3	45.7	32.2	22.0	48.8	34.8
301～400元	13.1	22.9	29.6	22.0	10.5	17.4
400元以上	2.3	13.6	22.6	6.0	8.3	8.5
合计	100	100	100	100	100	100

资料来源：课题组问卷调查数据。

5. 最高意愿消费额

根据“食、住、行、游、购、娱”六大旅游要素在游客整个旅游过程中所愿意花费的金额进行统计，结果如表7所示，最高意愿支出额为1501～3000元和501～1500元，占比达到37.5%和32.6%；最高意愿支出额为3001～4500元和501元及以下占比达到15.8%和11.1%；最高意愿支出额为4500元以上占比仅为2.9%。其中森林康养旅游者最高意愿消费支出额为500元及以下和501～1500元占比较其他类型为多，而最高意愿消费支出额为1501～3000元及以上都较其他类型少，主要是因为相对于其他类型的旅游目的地，森林类旅游目的地所提供的收费性娱乐休闲项目较少。此外，由运动类康养旅游者的调查可知，中青年群体明确表示，如果福建的运动类与医药类康养旅游能借鉴国外一些山地运动、海上运动、练跆拳、跑步、高尔夫、马拉松等的发展模式，开发正规、安全、品质好的相关康养旅游产品，他们愿意花更多的钱来进行体验。与传统旅游模式相比，康养旅游游客的停留时间更长、旅游消费更高，而且能高效地推动医疗、运动、酒店、翻译、交通、景点、购物等相关产业的协同发展。

表7 福建省康养旅游消费者旅游最高意愿消费额占比

单位：%

消费支出额	森林类	海滨类	温泉类	康养小镇类	宗教类	均值
500元及以下	36.2	2.9	13.9	3.3	0	11.1
501~1500元	53.8	23.6	33	28.7	38.1	32.6
1501~3000元	7.7	45.0	32.2	56.0	32.1	37.5
3001~4500元	1.5	24.3	19.1	9.3	19.0	15.8
4500元以上	0.8	4.3	1.7	2.7	10.7	2.9
合计	100	100	100	100	100	100

资料来源：课题组问卷调查数据。

（六）小结

综上所述，福建省康养旅游者消费行为态度、动机和偏好呈现如下特点。

1. 旅游愿望强烈，出游动机单一

调查中发现，福建省康养旅游者对待康养旅游的态度较为积极，且出游意愿较为强烈。大部分的消费者表示愿意前往康养旅游目的地消费；大部分游客表示在个人总体生活水平提高后会选择出游，经济和时间同样被消费者认作制约其出游的主要因素。从旅游动机的调查结果中可以发现，大部分受访者表示，其康养旅游出游动机主要是休闲度假。

2. 自助结伴出游，信息来源多样

调查发现，农村居民的出游形式是超过半数选择与家人朋友结伴出游，其次是通过参加旅游团进行出游；而在康养旅游者的旅游信息获取来源中，网络成为最为重要的旅游信息获取途径。同时，亲友介绍、旅行社和报纸杂志等也是其获取旅游信息的相关渠道。

3. 出游半径较短，消费层次居中

调查显示，福建省康养旅游目的地的旅游者大多来自福建省内，也有部分旅游者来自外省。同时，汽车自驾是康养旅游者出行时最主要的交通形式，其他如火车、飞机等也是其偏好的交通方式。福建省康养旅游者具有理智稳健、层次居中的消费特征，其最主要的旅游费用来源为工资收入，他们具有一定的旅游消费能力；在旅游活动中偏好“舒适型”的旅游类型，对饮食、住宿等具有一定要求。

四　福建省康养旅游发展对策分析

基于前文对福建省康养旅游者的出游意向及行为特征的归纳分析，以及福建省康养旅游资源赋存和发展现状，未来福建省康养旅游发展应采取如下措施。

（一）整合康养旅游资源，开发复合型旅游产品

将康养旅游与其他产业相结合，开发复合型康养旅游产品，成为必然趋势。旅游和健康是两个开放性较强的产业，在二者融合的基础上，整合福建省独特的康养旅游资源，推动康养旅游与其他现代休闲业和新型业态的全面融合，发展包括与森林、温泉、海滨、茶品、中医药、宗教和武术等相融合的健康产业，推进康养旅游产品向多元化发展。

首先，充分利用自然资源，打造富有地域特色的康养旅游产品。康养旅游是以良好的物候条件为基础，是对自然条件要求更高的专项度假旅游活动。福建省内自然资源种类丰富，全国第一的森林覆盖率、丰富的温泉资源、美丽的海岛及滨海城市、秀丽且空气质量极佳的山林景区等，都为康养旅游奠定了坚实的基础：依托以三明市为中心的空气清新、环境优美的森林资源，开展森林康养；依托温泉资源，利用其自身保健和疗养作用

发展温泉康养旅游；依托东南沿海的海水、沙滩、海洋食物等资源，发展滨海康养旅游；依托丘陵、山地资源发展山林康养产品等。其次，加强产业融合。在一部分群体的认知中，康养旅游偏向老龄化，健康和养老被视为康养产业的主要组成部分，因此年轻消费者市场具有较大的潜力。例如借助一定的运动设施，将滨海康养打造成以休闲度假、海上运动、沙滩理疗、海洋美食等多种形式相结合的康养旅游产品；将温泉资源与福建特有的中医药行业相融合，丰富药浴、健康疗法等多种形式的温泉理疗，使之与其他地区的温泉康养产品区分开来；将生态体验、农产品种植、户外运动等多种业态融入山林康养旅游等。总之，整合康养旅游资源，开发以休闲度假、运动娱乐、疗养身心等多种形态相结合的复合型康养旅游产品，加强旅游者的参与性与娱乐性，增强消费者的体验感，是未来福建康养旅游发展的方向。

（二）融入地域文化元素，丰富康养旅游产品内涵

福建省内有丰富的文化遗产，历史悠久，底蕴深厚。充分利用如武夷山茶文化、中医养生、妈祖信仰、传统体育（包括武术）等各种与康养旅游密切相关的文化元素，丰富康养旅游产品内涵，凸显当地特色，有助于吸引国际、国内各层次消费者群体。可在有效结合区域特色文化的前提下，针对不同需求，打造不同主题特色的康养旅游产品。例如，发挥武夷山茶、闽产中医药食品的独特效用，可引入福建省非物质文化遗产“万应茶”“东山宋金枣”，以及其他具有特色的健康食品，主打“以食养身”的康养旅游产品；以妈祖、保生大帝、清水祖师等民间信俗为纽带，注重对精神层面的养护，打造养神为主的修身养性类康养旅游产品；将新垵五祖拳、泉州俞家棍、南少林武术、畲族武术、永泰虎尊拳等福建传统武术融入康养旅游中，扩展强身健体类的康养旅游产品，实现养生与文化传承的双赢等。总之，合理融入文化元素，让旅游者参与到丰富多彩的文化艺术中，陶冶旅游者的身心，或是让旅游者在康养旅游过程中成为非物质文化遗产的传播者等，皆有利于福建省康养旅游更持久的发展。

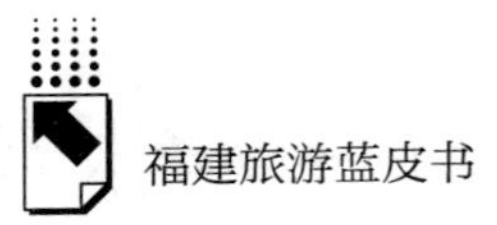

（三）营销渠道多措并举，塑造闽式康养品牌

随着智慧旅游时代的到来，以互联网、大数据为支撑的旅游营销成为热门选择。因此，在推动康养旅游发展的过程中，应该紧扣大部分潜在旅游者的信息获取习惯，实施“互联网+”战略，实现网络传播、社交媒体传播等互联网营销，建立专门的福建省康养旅游网站，构建智慧旅游营销体系；并以广播、电视、报纸、多媒体等传统传播渠道为辅助，扩大福建康养旅游的知名度与可信度。

以现有区域品牌“清新福建”为切入点，加快打造闽式康养品牌，以此扩大福建康养旅游产品的影响力。所谓闽式康养即以福建省独有地道的康养旅游资源为依托，深入挖掘并表现本地的闽文化特色，将其独特的文化融入康养旅游之中，建构具有自身特色的康养旅游模式。如充分利用福建独特的茶文化（安溪铁观音、武夷岩茶、福鼎白茶等）、闽派武术、闽产地道药材（红豆杉、太子参、草珊瑚、雷公藤、黄精、虎杖、金线莲、枇杷等）和海水温泉等独有资源。可根据不同市、县康养旅游资源特色，在地域品牌领导下推出不同分支的康养主题、口号，借助营销手段，加大力度面向全国推广地域品牌。

（四）努力营造口碑效应，加强康养旅游人才培养

旅游服务质量的提高能带给旅游者更好的旅游体验，有利于形成良好的口碑效应。康养旅游产品的宣传，离不开“口碑”（包括网络口碑与线下口碑），特别是当前福建康养旅游者的出游形式多为与家人、朋友结伴出行的情况，“口碑”尤为重要，其对消费决策行为产生影响。[①] 而康养旅游是在现代社会产业融合发展中产生的，是“旅游+健康+”的集合体，同时康养旅游比一般观光、度假旅游更具功能性和专业性，这就决定了康养旅游人

① 梅蕾、邱淑凤、张景：《网络口碑对旅游消费者决策行为的影响研究》，《西安财经学院学报》2017年第3期，第76~81页。

才具备复合型能力。只有加大力度培养康养旅游专业人才，才能从根本上提升康养旅游服务质量，助力福建康养旅游良好口碑的塑造。

重视康养旅游人才的培养。首先，要加快康养旅游培训基地建设，积极举办康养旅游人才培训班。康养旅游既需要高层次的理论研究、经营管理和产品开发等人才，也需要一线技能服务型人才；既需要旅游人才，也需要护理、健康、户外运动等多领域的专业人才；既需要单一技能专业人才，更需要复合型人才。康养旅游人才需求是多层次的，建立专门的康养旅游培训基地，能够有效、系统地开展人才培训，为康养旅游输送合适人才。其次，要引进外来高层次人才。康养旅游人才的供给需立足本土，但外来高层次人才的引进同样必不可少。未来应加大承办国际、国内重要的康养旅游学术研讨会力度，交流、借鉴国内外其他地区经验，为福建省康养旅游的发展提供参考。同时，可适当引进国内外优秀康养旅游专家，引领企业人才发展，强化院校师资队伍建设，按照国际标准培养适应康养产业未来发展需要的国际化人才。

（五）完善旅游基础设施，提高康养旅游服务质量

基础设施的完善是发展康养旅游的必要条件，旅游服务质量的提高利于旅游者的体验。要重视福建省康养旅游软、硬环境的提升，改善交通状况，迎合广大旅游者的消费特征。硬环境是康养景区的基础设施，既包括满足旅游者旅游需要的公共服务设施和吃、住、行等相关旅游综合服务设施，也包括相关的康养设施。对硬环境的完善，主要包括道路交通的提档升级，提升康养旅游目的地的可进入性；交通工具的改善，可尝试采用清洁能源公共交通工具，例如电动公交车、共享自行车等，既方便游客出行，亦贴合“健康”主题；道路指示牌等基础设施的建设，有助于提高游客的旅游过程的便捷度；改善住宿条件，除了引进中高端星级酒店、规范性宾馆外，还可以发展具有本地特色的民宿，在保留原有建筑特色的基础上修葺、改善，让旅游者在康养过程中融入本地特色文化；引进具备康养功能的较为高科技的配套设施，例如诊疗中心、康复中心、美容中心、养生厨房、健

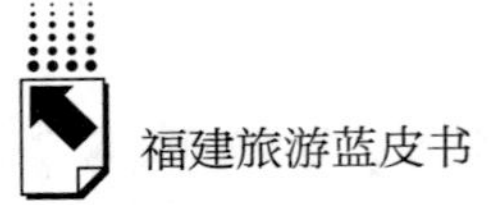

身娱乐中心等。对于软环境即服务质量的提高，要积极组织康养旅游各环节中的参与者参加培训学习，培养高素质的康养旅游人才，尤其是直接接触游客的一线服务人员。康养旅游属于服务业，服务水平的高低极大程度地影响了旅游质量的好坏。良好的旅游服务质量不仅能带给旅游者良好的旅游体验，同时在口碑营销、品牌忠诚等方面有促进作用，应给予重视。

（六）制定康养旅游行业标准，确保旅游市场健康发展

政府的重视、引导与支持是发展康养旅游的重要保障。为了保证福建康养旅游整体质量，促进其有序发展，政府必须完善相应的康养旅游管理机制，抓紧建立健全并实施涵盖康养旅游要素设施、旅游公共服务、产业运营管理、涉旅安全生产、市场监督管理等领域的康养旅游标准细则。首先，在行业准入方面出台相关标准，规定康养旅游目的地建设的必备条件、基本要求，保证康养旅游的基本质量。其次，对从业人员管理、人才引进方面先行先试有关政策措施，不断提高福建省康养旅游产业的技术和发展水平，体制机制创新，积极融入国际旅游康养产业发展中。还要完善相关康养旅游产品开发政策，特别是旅游目的地应采取相关优惠政策，吸引并鼓励投资者打造真正有特色的康养旅游产品。最后，在康养旅游新产品开发上，发布相关标准，来规范、引领投资商、管理者、经营者和服务者按照标准进行旅游新产品、新业态的开发、经营、服务，以此提高产品质量效益，从而推动福建省康养旅游朝着一个高标准、高质量的方向发展。

除以上从康养旅游者角度出发提出的建议外，在福建省康养旅游发展过程中还要注重开发与保护并举，探索旅游开发与环境保护的平衡机制。生态保护是康养旅游发展的基础和命脉，保护好生态环境康养旅游才能永续发展。福建省康养旅游以自然资源为基础，开发过程中应持保护至上、绿色开发的原则，牢固树立可持续开发的理念，贯彻十九大报告有关生态文明建设要求，建立旅游开发与环境保护的平衡机制。包括依靠政府的强制执行力建立完善、科学的开发体系和运营体系；与学术界合作交流，鼓励众多学者投

入其中，为福建省康养旅游提供科学的指导；在民众中对康养旅游知识和生态环保知识进行积极介绍和宣传；等等。

五　结语

“康养旅游”已被社会和市场广泛认同，国家旅游局也将其正式确立为新的旅游方式，并纳入我国旅游发展战略，从而进入了规范化发展的道路。福建省康养旅游资源独特，资源种类丰富，发展潜力大，具有良好的发展前景。在福建省康养旅游者的行为特征基础上，提出相应的对策与发展目标，不仅能为福建省康养旅游业带来新的机遇与效益，在一定程度上也有助于福建省地域文化的传播与传承，助力福建省旅游业发展。因此，福建省各设区市应积极响应《福建省“十三五”旅游业发展专项规划》，整合各地康养旅游资源，深度挖掘其文化内涵，丰富康养旅游底蕴，在“清新福建”旅游品牌大背景下，进一步打响福建省康养旅游名牌，实施专业人才培养计划，提高市场竞争力；进一步促进相关标准细则的出台，加强与其他国家、地区的沟通交流、学习互动，为康养旅游市场又快又好发展、打开国际市场保驾护航。由于经费、精力和能力有限，本报告的有关结论可能存在不足或有待改进之处，需要后续研究跟进，进一步加强案例研究，凝练出具有可操作性和可复制性的福建省康养旅游发展模式。

B.26

深化“放心游福建”服务承诺 完善旅游综合服务监管机制

福建省旅游发展委员会课题组*

摘　要： “放心游福建”服务承诺是一整套机制，包含“一口受理”“限时办结”“先行赔付”三项服务承诺、旅游投诉首问责任制等六项工作机制、常态化市场检查等五项保障措施，是福建省委、省政府对“十三五”时期福建旅游业转变监管方式、规范旅游市场秩序、从景点旅游走向全域旅游做出的重大部署。服务承诺实施两年多来反响良好，但是体制机制还有待完善。表现为：服务承诺在不同设区市领导重视程度、落实力度和成效方面差距大；部门间协同存在“一口受理”案件分流转办不顺畅，“限时办结”时效承诺与部门“法定时限”冲突，省旅游产业发展工作联席会议协调力度不足、督查问责机制缺失等问题；旅游行政执法主体专业性、权威性有待加强；旅游市场主体的守信意识和自我责任意识还需培育和强化。为此建议：升格联席会议，加强部门协调；纳入考核评价，加大约束力度；实行督办问责，加强事中事后监督；实施联合惩戒，营造诚信氛围；加大宣传力度，用品质让游客“放心”。

关键词： “放心游福建”　旅游综合服务　监管机制

---

* 课题组成员：陈为民，福建省旅游质量监督管理所所长；罗秋云，福建省文化和旅游厅办公室副主任；曾志兰，福建社会科学院副研究员；赵宏伟，福建省文化和旅游厅办公室主任科员；廖政林，福建省旅游质量监督管理所科长；陈山，福建省旅游质量监督管理所科长。执笔：曾志兰，赵宏伟。

“放心游福建”服务承诺实施两年多来[①]，全省各级旅游部门联合涉旅监管部门以“放心游福建”服务承诺为核心，在完善旅游综合服务监管机制方面大胆创新，引起了良好反响，但与省委、省政府的要求，特别是与于伟国书记“让‘放心游福建’由承诺、机制、服务，转化为广大旅游者的真心认可和真实口碑”的要求相比还有差距。为了进一步完善以“放心游福建”服务承诺为核心的旅游综合服务监管机制，提升“清新福建”美誉度和影响力，2018 年 6 ~ 8 月，我们对“放心游福建”服务承诺实施情况展开调研，实地调研了福州、厦门、三明等地工商和旅游质监部门，召开了三场涉旅部门参加的座谈会，走访了康辉旅行社、三明宾馆等旅游企业。调研情况及建议报告如下。[②]

一 实施“放心游福建”服务承诺的主要做法和成效

省委、省政府高度重视旅游业发展，把旅游业作为福建三大新兴主导产业之一加以培育，旅游业高质量发展对贯彻省委、省政府“全力以赴抓好高质量发展实现赶超任务”的战略部署意义重大。“放心游福建”是省委、省政府对“十三五”时期福建旅游业转变监管方式、规范旅游市场秩序、从景点旅游走向全域旅游做出的重大部署。

（一）承诺“放心游福建”不负旅游者新期待

2016 年 5 月 26 日，于伟国书记主持召开省政府专题会议，正式确定在福建省实施“放心游福建”服务承诺，并要求省财政安排 1000 万元资金设立全省旅游投诉“先行赔付”周转基金；8 月 15 日，省旅发委牵头联合 24 个部门，联动 9 市 1 区，正式对外公布“放心游福建”服务承诺，实施旅

① 指从 2016 年 8 月 15 日“放心游福建”服务承诺正式对外公布到 2018 年 8 月该调研报告成文。

② 2018 年 10 月 30 日福建省文化和旅游厅挂牌，文中“省旅发委”为挂牌之前的福建省旅游主管部门。文中数据、资料除特别注明外均来自福建省文化和旅游厅（2018 年 10 月之前为福建省旅游发展委员会），特此致谢。

游投诉“一口受理”“先行赔付”“限时办结”。于伟国书记多次对服务承诺实施情况做出肯定批示，对深化这项工作给予指导。唐登杰省长也高度重视此项工作，在2018年省政府工作报告回顾过去五年工作时专门指出，福建省率先实施了“放心游福建”服务承诺。原国家旅游局局长李金早同志也给予充分肯定并批示要求向全国推广。2018年8月27日，郑新聪副省长在实施“放心游福建”服务承诺工作推进会上就深入推进“放心游福建”服务承诺工作提出明确要求。在服务承诺实施过程中，时任分管领导梁建勇副省长、李德金副省长、隋军副省长等省领导也先后做出指示批示，给予指导和推动。省旅发委设计推出“放心游福建”LOGO，制作播放“放心游福建”服务承诺专题宣传片，创意开展一系列宣传推广活动，让“放心游福建”深入人心。“放心游福建”服务承诺实施两年多来，一个由旅游部门牵头、24个部门共同参与，面向全域大旅游的综合协调管理体制已初步建成。

（二）实施“放心游福建”服务承诺的主要做法

经过两年多的实践，“放心游福建”服务承诺形成了以让游客放心为目的，以践行承诺为载体，包含一系列保障机制、服务监管措施以及提升旅游服务品质的举措体系，为游客提供“放心游福建”优质旅游环境。

1. 实施三项服务承诺

一是“一口受理”。12315服务热线负责统一接听和转办旅游投诉。二是“限时办结”。承办单位接到旅游投诉必须在24个小时内主动联系投诉人，启动处理程序；对于事实清楚、证据充分、索赔法律依据明确的投诉（简称“快处先赔”投诉），必须在7个工作日内办结，并答复投诉人。三是“先行赔付”。“对于未在7个工作日内办结的‘快处先赔’投诉，承办单位必须在24小时内通过‘放心游福建’旅游理赔基金实行先行赔付。”①

① 福建省人民政府办公厅：《关于印发提升旅游服务质量、加强旅游市场综合监管实施方案的通知》（闽政办〔2016〕121号），http：//www.fujian.gov.cn/zc/zfxxgkl/gkml/fzsj/201608/t20160805_1414788.htm，2016年8月5日。

通过实施这三项服务承诺，实现了游客“有地投诉”“有人受理”“有人赔偿”。2016 年 8 月 15 日至 2018 年 8 月 15 日，省 12315 旅游投诉服务平台共登记受理旅游投诉 1672 件，其中符合快处条件的旅游投诉 1216 件，占全部投诉的 72.72%。7 天内结案率达 100%。

2. 创新六项工作机制

包括旅游投诉首问责任制、各部门分工配合办理机制、旅游投诉应急处理机制、超时限办理投诉问责机制、超时限办理投诉先行赔付和追偿机制、恶意投诉处理机制等，为“放心游福建”服务承诺的落地实施提供机制支撑。

3. 推出五项保障措施

一是开展常态化市场检查。在国庆、春节等重大节庆和重要节点，省市县三级旅游部门对旅游服务质量进行拉网式检查，并督促帮助相关企业整改。各级旅游部门联合工商、物价、交通、卫生等部门定期开展旅游联合执法。两年来，全省共出动联合执法人员 2.49 万人次，处罚金额 198 万余元，为游客挽回损失 491 万元。二是完善 24 个部门综合监管。按照《省政府办公厅关于提升旅游服务质量、加强旅游市场综合监管实施方案》（下文简称《实施方案》）的工作要求和责任清单，24 个省直部门细化责任、认真履职、齐抓共管。三是实施“双随机一公开”抽查。建立“双随机”网络系统，定期组织开展旅游市场抽查，加强事中、事后监管。四是探索基于互联网和大数据的智慧监管。建成景区云、旅行社云等云数据中心和旅游服务监管平台、大数据网评、旅游运行监测等平台，整合了闸机、视频汇聚系统、游客监测系统等感知系统，升级完善了 12315 旅游投诉服务平台，还同步开发了投诉服务平台手机 App，初步实现智能监管、智慧监管。五是实施等级评定动态管理。根据福建省实际，完善酒店星级、景区和旅行社 A 级标准，将服务质量作为重要衡量尺度。在积极评定的同时，也加大取消、降级和警告力度。两年来，共注销旅行社 30 家、取消星级饭店 66 家、摘牌 A 级景区 15 家、降级 4 家、严重警告 17 家、通报批评 19 家。

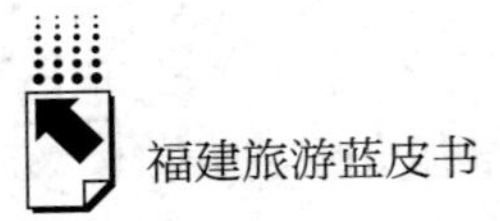

（三）“放心游福建”服务承诺实施两年成效良好

“放心游福建”服务承诺实施两年来，福建省旅游市场秩序进一步规范，旅游指标持续高位增长、“清新福建”品牌全面打响、旅游服务质量大幅提升。

1. 促进旅游经济指标持续高位增长

据初步测算，2017年福建省旅游增加值占GDP比重为6.7%，对国民经济综合贡献为15.6%（比全国高4.6个百分点）。2017年，全省累计接待游客3.83亿人次，同比增长21.4%，比全国平均增速高9个百分点；旅游总收入5083.10亿元，同比增长29.2%，比全国平均增速高14个百分点。[①] 2018年上半年，全省累计接待国内外游客1.95亿人次，同比增长21.1%，累计实现旅游总收入2703.25亿元，同比增长30.2%。2018年1月，全国旅游工作会议首次在福建（厦门）召开，原国家旅游局在工作报告和总结讲话中对福建旅游工作所取得的成绩给予充分肯定。

2. 支撑“清新福建”品牌全面打响

“放心游福建”服务承诺实施后进一步提升了“清新福建”在全国的影响力，受到全国旅游系统的高度赞誉：江西、山东、吉林、宁夏等省（市、区）来电索要“放心游福建”服务承诺运行资料了解情况，学习借鉴经验做法；重庆、江苏、四川、上海、湖南等省市先后派员来福建调研、取经。特别是2017年金砖会晤期间，在海内外游客心中树立了“美丽中国·清新福建”的良好形象，提升了“清新福建”品牌在海内外特别是金砖国家中的知名度和美誉度。根据人民网发布的中国旅游目的地品牌声誉指数，福建位居全国第六位。

3. 推动旅游服务质量整体跃升

“放心游福建”服务承诺以问题倒逼的方式，大幅提升全省旅游服务质

---

① 汪平、吴健芳、李金枝：《“放心游福建”：一诺千金促优质发展》，http：//news. ctnews. com. cn/zglyb/html/2018 -04/06/content_ 318832. htm？ div = -1，2018年4月6日。

量和旅游综合监管水平。旅游、公安、工商、物价等24个部门定期召开“放心游福建”服务承诺专题会议，互通情况，密切合作。旅游、工商、物价等部门接到投诉后在24小时内主动联系投诉人，将处理投诉的法定时限由60天压缩到7天，极大地提高了旅游投诉处理效率。旅游与法院、公安、工商等部门密切配合，在武夷山、鼓浪屿等重点旅游景区建立了24家旅游法庭、旅游巡回法庭和巡回审判点，29家旅游警务队、警务室，38家旅游纠纷调解委员会和法律服务站，等等。“全省A级景区、旅行社、星级酒店等旅游企业也积极主动参与进来，做出优质服务承诺，目前已有517家旅行社、85家A级景区和295家星级酒店签订了优质服务承诺书，使得游客入闽旅游有了更加全面的服务保障。”①

二　“放心游福建”服务承诺实施中存在的问题

基于福建旅游市场现状，在适应市场监管新形势下设计和首创的“放心游福建”服务承诺并无先例和经验可资借鉴，在与旅游市场两年多的磨合中，旅游综合服务体制机制的不足之处逐步显现，表现在以下几个方面。

（一）“放心游福建”服务承诺在不同设区市落实力度和成效上差距大

“放心游福建”服务承诺是一整套机制，在实施中需要领导重视、实体支撑，从实地调研的情况看，领导重视程度差距较大。如厦门市成立了由市政府主要领导任组长、分管领导任副组长的市旅游会展产业发展领导小组，形成共同促进旅游业发展的意识，明确各职能部门的主体责任，对旅游投诉快速处理实施“双百标准”——以旅游投诉按时办结率100%和游客满意率

① 福建省人民政府办公厅：《关于印发提升旅游服务质量、加强旅游市场综合监管实施方案的通知》（闽政办〔2016〕121号），http：//www.fujian.gov.cn/zc/zfxxgkl/gkml/fzsj/201608/t20160805_1414788.htm，2016年8月5日。

100%为目标，落实“全年365天，黄金周24小时”值班应诉制度；福州市将“放心游福建·满意在福州”服务承诺列为重点工作，成立由市主要领导为组长、分管领导为常务副组长、20多个市直部门为成员的旅游市场监管领导小组，统筹协调全市市场监管工作，确保全年365天旅游投诉及时处理。但是，我们在实地调研中也看到个别设区市领导对“放心游福建”服务承诺不够重视，《实施方案》要求的“加强统筹领导，主要领导每年至少组织召开一次会议，听取提升旅游服务质量、加强旅游市场综合监管工作情况汇报，研究部署相关工作”未得到落实，由市旅发委副主任担任旅游市场监管领导小组召集人，“放心游福建”服务承诺工作推动力度不大；在旅游接诉上与12315平台对接不顺畅，12315平台反映接诉人员配备不足、缺乏硬件设施（12315平台向市旅发委申请配置电脑），不能保证及时快捷处理旅游类投诉。

（二）“放心游福建”服务承诺部门间协同需进一步加强

1. “一口受理”案件分流转办不顺畅

12315平台“一口受理”后在分流转办旅游投诉中，遇到某些部门退回不办和平台接诉员不知如何分流、该分给哪个部门的难题，也给游客维权带来一定困难，导致游客不满。虽然，《实施方案》中包含24个旅游综合监管部门“责任清单”，在两年多“一口受理”的实践运作中明显感觉“责任清单”不能满足接诉旅游案件分流的需要，亟待进一步修订。为此，2018年4月下旬，省旅游产业发展工作联席会议办公室以公函的形式就加入“放心游福建”服务承诺工作及新修订的《福建省旅游市场受理投诉责任清单》征求了23个相关部门意见。

2. “限时办结”时效承诺与部门“法定时限”冲突

目前，在旅游、物价、工商三个部门主动按照“放心游福建”服务承诺提出的“1天受理，7天办结”要求进行快速处理的基础上，2018年又有省卫计委、省文化厅、省国土厅、省税务局、省食药监局、省质监局、福建海事局七家单位加入了服务承诺，但其他相关部门在受理涉旅投诉过程中，仍按照其原有法定时限进行处理，不利于“放心游福建”旅游投诉“限时办结”服务承诺的有效实施。

3. 省旅游产业发展工作联席会议协调力度不高、督查问责机制缺失

“放心游福建”实施两年多来的实践证明，省旅发委作为召集人协调工商、交通、文化、土地、公安等多个部门“小马拉大车”，显得力不从心。从厦门、福州实施“放心游福建”服务承诺的经验看，领导亲自挂帅事半功倍，需要建立一个层级更高、综合协调能力更强的议事机构，加强部门之间的统筹协调。《实施方案》中包含 24 个旅游综合监管部门“责任清单”，不仅是要理顺部门责任关系，更要明确问责主体，目前督查问责机制还不健全。

（三）旅游行政执法主体专业性、权威性有待加强

调研显示，目前福建省的旅游行政执法主体——旅游质监队伍现状不如人意。一是“小”“散”“弱”。“小”是指市县两级旅游质监部门人员比较少，有的基层旅游质监所只有 1 ~ 2 个业务人员；“散”是指部分设区市旅游质监所人员在编不在岗；“弱”是指《实施方案》要求“加强旅游市场综合执法人员执法资格培训，所有执法人员培训考试合格后执证上岗”难以落实，基层旅游市场综合监管人员法律素养、专业水平亟待提升。二是人心不稳。旅游质监人对下一步的机构改革预期不明，对旅游质监队伍将何去何从，充满忧虑。三是执法权威性不足。《旅游法》《旅行社条例》《福建省旅游条例》等法律、规章和规范性文件尚待普及和完善配套制度，旅游质监执法中依法依规常常遇到相关规定尚在修（制）订中的情况，特别是针对在线旅游、邮轮旅游、露营地旅游等新情况的管理规范出台严重滞后，涉及多个部门对同一市场主体经营行为监管时，旅游质监部门协调力度有限，难以形成合力，严重影响执法的时效性、权威性。

（四）旅游市场主体的守信意识和自我责任意识还需培养和强化

“放心游福建”服务承诺实施正处在从命令型、全能型的市场监管体制

向以信用为核心、市场主体自治、业界自律的新型市场监管体制转型时期。这一时期市场监管表现的国家对个体行为的约束力度已经大大减弱、社会信用约束机制尚不完善的特征，给市场主体实施不诚信的交易行为留下巨大空间，大大增加了“放心游福建”服务承诺实施的难度。服务承诺实施以来，福建旅游消费环境总体良好，但依然存在少量“黑社”“黑导”“黑车”“黑点”；一些非旅游经营机构变相组织旅游，如培训机构以夏令营名义组织旅游等，通过打擦边球逃避旅游监管成为监管死角；部分旅游者依然存在贪图便宜、非理性参团行为，纠纷产生后以“我是游客”一并投诉到旅游部门，缺乏风险自担、失误自解的自我责任意识，动辄要求旅游管理部门对其行为负责，接诉中不乏过度维权诉案。少量企业的违规经营、消费者的非理性对市场良性发展带来的冲击不容忽视。在对康辉旅行社实地调研中，该公司非常重视履行“放心游福建”服务承诺，始终以服务质量立足市场，然而“不合理低价游”所产生的劣币驱逐良币效应强烈冲击该公司的经营，该公司呼吁：“请所有旅游经营者都认真履行‘放心游福建’服务承诺，在公平有序的环境中竞争才有未来。”对照《实施方案》要求，“各涉旅企业依照法律法规主动规范经营服务行为”“提醒旅游者遵守旅游文明行为公约和行为”“旅游信用信息公示和‘黑名单’制度”“鼓励社会各界积极提供各类违法违规行为线索，强化舆论监督”等强化市场主体守信、自我责任意识举措的落实力度需要进一步加强。

三　深化“放心游福建”服务承诺，完善旅游综合服务监管机制的建议

推进以“放心游福建”服务承诺为核心的旅游市场综合服务监管机制是一项长期性、系统性的工作，只有起点，没有终点，需要各级各有关部门以务实的作风、创新的举措、优质的服务携手共进，扎实推进各项承诺、机制和服务落到实处，努力营造“放心游福建”优质旅游环境，满足人民群众日益增长的美好生活需要。

（一）升格联席会议，加强部门协调

将福建省旅游产业发展工作联席会议升格为福建省旅游工作联席会议，下设旅游市场综合监管工作小组。联席会议主要职能为：在省政府领导下，统筹协调全省旅游工作。对全省旅游工作进行宏观指导；提出促进旅游业改革发展的方针政策；协调解决旅游业改革发展中的重大问题；研究旅游业改革发展中的其他重要工作；完成省政府交办的其他事项。建议参照国务院旅游工作部际联席会议制度的做法，由省政府分管旅游工作的领导同志担任联席会议召集人，协助分管旅游工作的省政府副秘书长同省旅发委主要负责同志和省公安厅、工商局、物价局等有关负责同志担任副召集人。联席会议办公室设在省旅发委，承担联席会议日常工作，省旅发委主要负责同志兼任办公室主任，联席会议设联络员，由各成员单位有关处室主要负责同志担任。建立一个层级更高、综合协调能力更强的议事机构，加强组织领导，加大调控力度，加强部门之间的统筹协调，落实好各项工作。

（二）纳入考核评价，加大约束力度

定期开展对各级各有关部门落实《实施方案》和《福建省人民政府办公厅转发省旅发委关于加快推进全域生态旅游实施方案的通知》（闽政办〔2018〕52 号）中“把旅游市场秩序整治和服务质量提升工作纳入绩效考核”情况的考核。一是开展对设区市的考核。重点依据旅游者投诉情况、违法违规案件、处置应对效率、旅游者满意度等指标，每季度对设区市旅游综合监管进行量化考评，考评结果予以通报，督促各地履行好属地管理责任，对辖区内旅游市场综合监管工作负总责，统筹抓好本地区的旅游服务监管工作，统筹推进旅游市场秩序整治工作。二是开展对相关监管部门的考核。针对当前存在的问题，理顺和升级“责任清单”版本，理顺部门责任关系，明确问责主体。继续向省效能办争取把“放心游福建”服务承诺落实情况列入绩效考核指标，督促 24 个省直部门按照《实施方案》的责任分工以及新修订的《福建省旅游市场受理投诉责任清单》，履行好相应的监管责任。

（三）实行督办问责，加强事中事后监督

要求各级各有关部门进一步提高站位、统一思想、深化认识，切实把实施“放心游福建”服务承诺作为完善全省旅游市场综合监管机制、助推旅游业实现赶超目标的有效抓手，作为提升全省旅游整体服务品质、营造“放心游福建”优质旅游环境的务实举措，通过完善督办问责制度真正做到有诺必践、有诺必行、有诺必果。一是依法建立健全旅游监管挂牌督办机制、约谈问责机制，以此来进一步提高各地政府对旅游综合市场监管的重视程度，强化工作责任。二是完善督查通报制度。对旅游市场问题突出或旅游综合监管工作不落实的地方和部门下达整改通知书给予通报批评。三是加强联合督查。旅游工作联席会议牵头，重点做好以“放心游福建”服务承诺为核心的旅游市场综合监管工作的督查，对旅游投诉案件推诿不办或办理不及时的，甚至在履行监督管理职责中滥用职权、玩忽职守、徇私舞弊的，予以查处。

（四）实施联合惩戒，营造诚信氛围

建立健全失信企业协同监管和联合惩戒机制。各相关部门要配合旅游部门建立旅游市场主体分类名录库和旅游市场主体异常对象名录库，将旅游经营服务不良信息记录通过福建省旅游服务监管平台实现与“信用福建”网站的无缝对接；尽快建立使旅游失信行为人“一处失信，处处受限”的联合惩戒信用信息系统，推动信息自动更新、比对、惩戒、反馈，实现信用数据共享的时效性、精准性。

（五）加强队伍建设，提高监管水平

采取明确旅游质监队伍行政编制、推动执法力量下沉、提升履职能力的三项措施，切实加强旅游质监队伍建设。一是明确旅游质监队伍行政编制。《中共中央关于深化党和国家机构改革的决定》《深化党和国家机构改革方

案》对推进综合执法队伍建设做出了战略部署，明确将旅游市场执法职责和队伍整合划入文化市场综合执法队伍。建议福建省在机构改革中，按照依法行政要求，充分考虑旅游市场行政执法职责需要，全面划转旅游质监队伍的编制和人员，按规定程序转为行政编制。二是推动执法力量下沉。根据旅游市场执法办案工作需要，盘活存量、优化结构，将全省各级旅游系统中在编不在岗、散在机关各科室或借用到其他部门岗位的旅游质监执法人员，全部回归执法队伍，充实市、县执法一线人员，基层综合执法队伍的编制和人员不得挪用或借调，确保执法队伍的稳定性、持续性、专业性和权威性。三是提升履职能力。加强执法人员政治教育和廉政教育，努力提高执法队伍专业素质，重点加强对执法办案人员的《旅游法》《福建省旅游条例》等法律法规的精准化、专业化培训，所有执法人员都应考取执法证。同时还要健全和完善严格的旅游市场综合监管执法记录机制，充分利用大数据、云计算等现代信息技术提升综合执法能力，确保严格执法、科学执法、文明执法。

（六）加大宣传力度，用品质让游客“放心”

通过开展各类活动、在各类媒体推广等举措，营造“放心游福建”的良好氛围。一是开展“放心游福建”LOGO 标识进千家旅游企业活动。在景区、旅游集散服务中心、休闲集镇等多个地点宣传推广，让游客目之所及，都能看到“放心游福建”LOGO 标识，让蓝色、橙色和红色分别寓意“放心、舒心、爱心”的心形和 12315 服务电话深入旅游者的内心，转化为真心认可和真实口碑。二是开展“放心游福建”倡议活动。邀请星级饭店、旅行社、景区、优秀旅游商品企业、金牌旅游小吃、标志性文化旅游场馆等“放心游”诚信商家共同承诺，营造优质旅游消费环境。三是将“放心游福建”宣传融入“清新福建”品牌营销活动。通过全方位、立体化的宣传推广，提高游客知晓度，让“放心游福建”服务承诺家喻户晓，深入人心，让两个品牌相互补充、相得益彰，全面打响。

参考文献

[1] 福建省委编办:《福建省综合行政执法体制改革探索与实践》,《机构与行政》2016年第2期,第30~31页。

[2] 国家旅游局:《旅游市场监督检查操作指南》(旅办发〔2018〕12号),http://www.gxta.gov.cn/home/detail/37228,2018年2月22日。

[3] 国家旅游局编《旅游综合监督行政执法法律法规汇编》,中国旅游出版社,2016,第159~270、332~448页。

[4] 国家旅游局编《全国旅游业改革创新典型案例(第一辑)》,中国旅游出版社,2017,第2~64、384~421页。

[5] 国务院:《国务院关于印发"十三五"市场监管规划的通知》(国发〔2017〕6号),http://www.gov.cn/zhengce/content/2017-01/23/content_5162572.htm,2017年1月23日。

[6] 国务院办公厅:《关于加强旅游市场综合监管的通知》(国办发〔2016〕5号),http://www.gov.cn/gongbao/content/2016/content_5051225.htm,2016年2月4日。

[7] 刘鹏:《中国市场经济监管体系改革:发展脉络与现实挑战》,《中国行政管理》2017年第11期,第26~32页。

[8] 王天星编著《旅行社市场监管制度研究》,中国旅游出版社,2008,第1~217页。

[9] 王伟:《市场监管的法治逻辑与制度机理——以商事制度改革为背景的分析》,法律出版社,2016,第1~97、114~174页。

[10] 吴汉洪:《市场监管与建设现代化经济体系》,《学习与探索》2016年第6期,第97~104页。

[11] 曾博伟、魏小安:《旅游供给侧结构性改革》,中国旅游出版社,2016,第74~280页。

[12] 张茅:《着力推动市场监管改革创新》,http://samr.saic.gov.cn/xw/yw/zj/201805/t20180502_274005.html,2018年5月2日。

[13] 邹爱勇:《对〈关于加强旅游市场综合监管的通知〉的认识和理解》(上、下),《中国旅游报》2016年3月9日、10日。

B.27

平潭国际旅游岛建设的主要瓶颈与破解路径研究

黄远水　吴倩倩　王新建*

摘　要： 国家支持打造建设平潭国际旅游岛，但在建设过程中也会遇到一些问题。本文基于平潭国际旅游岛建设的基本标准以及总体形势分析，探讨国际旅游岛建设的主要瓶颈，并依据具体瓶颈提出了聚焦景区，塑造核心景区知名度；聚焦项目，打造战略项目国际化；聚焦政策，优化营商环境和平台；文旅结合，创建特色旅游文化与品牌等相应的破解路径和体系优化，以明确平潭旅游产业的发展方向与路径，进一步促进平潭“国际旅游岛”的全面深入建设。

关键词： 国际旅游岛　平潭　文旅结合

自2016年平潭国际旅游岛建设方案批复以来，受到各级领导和部门高度重视和多方关注。党中央、国务院高度重视平潭的开放开发，先后赋予平潭综合实验区、自贸试验区、国际旅游岛三大战略任务。习近平总书记来平潭考察时强调：平潭是闽台合作的窗口，也是国家对外开放的窗口，平潭面

* 黄远水，华侨大学旅游学院院长、海峡旅游发展研究院院长，博士，教授，长期从事旅游资源学、区域旅游发展规划以及观光工厂、乡村旅游等方向的教学与研究工作；吴倩倩，华侨大学旅游学院讲师，硕士，研究方向为旅游管理和旅游教育等；王新建，华侨大学旅游学院副教授，研究方向为旅游管理、旅游安全等。

临的机遇不是百年一遇而是千年一遇，要“建设新兴产业区、高端服务区、宜居生活区”，应将平潭打造成为具有国际标准的“国际旅游岛”和国际知名海岛旅游目的地。

然而，与国家战略和国际旅游岛建设标准的期望相比，平潭国际旅游岛建设目前相对滞后，亟须解决发展的具体产业与路径问题。经过两年建设，平潭在基础设施、人文环境以及旅游业氛围等方面都取得较大进展，逐步建立和完善了水、电、路、桥、港和市政绿化等基础设施，主导产业逐步明晰。但在国际旅游岛建设方面仍存在产业体系尚未建立、旅游产业规模小、发展路径不够清晰、市场所发挥的主要力量不够、招商建设滞后、产品结构单调、竞争力较弱、服务质量较差、效益较低等问题，离“国际旅游岛”还有较大的差距。因此，明确平潭国际旅游岛建设的发展方向和路径显得尤为重要。本文旨在探讨平潭国际旅游岛建设中的瓶颈与破解路径问题，尝试提出优化对策和建议。

一　平潭国际旅游岛建设的总体形势

1. 平潭国际旅游岛建设的现状和进展

（1）建设背景与条件。平潭介于海坛海峡与台湾海峡之间，是我国大陆直线距离台湾地区最近的岛县。由于地理位置的优势，平潭与台湾地区拥有深厚的历史渊源。平潭建设国际旅游岛政策优势比较突出，地理位置优越，旅游资源丰富。在总体思路上，要全面贯彻落实习总书记视察平潭的重要指示精神，对国际旅游岛建设方案、国务院促进全域旅游发展的指导意见、福建省贯彻落实平潭国际旅游岛建设方案的实施意见，“资源禀赋，练好自身内功，加快建设原生态＋现代化”的国际旅游岛和“突出全域、突出生态、突出文化、突出智能”的要求，按照“一廊两环五区”的规划思路，坚持走内涵式、高质量旅游发展之路，“一年一跨步，五年一台阶”，坚持不懈地将平潭打造成国际知名的旅游休闲度假海岛。

同时通过对平潭的旅游资源进行实地调查和资料分析整理，按照旅游资源分类标准进行归类，可知区内旅游资源类型比较齐全（见表1）。

表1　平潭旅游资源类型统计

单位：个，%

主类	亚类			基本类型		
	全国	本区	占全国	全国	本区	占全国
地文景观	5	4	80.00	37	14	37.84
水域风光	6	1	16.67	15	2	13.33
生物景观	4	2	50.00	11	3	27.27
天象与气候	2	1	50.00	8	1	12.50
遗址遗物	2	2	100.00	12	5	62.50
建筑与设施	7	7	100.00	49	29	59.18
旅游商品	1	1	100.00	7	4	57.14
人文活动	4	4	100.00	16	14	87.50
合计	31	22	70.97	155	72	46.45

（2）发展近况。《平潭国际旅游岛建设方案》实施两年以来，在全区各级各层面的通力协作和共同努力下，国际旅游岛和全域旅游示范区“双创”工作持续推进。截至2018年12月底，旅游经济主要指标保持较快增长，全区共计接待国内外游客484.32万人次，同比增长25.1%；实现旅游总收入56.74亿元，同比增长30.3%。其中国内旅游人数为480.23万人次，占比99.2%，同比增长24.5%，实现国内旅游收入55.75亿元，同比增长29.4%；入境旅游人数为4.09万人次，同比增长188.2%，实现旅游外汇收入1488.49万美元，同比增长133.1%。省外过夜游客78.7万人次，占比16.2%，同比增长18.1%。省内过夜游客共计110.65万人次，占比22.8%，同比增长18.7%，一日游游客290.88万人次，同比增长28.7%，占比约60%。平潭旅游也发展持续增长，近十年平潭旅游业游客人数、旅游收入以及增长情况对比如下（见表2）。

表 2　近十年平潭旅游发展数据

年度	游客总人数(万人次)	游客增长率(%)	旅游综合收入(亿元)	同比增长(%)
2009	31.70	—	0.58	—
2010	52.72	66.31	0.80	37.93
2011	82.98	57.40	1.47	83.75
2012	128.61	54.99	2.70	83.67
2013	141.10	9.71	3.50	29.62
2014	182.31	29.29	4.60	31.42
2015	231.33	26.89	6.59	43.26
2016	289.56	25.17	10.96	66.31
2017	387.22	33.73	29.04	46.60
2018	484.32	25.10	56.74	30.30

资料来源：平潭综合实验区旅游发展委员会旅游统计资料。

2. 对标国际旅游岛平潭国际旅游岛的建设标准

（1）把平潭建设为国际知名的旅游海岛目的地。按照居民与游客共享和全过程、全时空、全方位旅游的理念，打破封闭式景点景区建设和经营模式，加快构建独具特色的旅游产品体系。推行国际通行的旅游服务标准，完善旅游基础设施和公共服务体系，全面提升旅游管理和服务水平，建设国际知名的旅游休闲度假海岛。

（2）把平潭建设为海岛生态旅游示范区。坚持生态优先、绿色发展、低碳环保，注重保留海岛田园风光和山水原生态，保护好传统乡村、特殊建筑和历史街区，传承好民俗文化、历史文化和海洋文化，构建一流的人居环境，打造一流的生态旅游示范区，建设在全国有示范引领作用的国际旅游岛。

（3）把平潭建设为两岸共同家园。平潭具有独特的地理区位优势，应把握时机突出对台近距优势，秉持“两岸一家亲”整体理念，促进两岸人员往来便利化，积极探索更加开放、互利共赢的合作方式，倡导强化实行更加灵活、包容的对台政策。深入开展两岸经济、文化、社会、旅游等各领域交流合作，促进两岸经济全面对接、文化深度交流、社会融合发展。创新社会管理，提升城市服务，打造宜居生活环境。

（4）把平潭建设为对外开放的重要窗口。平潭应全力贯彻“三窗”的优势条件，树立立足两岸、服务全国、面向世界的理念，全力推进平潭建设福建21世纪海上丝绸之路核心区海上合作战略支点。在落实平潭旅游国际化战略过程中，充分发挥旅游在传播文明、交流文化、增进友谊方面的桥梁作用。深入推进自由贸易试验区建设，不断提升开放型经济竞争力，发挥对外开放的重要窗口作用。

3. 相关国际海岛(半岛)旅游目的地建设经验与启示

（1）夏威夷。夏威夷可持续发展的经验可以系统地总结为包含六大要素构成的“飞机式模型”：“政府与市场的中间道路”为飞机头部，是旅游目的地发展的动力源；“可持续发展原则”是尾翼，起平衡作用；“保护本土文化”和“让当地人受益”为飞机主体，是旅游发展的根基；“创新”以及“基于数据的科学决策”是飞机的两翼，为旅游目的地长期发展提供上升的力量。

促使夏威夷旅游业可持续发展的构成要素可以“飞机式模型”来归纳：机头是发动机的位置所在，为整个飞机的腾飞提供不竭的动力，“政府或市场”是旅游目的地发展的两大动力源，夏威夷早期单纯依靠市场，现在则选择了政府适度干预的中间道路；“可持续发展原则”犹如飞机的尾翼，对夏威夷旅游的平稳发展起到重要作用；飞机的主体部分由“保护本土文化”和“让当地人受益”两部分构成，它们是旅游发展不可动摇的基础和根本；“创新”以及“基于数据的科学决策”是飞机的两翼，它为夏威夷的长期发展提供源源不断的上升力量。

（2）佛罗里达。综观佛罗里达州的发展历程，可以看出支撑其持续发展的动力来源主要包括以下几个方面：其一，丰富的旅游产品体系，早期侧重在基于自然条件的景观度假旅游，其后包括主题公园在内的大规模创意性景点开发；其二，务实的人才开发计划，州政府很早就认识到人才对于佛罗里达州发展的极端重要性，从20世纪50年代开始实施“人才计划”，以多种方式大规模吸纳和培育人才，其中高级人才主要借助外力、中级人才重点靠本州培养、低端人才主要靠吸引南方劳动力；其三，军工引领的高科技发展，高新技术产业是支撑佛罗里达州经济的一大支柱，这些高科技企业包括服务于火箭发射的高科技公司、信息技术尖端科技公司和高新技术工业区等；其四，生活质量的不断提高，事实上也是保证前三条动力来源的基础，由便捷的设施体系、优良的生态环境、便宜的生活成本和有利的投资环境作为支撑（见图1）。

支撑佛罗里达州主导功能的产业门类主要包括旅游业、金融保险业、专业技术服务业、医疗服务业、批发零售业、会议会展业等现代服务业，信息技术、模型及模拟、生物科学、航空航天、国防安全等高新技术产业，以及农、林、牧、渔等现代农业。这些产业门类都是未来平潭可以着重引导和发展的方向。

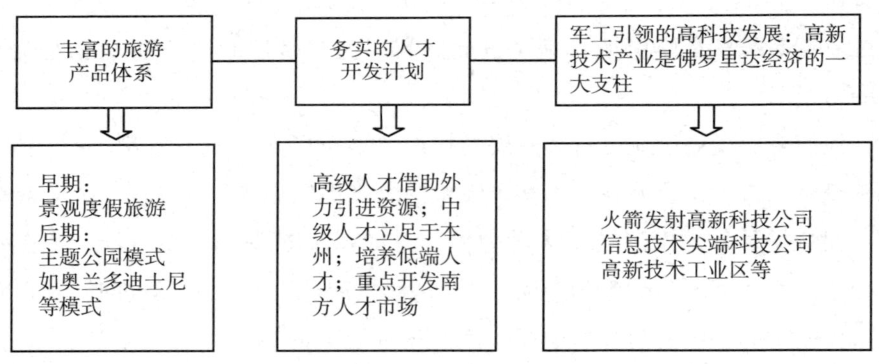

图1　佛罗里达州海岛建设发展体系

资料来源：根据相关文献整理。

其中，佛罗里达州有丰富的旅游业资源，最重要的还有美国联邦政府和各州级政府等自20世纪70年代就开始注重发展佛罗里达州的旅游业，并且制定了一系列的支持旅游城市发展的政策和制度等。

4. 平潭国际岛开发的国际经验借鉴分析

（1）做好规划设计，立足平潭实际。对比国际成熟化的知名海岛旅游目的地，平潭作为我国第二个国家旅游岛目的地打造，其目标取向要定位中远期发展目标——实施旅游“三步走”战略目标。第一步，到2020年，国际旅游岛建设基本成型；第二步，到2025年，国际旅游岛基本建成；第三步，到2030年，发展成为高度集约型的国际知名旅游目的地。2018年预期目标——全域旅游扎实推进，旅游融合能力进一步提升，旅游供给结构和质量更加优化。旅游要素配套进一步完善，公共服务体系不断强化，旅游收入结构更加合理，综合效益显著提高。

（2）抓稳产业项目，重视投资招商。重点对接大型旅游投资企业多家，包括北京东方园林、海昌集团，意向总投资计划超过150亿元。国际旅游岛建设，产业攻坚是关键，旅游业发展产业项目是载体，因此抓好产业项目，做好投资招商，是国际旅游岛建设的重要一项。

（3）提升服务水平，完善基础设施建设。按照全域旅游示范区的要求，重点推进旅游景区提升工程、旅游交通网络、旅游共同配套体系。尤其是旅游厕所、旅游引导标识系统、旅游观光风景道、旅游智慧智能、旅游品牌酒店等一些基础性配套措施要确保取得阶段性成效。在车站、码头等交通枢纽和重点景区景点设置旅游咨询中心，推进旅游咨询优质服务。

（4）建立人才体系，优化管理质量。建立平潭国际旅游岛高端智库。为建立定期评估机制，并加大国际旅游岛政策研究，平潭已拟定《平潭国际旅游岛智库组建工作方案》，并提出初步建议名单，提请区政府部门研究审定。其次是强化旅游队伍力量，需要构建科学合理的旅游管理人才体系。

二　平潭国际旅游岛建设的主要瓶颈分析

平潭旅游整体在成长，趋势在向好，这是不争的事实。对此，全平潭各级各界均要有足够的发展自信。同时，又要有足够的理性，清醒地看到前行中的瓶颈。现状分析，综合管委会建设规划，国际旅游岛建设至少存在以下诸多突出的发展瓶颈（见图2）。

（1）认知瓶颈，思维理念与国际旅游岛战略定位不相适应。目前国际旅游岛建设在思维理念层次上仍未普遍，实验区居民以及外来工作人员对国际旅游岛的战略定位认识不清晰，认识不到对标国际标准建设平潭国际旅游岛的重要性。

（2）体制瓶颈，组织管理体系与旅游整体发展不相适应。旅游业发展需要相应的配套设施和管理机制，国际旅游岛建设需要有完善的组织管理体系。目前平潭综合实验区行政体制实现了创新，但对接国际旅游岛建设的标准仍存在不匹配的情况，需要进一步破解。

（3）供给瓶颈，旅游产品供给与游客多元需求不相适应。对标国际旅游岛建设标准，产品供给方面仍存在不足。比如，旺季来临平潭的住宿床位欠缺以及住宿供给多样化不足、进出岛的公共交通尚不通达等问题。

（4）基础瓶颈，各类基础配套设施与全域旅游示范区需求不相适应。交通设施、酒店住宿、景区服务、旅游餐饮等各旅游要素要相互适应和均衡发展，如英文标识牌、路牌等均未有国际化体现。

（5）景区瓶颈，低散状景区现况与井喷式旅游市场需求不相适应。平潭的景区景点分布分散，不能成片区，景点间连接的交通体系尚不发达，对于游客集中出游的行程安排有很大的不便性，这也是国际旅游岛发展的重要瓶颈。

（6）服务瓶颈，粗放滞后的服务与“放心游”优质服务要求不相适应。“放心游”福建是全省主要的旅游发展原则，这要求全省在旅游服务质量上必须提升，提升服务质量和水平，也是国际旅游岛建设国际化的重要标准。

（7）人才瓶颈，旅游人才供给与国际旅游岛多层面的人才需求不相适应。

这些国际旅游岛发展瓶颈，既是历史旧账，更是发展之弊，必须以“钉钉子”的毅力，重拳除劣，久久为功。

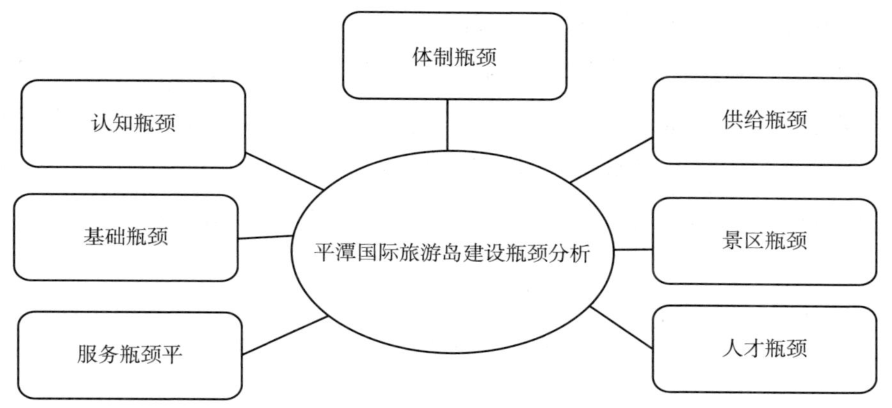

图2　平潭国际旅游岛建设发展瓶颈分析

三　平潭国际旅游岛建设瓶颈的破解路径探讨

1. 完善管理体制机制建设

旅游业成为平潭的重要产业之一，首先是强化党政统筹和实施主体责任，成立了区国际旅游岛建设暨全域旅游示范区创建工作领导小组；其次是设立区旅游行政管理机制，由区旅游发展委员会、风景区与旅游执法支队、旅游巡回法庭、旅游纠纷人民调解委员会以及旅游纠纷巡回审判点多方协调机制，倡导成立旅游警察大队、旅游市场监督协调处，加强市场监管、综合执法、公安等多部门的联动，初步建立现代旅游综合治理体系。

2. 培育有突出特色的旅游产品

平潭目前产品体系还有待完善，需要从以下几个方面进行旅游产品体系构建。①海洋游：着手发展滨海休闲、海上运动、海钓等旅游项目。②文体游：深入挖掘海丝、南岛语族、石头厝等具有地域特色的文化资源，加强对文化遗存的保护和利用。③购物游：扩大旅游购物消费，促进澳前台湾小镇（免税商场）和新丝路跨境交易中心提质扩类。④乡村游：重点推进环君山石头厝旅游圈发展，持续推进北港文创村、磹水风韵古村、上攀南岛语族

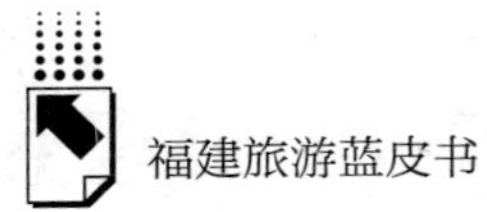

村、杨武楼咖啡村、白沙白胜海钓村、东美古村等乡村旅游项目建设，出台《平潭综合实验区民宿管理办法（试行）》等相关行业管理条例，用于规范民宿产业发展，石厝人家休闲旅游综合体已列入福建省首批标志性旅游产品项目。⑤医养游：入选首批全国健康旅游示范基地创建单位，加快编制示范基地建设方案，着力培育“高、精、尖”健康医疗旅游业（见图3）。

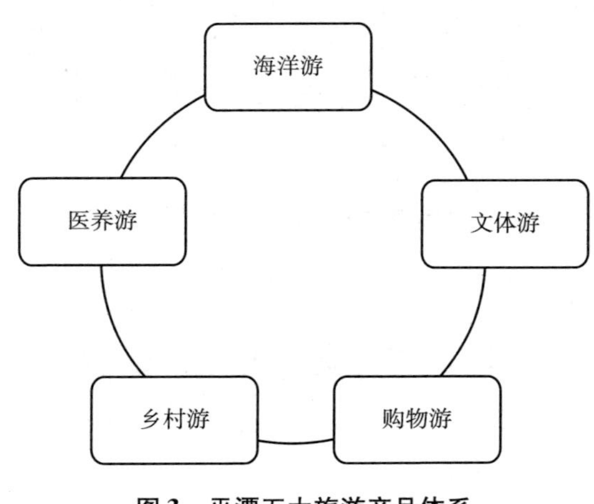

图3　平潭五大旅游产品体系

3. 提升发展的基础设施

旅游基础设施设备是国际旅游岛建设的重要保障，平潭要加快旅游基础设施建设更新。①完善旅游交通网络：健全岛内旅游交通网络，加快综合客运交通枢纽建设，平潭新客运站项目预计年底投入使用；同时对内对外旅游交通不断完善，串联环岛路周边景点，带来更好的旅游观光体验。②加快A级景区创建：全区现有A级景区4家，其中坛南湾－海坛古城获评4A级旅游景区，实现平潭4A级景区零的突破。③完善旅游公共服务：建成坛南湾旅游集散中心、金井湾游客服务中心等。

4. 塑造整体旅游形象

实施“平潭蓝”品牌战略，能够按照“求精、创牌、实效”的原则，推进旅游市场推广多极联动，扩大客源市场，并建立旅游推广绩效评估机制。一是节庆赛事，盘整各类资源，集中打造常态化的节庆品牌。二是论坛交流，承办海峡两岸研学协作会议暨研学旅游推介活动，构建一体化营销协作平台。三是宣传推介，积极联动国家旅游局、省旅发委、闽东北五市在台湾、澳门及华北、中部等地组织旅游推介活动，突出推广平潭特色亮点；借助《平潭映象》巡演契机，在港澳台及重庆、南京、杭州、北京等多个地市举办旅游及招商巡回推介会。四是广告投放，在厦门机场站点启用的基础上，进一步推进长乐机场推广站建设，支持区旅游企业在三坊七巷设立推广站；在北京、厦门、福州机场投放广告，在厦门、福州投放地铁广告，在京广、京沪、向莆等高铁线路投放车厢视频广告。五是旅游文创，利用文创企业促进国际旅游岛的文化品牌建设。同时借鉴智库专家提出的文旅发展模式研究报告，打造平潭的特色文创品牌，提高平潭国际旅游岛建设的文化品牌国际知名度。具体来看，可以创新技术，增强技艺，鼓励开发贝雕、水仙花、紫菜等特色旅游伴手礼品牌。六是精品线路。开发平潭醉美乡村体验之旅、平潭“海之韵”浪漫之旅、平潭古城民俗文化体验之旅、国际旅游岛“乐购”休闲之旅四条“游岛玩海”品牌旅游线路产品；另外创新使用环岛巴士，改造提升兼容旅游码头，打造陆上、海上旅游环；针对性开发风旅游，实现冬季旅游产品突破。

5. 全面提升综合效益

强化旅游市场综合监管，加快成立旅游警察、旅游工商机构，精准开展专项市场整治行动，以更大力度整治“不合理低价游”等市场顽疾；加快旅游诚信体系建设，为旅游企业和广大游客创造更高质量的旅游经营和消费环境。推进旅游安全能力建设，创新“安全生产专管员”、景区安全“点长制”，持续开展安全生产专项行动，加强旅游安全宣传培训，切实构建游览安全保障网。继续实施旅游“百千万”英才培养计划，引进和培育一批拥有国际视野、专业水平的领军人才；做优“导游沙龙”品牌活动，创新开展“旅游微论坛”，举办旅游技能大赛、旅游人才论坛，培养金牌导游和优秀旅游从业人员；共建旅游政校合作示范基地，推动建立与国际水平相接轨的旅游服务标准，包括标识、酒店、餐饮、娱乐、交通购物、从业人员等各方面都要与国际一流标准对接。

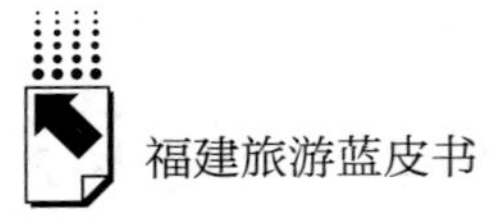

6. 差异化战略，领航国际化旅游海岛建设

通过对竞争者的调研分析，发现平潭国际旅游岛对台优势更为明显突出，因处于开发初期，原生态保护得非常好。运用差异化战略，把平潭打造成两岸共同的家园，既能很好地学习其他国际旅游岛的成功经验，有效开发平潭独特丰富的旅游资源，如海坛古城、原生态海蚀地貌、石头厝等，又能有效规避发展瓶颈，走出创新“独特”的平潭模式，并与厦门、福州自贸区基于区域之间优劣势比较，进行差异化的区域产业布局和劳动地域分工，构建起默契协作、互利双赢的竞合关系，使“清新福建”“南有厦门、北有平潭”，并与福州自贸区优势互补，更好地为国家“一带一路”倡议服务。

四　平潭国际旅游岛建设框架体系优化

平潭国际旅游岛批复建设两年多以来，取得巨大发展成效的同时，也陆续出现诸多问题和发展瓶颈。基于系统工程理论视角，通过对平潭国际旅游岛建设的工作进展进行梳理，在其体制机制、特色产品、基础设施、开放合作、发展环境及旅游诚信建设等方面均有较大提升和完善，但是对标国际旅游岛建设标准，仍然存在阶段性瓶颈壁垒，比如国际旅游岛的认知、供需机制、服务体系等，均存在诸多的发展障碍，本文试图从整体建设框架上，探讨平潭国际旅游岛建设体系的优化措施（见图4）。

1. 聚焦景区，塑造核心景区知名度

国际旅游岛建设，景区景点是核心吸引物，应按照“精准、管用、实效”的原则和“整治、创建、提升”并重的原则，充分考虑短板，聚焦国际旅游岛建设短板弱项，有序推进景区改造和知名度提升。

（1）景区策划规划方面。引入中国台湾、日本等地区专业机构优化主要景区策划方案，陆续完成九大景区如石牌洋、坛南湾、将军山、南寨山、山岐澳、王爷山景区等策划方案。启动编制《海坛风景名胜区详细规划》，推进“石牌洋、君山、王爷山、长江澳、坛南湾、将军山、南寨山、山岐

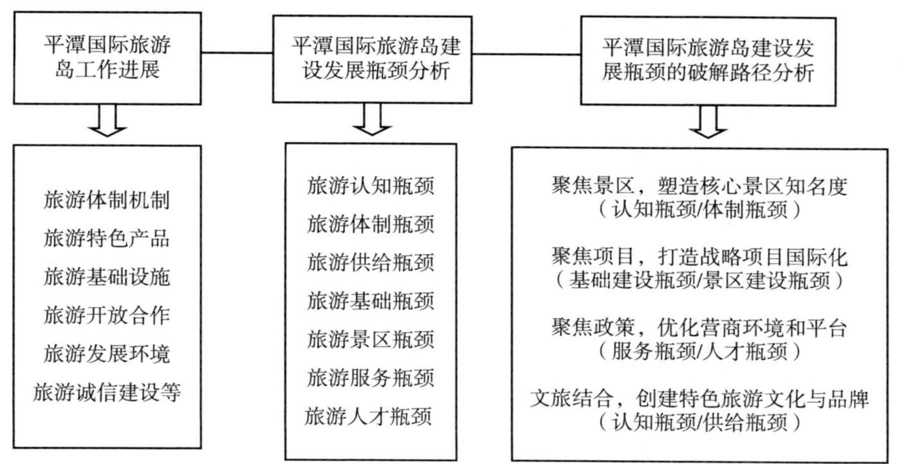

图 4　平潭国际旅游岛建设体系的优化

澳”等景区的规划概念方案。

（2）优化服务水平方面。尽快筹划成立平潭国际旅游岛专家智库、平潭导游名师专家库、导游人才库，为国际旅游岛建设提供智力支撑；全面启用国家旅游服务监管平台，强化旅游行业监管；筹备举办两岸导游沙龙论坛等活动。

（3）景区服务品质方面。强化景区讲解力量，严格执行导游和景区讲解员持证上岗制度，如每个重点景区至少培育两名以上高素质导游或讲解员，其中有一名以上台湾导游或讲解员，并丰富提升讲解内容；优化设计景区内部游览线路，设置景区内部游览线路示意图；配齐景区管理处人员，加强内部管理，统一着装，强化从业人员的业务培训，提升服务技能和业务素质等。

（4）旅游消费环境方面。践行“放心游”服务承诺，强化旅游质量监督与风景区执法，及时妥善处置景区投诉举报案件，严禁欺客、宰客行为，进一步优化旅游消费环境。

（5）旅游营销推介方面。围绕“清新福建 · 平潭蓝”品牌培育，借助电视、报纸等主流媒体及微信、抖音等新媒体，密集开展平潭旅游深度宣

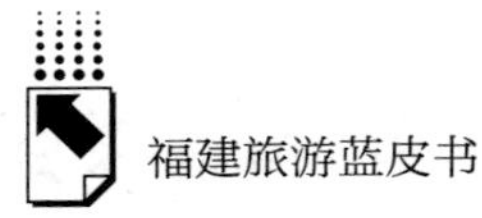

传，依托重要客源地推介会及机场、铁路、集散中心等宣传推广渠道，开展针对性强的营销宣传，提高宣传实效。

（6）长效机制方面。按照“标本兼治、疏堵结合”的原则，启动海坛湾海洋公园（含龙王头）及坛南湾功能区域划分工作，引导经营业者合法办理海域使用权证、涉海旅游企业营业执照等证照，规范经营秩序。

2. 聚焦项目，打造战略项目国际化

国际旅游岛建设，应围绕转型升级、提质增效这一主线，建立多项国际化战略项目督查考核制度，重点攻坚培育对标国际的项目，如24H咖啡厅综合体、国际大马戏项目等工作。抓紧推进一批项目的实际进展，如国际演艺中心、欢海世界度假区、旅游驿站、东美古村等，重点加快推进前期工作，保证项目按时限推进。加快招商一批项目，持续跟踪对接自驾车房车营地、海昌海洋公园、海滨度假酒店、东方园林动物家园等一批有意向的招商项目。

3. 聚焦政策，优化营商环境和平台

国际旅游岛建设，应充分优化旅游产业营商政策，按照需求导向，提升优惠政策，并针对世界五百强、台湾百大企业、实力型上市公司等投资的重大旅游项目，实行“一企一策”的优惠方案，在规划选址、用地、产业补助、基础配套等方面定向制定特惠政策。如《关于扶持旅游产业发展的若干意见》《关于扶持酒店业的若干意见》《关于促进两岸旅游经济文化交流的八条措施》等政策的制定。此外继续完善配套措施，如“离岛购物免税”“平潭探索发展竞猜型体育彩票和大型国际赛事即开型彩票”等来扩大营商平台。

4. 文旅结合，创建特色旅游文化与品牌

（1）对台+文旅。对台，主要是做台湾贸易，做台湾生意；学台，主要是学台湾做岛屿休闲，做岛屿文创，做岛屿生态。北港村的民宿就有一些台湾模式与发展样本，现在整个平潭岛北港村民宿发展比较好。长江澳的生态美、落日美，还有70多公里的沙滩、海域、蓝天、白云的自然美，要做到开发利用与发展永续。台湾在生态、环保，环境利用，自然融合，天人合一上面是值得我们学习的。所以在做台湾生意、进行贸易的同时，要学习台湾，把平潭国际旅游岛建设得更好。

（2）房产+旅游。房地产的开发成为现在岛内很重要的一点，那么房地产的开发建设转变成为旅游目的地的配套设施开发建设，转化成生态休闲、环境和设施设备的开发建设。把传统的房地产建设变成旅游的房业、休闲的房业、运动的房业、养生养老的房业。通过建房结合这些房业的建设，把平潭岛的旅游、休闲、运动、健康、养生这些基础配套设施、服务设施建设起来，形成一个既有岛屿特色，又能够提供高端服务的有针对性市场指向的生态休闲、健康养生、运动娱乐的旅游休闲的综合性“房业”。现在平潭岛常住人口十几万，大多数是“走出去”，只有形成了亚健康养生养老的房产，才能“引进来”。

（3）游船+旅游。把渔船变成旅游船，通过远洋渔船渔业转变或者融入部分变成海上生活体验船，环岛与旅游船，中、短线近海滨海旅游船，如海上垂钓，出去体验海上一日游、两日游，等等。打造为除厦门邮轮母港以外的福建省第二个邮轮港口，打造成中国东南部中短线近海与滨海旅游的邮轮母港，打造成海、陆、湖、江交叉游的邮轮母港。

（4）隧洞+旅游、休闲。平潭人民擅长隧道建设，打的都是外部的洞。可以转变为打旅游洞。由打交通隧道改成打旅游观光隧道、休闲娱乐隧道、海底探险隧道、运动健康养生隧道，由交通功能隧道变成隧道商场、隧道餐厅、隧道运动场、隧道游乐场、隧道厕所。平潭“旅游洞”是平潭走向国际最典型的特色，多功能的旅游隧道，可以沿着东环岛观光线相应穿沿海岸线的旅游观光休闲隧道，立体、交叉、岸边、地下、村落边、礁石上、海底下，跟地铁一样创新改革。其次可以岸边观海，可以在里面运动、康养、娱乐、饮食体验、海底观光探秘等。形成一条与东环岛观光道相呼应的沿整个海岸线在海岸边、礁石上、村落间、海底下，集海底探秘、岸边观海、村边休闲为一体，融观光娱乐、休闲养生、运动体验为一体的多功能“旅游洞”、旅游休闲综合性隧道。

（5）海洋+旅游。打造平潭岛成为国际旅游目的地，应该主张“乐、居、养、福”，从平潭岛实际产品优势来看，最有名的旅游产品是蓝天碧海、山地湖泊，外加得天独厚的阳光、空气、水，用“卖健康”的概念来打造平潭国际养生旅游目的地，努力建设成为童话世界的平潭岛、突出特色的魅力海洋旅游岛。

参考文献

[1] 步会敏：《潭国际旅游岛差异化开发战略研究平》，《物流科技》2018 年第 4 期。

[2] 韩晓莉：《国际旅游岛建设背景下海南生态政策评价与建议》，《人民论坛》2013 年第 11 期。

[3] 何忠谱：《海南国际旅游岛环境成本及环境规制问题的国内外比较研究》，《湖北社会科学》2013 年第 6 期。

[4] 李燕琴、刘莉萍：《夏威夷对海南国际旅游岛可持续发展的启示》，《旅游学刊》2011 年第 26 期。

[5] 林薇、章汝先：《论公共服务的有效供给——以海南建设国际旅游岛为背景》，《人民论坛》2012 年第 8 期。

[6] 钱新梅：《海南国际旅游岛离岛免税购物法律制度研究》，硕士学位论文，海南大学，2012。

[7] 王毅武、高盈盈：《论生态文明与绿色崛起——以海南国际旅游岛建设为例》，《海南大学学报》2012 年第 6 期。

[8] 吴隆重：《福建部署平潭国际旅游岛夏日海洋旅游与休闲活动》，2018。

❧ 皮书起源 ❧

“皮书”起源于十七、十八世纪的英国，主要指官方或社会组织正式发表的重要文件或报告，多以“白皮书”命名。在中国，“皮书”这一概念被社会广泛接受，并被成功运作、发展成为一种全新的出版形态，则源于中国社会科学院社会科学文献出版社。

❧ 皮书定义 ❧

皮书是对中国与世界发展状况和热点问题进行年度监测，以专业的角度、专家的视野和实证研究方法，针对某一领域或区域现状与发展态势展开分析和预测，具备原创性、实证性、专业性、连续性、前沿性、时效性等特点的公开出版物，由一系列权威研究报告组成。

❧ 皮书作者 ❧

皮书系列的作者以中国社会科学院、著名高校、地方社会科学院的研究人员为主，多为国内一流研究机构的权威专家学者，他们的看法和观点代表了学界对中国与世界的现实和未来最高水平的解读与分析。

❧ 皮书荣誉 ❧

皮书系列已成为社会科学文献出版社的著名图书品牌和中国社会科学院的知名学术品牌。2016 年，皮书系列正式列入“十三五”国家重点出版规划项目；2013~2018 年，重点皮书列入中国社会科学院承担的国家哲学社会科学创新工程项目；2018 年，59 种院外皮书使用“中国社会科学院创新工程学术出版项目”标识。

权威报告·一手数据·特色资源

皮书数据库

ANNUAL REPORT(YEARBOOK) DATABASE

当代中国经济与社会发展高端智库平台

所获荣誉

- 2016年，入选“‘十三五’国家重点电子出版物出版规划骨干工程”
- 2015年，荣获“搜索中国正能量 点赞2015”“创新中国科技创新奖”
- 2013年，荣获“中国出版政府奖·网络出版物奖”提名奖
- 连续多年荣获中国数字出版博览会“数字出版·优秀品牌”奖

www.pishu.com.cn

成为会员

通过网址www.pishu.com.cn访问皮书数据库网站或下载皮书数据库APP，进行手机号码验证或邮箱验证即可成为皮书数据库会员。

会员福利

- 使用手机号码首次注册的会员，账号自动充值100元体验金，可直接购买和查看数据库内容（仅限PC端）。
- 已注册用户购书后可免费获赠100元皮书数据库充值卡。刮开充值卡涂层获取充值密码，登录并进入“会员中心”—“在线充值”—“充值卡充值”，充值成功后即可购买和查看数据库内容（仅限PC端）。
- 会员福利最终解释权归社会科学文献出版社所有。

社会科学文献出版社 SOCIAL SCIENCES ACADEMIC PRESS (CHINA) 皮书系列
卡号：366828227513
密码：

数据库服务热线：400-008-6695
数据库服务QQ：2475522410
数据库服务邮箱：database@ssap.cn
图书销售热线：010-59367070/7028
图书服务QQ：1265056568
图书服务邮箱：duzhe@ssap.cn

S 基本子库
UB DATABASE

中国社会发展数据库（下设 12 个子库）

全面整合国内外中国社会发展研究成果，汇聚独家统计数据、深度分析报告，涉及社会、人口、政治、教育、法律等 12 个领域，为了解中国社会发展动态、跟踪社会核心热点、分析社会发展趋势提供一站式资源搜索和数据分析与挖掘服务。

中国经济发展数据库（下设 12 个子库）

基于“皮书系列”中涉及中国经济发展的研究资料构建，内容涵盖宏观经济、农业经济、工业经济、产业经济等 12 个重点经济领域，为实时掌控经济运行态势、把握经济发展规律、洞察经济形势、进行经济决策提供参考和依据。

中国行业发展数据库（下设 17 个子库）

以中国国民经济行业分类为依据，覆盖金融业、旅游、医疗卫生、交通运输、能源矿产等 100 多个行业，跟踪分析国民经济相关行业市场运行状况和政策导向，汇集行业发展前沿资讯，为投资、从业及各种经济决策提供理论基础和实践指导。

中国区域发展数据库（下设 6 个子库）

对中国特定区域内的经济、社会、文化等领域现状与发展情况进行深度分析和预测，研究层级至县及县以下行政区，涉及地区、区域经济体、城市、农村等不同维度。为地方经济社会宏观态势研究、发展经验研究、案例分析提供数据服务。

中国文化传媒数据库（下设 18 个子库）

汇聚文化传媒领域专家观点、热点资讯，梳理国内外中国文化发展相关学术研究成果、一手统计数据，涵盖文化产业、新闻传播、电影娱乐、文学艺术、群众文化等 18 个重点研究领域。为文化传媒研究提供相关数据、研究报告和综合分析服务。

世界经济与国际关系数据库（下设 6 个子库）

立足“皮书系列”世界经济、国际关系相关学术资源，整合世界经济、国际政治、世界文化与科技、全球性问题、国际组织与国际法、区域研究 6 大领域研究成果，为世界经济与国际关系研究提供全方位数据分析，为决策和形势研判提供参考。

法律声明